식민지 조선 농촌의 일본인 지주와 조선 농민

한국학 총 서 근대전환기의 국가와 민 03

식민지 조선 농촌의 일본인 지주와 조선 농민

하지연 지음

景仁文化社

들어가는 글

2002년 박사학위 과정을 시작하면서 여러 연구 주제를 살피던 중 정말로 무모하게 선택한 논문 주제가 '식민지 지주제'였다. 일찌감치 역량이 부족함을 깨닫고 돌아섰어야 했는데도 그것이 잘 안 되었다. 무식하면 용감하다고 했나. 정말로 그때는 그랬던 것 같다. 어느 정도 자료를 찾고, 논문을 쓰기 시작하면서 후회하기 시작했지만, 오기도 생기고, 돌이키기에는 너무 늦은 듯 싶었다. 그렇게 하다 보니 2006년에 시부사와 에이이치(澁澤榮一) 자본 계열의 조선흥업주식회사(朝鮮興業株式會社)로 학위를 받게 되었다. 당시 한국 근대사 학계에서는 이미 식민지 근대화 논쟁이 일정 정도 단계를 넘어서 이미 내재적 발전론이나 수탈론의 기조는 속류화된 시점이었다. 그런데 필자의 연구대상은 일본인 지주회사였으니 사실상 연구의 결론은 답이 정해진 주제란 생각이 들었다. 고민 끝에 학위를 받은 것에 한숨을 돌리고 이제는 말을 갈아타겠다고 결심했다. 그런데 그것도 쉽지 않았다.

공부를 해 본 여러 선후배 선생님들께서는 다 아시겠지만, 학위논문을 쓰는 과정에서 많은 부수적인 논문 주제들이 생겨나고, 그것이 계속 그 분야의 논문을 쓰게 한다. 결국 '식민지 지주제'란 주제가 너무나 어렵고 힘들어 외면하고 싶은 주제였음에도 불구하고, 이후 미쓰비시(三菱) 계열의 동산(東山)농사주식회사, 가와사키(川崎)농장 등 계속해서 이쪽 분야 논문을 쓰게 되었다. 그러다 보니 자연스럽게 한국 근대사의 토지분야 연구자들이 보기에 공동연구를 추진할 때 어쩌다 자리하나가 비어 인원을 보강할 필요가 생기면 필자가 썩 내키지는 않지만 빠진 이 하나 정도는 메꿀 몫은 되었던 모양이다. 그래서 주어진 기회가 2013년 한국학총서 사업 "근대 전환기의 국가와 민" 팀 합류였다.

연구팀은 "국가와 민"이란 대 주제를 다시 제 1부 "국가의 지배와 분배"와 제 2부 "민의 삶과 문화"로 나누었고, 여기서 필자는 '식민지 조선 농촌의 일본인 지주와 조선 농민'이란 소주제를 가지고 제 2부에 참여하기로 했다.

사실 참여문제로 고민은 많았다. 물론 가장 걱정이었던 것이 필자의 연구 역량이었던 것은 말할 것도 없었다. 게다가 공동연구주제가 "국가와 민"인데, 필자의 연구주제는 식민지 지주제이다. 과연 식민지를 국가로 규정할 수 있는가?

결론부터 말하자면 식민지는 정상적인 국가 상태로 규정할 수 없다. 이미 외부 식민자들에 의해 현지 권력이 대체되었고, 식민지 민중의 동의 없이 혹은 저항 속에 식민권력은 모든 국가의 중심적 기능을 행사하면서 식민지는 주권이 유린되고, 제반 경제 분야의 이윤은 식민권력과 본국 자본가, 그리고 그에 기생한 토착 자산가들에게 돌아가는 왜곡된 구조로 설명된다. 따라서 필자는 "국가와 민"이라기보다는 "식민권력과 민"이라는 설정 하에 접근해야 했다. 또 이 때 식민권력은 조선총독부와 같은 식민지 행정권력 뿐만 아니라 실질적으로 식민지 조선 농민들의 생계를 움켜쥐었던 식민지 조선 농촌의 일본인 거대 지주(회사)들이었다.

이러한 고민 속에서 식민지 시기 대표적인 일본인 거대 지주들의 농장들이 어떤 구체적 방식으로 조선인 소작 농민들을 속속들이 구속하고, 제어해 갔으며, 농업 현장에서 씨뿌리기에서 풀 뽑기, 비료주기, 추수, 소작미 납입 등 영농 전 과정을 철저하게 간섭해 가며 농업 경영상의 식민성과 근대성을 동시에 드러내었는지 검증해 보고 싶었다. 그리고 그 사례 연구로 석천현농업주식회사(石川縣農業株式會社), 불이흥업주식회사(不二興業株式會社), 구마모토(熊本)농장, 동양척식주식회사(東洋拓殖株式會社)를 택했다. 워낙 이름만 들어도 굴직 굴직한 식민지 시기 대표적인 일본 거대 지주회사들이다. 그리고 어지간히 학계에서 연구들이 진행되었던 상황이었다. 그런데 막상 구체적으로 아주 세밀하게 이들 지주회사들이 영농 현장에서 어떤 관리조직을 이용하여 혹은 관리인을 매개하여 조선 소작인들을 직간접적으로 일일이 통제하고 관리했는가에 대해서는 면밀하게 분석한 연구는 그리 많지 않았던 것 같다. 그리고 이 거대지주에 대한 연구는 필자의 조선흥업, 동산농장, 가와사키 농장에 관한 기존 연구와 함께 식민지 조선에서의 대표적 일본인 거대지주 연구의 사례가 될 수 있을 것이라는 기대감도 들었다.

3년에 걸친 공동 연구기간 동안 총 7명의 연구자들이 모여 저마다 조금씩은 다르지만 각자 자신들의 연구 논문이 1편씩 완성될 때마다 발표회를 하거나 혹은 세미나를 하면서 자료보강 및 연구 주제의 방향 수정 혹은 내용 추가 등 많은 변수가 생겼고, 그 때마다 별로 아는 것이 없고, 공부가 짧은 필자로서는 늘 선배 선생님들로부터 큰 가르침을 받을 수 있었다. 지금 생각해 봐도 이 공동연구 팀에 들어갈 수 있었다는 것 자체가 크나 큰 행운이었다.

건양대 김현숙 선생님은 늘 필자를 아끼고 챙겨주시는 고마우신 선배님이시다. 이 연구팀에 들어갈 수 있었던 것도 김현숙 선생님의 든든한 지원 덕분이었다. 진심으로 감사드린다. 인하대 이영호 선생님께서는 필자의 박사학위 논문을 심사해 주신 인연으로 예나 지금이나 늘 부드러운 말씀 가운데 정확하고도 예리한 가르침으로 필자를 깨우쳐 주신다. 배항섭 선생님과 손병규 선생님께서도 늘 엄청난 입담으로 귀에 쏙쏙 들어오는 이야기들을 쏟아내시는데 그 주옥같은 이야기들이 하나의 논문들이었다. 많은 것을 배우고, 감동을 받았다. 입담에 있어서는 김건태 선생님께서도 둘째가라면 서러우실 거다. 어찌나 말씀이 재미있으시면서도 예리하신지… 그 어려운 토지문제를 마치 논밭에서 방금 뛰어나온 농부처럼 생생하게 풀어내신다. 이승일 선생님은 필자도 관심이 많은 소작 관습과 민법 분야에서 연구를 진행하셔서 지면상 많은 도움을 받았다. 또한 늘 한결같은 모습으로 학문에 정진하는 모습 자체가 배울 점이 무척 많은 분이다. 또 직접 찾아뵙지는 못했지만, 저서도 보내주시고, 전화상으로도 용기를 북돋아주신 허수열 선생님께도 감사의 말씀을 드리고 싶다. 이 공동 연구가 내게 준 선물은 바로 이 선생님들과의 소중한 인연과 그로 인한 나의 학문에 대한 자세와 태도, 생각의 변화가 아닐까 싶다. 또한 학업과 직장, 가정 일을 병행하면서 힘들어 하는 필자를 늘 격려해 주시고 챙겨주신 평생의 스승 이배용 총장님께 감사의 말씀을 드리고 싶다.

연구결과물은 책으로 내면서 부끄럽고 부족한 점이 많지만, 그래도 현재 학계에서 소위 유행이 지나가고 찬바람이 부는 '식민지 지주제' 분야에서 한계가 분명하나마 또 하나의 성과물을 내었다는 점에 위안을 삼으며 이 책이 나오기까지 도와주신 여러 분들께 감사의 말씀을 드린다. 그리고 어려운 시기 선뜻 출판을 맡아 주신 경인문화사에도 감사의 말씀을 드린다.

2018년 1월
하지연

차 례

들어가는 글

Ⅰ. 서 론 ·· 1
  1. 연구의 방법과 목적 ·· 3
  2. 식민지 지주제에 대한 연구 현황 ······························ 10

Ⅱ. 석천현농업주식회사의 식민지 소작제 농업 경영 ·············· 15
  1. 머리말 ·· 17
  2. 석천현농업주식회사의 식민지 농업경영의 시작 ················ 21
    1) 전북지역의 일본인 식민지 지주제의 실태 ····················· 21
    2) 석천현농업주식회사의 조선 진출 ······························· 26
  3. 석천현농업주식회사의 자본규모와 경영 구조의 분석 ········· 29
    1) 자본의 규모와 수입구조 ··· 29
    2) 경영진 및 대주주의 분석 ·· 34
  4. 석천현농업주식회사의 소작제 경영실태 ·························· 39
    1) 토지 취득과 농장의 확대 ·· 39
    2) 식민지 소작제 농업경영의 실태 ·································· 47
  5. 석천현농업주식회사의 농업이민 사업 ···························· 53
    1) 농업이민 사업의 시작 ·· 53
    2) 이민사업의 실태와 실패 ··· 57

6. 맺음말 …………………………………………………… 60

[부록 1] 석천현농업주식회사 설립허가서 ………………………… 62

[부록 2] 석천현농업주식회사 정관 ………………………………… 64

[부록 3] <이주민장려법> …………………………………………… 68

Ⅲ. 식민지 시기 일본인 거대 지주회사의 '사음'제 운영 ………… 77

1. 머리말 ……………………………………………………… 79

2. 식민지 시기 사음제와 지주 및 식민권력과의 관계 ………… 85

   1) 사음의 임무와 권한 변화 ……………………………… 85

   2) 일본인 지주회사의 사음 통제 ………………………… 91

   3) 식민권력의 사음 통제 ………………………………… 96

3. 不二興業株式會社의 사음제 운영 사례 ……………………… 103

   1) 불이흥업 '전북농장'의 사음제 운영 실태 …………… 103

   2) 불이흥업 소속 사음의 폐해 관련 소작쟁의 사례 ……… 110

4. 기타 일본인 지주회사의 사음제 운영 사례 ………………… 114

   1) 구마모토 농장의 사례 ………………………………… 114

   2) 마스토미농장의 사례 ………………………………… 118

5. 맺음말 ……………………………………………………… 124

[부록 1] 불이흥업주식회사 舍音取締規定 및 心得 …………… 128

[부록 2] 불이흥업주식회사 小作人規定 ………………………… 130

Ⅳ. 불이흥업주식회사의 식민지 소작제 농장 경영 ……………… 133

1. 머리말 ……………………………………………………… 135

2. 불이흥업주식회사의 설립과 농장 확대 과정 ……………… 140

1) 후지모토합자회사 및 불이흥업(주)의 설립 ················· 140

2) 전국적 농장분포 현황 및 사업의 확대 ····················· 145

3. 농업생산과정에서의 규제 실태 ································· 166

1) 농업경영에 대한 규제 ··· 166

2) 소작료 징수 실태와 전대에 의한 소작인 지배 ············ 168

4. 농장관리통제조직 및 지주적 조합의 운영 ······················ 176

1) 관리통제조직의 구성과 소작농민 통제 ······················ 176

2) 불이식산조합의 운영 ··· 182

5. 농민의 저항과 불이흥업의 농장 경영의 성격 ··················· 186

1) 철원농장 소작농민의 저항 사례 ······························ 186

2) 불이흥업의 농장 경영의 성격 ······························· 188

6. 맺음말 ·· 191

[부록 1] 불이흥업주식회사 소작계약증서 ························· 193

[부록 2] 불이흥업주식회사 稻作立毛品評會 ························· 196

V. 구마모토 농장의 식민지 농장 경영과 관리통제조직 ·········· 201

1. 머리말 ··· 203

2. 구마모토의 식민지 농장 경영의 시작 ····························· 206

1) 구마모토의 조선 진출과 농장의 설립 ························ 206

2) 농장의 확대와 규모 ··· 209

3. 농장 관리조직의 구성과 성격 ····································· 214

1) 농장 사업부 관리조직의 구성 ································· 214

2) 농장 사원의 업무와 처우 ····································· 216

4. 농장 운영의 실태와 소작관계 ····································· 226

1) 소작계약증서 및 연대보증서에 나타난 소작관계 ········ 226

2) 소작료 징수 실태 ··· 231

5. 식민지 지주제 농장 경영의 성격 ······························ 235

1) 소작쟁의의 발생과 경과 ································· 235

2) 식민지 일본인 거대지주의 전형-'구마모토 형 지주' ···· 245

6. 맺음말 ··· 250

[부록 1] 주식회사 熊本농장 정관 ······························ 252

[부록 2] 주식회사 熊本농장 소작승낙증서 및 소작계약증서 ··· 256

[부록 3] 주식회사 熊本농장 연대보증서 ······················ 262

Ⅵ. 동양척식주식회사의 농장관리조직과 특수어용단체 운영 ··· 265

1. 머리말 ··· 267

2. 동척 설립과 농장 설치 과정 ································· 272

1) 일본의 농업식민책과 동척의 설립 ······················ 272

2) 동척의 토지소유 규모와 농장 분포 상황 ················ 281

3. 동척의 농장관리통제조직의 변화과정 ······················ 286

1) 식민지 소작제 농업 경영 초기의 '농감'제 ·············· 286

2) 1920년대 이후 농장관리조직의 체계화 ················ 290

4. 1920년대 동척의 특수어용단체 운영과 폐해 ·············· 299

1) 지주적 소작인조합의 운영 실태 ························· 299

2) 특수어용단체 '척식청년단'의 설치와 폐해 ·············· 306

3) 북률면 소작쟁의의 전개와 실패 ························· 310

5. 맺음말 ··· 318

Ⅶ. 이노마다 쇼이치(猪又正一)의 회고록을 통해 본
동양척식주식회사의 농장 운영 ···································· 321
1. 머리말 ··· 323
2. 이노마다 쇼이치의 조선 부임 ···························· 325
1) 이노마다의 「나의 동척 회고록」 ···················· 325
2) 동척 사원 이노마다의 조선 부임 ···················· 328
3. 이노마다를 통해 본 동척 사원의 주요 업무 ·········· 333
1) 소작계약의 체결 ·· 334
2) 검견·수납 및 농사개량 지도 ························· 338
4. 이노마다가 설계한 사유지증산계획 ···················· 353
1) 사유지증산계획의 수립 계획 ························· 353
2) 사유지증산계획의 전개 ······························ 354
5. 이노마다를 통해 본 동척의 영업이익과 사원처우 ········· 357
1) 동척의 농업 부문 영업이익 ·························· 357
2) 동척 사원의 처우 ······································ 359
6. 맺음말 ··· 364

Ⅷ. 결 론 ··· 367
1. 본 연구의 내용과 성과 ·································· 369
2. 식민지 지주제의 성격과 본질 ·························· 373
1) 식민권력과 식민지 지주제의 개념 ················· 373
2) 식민지 지주제의 본질 ································· 375

참고문헌 ·· 379
찾아보기 ·· 384

Ⅰ. 서 론

1. 연구의 방법과 목적

식민지 시기 농업사 연구에서 '식민지 지주제'란 용어는 조선인 지주와 일본인 지주의 민족적 차이를 설명해 내지 못한다. 식민지 지주제를 연구함에 있어서 그 경영상의 성격을 규정할 때 일본인 지주들의 경영상의 '합리성 혹은 선진성'을 주장하며 '근대성'으로 분류하는 연구로는 일찌감치 이미 '동태적(動態的) 지주'로 명명한 사례가 있다.[1) '동태적 지주'란 정체되고 낙후된 '정태적(情態的) 지주 = 조선인 지주 = 봉건적 지주'에 대해 '동태적 지주 = 일본인 지주 = 기업가적 지주'라는 도식적 프레임을 내걸고 이미 일제 강점기 일본인 학자들에 의해 단정적으로 규정된 개념이다.[2) 그러나 식민지 시기를 거치면서 조선인 지주들 가운데에서도 일본인 거대지주(회사)들의 금융기관을 통한 토지규모 확대와 비료의 대량 시용, 개량종자 재배, 수리시설의 이용 등을 통한 영농과정의 변화를 통해 기민하게 '동태적 지주'로 전환해 간 사례는 동복(同福) 오씨(吳氏)가의 농장 경영 사례에서도 확인된다.[3) 또한 이러한 조선인 지주의 유형을 '전북형 지주'[4)라고 부른 경우도 있고, 자본가적 기업

1) 이에 관해서는 하지연,『일제하 식민지 지주제 연구』, 서울, 혜안, 2010, 22~23쪽. 참조.
2) 山田龍雄, 「全羅北道における農業經營の諸相」,『農業と經濟』8-8, 1941 ; 大野保,『朝鮮農村の實態的硏究』, 滿洲大同學院, 1941 ; 大川一司·東畑精一,『朝鮮米穀經濟論』, 日本學術振興會, 297~307쪽 ; 東畑精一,『日本農業の展開過程』, 岩波書店, 1938, 35쪽 ; 久間健一,『朝鮮農政の課題』, 成美堂書店, 1947.
3) 洪性讚, 「日帝下 企業家的 農場型 地主制의 存在形態-同福 吳氏家의 東皐農場 經營構造 分析-」,『경제사학』제10호, 한국경제사학회, 1986.
4) 宮嶋博史, 「植民地下朝鮮人大地主の存在形態に關する試論」,『朝鮮史叢』

농,[5] 경영형 지주,[6] '기업가적 농장형 지주'[7]로도 표현하였다. 따라서 농장 경영상의 합리성이나 효율성, 혹은 근대성의 개념으로 일본인 지주와 조선인 지주를 구분하는 지극히 흑백 논리적 구분은 이미 의미가 없다. 다만 개별 지주들의 경영상의 특징을 사례연구를 통해 규명하고, 그 성격을 정의하는 작업이 필요하다는 것이다.

본 연구에서 '식민지 지주제' 혹은 '지주제'라고 함은 연구의 대상을 일제 강점기 일본인 거대지주로 설정한 관계로 일본인 거대지주회사(농장)에 의한 지주제로 한정지어 사용하고자 한다.

일본인 대자본의 농업회사 경영에 의한 식민지 지주제는[8] 조선에 대한 일본의 식민지 지배를 지방 농촌사회와 농민 구성원 및 영농과정 하나하나에까지 확실하게 실현시키고, 조선을 종주국 일본을 위한 식량공급지는 물론 과잉 인구문제까지도 해결해 준 중요한 식민지배시스템이었다. 또한 메이지 시기 일본에서 소작지를 얻지 못한 소작농이나 소작쟁의의 확대 분위기 속에 일본인 소작농들이나 지주들에게 새로운 활로를 열어준 신천지가 바로 식민지 조선의 농촌이었다.

현재까지 대표적인 일본인 경영의 식민지 지주제에 관한 연구는 국책

5·6합병호, 1982.

5) 김용섭, 「한말·일제하의 지주제-사례3 : 나주 이씨가」, 『진단학보』 제42호, 1976 ; 同, 「한말·일제하의 지주제-사례4 : 고부 김씨가」, 『한국사연구』 제19집, 한국사연구회, 1977.

6) 장시원, 「일제하 '경영지주' 범주의 설정을 위한 문제제기」, 『논문집』 제1집, 한국방송통신대학, 1983.

7) 홍성찬, 「일제하 기업가적 농장형 지주제의 역사적 형격」, 『동방학지』 제63호, 연세대학교 국학연구원, 1989.

8) 관련 연구 성과는 하지연, 『일제하 식민지 지주제 연구』, 19쪽, 각주 1 ; 하지연, 「일제시기 수원지역 일본인 회사지주의 농업 경영」, 『이화사학연구』 45, 이화사학연구소, 2012, 280쪽, 각주 2,3,4 참조.

회사였던 동양척식주식회사(東洋拓殖株式會社, 이하 동척),9) 시부사와
계(澁澤系) 조선흥업주식회사(朝鮮興業株式會社, 이하 '조선흥업'), 미쓰
비시(三菱)계 동산농사주식회사(東山農事株式會社, 이하 '동산농장'), 구
마모토(熊本)농장, 불이흥업주식회사(不二興業株式會社, 이하 '불이흥
업') 등에 대한 연구가 진행되어 왔다.10) 이들이 대표적인 사례이기는
하나 몇몇 개 회사의 분석만으로는 식민지 시기의 전체적인 일본인 경
영 식민지 지주제의 실태와 성격을 파악하기에는 무리가 있다. 따라서
추가적 사례를 더 발굴하여 그들의 토지침탈의 불법성, 소작제 농장경
영 과정에서 나타나는 일제 공권력의 비호 및 대지주의 식민지 농업정
책의 대행역할, 농업 생산과정(정조식 식부법의 강제, 소위 개량품종이

---

9) 동척에 관한 학계의 연구 성과는 하지연, 「1920년대 동양척식주식회사의 농장관
리조직과 특수어용단체 운영 실태」, 『한국민족운동사연구』 85, 한국민족운동사학
회, 2015의 각주 4, 6 참조.

10) 하지연, 『일제하 식민지 지주제 연구』; 하지연, 「일본인 회사지주의 식민지 농업
경영-三菱재벌의 東山農事株式會社의 사례를 중심으로-」, 『사학연구』 88, 2007;
蘇淳烈, 「戰時體制期植民地朝鮮における日本人大地主の存在形態-熊本農
場の事例分析」, 『農業史硏究』 第25號, 1992; 소순열·주봉규 공저, 『근대 지역
농업사 연구』, 서울, 서울대학교출판부, 1996; 홍성찬, 「일제하 전북 지역의 日本
人農場연구-1930, 40년대 熊本농장 地境支場의 경영사례-」, 『일제하 만경강 유
역의 사회사』, 서울, 혜안, 2006; 黃明水, 「不二興業會社와 農民收奪」, 『産業
硏究』 4집, 단국대 부설 산업연구소, 1982; 金容達, 「不二西鮮農場 小作爭議
調査報告」, 『한국근현대사연구』 25, 2003; 李圭洙 『近代朝鮮における植民地
地主制と農民運動』, 東京, 信山出版社, 1996; 하지연, 「일제하 불이흥업주식
회사 전북농장의 '舍音'제 운영과 성격」, 『이화사학연구』 제49집, 이화사학연구
소, 2014; 同, 「일제하 일본인 지주회사의 농장 관리 조직을 통해 본 식민지 지주
제의 성격」, 『한국문화연구』 28, 한국문화연구원, 2015; 同, 「1920년대 동양척식
주식회사의 농장관리조직과 특수어용단체 운영의 실태」; 同, 「『나의 동척 회고
록』에 나타난 동양척식주식회사의 농장 운영 실태」, 『한국민족운동사연구』 90,
한국민족운동사학회, 2017.

라고 하는 일본품종 및 화학비료의 강제 등)에서의 농민지배 및 고율의
소작료 징수문제, 소작인 관리통제조직(연대보증제도, 소작인오인조합,
사음제도의 변형, 지주회사의 관리통제조직 등) 실태, 조선인 소작농가
의 빈곤한 생활 참상 및 소작쟁의 등에 대한 구체적인 분석이 필요하다
고 본다. 그리고 이 작업은 식민지 시기의 일본인 거대지주회사에 의한
소작제 농장 경영의 세밀하고도 생생한 실태, 식민권력에 의해 강제되
어 지는 일본식 농법과 품종개량 등으로 변화하는 조선 농촌의 모습, 외
부로부터 강제된 이질적 영농 문화와 각종의 규율 및 통제 등에 대한 실
증적 사례 연구가 될 것으로 기대한다.

본 연구는 '식민지 조선 농촌의 일본인 지주와 조선 농민'이라는 큰
제목으로 식민지 시기 조선총독부라는 행정적·군사적 권력이 아닌 그
와 유기적으로 연결된 경제적 권력체로서 조선 농촌 및 농민 하나하나
에게 까지 생존권을 쥔 또 하나의 식민권력으로 군림했던 일본인 거대
지주에 관한 사례 연구이다. 이를 위해 석천현농업주식회사(石川縣農業
株式會社), 불이흥업, 구마모토 농장, 동척을 검토 대상으로 선별하였다.

이들 농장들은 당초 식민지 조선으로의 진출 자체가 대규모 자본을
가진 지주자본이었거나 혹은 국가나 지방행정관청의 지원을 받은 경우,
또는 일본 내 자산가들의 투자대행 및 위탁관리의 경우로 모두 대규모
의 사업자금을 동원하여 러일전쟁을 전후한 일본 내 '식민지 투자 열기'
가 한창인 시기 일찌감치 조선에서의 소작제 농장 경영을 시작하였다는
점에 공통점이 있다. 또한 이들의 조선에서의 토지 확보 및 확대과정은
식민지 공권력의 물리적 후원과 비호, 식민 금융당국의 경제적 지원을 받
아 식민지 조선 내에서 수월하고도 단시일 내에 대지주로 자리 잡았다.

물론 이들 농장들은 공통적으로 세계적인 경제의 흐름과 그 여파에

움직이는 식민지 모국 일본의 경제 상황, 특히 일본 및 조선의 미가 변동 등에 농장 운영 실적과 영업 이익이 유동적이었으나 대체로 식민지 시기 조선에서의 소작제 농장 경영은 저렴한 토지가격과 고율의 소작료가 만들어 내는 높은 토지 수익률로 인해 식민지 초과 이윤을 기타의 상업 분야 등과 비교했을 때 비교적 쉽게 달성했다.

본 연구는 본론을 총 6개 장으로 나누어 논의를 전개하였다. 제Ⅱ장에서는 먼저 석천현농업주식회사의 한국 진출 배경과 전북 김제 부근 일대의 토지 확보 과정과 규모, 경영진 및 주주, 주주배당률의 분석을 통해 식민지 조선에서의 수익 창출 규모를 추산하였다. 또한 농장 수익 구조 내에서 소작료 수입 부분을 분석하여 고율의 소작료 징수 실태를 실증하고자 하였다. 한편 이민척식사업을 통한 한국 내 일본인 농촌의 형성 시도 등 이 회사의 식민지 지주제에 입각한 농업 경영 전반에 걸친 검토를 하고자 했다.

제Ⅲ장에서는 식민지 시기 일본인 거대 지주회사의 '사음'제 운영의 성격을 분석하였다. 식민지 시기 일본인 거대 지주회사는 기존 조선의 '사음'제를 변용 운영하면서 그 임무와 권한이 변화되었음을 보고자 하였다. 즉 조선 재래의 사음의 권한을 회사가 흡수, 강화하면서 사음을 단순한 소작인 및 소작지 관리인으로 전락시켰을 뿐 식민지 지주제의 본질적이고 구조적 변화나 개선은 없이 오히려 식민성이 강화된 측면을 불이흥업과 구마모토 농장, 마스토미농장의 사례를 통해 규명하고자 했다.

제Ⅳ장에서는 근대적이고 합리적인 경영방식의 도입을 통해 농장 및 소작인 관리의 효율성을 기하고, 이에 따라 최대한도의 이윤 창출이라는 자본주의 운영 시스템을 구축한 일본인 거대지주회사 불이흥업의 소작제 농장 경영의 실태와 성격 분석을 통해 알아보고자 했다. 즉, 불이 홍업의 식민지 조선에서의 농장 경영의 시작과 토지 확대 과정, 농업생산과정에서의 소작민 및 영농 규제 실태, 고율의 소작료 징수와 전대 문제, 농장 관리통제조직의 구성과 소작농민 통제 실태, 지주적 조합인 '불이식산조합'의 성격, 철원농장 소작쟁의 사례 등을 세밀하게 검토하여 식민지 시기 '간척왕'으로 불린 불이홍업의 전형적인 식민지 지주로서의 행태와 특징을 살펴보았다.

제Ⅴ장에서는 소위 '구마모토 형 지주'라는 말이 나올 만큼 식민지 소작제 농장 경영에서 경영상의 합리성과 효율성, 그리고 자본주의적 경영의 대표적 사례였던 구마모토 농장을 선택하여 역시 식민지 거대 일본인 지주의 전형을 살펴보았다. 분석 항목은 구마모토 리헤이의 조선에서의 토지 확대 과정상의 특징, 농장 관리조직의 구성 및 성격, 주민구술을 통한 소작제 농장 경영의 실태 및 소작계약서의 분석, 소작쟁의의 발생과 경과 등으로 구성하였고, 특히 이 부분에서는 해당 지역인 화호농장 등에 구마모토 농장의 자료와 가옥, 해당 소작농민의 구술 자료를 활용하고자 했다.

제Ⅵ장에서는 동척의 설립과 초기 농장 부지 확보 과정과 토지의 규모 및 전국적 농장의 분포 상황, 초기 농감 활용 실태와 1920년대 이후 농장 관리조직의 체계화를 통한 운영체제 정비, '척식청년단'과 같은 특수어용단체 운영, 북률면 소작쟁의를 통해 본 조선 소작인들의 저항을 살펴보고자 했다. 현재까지 동척에 관한 우리 학계의 연구는 주로 동척의 설립 당초 설립위원과 주주, 회사의 경영구조 등에 대한 분석과 이민 사업에 대한 연구가 주를 이루었는데, 본 연구에서는 지주회사의 실제 영농과정에서의 소작인 통제에 대한 실태 분석을 위해 농업 현장에서

그 임무를 담당했던 사원 및 관리조직에 대한 분석을 중점적으로 시도
하고자 하였다.

제Ⅶ장에서는 동척의 사원이자 조선지점 지사장이었던 이노마다 쇼
이치(猪又正一)의 회고록을 분석하여 동척의 구체적인 농장 경영의 실
상을 검토하고자 하였다. 이노마다는 1918년부터 동척 조선지점 근무를
시작하여 1945년 11월, 동척이 조선에서 철수할 때까지 무려 27년의 세
월을 거의 대부분 조선에서 보내고, 특히 1942년부터는 조선 경성지점장
으로서 동척의 식민지 조선에서의 경영 사업을 최종적으로 정리하고 철
수한 장본인이었다. 그의 회고록은 비록 개인의 기록물이라고는 하지만
그가 동척의 주요 지점과 농장에서 말단의 현장 업무담당 직원에서부터
승진을 거듭하고, 또 조선 각지의 여러 지점과 다양한 업무를 두루 거치
면서 생생한 영농 현장의 모습을 수록하여, 비록 몇 가지의 오류에도 불
구하고, 회사 편찬의 기록물 못지않게 상당히 사료적 가치가 높다고 할
수 있다. 따라서 본 연구에서는 이노마다라는 동척 사원의 회고록을 통
해 동척의 소작계약 체결과정, 검견 및 수납과정, 농사개량지도 업무, '
사유지증산계획' 등 농장의 농업현장에서의 실제 영농통제모습을 회사
발간 자료 및 당시 신문보도 등을 참고로 하여 살펴보고자 하였다.

2. 식민지 지주제에 대한 연구 현황

1980, 90년대 한국학계에서의 일본인 대지주에 관한 연구는 역사학보
다는 주로 사회·경제학에서 약간씩 진행되어 왔다. 그리고 그 연구대상
지역으로는 일본인 대지주의 최대 밀집지대였던 전라북도를 주로 택하
였는데, 구체적인 일본인 개별농장이나 지주에 관한 사례 연구보다는
일본인들의 불법적 토지침탈, 수리조합 연구의 일환으로 이루어졌다.[11]
그런데 1990년대부터 식민지 일본인 농장 내지 회사지주에 대한 구체적
사례 연구가 진척되고 있다. 소순열은 구마모토 리헤이(熊本利平)의 구
마모토 농장에 대한 집중적이고도 실증적 검토를 통하여 한말에서 일제
강점기에 걸친 일본인 대지주의 대표적 사례를 심층적으로 분석하였
다.[12] 그 외에도 또한 한말·일제하 전라북도의 대표적인 일본인 대지주
이자 '조선의 수리왕'이라고 불리던 후지이 간타로(藤井寬太郎)의 불이
흥업에 관해서는 黃明水, 金容達, 이규수 등의 연구가 있고[13] 오쿠라(大

---

11) 사회학계에서의 연구로는 문소정, 박명규, 역사학계에서는 배영순, 조항래 등의
    연구가 있다. 문소정, 「대한제국기 일본인 대지주의 형성」, 『한국 근대 농촌 사회
    와 일본 제국주의-한국사회사연구회논문집』 제2집, 문학과 지성사, 1986 ; 박명
    규, 「식민지 지주제의 형성 배경-한말 전북 지역을 중심으로-」, 『사회와 역사』 2,
    한국사회사학회, 문학과 지성사, 1986 ; 同, 「1910년대 식민지 농업 개발의 성격-
    전북 지역 농업 변동을 중심으로-」, 『사회와 역사』 33, 한국사회사학회, 1992 ;
    同, 「일본인 대지주의 형성과 성격에 관한 연구」, 『한국학보』 86집, 일지사, 1997 ;
    裵英淳, 「韓末·日帝初 日本人 大地主의 農場經營-水田農場을 중심으로-」,
    『인문연구』 3, 영남대학교 인문과학연구소, 1983 ; 趙恒來, 「韓末 日帝의 農地
    收奪과 그 實際」, 『又仁 金龍德 博士 停年 紀念 史學論叢』, 同간행위원회,
    1988.
12) 蘇淳烈, 「戰時體制期植民地朝鮮における日本人大地主の存在形態-熊本農
    場の事例分析」 ; 소순열·주봉규 공저, 『근대 지역농업사 연구』.

倉) 재벌의 오쿠라 농장, 미쓰비시재벌의 동산농장에 관해서는 앞서 언급한 바와 같이 하지연의 연구가 있다.[14]

먼저 국책회사인 동척에 관한 연구는 동척의 설립과정과 자본 및 회사 경영규모의 분석, 사업 전개 과정, 이민(척식)사업, 궁삼면(宮三面)을 비롯한 조선에서의 토지수탈문제 등에서 상당한 성과를 이루어왔다.[15] 이 성과에 이어 이제는 동척이 조선의 전국 각지에서 농장을 운영하기 위해 설치했던 현장 관리조직 실태, 즉 소작인 관리조직, 소작인조합, 사원운영 사례, 실제 농장 운영 실태 및 성격 등에 대한 연구도 '식민지 지주'의 가장 전형이라고 할 동척 연구에서 좀 더 심도 있게 규명되어야 할 중요한 주제라고 생각된다.

한편 조선흥업에 관한 선행 연구는 윤수종, 하지연의 성과가 있다.[16] 윤수종은 주로 조선흥업 자체에서 편찬한 회사지에 의거하여 조선흥업의 각 농장별 특징과 소작료 징수실태 등 전반적인 경영의 모습을 상세하게 검토하였다. 그러나 회사지(會社誌)의 충실한 해석에 치중한 관계로 보다 심층적인 조선흥업의 수탈적 농업경영의 성격은 제대로 규명되지 못했다. 또 영업보고서와 해당 지역 지방 사료 및 일제하의 농업관련

---

13) 黃明水, 「不二興業會社와 農民收奪」 ; 金容達, 「不二西鮮農場 小作爭議調査報告」 ; 이규수, 「후지이 간타로(藤井寬太郞)의 한국진출과 농장경영」, 『대동문화연구』 49, 대동문화연구소, 2005 ; 同, 『식민지 조선과 일본, 일본인-호남지역 일본인의 사회사』, 서울, 다할미디어, 2007.

14) 본서의 각주 8. 참조.

15) 하지연, 「1920년대 동양척식주식회사의 농장관리조직과 특수어용단체 운영 실태」 의 각주 4, 6 참조.

16) 윤수종, 「일제하 일본인 지주회사의 농장 경영 분석-조선흥업주식회사의 사례」, 『한국사회사연구회논문집』 12집, 한국사회사연구회, 1988 ; 하지연, 『韓末·日帝 强占期 日本人 會社地主의 農業經營 硏究-澁澤榮一 資本의 朝鮮興業株式會社를 중심으로-』, 梨花女子大學校 大學院 史學科 博士學位論文, 2006.

사료의 분석 또한 결여되어, 조선흥업의 경영진 및 대주주, 연도별 각 사업부의 영업실태 등에 대한 검증이 없어 아사다 교지(淺田喬二)의 연구에서 크게 진전되지 못하였다.[17] 조선 소작농의 항일 소작쟁의에 관해서도 국내 사료 및 신문 기사에 대한 상세한 검토를 하지 못하였다. 하지연은 윤수종과 아사다의 연구가 단지 1936년까지의 회사지 자료에 의존한 연구이며, 회사 경영구조를 위주로 분석하여 막상 식민지 지주로서의 구체적 조선흥업의 영업실태와 조선 소작인들의 저항운동 등에 대한 검토가 결여된 점을『영업보고서』등과 당시 일간지 자료 등을 보완하여 상세하게 분석, 정리하였다.[18]

한편 일제하 전라북도, 특히 만경강 유역의 식민지 지주제에 관한 종합적 연구 성과로 홍성찬, 최원규, 이준식, 우대형, 이경란 등에 의한『일제하 만경강 유역의 사회사-수리조합, 지주제, 지역정치』는 지금까지의 경제사 연구에서 접근하지 못했던 해당 지역의 토지대장 및 등기부 자료에 대한 정확한 검토와 분석을 토대로 일제 식민지 지주제의 전형이라고 할 수 있는 전라북도 옥구(沃溝) 및 임피(臨陂), 군산(群山) 지역의 일본인 및 한국인 지주의 농장 경영 규모와 실태, 토지 확대 및 담보대부 실태, 농외 투자 및 자본 전환 문제, 유력자 집단 및 지역 정치 등 사회·경제사 연구에서 괄목할 만한 성과를 이루어 냈다는 점에서 주목된다.[19]

또한 허수열은 일제하 조선 경제 개발의 현상과 본질을 분석한『개발 없는 개발』[20]에서 거시적 관점에서 식민지 전 시기에 걸친 일본의 한국

17) 淺田喬二,『日本帝國主義と舊植民地地主制』, 御茶の水書房, 1968.
18) 하지연,『韓末·日帝 强占期 日本人 會社地主의 農業經營 硏究-澁澤榮一 資本의 朝鮮興業株式會社를 중심으로-』.
19) 홍성찬·최원규·이준식·우대형·이경란 공저,『일제하 만경강 유역의 사회사』.

농업 개발의 본질적인 측면을 일본인 소유 경지의 규모와 비중, 토지 생산성을 고려한 일본인 소유 논 면적의 추계, 민족별 배분 문제 등을 검토하여 일제하 '조선 경제의 성장과 조선인 경제의 성장은 다름'을 규명하였다. 특히 『일제초기 조선의 농업』[21]에서는 일제 강점 초기 일본에 의한 토지개량의 실태와 소위 개량농법이라고 하는 우량품종의 보급 및 시비 확대 문제를 분석하여 일본에 의한 생산력의 증대 문제의 과장된 측면과 일본품종에 비하여 결코 뒤처지지 않는 조선 재래품종의 생산성 문제, 화학비료의 대량 보급 및 시용 강제와 생산성의 문제를 면밀하게 분석하였다. 허수열의 연구는 기존 역사학계의 세밀한 사례 연구를 보완하여 경제사적 관점에서 거시적으로 실제 일본에 의한 식민지 조선 농업의 개발의 문제를 정확한 데이터의 산출을 통해 통시대적으로 조명할 수 있는 새로운 연구 프레임을 제시해 주었다.

본 연구는 이러한 학계의 연구 성과에 기초하여 1990년대 이후 주춤한 식민지 지주제 분야를 다시금 재조명하되, 구체적 사례 검증을 통해 식민지 농촌의 일본인 거대지주(회사)와 조선 소작인들의 상호 관계와 민족적 대립문제, 경제적인 갑-을 관계, 식민지 지주제가 가져온 조선 농촌의 영농 실태 및 소작관계 문제 등에 대해 심층적으로 분석하고자 한다.

---

20) 허수열, 『개발 없는 개발』, 은행나무, 2005.
21) 허수열, 『일제초기 조선의 농업』, 한길사, 2011.

Ⅱ. 석천현농업주식회사의 식민지 소작제 농업 경영

1. 머리말

식민지 지주제, 특히 일본 대자본에 의한 식민지 지주제는[1] 조선에 대한 일본의 식민지 지배를 지방사회와 농민 구성원 개개인에까지 실현시키고, 조선을 식량공급지, 일본의 과잉 인구문제 해결을 위한 새로운 정착지로 재편시키는 가장 기본적인 식민지배시스템이었다고 할 수 있다. 그런데 이 식민지 지주제를 연구함에 있어서 사료의 해석과 그 성격을 규명하는데 가장 주의를 요하는 부분이 바로 '농업 경영상의 식민성과 근대성'의 문제이다. 현재 식민지 지주제 연구의 경향은 일본인 지주들의 농업 경영 구조의 근대화와 농장 조직 운영의 효율성에 대해 최소한의 투자와 최대한도의 이윤창출이라는 자본주의적 경영 특징을 그대로 반영한 '근대성'을 부정하지는 않는다. 그러나 주의할 점은 이때 '근대성'이 우리가 기존에 흑백 논리적으로 이해해 왔던 긍정적 의미의 '근대성'은 아니라는 점이다. 즉, '식민지 근대성'의 의미이다.

그렇다면 식민지 근대성의 문제에서 개발의 주체와 창출된 이윤의 수혜대상은 과연 누구였는가의 문제에까지 나아가면 근대성의 문제는 '식민성'과 동전의 양면처럼 공존하고 있었다고 해야 할 것이다. 식민지 조선 농업의 '식민성'을 가장 전형적으로 볼 수 있는 구체적 사례는 바로 일본인 대지주 및 지주회사의 농장경영의 실상이다.

현재까지 식민지 시기 대표적인 일본인 경영의 대농장 혹은 지주회사에 관한 연구로는 시부사와 계(澁澤系) 조선흥업주식회사(朝鮮興業株式

---

[1] 식민지 지주제에 대한 학계의 연구 성과는 하지연, 『일제하 식민지 지주제 연구』, 서울, 혜안, 2010, 19쪽, 각주 1 ; 하지연, 「일제시기 수원지역 일본인 회사지주의 농업 경영」, 『이화사학연구』45, 이화사학연구소, 2012, 280쪽, 각주 2,3,4 참조.

會社, 이하 '조선흥업'), 미쓰비시(三菱系)계 동산농사주식회사(東山農事
株式會社, 이하 '동산농장'), 구마모토(熊本)농장, 불이흥업주식회사(不二
興業株式會社, 이하 '불이흥업'), 가와사키(川崎)농장 등에 대한 연구가
진행되어 왔다.[2]

　본 연구에서는 석천현농업주식회사(石川縣農業株式會社, 이하 '석천
현농업(주)')의 사례를 분석해 보기로 하겠다. 석천현농업(주)는 1907년 7
월 자본금 10만원으로 하여 일본 가나자와 시(金澤市)에 본점을 설치하

───────────

　2) 하지연,『일제하 식민지 지주제 연구』; 하지연,「일본인 회사지주의 식민지 농업
　　경영-三菱재벌의 東山農事株式會社의 사례를 중심으로-」,『사학연구』88, 2007 ;
　　同,「한말 일본 대자본의 대한경제침탈-大倉組를 중심으로-」, 이화여대 한국근
　　현대사연구실 편,『한국 근현대 대외관계사의 재조명』, 국학자료원, 2007 ; 同,
　　「일제하 한국농업의 식민성과 근대성 : 일본인 대농장 가와사키농장의 소작제 경
　　영 사례를 통하여-」, 신용하 외,『식민지 근대화론에 대한 비판적 성찰』, 나남,
　　2009 ; 同,「일제시기 수원지역 일본인 회사지주의 농업 경영」; 同,「식민지 지주
　　제와 石川縣農業株式會社」,『이화사학연구』47, 이화사학연구소, 2013 ; 同,「일
　　제하 불이흥업주식회사 전북농장의 '舍音'제 운영과 성격」,『이화사학연구』49,
　　이화사학연구소, 2014 ; 同,「일제하 일본인 지주회사의 농장 관리 조직을 통해
　　본 식민지 지주제의 성격」,『한국문화연구』28, 한국문화연구원, 2015 ; 同,「1920
　　년대 동양척식주식회사의 농장관리조직과 특수어용단체 운영의 실태」,『한국민
　　족운동사연구』86, 한국민족운동사학회, 2015 ; 同,「『나의 동척 회고록』에 나타
　　난 동양척식주식회사의 농장 운영 실태」,『한국민족운동사연구』90, 한국민족운
　　동사학회, 2017 ; 蘇淳烈,「戰時體制期植民地朝鮮における日本人大地主の存
　　在形態-熊本農場の事例分析」,『農業史研究』第25號, 1992 ; 소순열·주봉규
　　공저,『근대 지역농업사 연구』, 서울, 서울대학교출판부, 1996 ; 홍성찬,「일제하
　　전북 지역의 日本人農場연구-1930, 40년대 熊本농장 地境支場의 경영사례-」,『일
　　제하 만경강 유역의 사회사』, 서울, 혜안, 2006 ; 黃明水,「不二興業會社와 農民
　　收奪」,『産業研究』4집, 단국대 부설 산업연구소, 1982 ; 金容達,「不二西鮮農
　　場 小作爭議調査報告」,『한국근현대사연구』25, 2003 ; 李圭洙『近代朝鮮に
　　おける植民地地主制と農民運動』, 東京, 信山出版社, 1996.

고, 조선의 전라북도 김제군(金堤郡) 김제면에 출장소를 두어 식민지 소
작제 농업경영에 착수한 일본인 거대 지주회사였다. 석천현농업(주)는
1908년부터 토지매수에 착수해 처음에는 약 300 정보(町步) 가량으로 시
작하였으나 점차 전북 일대의 경지, 특히 논을 위주로 매수해 들이면서
토지조사사업이 완료되는 1918년 무렵 거의 1,500 정보 가량을 확보했
고, 1930년대 말에는 1,700여 정보에 달하는 거대 지주회사가 되었다. 석
천현농업(주)는 식민지 시기 다른 일본인 거대 지주회사와 비교해 보아
도 소유 경지 중 논이 차지하는 비중이 압도적으로 높았던 수전경작 위
주의 회사로서 고율의 소작료 수취를 통한 식민지적 초과이윤을 확보했
던 전형적인 일본인 지주회사였다.

　당 회사에 관해서는 다나카 요시오(田中喜南)[3])와 아사다 교지(淺田喬
二)[4])의 선행 연구 성과가 있다. 전자의 경우 자료 소개에 충실한 연구이
고, 후자의 경우는, 『영업보고서 營業報告書』의 분석을 통해 자본규모나
경영실적 등 회사 규모 파악에 치중한 경제사 연구라서 일본인 경영의
농업회사가 식민지 시기 조선에서 가지는 '식민성'에 대한 구체적 농장
경영의 실태 분석은 이루어지지 못했다. 다만 다나카는 상세한 자료소
개를 하였고, 아사다는 석천현농업(주)의 회사규모와 수익구조를 면밀하
게 분석하여 후속 연구에 상당한 도움을 주었다.[5]) 따라서 본 연구에서

---

3) 田中喜南, 「石川縣農業株式會社」, 『北陸史學』15, 北陸史學會, 1967 ; 田中
　喜南, 「明治後期 <朝鮮拓植>への地方的關心-石川縣農業株式會社の設立を
　通して」, 『朝鮮史研究會論文集』 4, 1968.
4) 淺田喬二, 「舊植民地(朝鮮)における日本人大地主の存在形態-石川縣農業
　株式會社の事例分析-」, 『朝鮮歷史論集-旗田巍先生古稀記念』下卷, 東京, 旗
　田巍先生古稀記念會, 龍溪書舍, 1979.
5) 본 논문에서 참고한 石川縣農業株式會社, 『石川縣農業株式會社決算三十回
　記念誌』(이하 『記念誌』로 약칭, 金澤市 元町 本岡三郎씨 所藏), 石川縣農業

[사진 1] 일명 황병주 가옥(등록문화재 220호, 전북 김제시 죽산면 종남길 233).
석천현농업㈜ 농장 내에 건립된 한일 절충식 가옥으로 1936년 경 건
립된 것으로 추정된다.

는 기존 연구 성과를 기반으로 하여 석천현농업(주)의 조선 진출 및 토
지취득과정에서의 식민지 경영의 성격, 수익구조의 분석과 소작제 농장
경영의 실태파악 등을 통해 당 회사가 식민지 조선에서 고율의 소작료
를 수취하고 초과이윤을 극대화시킨 식민지 지주제의 전형이었음을 분
석하고자 한다.6)

株式會社, 『營業報告書』 등은 모두 田中喜南의 「石川縣農業株式會社」와 田
中喜南의 「明治後期 <朝鮮拓植>への地方的關心-石川縣農業株式會社の設
立を通して」, 淺田喬二의 「舊植民地(朝鮮)における日本人大地主の存在形
態-石川縣農業株式會社の事例分析」에서 소개된 자료에 근거하고, 재인용했음
을 밝혀 둔다.
6) 본 논문에서는 대한제국 시기까지는 '한국'으로, 일제 강점 이후부터는 '조선'으로
명기함.

2. 석천현농업주식회사의 식민지 농업경영의 시작

1) 전북지역의 일본인 식민지 지주제의 실태

전북지역은 금강 이남과 노령산맥 이북의 서해로 이어지는 천혜의 평야지대로 그 규모는 무려 남북 200리, 동서 120리에 달한다. 기후는 온난하며 토지가 비옥하고, 금강(錦江), 만경강(萬頃江), 동진강(東津江), 고부천(高阜川), 정읍천(井邑川) 등이 동서남북으로 교류하고 있어 우리나라 최대의 곡창인 것은 이미 잘 알려진 사실이다. 때문에 옛부터 이 지역에 벽골제(碧骨堤)를 비롯하여 여러 제언이나 보의 시설이 일찌감치 들어섰고, 왕실과 지배층들의 토지 소유 및 농민 수탈의 중심지가 되어 왔다.

개항 이후 일본인들은 한국에서의 외국인의 토지소유가 불법이었음에도 불구하고 불평등조약을 이용하여 불법적으로 토지 소유를 확대해 갔는데, 특히 전북지역은 천혜의 농업경영 최적지답게 일본인 지주들이 선호하는 지역이었다. 1899년 군산이 개항되고, 1901년 일본의 이민법이 개정되어 한국으로의 자유로운 이주가 늘어나면서[7] 일본인 지주들은 급속하게 늘어나기 시작했다. 특히 1904년 러일전쟁이 일본인의 한국으로의 대거 이주와 지주화에 결정적인 계기였다.

1904년 5월 군산에 근거를 둔 일본인 농업경영자들은 당시까지도 불법이었던 외국인들의 토지소유를 인정받기 위하여 '군산농사조합 群山農事組合'이란 자체적 부동산 조합을 결성하여 한국 내에서 영향력이

---

7) 「韓國群山事情一般」, 『通商彙纂』 203호, 1901년 10월 26일자.

[사진 2] 일본으로 이출되기전 군산항에 선적된 쌀

확대되어 가고 있던 일본의 힘을 빌려 소유권을 보장받고자 했다. 1904
년 12월 현재 군산농사조합에는 99명이 가입되어 있었는데 이들이 소유
한 토지는 전주평야의 1/3에 해당되는 2만여 정보에 이르렀다고 한다.[8]

러일전쟁을 전후로 일제가 군용지 수용과 철도 연선 주변의 토지 약
탈을 대대적으로 추진한 것과 관련하여 일본인 자본가들의 한국에서의
지주화가 늘었고, 1906년 「토지가옥증명규칙 土地家屋證明規則」(칙령
제18호) 등의 법령을 통해 일본인의 토지 소유가 합법화 되기 시작하자
일본인들은 현금매수 또는 고리대를 통한 '저당유질'의 방법 등을 동원
하여 미간지와 기간지를 아우르는 모든 토지를 매수해 들였다. 게다가
당시 한국의 지가는 일본 지가의 1/10에도 못 미치는 수준임에도 불구하

8) 福島北溟, 『李朝全州』, 共存舍, 1909, 120~121쪽 ; 원용찬, 『일제하 전북의 농
   업수탈사』, 신아출판사, 2004, 17쪽.

고, 비옥한 토지에 고율의 소작료까지 거둘 수 있는 높은 수익성을 보장
하고 있었다.9) 당시 기록에 의하면 전북 군산 지역의 경우 토지투자에
대한 수익률이 23~26% 이상에 해당되었다고 할 정도였다.10)

일찌감치 전북지역에 진출했던 일본인 거대지주로는 미츠비시의 동
산농장, 호소카와(細川)농장, 오쿠라(大倉)농장, 가와사키(川崎)농장 등이
있었다.11) 그 외에도 사토(佐藤)농장, 미야자키(宮崎)농장, 오오모리(大
森)농장, 구마모토(熊本)농장, 후지이(藤井) 농장 등 전북지역은 식민지
시기 전국적으로 일본인 지주의 집중도가 가장 높았던 지역이었다.12)

전북지역은 일제하 지주제 전개과정에서 전국적으로 대지주의 수와
대지주에 의한 경지소유 비중이 가장 높은 지역이었다. [표 II-1]에 의하
면 30 정보 이상의 지주(1930년 말)의 소유 실태를 보면 인원수는 일본
인 지주(842명)는 한국인 지주(4,159명)의 20%선이었으나, 그 소유 경지
는 3배가 넘는 63.5%에 달했다. 또 500 정보 이상의 거대지주도 한국인
이 43명이고, 일본인이 65명이다. 그런데 이 65명의 일본인 거대지주 중

---

9) 이에 대한 자세한 내용은 하지연,『일제하 식민지 지주제 연구』, 79~95쪽 및 하지
   연,「대한제국기 일본 대자본의 지주화 과정 연구」,『이화사학연구』33, 이화사학
   연구소, 2006 ; 淺田喬二,『日本帝國主義と舊植民地地主制』, 東京, 御茶の水
   書房, 1968, 74~76쪽 참조.
10) 加藤末郎,『韓國農業論』, 東京, 裳華房, 1904, 259~268쪽.
11) 오쿠라 농장에 관해서는 하지연,「한말 일본 대자본의 대한경제침탈-大倉組를 중
    심으로-」; 가와사키농장에 관해서는 하지연,「일제하 한국농업의 식민성과 근대
    성-일본인 대농장 가와사키농장의 소작제 경영사례를 통하여」참조 ; 호소카와
    농장에 대해서는 정승진,「영주에서 식민지 대지주로-일본 귀족 호소카와(細川)
    가의 한국에서의 토지 집적」,『역사비평』73권, 역사비평사, 2005 ; 정승진,「일제
    시대 식민 '신도시'의 출현과 주변 농촌-전북 이리와 大場村의 사례를 중심으로」,
    『쌀, 삶, 문명 연구』창간호, 전북대 인문한국 쌀, 삶, 문명 연구원, 2008. 참조.
12) 梶川半三郎,『實業之朝鮮』, 京城, 朝鮮硏究會, 240~247쪽.

29%에 달하는 19명이 전북지역에 있어서 일본인 거대지주들이 전북지역에 밀집해 기업형 대규모 농장을 경영했음을 알 수 있다. 총 소유면적을 비교해 보아도 한국인 지주는 2만 9천 여 정보, 일본인 지주는 4만 3천여 정보이다.[13] 결국 전북지방이 일본인 거대지주에 의한 식민지 지주제가 가장 극명하게 구현된 지역임을 알 수 있는 부분이다.

[표 Ⅱ-1] 각 도별 30 정보 이상 대지주의 민족별 소유 경지면적 상황(1930년 말) (단위 : 人, 町)

	조선인						일본인					
	30~50	50~100	100~500	500~	계	경지면적	30~50	50~100	100~500	500~	계	경지면적
경기	369	147	116	10	642	53,786	19	18	26	4	67	16,014
충북	124	31	15	2	172	11,538	11	3	4	1	19	3,022
충남	168	135	71	5	379	31,754	32	26	21	4	83	14,981
전북	119	134	73	5	331	29,482	31	19	39	19	108	43,154
전남	157	158	99	8	422	43,753	64	52	61	13	190	45,749
경북	31	89	40	3	163	16,130	20	19	10	2	51	9,185
경남	175	168	86	4	433	34,055	43	45	23	5	116	19,600
황해	329	172	86	1	588	42,634	24	20	22	9	75	40,476
평남	107	197	75	4	383	34,107	8	11	7	2	28	4,982
평북	73	120	48	0	241	22,610	4	6	6	2	18	7,695
강원	135	57	35	1	228	12,184	15	12	8	3	38	8,666
함남	120	20	9	0	149	9,473	11	12	5	1	29	3,187
함북	14	10	4	0	28	2,324	8	8	4	0	20	1,503
계	1,921	1,438	757	43	4,159	343,830	290	251	236	65	842	218,214

자료 : 충북 100 정보 이상 대지주 명부(「昭和五年調査忠淸北道小作慣行調査」) ; 충남 30 정보 이상 일본인 및 100 정보 이상 조선인 대지주 명부(「忠淸南道發達史」, 296~300쪽) ; 전북 50 정보 이상 일본인 및 100 정보 이상 조선인 대지주 명부 및 전남 30 정보 이상 일본인 및 50 정보 이상 조선인 대지주 명부(「全羅北道·全羅南道地主調」, 프린트 판) ; 평북 100 정보 이상 대지주 명부(「昭和五年調査平安北道小作慣行調査」)

---

13) 원용찬, 『일제하 전북의 농업수탈사』, 46~50쪽.

특히 1,000 정보 이상의 거대지주는 큰 부침 없이 그 소유 규모면에서 나 경영의 측면에서 항상성을 유지하고 있는데, 석천현농업(주)도 이에 해당된다. [표 Ⅱ-2]는 1931년 말 현재 전북지역의 대표적인 일본인 거대 지주의 경작지별 토지소유 현황이다. 여기서 일본인 거대 지주회사의 경우 경작지의 구성을 보면 논의 비중이 압도적으로 높은 수전 위주의 농장이었음을 알 수 있다.

[표 Ⅱ-2] 전북지역 일본인 거대지주의 토지소유 현황(1931년 말)   (단위 : 町)

농장명	설립 연도	소유면적				경영지
		논	밭	기타	계	
大倉米吉	1914	566	3	1	570	옥구군 大野面 地境里
二葉社(주)	1920.7	1,026	191	151	1,368	전주, 鎭安, 옥구, 익산
동산농사(주)조선 지점전북출장소	1907.	1,328	242	65	1,635	전주, 김제, 익산
熊本利平	1903.10	2,721	192	52	2,965	김제, 옥구, 익산, 부안
石川縣(주)	1908.5	1,471	64	42	1,577	김제,정읍, 부안(사무소 : 金堤郡 金堤面 新豊里)
多木条次郎	1918.4	2,370	67	127	2,564	정읍, 부안, 옥구, 김제, 익산
中柴산업(주)	1918.10	580	129	35	744	김제
樑富安佐衛門	1907.5	516.3	85.7	10.2	612.2	정읍, 김제군
大倉농장	1904.3	464	2	1	466	옥구군(大倉喜七郎)
대창농장	1917.2	451.6	1.3	0.4	453.3	옥구군
宮崎농장	1903.2	444	4	2	450	옥구, 익산군
島谷산업(주)	1929	713	73	26	812	옥구군
島谷八十八	1906.2	207	47	90	344	옥구, 익산, 김제
(주) 大橋농장	1908.9	927	119	53	1,099	김제, 옥구, 익산군
細川蒙조선농장	1904.9	1,293	115	38	1,446	전주, 김제, 익산
右近商事(주) 南鮮출장소	1921.4	2,059	791	13	2,863	전주, 정읍, 부안, 김제, 익산
不二흥업(주) 전북농장	1914.5	1,844	124	191	2,159	각 군
㈜大橋농장	1908.8	927	119	53	1,099	益山,金堤,옥구군(사무소 : 익산군 이리읍)

자료 : 일본인 農事經營者調(100 정보 이상 경영자, 1931년 말), 朝鮮總督府 農林局, 『朝鮮 の農業』, 1933년판, 185~205쪽.

2) 석천현농업주식회사의 조선 진출

석천현농업(주)는 1907년 7월 10일, 자본금 10만 원(員=円)으로 본사를 일본 가나자와 시 바쿠로마치(博勞町) 73번지에 두고, 출장소를 한국 전라북도 김제군 김제면 내에 설치하여 본격적으로 한국 내 식민지 농업 경영에 착수하였다. 1909년 10월 3일에는 본사를 바쿠로마치 56번지로 이전하고, 1911년 6월에는 한국 내 출장소를 지점으로 승격시켰다. 그 후 대전(大田)-목포(木浦) 간의 호남철도가 개통되어, 1917년 8월 10일, 김제면 내에 있는 지점을 김제역전(金堤驛前)으로 이전하였다. 1918년 6월 24일에는 일본 내 본사를 김제군 김제면 신풍리(新豊里) 209번지로 이전하였고, 가나자와의 본점을 출장소로 하였다.[14] 이후 1945년 일본의 2차 대전 패전까지 그 경영을 계속한 식민지 시기 일본인 거대지주의 대표적 사례이다.

메이지(明治) 유신 이후 일본에서 석천현은 정치와 경제의 중심부에서 상당히 소외된 낙후지역이었으나 러일전쟁을 계기로 급속하게 한국 및 만주로 일본이 세력을 확장해 가는 분위기에 편승하여 현(縣)의 입지를 강화하고자 했다.[15] 1905년 석천현회의원 모토오카 미치지(本岡三千治)를 중심으로 만한(滿韓)시찰원파견계획이 구체화되었고, 이듬해 6월 농업, 어업, 상공업 등의 전문가 25명이 파견되었다.[16] 8월에 돌아온 이

---

14) 『記念誌』, 1~3쪽 ; 『營業報告書』 1회, 2회, 5회, 13회 ; 田中喜南, 「石川縣農業株式會社」, 54~55쪽.

15) 이에 대해서는 田中喜南, 「明治後期 <朝鮮拓植>への地方的關心-石川縣農業株式會社の設立を通して」, 134~136쪽.

16) 시찰단의 행선을 보면 만주보다는 조선이 많았고, 산업분야별로 보면 농상공업이 72%, 어업 24%, 임업 4%로 농상공업이 가장 많았다. 파견된 단원의 직업은 농업의 경우 대지주 혹은 중층 지주층이었다. 이들의 숙식은 자비 부담이었으나, 일본

들은 『만한시찰보고회 滿韓視察報告會』, 『만한농사시찰복명서 滿韓農
事視察復命書』 등을 제출했는데, 『만한농사시찰복명서』에서는 '한국의
자연경관, 도시, 인구, 재한일본인, 농업상황, 지가 등을 상술하고, 토지
취득 방법이 용이하고, 가격이 저렴하여 특히 낙동강이나 금강, 영산강
등의 유역은 일본인이 농업을 경영하는데 천혜의 지역'이라고 소개하였
다.[17)

석천현은 현 내의 대지주 및 중층지주들의 지지를 받아 러일전쟁이
종결된 1905년 말부터 본격적으로 한국으로의 농업척식을 준비하였고,
그 기초 조사에서 만족할만한 답을 얻은 셈이었다. 이리하여 1906년 가
을 한국농업주식회사 설립의 움직임이 석천현 의원인 모토오카 미치지,
오리하시 게이타로(折橋啓太郞)[18)를 중심으로 제기되어 이를 석천현 사
업으로 하는데 의견 일치를 보았고, 1907년 초 석천현 지사(知事) 무라카
미 요시오(村上義雄)는 대부분 지주출신인 현의원들의 요청에 의하여
현 차원에서 이 사업을 적극 지원하기로 하였다.[19)

회사의 설립 자금은 권업은행(勸業銀行)에서 빌리고, 석천현이 이를 7
만 5천엔 한도로 보증하며, 회사 창립 후 3개년간 연 6%의 이자를 현이
부담할 것을 약속하였다. 물론 회사의 모든 금전 문제나 주요 기술원 및

_____

정부가 배운임, 東淸철도나 安奉철도를 무임으로 제공하였고, 석천현에서 6천엔
가량의 보조금을 지급하였다.(田中喜南, 「明治後期 <朝鮮拓植>への地方的關
心-石川縣農業株式會社の設立を通して」, 140~142쪽)
17) 「滿韓植民論」, 『政敎新聞』, 1905년 7월 13일~15일자. 『政敎新聞』은 石川縣 河
北郡 淨土眞宗系 지주층을 대상으로 1900년 5월 창간된 신문이다.
18) 石川縣 羽咋郡 北邑知村字飯 출신. 1894년 7월 13일, 折橋直次郎의 장남.
1895년 4월 北邑知村議員. 동년 9월 羽咋郡會 의원, 1901년 7월 北邑知村長,
政友會 소속, 1903년 9월~1912년 縣會議員, 지주출신.
19) [부록 1]의 석천현농업주식회사 설립 허가서 참조.

임원을 임면(任免)할 때는 지사의 승인을 받게 되어 있었다는 점에서 석
천현농업(주)는 사실상 현 당국의 이익회사였다고 할 것이다.

1907년 7월에는 가나자와 시 오테마치(大手町) 36번지에 <석천현농업
주식회사창립사무소 石川縣農業株式會社創立事務所>가 개설되었고, 발
기인은 대부분이 대지주, 중층지주였다.20) 석천현농업(주)는 1. 농업, 식
림(植林), 토지의 개간 및 기타 이에 관련된 부대사업, 2. 대금(貸金)과 토
지, 건물의 매매(賣買) 및 임대차(賃貸借), 3. 당 회사 소유지의 수리(水
利)에 관련된 수력전기 사업의 발기(發起) 및 출자(出資), 4. 신탁업21) 등
을 사업 목적으로 설정하고, 1908년 7월 10일 토지 매입에 착수, 한국에
서의 농업 경영을 시작하였다.22)

---

20) 田中喜南,「明治後期 <朝鮮拓植>への地方的關心-石川縣農業株式會社の
    設立を通して」, 151~153쪽. 矢田與之(河北郡 津幡町의 대지주), 表惣與門
    (能美郡출신, 醬油醸造業, 지주), 勝田量平(鳳至郡輪島町의 대지주), 國田武
    信(羽昨郡堀松村출신. 1877년 羽昨郡에서 자유당 결성. 또 1883년을 시작으로
    手繰製絲를 시도하고, 1888년 양잠의 해외수출을 시도. 1892년에는 증기기관을
    도입하고, 蠶絲회사인 北陸加能社를 설립함. 1900년에는 商工은행감사역, 1901
    년에는 취체역이 됨. 지주출신), 本岡三千治, 織田渥(石川郡출신. 18세에 福澤
    諭吉의 慶應義塾에서 수학. 1903년 9월~1907년 9월까지 縣議. 憲政本黨에 소
    속된 지주 출신), 北尾榮太郎(河北郡 湯谷村 출신. 北尾家 장남. 1897년 4
    월~1907년 9월까지 縣議, 進步黨에 소속. 지주출신)
21) [부록 2] 석천현농업주식회사 정관 제3조 참조.
22) 農商務省農務局調査, 『朝鮮農業概說』, 東京, 農商務省生産調査會, 1910,
    115~118쪽.

3. 석천현농업주식회사의 자본규모와 경영 구조의 분석

1) 자본의 규모와 수입구조

석천현농업(주)는 창립당초 자본금 10만원으로 출발하여 1910년에는 20만원, 1920년에는 40만원으로 증자시켰고, 그 사이 소유 경지 면적도 광대하게 증가했다.[23] 그 결과 당 회사는 1911년에는 토지자산만 18만원에 달했고, 1928년 무렵에는 35만원 이상으로 급증하였다.[24] 게다가 이 토지 자산은 당시 시가에 비례하여 극히 낮게 평가되었던 점을 감안하면 석천현농업(주)의 토지자산은 적어도 자본금 40만원을 훨씬 넘는 거액이었다. 따라서 당회사의 수입구성은 당연히 토지자산에서 산출되는 소작료 수입, 곡물대금, 특히 쌀의 판매대금이 절대적 비중을 차지하였고, 이것이 회사의 주요 수익이며, 배당률을 결정하였던 것으로 보인다.

[부록 1]의 석천현농업(주) 설립허가서의 6번 조항에 의거하여 영업초기인 1911년까지는 석천현에서 6%(이자 보급)대 배당률을 확보해주었던 상황이다. 그리고 [표 Ⅱ-3]에서 확인되듯이 1912년부터 1917년 무렵까지는 6~8%의 배당을, 1918년부터 20~40%, 심지어 1919년의 경우 74%에 달한다. 흉작이었던 1920년, 24년, 29~30년 무렵을 제외하고는[25] 25~40%의 고배당을 했다. 일제 강점기 보통정기예금 이윤이 4~6%, 주요 회사들의

---

23) 『朝鮮銀行會社組合要錄』(각 년도판)

24) 淺田喬二, 「舊植民地(朝鮮)における日本人大地主の存在形態-石川縣農業株式會社の事例分析」, 348쪽 제11표 참조.

25) 『營業報告書』15회, 19회, 25회 참조.

주식이윤은 6~7%, 토지이윤은 7~9%였던 상황에서26) 당시 민간 일본인 지주로서 최대의 규모를 과시하던 조선흥업도 1910년대 후반기 이래 농장경영의 본격적 전개기인 1910년대 후반부터 20년대 전반에 걸쳐 15~18%의 배당만 하였다. 물론 조선흥업은 1934년 창립 30주년 기념으로 25%의 특별 배당금이 추가 지급되어 기본 배당 15%에 더하여 총 40%의 고배당을 하기도 했다.27) 동산농장의 경우는 1920년대 평균 5%, 30년대 후반에 7~8%의 배당률을 기록하고 있다.28) 그런 점을 감안할 때 석천현농업(주)의 평균적인 배당률 25~40%는 매우 높았다고 할 것이다.

　[표 Ⅱ-3]과 [그림 Ⅱ-1]에 의하면 석천현농업(주)는 1910년, 20년, 36년도에 총 3차례에 걸쳐 증자를 하였다. 특히 1910년 1차 증자 이후는 불입자본금이 지속적으로 증가하고 있는 추세이나, 1920년과 36년의 2,3차 증자 때는 한번 증자되면 그 불입금이 일정하게 유지가 된다. 물론 1939년의 경우 불입금액이 자본금과 일치하여도 더 이상의 증자를 하지 않는 것으로 보아 회사규모의 확장은 마무리가 된 것으로 보인다.

　이익금의 동향도 회사 설립 초기는 이익금을 내는 것이 불가능했지만, 이후는 1913년을 제외하고 매년 꾸준한 증가세를 보이고 있다. 특히 1910년대 후반부터는 예외적인 경우가 있기는 하지만 10만원 대의 이익금을 내고 있고, 1934년에는 15만 2천원에 달하여 이익률도 그 해는 73.4%라는 경이적인 수치를 냈다. 이러한 수익성은 수익구조상 곡물대금이 총수입의 80~90%대를 점유하는 것을 볼 때, 당연히 조선 소작인들로부터 거두어들인 고율의 소작료와 미곡가 상승에 의한 것이었고, 그

것은 자본금 증식이나 주주들에 대한 고율의 배당률로 일본 석천현의 주주들에게 돌아갔다.

이익률로 보았을 때 1917년과 18년에 갑자기 50%~70%에 달하는 이익률을 보인 것은 1917년이 대풍작이었기 때문이다.[29] 또한 1917년은 미가도 폭등하여 회사로서는 한수해로 인한 대흉작으로 작황이 부진했던 1920년, 1924년, 1930년의 3개년을 제외하고는 30~50%의 이익률을 유지하고 있었다. 그러나 흉작이었던 3개년조차도 배당률은 10% 이하로 떨어지지 않는다. 그만큼 회사가 그간의 고율의 수익을 통해 자금 면에서 풍흉이나 미가 변동에 대한 위기관리능력을 갖추고 있었다고 할 것이다.

이렇게 1917~1918년의 이익률 급등 현상은 대풍작과 미가 폭등이 주원인이었는데, 특히 후자의 경우가 더 큰 영향력을 주었다고 할 수 있다. 1917년 여름부터 서울의 미곡가격은 폭등하기 시작했고, 이 추세는 군산이나 오사카 시장 등 주요 미곡시장의 미곡가격도 같은 추세였을 것이다. 잘 알려진 바와 같이 이때의 미가 폭등은 1918년 일본의 쌀소동에 기인한다.[30]

---

29) 『營業報告書』 12회, 3쪽.
30) 무역이 없는 경우라면 생산량에 따라 흉년이면 미곡가격이 상승하고, 풍년이면 하락할 것이나, 조선의 생산량에서 상당히 많은 부분이 일본으로 이출되는 상황에서는 조선 내 미곡소비량의 변화는 생산량보다는 오히려 이출량의 변화에 더 많이 의존하게 되었다(허수열, 『일제초기 조선의 농업』, 서울, 한길사, 2011, 189~204쪽).

[표 Ⅱ-3] 石川縣農業株式會社의 연차별 영업성적 및 수지구조

연도	자본금(圓)	기말불입자본금	적립금	총수입(圓)	곡물대금	총지출(圓)	공과금	이익금	이익률(%)	배당률(%)	전기이월금
1907	100,000	25,000	·	492	-	2,136	-	-1,640	-	6.0	
1908	100,000	25,000	·	198	-	3,828	-	-3,610	-	6.0	
1909	100,000	25,000	·	7,208	6,146(85.3)	9,581	184(1.9)	-2,373	-	6.0	
1910	200,000	125,000	·	17,099	15,569(91.1)	16,919	2,402(14.20)	180	0.2	6.0	
1911	200,000	150,000	·	30,641	29,519(96.3)	23,230	6,629(28.5)	7,410	4.9	6.0	
1912	200,000	165,000	820	28,692	27,179(94.7)	16,497	4,104(24.9)	12,194	7.4	6.0	1,867
1913	200,000	165,000	820	16,379	13,039(79.6)	23,590	8,246(35.0)	-9,079	-	-	*
1914	200,000	180,000	3,180	46,219	43,846(94.9)	22,374	7,414(33.1)	16,634	9.2	6.0	
1915	200,000	190,000	3,275	40,820	39,806(97.5)	21,726	10,072(46.4)	19,094	10.1	7.0	
1916	200,000	190,000	·	37,720	37,131(98.4)	20,823	10,272(49.3)	16,897	8.9	6.0	
1917	200,000	190,000	·	52,892~113,137	51,080(96.6)~111,700(98.7)	22,280~12,999	10,144(45.5)~4,962(38.2)	30,612~100,138	16.1~52.7	8.0~15.0	
1918	200,000	190,000	·	175,308	169,066(96.4)	43,268	10,542(24.4)	132,040	69.5	20.0	
1919	200,000	200,000	·	110,848	97.116(87.6)	33,583	9,592(28.6)	77,265	38.6	74.0	
1920	400,000	270,000	120,900	96,475	69,051(71.6)	67,615	42,410(62.7)	18,379	6.8	10.0	481
1921	400,000	270,000	120,900	126,264	111,353(88.2)	36,900	11,809(32.0)	88,284	32.7	25.0	1,110
1922	400,000	270,000	120,900	136,116	118,025(86.7)	54,389	18,624(34.2)	79,333	29.4	25.0	2,394
1923	400,000	270,000	120,900	169,230	150,159(88.7)	69,199	31,702(45.8)	97,468	36.1	30.0	2,562
1924	400,000	270,000	136,300	107,354	84,560(78.8)	60,976	26,087(42.8)	40,052	14.8	14	6,326
1925	400,000	270,000	136,300	186,387	169,365(90.9)	55,500	18,359(33.1)	127,908	47.4	40.0	2,978
1926	400,000	270,000	130,000	211,318	192,525(91.1)	74,824	32,844(43.9)	133,740	49.3	35.0	3,387
1927	400,000	270,000	130,000	197,510	164,198(83.1)	90,901	37,948(41.7)	98,315	29.0	30.0	8,294
1928	400,000	270,000	150,000	222,350	206,235(92.8)	81,000	32,940(40.7)	136,740	50.6	37.0	4,609
1929	400,000	270,000	150,000						12.0		
1930	400,000	270,000	150,000	184,651	115,697(62.7)	124,210	87,292(70.3)	58,071	21.5	20.0	2,369
1931	400,000	270,000	150,000	219,720	211,479(96.2)	120,892	73,117(60.5)	98,686	36.6	25.0	141
1932	400,000	270,000	150,000	222,863	208,172(93.4)	123,312	78,958(64.0)	98,723	36.6	30.0	828
1933	400,000	270,000	150,000	241,226	218,317(90.5)	144,336	103,749(71.9)	95,039	35.2	30.0	1,851
1934	400,000	270,000	180,000	306,345	292,021(95.3)	149,475	98,945(66.2)	151,980	73.4	48.0	4,890
1935	400,000	270,000	180,000						15.0		
1936	1,000,000	550,000	200,000						15.0		
1937	1,000,000	550,000	200,000						15.0		
1938	1,000,000	550,000	200,000						15.0		
1939	1,000,000	1,000,000	200,000						15.0		

연도	자본금 (圓)	기말불입 자본금	적립금	총수입 (圓)	곡물대금	총지출 (圓)	공과금	이익금	이익률 (%)	배당률 (%)	전기 이월금
1940	1,000,000	1,000,000	200,000							15.0	
1941	1,000,000	1,000,000	200,000							15.0	
1942	1,000,000	1,000,000	200,000							15.0	
1943	1,000,000	1,000,000	200,000							15.0	
1944	1,000,000	1,000,000	200,000							15.0	
1945	1,000,000	1,000,000	200,000							15.0	

자료 : 각년도 『營業報告書』(1907~1934), 『朝鮮銀行會社組合要錄』, 『朝鮮總督府統計年報』(1910~ 1916)
에 의하여 작성함.
1. 자본금의 경우 1943년부터는 『朝鮮銀行會社組合要錄』에 근거하여 1942년 이후 추정치.
2. 불입금의 경우 1910~1915년은 『朝鮮總督府統計年報』에 근거하였고, 1916~1919년은 추정치.
3. 적립금의 경우 『朝鮮銀行會社組合要錄』에 근거하여 1942년 이후는 추정치.
4. 배당률의 경우 1929년과 1935~1945년은 『朝鮮銀行會社組合要錄』에 의함.
5. 1917년 이익금, 이익률, 배당금, 총수입, 총지출의 경우 1916년 7월~1917년 6월, 1917년 7월~1917
년 12월까지의 두 개의 통계수치임.
6. 곡물대금과 공과금의 (　)는 각각 총수입 및 총지출 중 비율임.
7. 이익금은 당기 순익금으로 전기 이월금을 포함하지 않음.
8. 이익률은 불입자본금에 대한 비율임

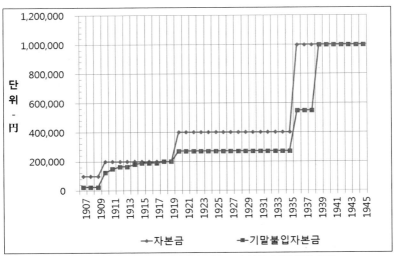

[그림 II-1] 석천현농업주식회사의 자본금 및 불입자본금 변화 추이

이익금이 폭등하면 납입자본금이 증자되기 이전에는 계산상 이익률도 폭등하게 되어 있다. 따라서 [표 Ⅱ-3]을 보면 1910년대 말 이익금은 폭등하다가 1920년 증자를 통해 불입자본금이 대폭 증가하면서 불입자본금 이익률은 절반 수준으로 급격하게 떨어지게 됨을 확인할 수 있다.

1934년은 회사 창립 이래 최고의 수익을 올렸는데, 그 해는 조선 전 지역에 걸친 대흉작의 해였다. 특히 삼남 일대는 가뭄에 이은 수해로 그 피해가 극심했던 해로[31] 조선 전체가 흉작이었음에도 석천현농업(주)의 농장은 평년작을 유지하였고, 대흉작으로 인해 미가가 폭등한 상황까지 겹쳐 회사로서는 고율의 이익을 낸 것으로 분석된다.[32] 그리고 이어 1936년에 또 한 번의 대규모 증자가 이루어지는데, 이때도 역시 불입자본 이익률은 15%대로 급감한다. 지속적인 고수익의 창출과 증자를 통한 회사규모의 확대라는 순환구조는 1910년대 말 증자 때와 다르지 않음을 알 수 있다. 물론, 소작농으로부터의 지속적인 고율의 소작료 수취가 이 이윤 창출의 원천이었음은 [표 Ⅱ-3]에서 총 수입 대비 곡물대금의 비율이 90%대에 육박하고 있음을 통해서 분명하게 확인된다.

2) 경영진 및 대주주의 분석

1907년 4월부터 한국농사회사설립의 준비는 착착 진행되어 자본금 10

---

31) 『東亞日報』, 1934년 7월 21일~25일자 참조. '旱害에 시달리던 삼남지방에 19일부터 폭풍우가 쏟아져 대수해가 발생하다. 洛東江, 錦江, 東津江 등이 범람하여 인명피해와 가옥, 토지 등 물적 피해가 막심하고 철도통신이 마비되다. 전남지방은 강우량이 400mm를 돌파하여 13년래의 최고기록을 나타내다.'

32) 淺田喬二, 「舊植民地(朝鮮)における日本人大地主の存在形態-石川縣農業株式會社の事例分析」, 354쪽.

만원(貝) 주식은 1,000 주로, 같은 해 7월, 가나자와 시 오테마치 36번지
에 <석천현농업주식회사창립사무소>가 개설되었다. 그리고 다음과 같
은 제1회 주식모집 공고문을 내걸고 주주모집을 시작했다.

석천현농업주식회사의 제1회 주식모집 공고문

주식모집 공고

지금 본 회사를 창립하여 한국에 농사를 경영하는 사업 확실한 위에 縣으로부터 창
립 후 3개년간 연 6%의 이익보조금 기타 보호받고, 그 조직 및 주식모집 방법은 다음
과 같다.

━ 자본금 총액 및 총 株數 金 십만엔 2천주 내 발기인 引受株數 五百株
━ 1株의 금액 1株 金 50円 제1회 拂入 12엔 50錢(証據金 通算)
━ 株式申込 証據金 (신청) 証據金 並期間 一株 金 2円 9월 17일~30日
━ 株式申込取扱은행 大聖寺町 84은행지점 小松町加賀實業銀行 松任町 松任은행 金
   澤市 米谷은행 津幡町 津幡은행 羽咋町 加能은행 七尾町 能登은행 輪島町 十二은
   행 지점 飯田町 十二은행지점
━ 발기인씨명 矢田与門 勝田量平 本岡三千治 國田武信 織田渥 北尾榮太郎 折橋時
   太郎

定款 및 주식 申込書 用紙 등은 縣 아래 각 郡市役所 町村役場 및 취급은행에서 준
비되어 있음

金澤市 大手町 36番地 石川縣農業株式會社 創立事務所

자료 : 1907년 7월 24일부 『北國新聞』에 의함 ; 田中喜南, 「石川縣農業株式會社」, 54쪽
   그림.

위와 같은 공고문에 의하여 석천현농업(주)는 주식모집을 공고하는데
1908년 당시 일본은 3월경부터 주가가 폭락하고, 지방은행들이 파산직
전 상황까지 몰려 석천현 역시 현 내의 재정상태가 좋지 못했다. 따라서
주식모집도 진전되지 않았고, 은행권으로부터의 자금 차입도 쉽지 않은
상황이었다. 그러던 중 고메(米谷)은행[33]과 여러 차례의 교섭 끝에 해당
은행의 중역가운데 한 사람을 농업회사의 중역으로 경영에 참여시키는

것을 조건으로 출자를 받을 수 있게 되었다. 또 그 외의 차입금에 관해
서는 하야카와 센키치로(早川千吉郞)34)의 원조를 얻을 수 있게 되어 회
사설립의 단서를 열었다.

제1회 불입을 완료한 1907년 12월 13일, 야다 토모유키(矢田與之) 등
5명의 발기인을 비롯하여 주주 93명이 출석하고, 가나자와 상공회의소
에서 창립총회가 개최되었다.35) 주수(株數)는 1,387주였다.

의장은 모토오카 미치지가 선출되었고, 정관(定款), 중역 인원수, 중역
보수,36) 중역 여비, 일반 규칙을 정하였다. 다음으로 모토오카 총회의장
에 의하여 취체역으로 야다 토모유키, 기타오 에이타로(北尾榮太郞), 오
리하시 도키타로(折橋時太郞), 구보다 아키라(久保田全),37) 이토 요시나
리(伊藤嘉成),38) 감사역에는 효소 아티이몬(表惣與門), 구보다 시게유키
(久保成之),39) 아라타 키시게(新田義繁)40) 등이 지명, 추천되었고, 취체
역들의 상호선출로 토모유키가 사장이 되었다.41) 이 외 상담역에는 의

---

33) 1891년 4월 能美郡 小松町에서 同族회사로서 자본금 5만엔으로 설립, 頭取는
米谷半平.
34) 金澤市출신. 1900년 三井은행 사무이사를 지내고, 동 은행 상무취체역. 1921년에
남만주철도주식회사 사장이 됨.
35) 1907년 12월 14일부『北陸新聞』(1907년 1월 1일호부터『政敎新聞』이 改題) 참조.
36) 사장 150엔, 취체역 100엔, 감사역 50엔(各年額)
37) 金澤市長町 1番丁 출신. 1889년 金澤市會議員에 당선. 1895년 金澤商業會議
所議員에 선출된 이후 실업계에 전념함. 金澤市電氣株式會社취체역, 七尾철도
주식회사 감사역, 金澤電氣가스주식회사 취체역 등을 역임.
38) 金澤裁判所執達吏, 米谷은행중역, 加能合同은행상무취체역, 석천현농업(주)
사장 등을 역임.
39) 河北郡출신. 의사. 郡會議員을 거쳐 縣議. 지주.
40) 珠洲郡 正院村 출신. 1894~1899년까지 縣議. 입헌진보당 소속. 이후 실업계에 들
어가 七尾은행, 能登산업은행, 丸中기선회사 등의 상담역 혹은 취체역을 역임.
41) 農務局,『朝鮮農業槪說』, 1910, 115~118쪽.

장 모토오카 미치지, 창립사무회계검사위원(創立事務會計檢查委員)에는 하시야스 사부로(橋安三郎), 이토 요시나리의 2인이, 김제 농장장에는 모토야 메구미지로(本谷愛次郎)가 선임되었다.[42] 또 취체역에 지명 추천된 이토 요시나리는 고메은행과의 약속에 의하여 은행 측에서 나온 중역이었다. 그리하여 같은 해 12월 16일, 본사를 가나자와 시 바쿠로마치 73번지에 정하였다.

[표 II-4] 石川縣農業株式會社의 주요 임원 및 株主의 보유 주수(1908~1934년)

성명	직책	1908.5	1908.11	1909.11	1924	1926	1928	1930	1932	1934
矢田与之(喜)	취체역 사장	205	205	205	976	976	976	976	976	
北尾榮太郎	취체역, 전무이사	60	60	60	812	812	812	812	812	870
折橋時太郎	취체역	50	50	50						
久保田全	취체역	210	28	28						
表惣与門	감사역	70	70	80						
長野与平	감사역, 감사역	50	115	115	460	460	460	460	460	
新田義繁	감사역	30	30	30	380					
伊藤嘉成	감사역, 취체역	50	50	50						
本岡三千治	상담역	50	50	50						
中島德太郎	취체역 사장(1935)	-	-	50	1,492	1,492	1,492	1,492	1,492	1,610
岡本德平	취체역	30	30	35						676
米谷半平	감사역, 취체역	75	100	105	500	500	500	500	500	
本谷愛次郎	농장장									
本岡三郎	감사역									578
本岡太吉	감사역	-	-	13	462	462	462	462		
多門喜伊知	취체역				454	454	454	454		
北尾孝信	취체역									
熊野三次	농장장									
총주주수		131명	133명	134명	51명	51명	51명	51명	51명	54명

자료 : 『朝鮮銀行會社要錄』
* 1908~1909년 총주수 2,000주, 1924년 이하 총주수 8,000주.
* 30주 이하 소액주주는 생략함.

42) 中村資良 編, 『朝鮮銀行會社組合要錄』, 1935.

주주들의 직업은 정확하게 다 파악할 수는 없지만, 대부분이 석천현 내 지주가 압도적으로 많았다. 그리고 창립 당시 주주들의 경우는 이들은 단 1주의 소유주라고 하더라도 석천현에서 연간 100석 정도를 걷어들이는 중층 이상의 지주였다고 한다. 또 전체 주주의 20% 이상을 점하고 있는 10주 이하의 소액 주주라도 발기인 혹은 대주주, 혹은 회사 중역들과 지연적, 혈연적으로 관계가 있어 촌락 공동체적 유대가 매우 깊은 회사였다고 한다.43) 결론적으로 석천현농업(주)는 현의 지주적 성격의 의원들과 지주들의 요구를 반영하고, 당시 일본의 식민지 척식사업에 편승한 농업식민사업의 대표적 사례였다고 할 것이다.

그런데 이들 소액 주주들의 영향력은 그다지 오래가지는 않았던 것으로 보인다. 1920년대 주요 임원들의 주식 보유수를 보면 그 이전 회사설립 초창기 때에 비하여 임원들에게 주식이 집중되어 있음을 확인할 수 있다. 특히 [표 Ⅱ-4]에서 확인되듯이 취체역 사장을 지낸 야다 토모유키(976주)나 나카시카 데쓰타로(中島德太郎)(1,492주 → 1,610주), 기타오 에이타로(812주 → 870주)의 경우는 전체 주식 수 8,000주 가운데 무려 10~20%의 주식점유율을 보이고 있다. 회사 설립 초창기 창립 자금 조달에 어려움을 겪으면서 석천현 일대 지주들의 요구와 척식사업에 편승하여 시작한 회사이나 1920년대 들어서면서 척식사업을 일단 접고, 소작제 식민지 농업경영에 주력하면서 주주 구성도 소액지주들 위주에서 점차 대지주로 성격의 변화를 가져온 것으로 보인다.

---

43) 田中喜南, 「明治後期 <朝鮮拓植>への地方的關心-石川縣農業株式會社の 設立を通して」, 154쪽 및 제1표 참조.

4. 석천현농업주식회사의 소작제 경영실태

1) 토지 취득과 농장의 확대

석천현농업(주)는 회사 창립 당시인 1907년 12월에는 아직 한국 내 토지를 매수해 들이지 못하고 있었다. 1908년 4월 26일, 취체역 기타오 에이타로, 상담역 모토오카 미치지, 기사 무라카미 타지로(村上又二郎) 등이 사업지 선정을 위해 한국에 파견되었다. 당초 이들은 경상도 낙동강(洛東江) 유역을 가장 먼저 답사하고, 다음으로 충청남도 대전을 거쳐 서울로 올라가 통감부로부터 한국 내 농장경영에 관한 제반의 정보를 얻었다. 그 후 전라북도의 평야를 답사하고, 그 지역이 토지가 비옥한 것에 비하여 비교적 인구가 희박하고, 또한 토지매수가 매우 용이하다는 것을 파악하였다. 이에 군산항으로부터 약 8리 정도 거리에 회사의 근거지를 정하고, 기타오를 현지 사업 대표자로 주재시켜 사업을 개시하였다.[44]

석천현농업(주)는 농장의 주요 거점을 전북 동진강유역에 두었고, 김제군 김제면 읍내를 중심으로 하여 약 2리 이내 엔화가 유통되는 지역 내 토지를 매수하는 방침을 세우고 매입을 시작했다. 당시 동진강 유역은 전북에서도 만경강 유역(전주평야)에 이은 최대의 평야지대로, 만경강 유역이 관개배수시설이 충분치 않아 수해와 한해가 잦았던 반면, 동

---

44)『記念誌』, 1~3쪽 ; 田中喜南,「明治後期 <朝鮮拓植>への地方的關心-石川縣農業株式會社の設立を通して」, 155쪽.

[표 Ⅱ-5] 동진강유역의 일본인 대지주들의 토지소유실태(1910년)   (단위 : 町)

지주명	소유면적	소재지
前田農場	250	전라북도 古阜郡 平橋里
熊本利平농장	500	전라북도 泰仁郡 龍山面 禾湖
藤本合資會社農場	400	전라북도 泰仁郡 龍山面 禾湖
金子農場	150	全羅北道 金堤郡 洪山面 竹山里
樑富太郎農場	350	전라북도 金堤郡 月山面 奉月里
村松農場	50	전라북도 김제군 월산면 堤內里
東洋拓植會社파출소	3,000	전라북도 김제군 邑內面 新里
石川縣農業會社農場	1,000	전라북도 김제군 읍내면 大里

자료 : 石川縣農業株式會社, 『會社槪要』, 6쪽 ; 田中喜南, 「石川縣農業株式會社」, 57~58
쪽 ; 淺田喬二, 「舊植民地(朝鮮)における日本人大地主の存在形態-石川縣農業株式
會社の事例分析」, 335쪽.

진강 유역은 예전부터 저수지, 보(洑), 배수(排水)의 설비가 비교적 잘 정
비되어 있었던 '삼남의 보고(寶庫)중의 보고'로 불리던 1급 수전 경작지
대였다.

기경지 수전의 경우 지가가 높았기 때문에 당 회사는 중등 정도의 수
전을 매수하였다.[45] 러일전쟁 전후 한국에서 거대농장을 형성한 일본인
대농장은 미간지와 기간지를 모두 아우르는 모든 토지에서 행해졌다.[46]
대자본을 보유한 회사지주의 경우 기간지 위주로 매입해 들였고, 석천
현농업(주) 역시 이에 해당되는 사례였으나, 그럼에도 불구하고, 실제로
완전한 기간지에 대규모로 농장을 설치하기란 쉽지 않았다. 왜냐하면
조선 후기 이래 이미 토착 지주들에 의하여 토지분할이 끝난 상태에서

---

45) 『記念誌』 1~3, 11쪽 ; 石川縣農業株式會社, 『東津江流域における石川縣農
業株式會社槪要』(이하『회사개요』라고 약기, 1910), 15쪽 ; 淺田喬二, 「舊植民
地(朝鮮)における日本人大地主の存在形態-石川縣農業株式會社の事例分
析」, 334~335쪽.
46) 이에 대해서는 이규수, 『近代朝鮮に於ける植民地地主制と農民運動』 참조.

한국에 진출한 일본인들이 양질의 논을 대규모로 매입할 여지는 없었기 때문이다. 따라서 기경지라고는 하지만 상등지라고 볼 수는 없는 관개 수리시설의 보완이 필요한 숙전(熟田)을 매수해 들였다.[47] 1935년 석천 현농업(주)는 김제군 죽산면(竹山面) 대창리(大倉里) 동진강의 공유수면 (公有水面) 12,989평을 논으로 매립, 준공하기도 했다.[48]

[표 II-6]에서 제시된 바와 같이 석천현농업(주)는 1908년 9월부터 토 지매수를 개시하였고, 같은 해 10월 말일까지 전라북도의 김제군과 금 구군(金溝郡)에서 294.3 정보의 경지를 매수해 들이기 시작하였다.[49] 1909년에는 한국에서 농업경영을 시작한 이래 최초로 1월의 소작료 징 수 작업이 완료되자[50] 곧바로 토지매수에 착수, 같은 해 11월 10일까지 440.6 정보를 매수하였고[51] 1910년에는 250.3 정보, 1911년에는 302.7 정 보[52]를 추가하여 1,000 정보 이상의 식민지 조선의 거대 일본인 지주회 사로 성장하였다.

---

47) 당시 일본인 거대 회사지주들이 기경지 위주로 매수해 들이되, 빈농의 하등지이 거나 미간지, 잡종지, 불량한 기경지를 매수해 들인 사례는 조선흥업이나, 오쿠라 농장의 경우에서도 확인된다.(하지연, 『일제하 식민지 지주제 연구』, 94~95쪽 ; 同,「한말 일본 대자본의 대한경제침탈-大倉組를 중심으로-」 참조)
48) 朝鮮總督府, 『朝鮮總督府官報』, 1935년 3월 1일자.
49) 『營業報告書』 2회, 2~3쪽.
50) 1908년도의 수확물은 총 5,660원 463전, 1909년은 6,146원 674전이었다.(農商務 省農務局, 『朝鮮農業槪說』, 115~118쪽 참조)
51) 『營業報告書』 3회, 7쪽.
52) 『營業報告書』 4회, 8쪽 ; 5회, 12쪽.

[표 II-6] 석천현농업주식회사의 연도별 매수경지면적(1908~1911년) (단위 : 町, 圓)

연도	면적(町)			代金(圓)			反當價格(圓)		
	논	밭	계	논	밭	계	논	밭	계
1908	294.1	0.2	294.3	34,003	12	34,015	11.56	6.00	-
1909	429.2	11.4	440.6	50,197	490	50,687	11.70	4.30	-
1910	227.4	22.9	250.3	29,625	1,028	30,653	13.03	4.49	-
1911	279.9	22.8	302.7	56,859	1,797	58,656	20.31	7.88	-
합계	1,230.6	57.3	1,287.9	170,684	3,327	174,011	13.87	5.81	-

자료 :『營業報告書』각 년도판 ; 淺田喬二,「舊植民地(朝鮮)における日本人大地主の存
在形態-石川縣農業株式會社の事例分析」, 336쪽의 제3표에서 재작성.
주 : 1. 면적은 反 이하, 代金은 圓円이하 切捨.
   2. 각년도에서도 11월 말일까지의 숫자임.

[표 II-7] 석척현농업주식회사의 지목별 경지 총면적(1908~1935년) (단위 : 町, %)

연도	논		밭		논밭합계	기타	총계
	면적	비율	면적	비율			
1908	294.1	99.9	0.2	0.1	294.3		
1909	721.6	98.4	11.6	1.6	733.2	2	735.2
1910	949.1	96.5	34.5	3.5	983.6		
1911	1,229.0	95.5	57.4	4.5	1,286.4		
1912	1,238.9	95.6	57.4	4.4	1,296.3		
1913	1,240.0	95.5	58.4	4.5	1,298.4		
1914	1,237.2	95.4	59.7	4.6	1,296.9		
1915	1,237.3	95.4	59.8	4.6	1,297.1		
1916	1,238.5	95.3	61.7	4.7	1,300.2		
1917	1,258.2	95.2	63.7	4.8	1,321.9		
1918	1,368.3	95.9	58.2	4.1	1,426.5	92.9	1,519.4
1919	1,368.4	95.9	58.2	4.1	1,426.6	92.9	1,519.5
1920	1,385.1	96.0	58.2	4.0	1,443.3	92.9	1,536.2
1921	1,382.8	96.0	58.3	4.0	1,441.1	93.2	1,534.3
1922	1,381.2	95.9	59.6	4.1	1,440.8	95.5	1,536.3
1923	1,380.7	95.6	62.8	4.4	1,443.5	95.7	1,539.2
1924	1,412.2	95.7	63.2	4.3	1,475.4	99.1	1,574.5
1925	1,412.2	95.7	63.1	4.3	1,475.3	96.5	1,571.8
1926	1,418.9	95.0	74.6	5.0	1,493.5	101.2	1,594.7

연도	논		밭		논밭합계	기타	총계
	면적	비율	면적	비율			
1927	1,412.0	95.0	74.2	5.0	1,486.2	101.0	1,587.2
1928	1,531.0	95.2	77.8	4.8	1,608.8	105.7	1,714.5
1929	1,412.1	95.0	74.2	5.0	1,486.3	17.3	1,503.6
1930	1,510.4	95.1	78.1	4.9	1,588.5	122.1	1,710.6
1931	1,512.5	95.1	78.3	4.9	1,590.8	122.7	1,713.5
1932	1,514.5	95.1	78.2	4.9	1,592.7	124.9	1,717.6
1933	1,524.2	94.8	83.2	5.2	1,607.4	123.8	1,731.2
1934	1,524.4	94.8	83.2	5.2	1,607.4	118.2	1,725.6
1935	1,513.5	94.8	83.2	5.2	1,596.7	118.0	1,714.7

자료 : 각 년도의『營業報告書』및『記念誌』, 15쪽 ; 農商務省農務局,『朝鮮農業要覽』(1910) ;
　　　朝鮮總督府 殖産局,『朝鮮の農業』, 1925, 1927, 1932, 1933년판 ; 全羅北道 편,
　　　『內鮮人地主所有地調(단행본)』, 1928 ; 1930년 말 현재, 農林省 京城米穀事務所
　　　群山出張所, 전라북도·전라남도 地主調(프린트판) ; 淺田喬二,「舊植民地(朝鮮)に
　　　おける日本人大地主の存在形態-石川縣農業株式會社の事例分析」, 표 제4에 의하
　　　여 작성함.
주 : 1. 1908~1913년은 11월, 1914~1916년은 6월, 1917~1934년은 12월의 소유 면적임.
　　2. 기타 항목에는 산림, 택지 및 묘지와 같은 기타 지목을 포함함.(단, 1933~1935년은
　　　묘지 불포함)
　　3. 1929년의 기타면적은 산림을 제외한 택지면적만을 계산함.
　　4.『營業報告書』와『朝鮮の農業』등의 자료에서는 1935년경까지의 자료만 파악이
　　　가능함.

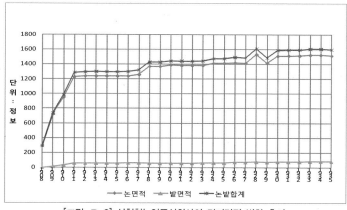

[그림 Ⅱ-2] 석천현농업주식회사의 경지면적 변화 추이

1911년 석천현농업(주)는 한국에서 토지매수와 농장 경영을 시작한지 불과 3년 만에 1,300 정보의 거대지주가 되었다. 이때 경지 매수에 투자된 자금은 17만 4천원이었고, 이는 당시 불입 자본금 125,000원을 훨씬 초과하는 투자액이었다. 물론 자본금은 1911년도부터 20만원으로 증자되지만 경지 매수비에 예상보다 많이 들어간 것은 호남철도(大田-木浦)가 회사 매수 예정지를 종단하는 계획이 세워지면서 지가가 급등하였기 때문이었다. 그럼에도 불구하고, [표 Ⅱ-6]에서 확인되듯이 석천현농업(주)가 초기 4개년 간 매수해 들인 수전의 가격이 반당(反當) 13원 87전이었던 것은 비슷한 시기 일본 석천현의 1906~1907년의 평균 반당 수전지가 38원 69전의 1/3에 불과한 저렴한 가격이었다.[53] 물론 일본과 조선의 토지가격을 단순 비교하기 어려우나, 석천현농업(주)가 매수한 토지는 약간의 수리시설 개선과 개간만으로도 단기간 내에 수전경작이 가능했던 기경지들이었고, 게다가 호남철도가 지나가는 우수한 교통 입지여건을 감안할 때 비교적 저렴하게 토지를 매수했다고 볼 수 있다.

매수의 방법은 김제출장소를 중심으로 하여 2리 이내로 하고, 중재인에게 매도신청이 들어온 실지를 답사하고, 확인한 뒤에 계약하는 방법[54]으로 이루어졌다. 여기서 중재인은 현지 촌락의 대표자인 한국인 유력자 내지 지주로 일본인 거대 지주회사들이 일반적으로 그러해 왔듯이 석천현농업(주)도 이들을 매개인으로 하여 매수해 들였다.[55] 그 외에 석천현농업(주)는 금전대부에 의한 담보물로서 토지를 집적하기도 했는

53) 田中喜南, 「明治後期 <朝鮮拓植>への地方的關心-石川縣農業株式會社の設立を通して」, 156쪽 ; 淺田喬二, 「舊植民地(朝鮮)における日本人大地主の存在形態-石川縣農業株式會社の事例分析」, 337쪽.
54) 『營業報告書』 3회, 7쪽.
55) 하지연, 『일제하 식민지 지주제 연구』, 114~115쪽.

데, 이 경우 대부기간 3~6개월에 금리는 3~5%에 달했다. 따라서 돈을 빌린 한국인이 이를 갚지 못하게 되면 담보물인 토지는 곧바로 차압되었던 것이다.[56] 그러나 당시 대규모 자본을 가진 일본인 농업회사의 경우 이러한 '저당유질'의 방법보다는 현금지급을 통한 매수를 주로 행했다.[57] 석천현농업(주)도 주로 현금매수의 방법을 사용한 것으로 추정된다.

[표 II-7]과 [그림 II-2]의 석천현농업(주)의 경지소유규모를 보면 회사 설립 초기 4년간 매수해 들인 1,300 정보대의 규모를 한동안 계속 유지하고 있다. 그러다가 1910년대 후반기에는 경지 소유는 점증하였고, 1918년에는 1,400 정보 규모에 달하였다. 이는 토지 매수에 의한 것이 아니라 그 해 완료된 토지조사사업의 결과 실측상의 토지 면적변화였다.[58] 회사소유경지가 1,600 정보 전후로 증대한 것은 1928년 무렵이고 이후 이 규모는 유지된다.

지목별로 보았을 때, 석천현농업(주)의 경지는 소유경지 가운데 95% 내외가 논이었고, 이 논의 90% 가까이가 관개수전(灌漑水田)이었다.[59] 회사 소유 수전 구역 내에는 고부(古阜)수리조합과 동진수리조합이 설립되었다. 석천현농업(주)는 주로 기경지 위주로 매수해 들였는데 가격 조건상 기경지라고 하더라도 한발(旱魃) 수해(水害) 때문에 피해를 입어서 충분한 토지이용이 불가능하였던 저렴한 숙전을 매수하였기 때문에

---

56) 일본인들의 '저당유질'에 의한 토지 집적에 관해서는 하지연, 『일제하 식민지 지주제 연구』, 81~82쪽 참조. 『營業報告書』 2회, 4쪽 ; 『營業報告書』 3회, 10쪽 ; 『營業報告書』 4회, 10쪽 등 참조.

57) 農商務省, 『韓國土地農產調査報告 慶尙道, 全羅道』, 京城, 출판사불명, 1905, 545쪽.

58) 淺田喬二, 「舊植民地(朝鮮)における日本人大地主の存在形態-石川縣農業株式會社の事例分析」, 339쪽.

59) 『記念誌』, 4, 14쪽 ; 『營業報告書』 11회, 2쪽 .

토지개량과 관개시설이 반드시 갖추어져야만 했다.60) 이와 관련하여 고부수리조합은 1916년 5월에 설립되었고, 같은 해 11월에는 석천현농업(주)의 김제지점장이었던 기타오 에이타로(취체역)가 조합장에 취임하였다. 동진수리조합은 1925년 3월에 설립되었고, 1928년 3월에 몽리면적 1만 8,500 정보에 달하는 수리사업계획이 완성되었다. 석천현농업(주)는 수전의 대부분이 동진수리조합의 몽리구역 내에 포함되어 있었다.61)

[표 II-8] 석천현농업주식회사의 군별, 지목별 토지면적(1935년)　(단위 : 町)

	金堤郡	井邑郡	扶安郡	계
논	1,243.9	223.4	46.2	1,513.5
밭	74.0	9.2	-	83.2
林野	101.5	0.1	0.1	101.7
宅地	13.3	1.6	-	14.9
雜地	0.6	0.7	-	1.3
墓地	0.1	-	-	0.1
계	1,433.4	235.0	46.3	1,714.7

출전 : 『記念誌』 15쪽.

한편 [표 II-8]의 석천현농업(주)의 1935년 현재 군별 토지소유상황을 보면 주로 김제군에 총 1,433.4 정보가 집중되어 석천현농업(주) 전체 농장 면적의 83.6%가 김제군에 있었다. 정읍군에는 235 정보, 부안군에는 46.3 정보가 분포되어 있었다. 이처럼 석천현농업(주)는 김제군의 수전을 주축으로 하여 3개 군 24개면 110개리에 걸쳐 1,700 정보를 소유한 식민

---

60) 『記念誌』, 9쪽.
61) 동진수리조합과 당 회사와의 관계 및 조합 설립과정에서의 기존 한국인 지주들과의 문제, 소작농들에게 전가된 고율의 소작료 문제 등은 석천현농업(주)의 식민지 지주로서의 성격을 규명하는데 중요한 문제로, 이에 관해서는 향후 별도의 연구 과제로 하겠다.

지 거대지주였다.[62]

2) 식민지 소작제 농업경영의 실태

석천현농업(주)는 회사 설립 초기부터 일찌감치 1,300 정보 대 규모의
토지를 그것도 대부분 수전으로 확보하였고, 점차 소유를 증가시켜 농
장 경영 안정기인 1918년 이후 1,400 정보 대, 이후 1,700 정보 대까지 늘
려간 식민지 시기 거대 일본인 회사지주였다. 그런데 앞서 언급한 바와
같이 이 회사는 소유한 광대한 경작지가 분산되어 있었던 관계로 당 회
사는 토지 관리 및 소작료 징수에 여러 가지로 불편한 점이 많았다. 따
라서 분산된 회사 경작지를 관리하고, 소작료를 징수해 들이는 데는 관
리통제조직이 필요했다.

이 회사의 취체역 4~5명 가운데 사장이 선임되었고, 김제 출장소의 책
임자가 현지 농장 경영을 총괄했다. 즉, 농장 설립 초기 김제출장소의
책임자인 기타오 에이타로가 현지에 주재하면서 농장 경영 전반을 관
리, 지도, 감독하였다. 농장장 아래 설립초기 기술원으로 농학사 우에 타
지로(上又二郞, 연봉 천원)[63]와 사원(사무직) 2~4명(1917년부터 6~9명)이
배치되었다. 그러나 아무래도 현장에서 직접 조선인 소작농을 상대하고
소작료를 징수한 것은 조선인 사음(舍音)이었다. 회사가 매수해 들인 경
작지의 본래 지주였거나 혹은 토지 매수 당시 일정한 역할을 했던 촌장
혹은 중개인들이 대개 사음이 되었는데, 이들의 보수는 당시 일반적인
관행상 소작료 징수고의 5%를 수수료로 취득하였다. 따라서 석천현농업

---

62) 大橋淸三郞 編,『朝鮮産業指針』, 京城, 開發社, 1915, 806, 819~820쪽.

63)『營業報告書』1회, 2쪽.

(주)의 소작지 관리체계는 '사장-농장장-기술원 혹은 사무원-사음'의 체계였다.[64]

한편 석천현농업(주)의 소작료 징수방법은 도조법(賭租法)으로 세금을 제외한 수확고의 1/3을 지주가 징수하는 것이었다. 소작료는 지주와 소작인이 입회하여 검견한 후 결정되었다. 이때 회사는 결세(지세를 포함한 각종의 공과금)에 상당하는 부분을 별도로 징수하였는데, 문제는 공과금이 당 회사의 지출 중 차지하는 비중이 매우 크다는 것이다. [표 Ⅱ-3]에서 확인되듯이 이 회사의 공과금은 토지 구입 이후부터 지속적으로 증가하여 1920년대에는 3만원 대, 30년대에는 7~10만원 대에 육박한다. 이는 당 회사의 총지출 가운데 1920년대의 경우 30~40%, 30년대의 경우 60~70%에 달하는 것으로 다른 지출항목들과 비교해서도 단연 그 비중이 가장 높다.[65]

이 도조법은 1910년부터 검견제(檢見制 혹은 집조법 執粗法)으로 변경되었다. 석천현농업(주)는 기존 도조법 징수체제하에서는 공과금을 별도로 징수하였는데, 1910년부터는 공과금도 포함하여 징수하고, 검견제로 전환한 것이다. 공과금을 포함한 세금을 별도로 징수하는데 상당한 어려움을 느껴 아예 소작료에 포함시켰던 것이다. 집조법은 분익법(分益法)의 일종으로 검견법, 간평법(看坪法) 등의 별명이 있다. 이는 타조법의 변형 형태로 매년 작물의 성숙기에 지주 또는 그 대리인인 사음, 농감(農監) 등이 소작인과 입회하여 입모(立毛)의 수확량을 산정하여 결정

---

64) 淺田喬二, 「舊植民地(朝鮮)における日本人大地主の存在形態-石川縣農業株式會社の事例分析」, 341쪽.
65) 淺田喬二, 「舊植民地(朝鮮)における日本人大地主の存在形態-石川縣農業株式會社の事例分析」, 351쪽 <제13표 석천현농업회사 지출구성의 추이(1907~1934)> 참조.

하는 법이다. 소작료의 비율은 타조와 동일한 50%가 표준이었는데 대부분 지주 측에 유리하게 수확량을 실수확량 이상으로 산정하여 소작료액이 종종 6,70%를 초과하였다.[66] 또 이 검견제의 소작계약기간은 1년간의 단기간 계약으로 소작인으로서는 불안한 소작권에 지주회사에 더욱 그 예속성이 강해질 수밖에 없는 생존의 문제였다.

한편 1924년 석천현농업(주)는 소작료 징수방법을 다시 정조제(定租制)로 전환한다. 관개수리시설의 완비 이전에는 기후에 따라 매년 수확고가 영향을 크게 받아 수익이 안정적이지 못했으나, 1920년대 수리조합 사업의 진전과, 당 회사의 몽리구역 편입 등의 농업여건이 변화되면서 쌀의 안정적 수확이 가능해 지자 정조제로 전환한 것으로 추정된다.[67] 정조법은 보통 도지(賭只) 혹은 도작(賭作) 등으로 불리었다. 풍흉에 관계없이 해마다 일정액을 납부하는 소위 정액 소작제이다. 보통 밭에서 행하여 졌고, 관개배수시설이 완성된 지역에서 채택되었다. 즉, 토지개량과 수리조합 설치 이전 수확 불안정지역에서는 택하지 않았고, 주로 남부지방에서 행해졌는데 소작료액은 평년작의 35~50%였고, 일제 강점기로 넘어가면서 60% 이상인 경우도 적지 않았다.[68] 정조법의 이점은 지주 입장에서는 그 해의 풍흉에 따라 소작료의 증감이 없었으므로, 지주의 수확이 확실하고, 지주는 검견이나 타곡(打穀)에 입회하거나 조제 운반 등을 할 필요가 없으므로 번거로운 노력이나 경비가 절감되었다.

---

66) 朝鮮總督府 編 善生永助 著, 『朝鮮の小作慣習』, 京城, 1929, 67~68쪽 ; 朝鮮 總督府, 『朝鮮總攬』, 京城, 朝鮮印刷株式會社, 1933, 181쪽 ; 朝鮮總督府 中 樞院, 『中樞院調査資料-小作制度調査』, 1913, 제2장 제2절 소작료 결정 방법 의 이해득실.

67) 淺田喬二, 「舊植民地(朝鮮)における日本人大地主の存在形態-石川縣農業 株式會社の事例分析」, 343쪽.

68) 善生永助 著, 『朝鮮の小作慣習』, 67쪽.

소작인은 근로에 따라 수확이 증가되므로, 경작에 힘쓰고 농업개량을 하게 된다. 그런데 결점을 보면 지주는 소작인이 조제하는 나락을 수취 하므로, 조제가 한결같지 않고, 풍흉을 통틀어 계산하면 타작법보다 소 득이 적다. 소작인은 풍흉을 통틀어 타작법보다 수익은 많지만 흉년의 부담이 무거웠다. 따라서 당시 소작인들도 정조보다 타조를 더 선호했 었다.[69] 정조법은 원칙적으로 소작농의 노동과 자본투하에 의한 생산증 가분이 소작농에게 돌아가므로 타조법이나 집조법에 비하여 소작농에 게 유리한 것이었다. 그러나 일제하 조선에서 실시된, 특히 일본인 소유 지에서의 정조법은 타조법이나 집조법의 소작료를 상회했고, 농민들에 게 더 수탈적 성격이 강했다.

석천현농업(주)는 정조법으로 전환한 후 소작계약기간을 3개년으로 하였는데, 이로서 현저하게 흉작이 아닌 한 회사는 일정한 소작료를 안 정적으로 징수하였다.[70] 정조제하에서의 소작료율이 조선 소작인들에 게 어떻게 작용했는지, 그 유불리에 관해서는 명확하게 알 수는 없지만, 당시 조선에서 일본인 지주들의 소작료 수취율은 특히, 경작지가 수리 조합 몽리구역 안에 포함되어 있을 경우 당연히 60%를 넘었다. 즉, 수리 조합의 조합원인 지주가 부담해야 할 수리조합비를 소작인에게 전가시 키는 사례는 관례화되어 있었던 것이다.[71] 따라서 회사소유 수전의 상 당부분이 동진수리조합 내에 포함되어 있었던 석천현농업(주)의 경우는 당연히 60%를 넘었을 것으로 보인다. 1930년 경 동진수리조합 구역 내 석천현농업(주)의 몽리구역 포함 면적은 1,046.95 정보에 달했다.[72] [표

---

69) 朝鮮總督府 中樞院, 『中樞院調査資料-小作制度調査』, 제2장 제2절 소작료 결정 방법의 이해득실.

70) 『記念誌』, 16쪽.

71) 朝鮮總督府, 『朝鮮總攬』, 188쪽.

Ⅱ-7]에 의하면 1930년 석천현농업(주)의 논 경지는 1,510.4 정보, 밭은 78.1 정보로 논밭 합계 총 1,588.5 정보를 경영하고 있었다. 그렇다면 총 논밭 경지면적의 95.1%에 달하는 면적이 동진수리조합 내 몽리구역이었던 것으로 상당히 수리조합 의존도가 높았고, 이 경우 당연히 소작료는 60%이상으로 책정되었다.

게다가 다른 일본인 지주회사와 마찬가지로 석천현농업(주)도 소작료 징수를 금납보다는 현물납을 선호했다. 소작료수입 가운데 현물납의 비율은 쌀의 경우 1908년~1913년까지는 현물납의 비율이 100%였고, 이후 1916년까지는 90%, 이후 다소 떨어져 60~70%대를 평균적으로 유지하고 있지만, 간혹 80~90%(1920, 1923, 1927, 1930~1933년)대로 다시 현물납이 절대적 비중을 차지하기도 했다. 경제공황기의 경우 현물납이 금납제에 비하여 훨씬 높은 이윤을 보장해 주었기 때문이다.[73]

다음으로 석천현농업(주)에 소속된 조선인 소작농은 1936년 현재 1,536호였다.[74] 이들 소작인들의 경작면적은 1 정보 이하가 70%, 1~2 정

---

72) 허수열, 『일제초기 조선의 농업』, 66쪽의 표 2-3 ; 임혜영, 「동진수리조합의 설립 과정과 설립주체」, 『전북사학』 33, 2008, 236쪽 [표 3] 참조.

73) 淺田喬二, 「舊植民地(朝鮮)における日本人大地主の存在形態-石川縣農業 株式會社の事例分析」, 344쪽 <제8표 석천현농업회사의 소작료추이(1908~ 1934)> 참조.

74) 鎌田白堂 著, 『朝鮮の人物と事業-湖南扁』, 京城, 實業之朝鮮社 出版部, 1935, 220쪽에 의하면 1936년도 현재 석천현농업(주) 소속의 일본인 및 조선인 가옥수를 2천여 가구 수라고 기록하고 있다. 그렇다면 일본인 가구 수가 400가구 가 넘었다는 것인데, 석천현농업(주)는 1920년대 이후 이민 사업을 포기하므로, 이 수치는 좀 더 면밀한 연구가 필요한 것으로 보인다. 한편 『朝鮮産業指針』에 서는 1914년 당시 조선 소작인은 약 2천호로 기록하면서 일본인 이주민 수를 77 호로, 조선인 소작인의 3/100정도였다고 기록하고 있다(大橋淸三郎, 『朝鮮産業 指針』, 812쪽).

보가 20%, 2 정보 이상이 10%선으로 평균경작면적은 9 반보 8무였다.[75] 즉 평균적으로 1 정보가 안되는 영세소작농이었다고 할 것이다. 조선흥 업의 경우 소속 소작인의 평균 경작면적이 1 정보로 그것은 식민지 시 기 당시 기준으로도 영세소작농으로 분류되었다.[76] 그렇다면 석천현농 업(주)의 소속 소작인의 경우 70% 이상이 1 정보에도 못미치는 수준이 므로, 그 영농 여건이 훨씬 더 열악했다고 할 것이다.

  소속 소작인들은 석천현농업(주)와 '경작위탁계약서'라는 것을 체결 하였는데, 당시 나카무라사키(中紫)농장, 구마모토 농장, 석천현농업(주) 의 '경작위탁계약서'가 조선인 소작농 사이에서 악명 높았다고 전해진 다. 현재 나카무라사키 농장의 계약서만 전해지고 있는데, 그 내용 중 하나가 소작인이 위탁 수수료 즉, 자신에게 할당되는 소작인의 몫을 받 고 경작을 하는 것이 아니라, 전체 수확고에서 지주에게 지불할 금액 일 체를 지불한 뒤, 나머지가 남으면 그것을 위탁 수수료로 받는 시스템이 었다고 한다. 이는 회사가 회사의 몫, 소작인에게 대여한 대부금, 식량, 농기구값, 종자값, 지세전가액 등을 일체 제하고, 나머지를 지불하는 것 으로 결국 소작인에게 돌아갈 몫은 당시 농가수지가 늘 적자였던 것을 감안할 때 남는 것이 없었다는 것이다.[77]

---

75) 『記念誌』, 34쪽.
76) 하지연, 『일제하 식민지 지주제 연구』, 256~259쪽.
77) 『동광』 제24호, 1931년 8월 4일자, 李晟煥 논설 '東光大學 제5講 朝鮮篇, 朝鮮 小作制度의 現狀'.

5. 석천현농업주식회사의 농업이민 사업

1) 농업이민 사업의 시작

 일본은 러일전쟁을 전후하여 '한국 경영', '한국 개발'이라는 미명하에 만주와 한국으로의 대대적인 해외 이민정책을 본격화 하였다. 이미 메이지 시대 초기부터 일본 자본주의 발전의 구조적 일환으로 전개되어 왔던 이민정책은 이 시점에서 침략적 성격을 띤 '식민책'의 일환으로 대자본가와 대지주를 중심으로 '산업이민', 특히 '농업이민'이 일본 정부 차원의 지원을 받아 일본 내 인구 및 식량 문제를 해결함은 물론, 향후 한국지배의 중추세력을 길러내는 다각적인 목적에서 진행되었다.[78] 이 시기의 이민은 한국 강점의 기초 작업으로 국책사업으로서 대규모 자본을 전제로 한 조직적 '이식(移植)'이었는데, 이를 위하여 일본의 각 관청이나 경제단체들은 한국 농업에 대한 본격적인 조사 작업을 실시하였고, 각종의 조사보고서와 책자를 발간해냈다.[79]

---

78) 이에 관해서는 최원규, 「日帝의 初期 韓國植民策과 日本人 '農業移民'」,『동방학지』 77·78·79합집, 연세대학교 국학연구원, 1993. 참조.
79) 당시 일본 정부는 農商務省 관리나 농업전문가를 파견하여 한국농업에 대한 본격적인 조사를 하였다. 정치가와 언론, 지식인들도 東亞同文會(1898), 朝鮮協會 (1902), 淸韓協會(1902) 등 각종의 식민 단체를 조직하여 한국과 중국에 대한 실태 조사, 이주 및 통상을 지원하였다. 이때 조사·보고된 대표적인 결과물들은 다음과 같다. 岡庸一,『最近韓國事情-韓國經濟指針』, 1903 ; 山本庫太郎,『朝鮮移住案內』, 1904 ; 德永勳美,『韓國總覽』, 1907 ; 靑柳綱太郎,『韓國植民策』, 1908 ; 谷崎新五郎, 森一兵,『韓國産業視察報告書』, 1904 ; 統監府 編,

게다가 통감부는 일본인의 한국 척식을 법적으로 보호하기 위하여 1906년 10월 토지가옥증명규칙(土地家屋證明規則, 칙령 제18호), 토지가옥전당집행규칙(土地家屋典當執行規則), 토지소유권증명규칙(土地所有權證明規則) 등을 발포하여 일본인의 토지소유를 합법화시키는 조치 등을 취하였다.[80] 이에 일본의 한국으로의 농업이민은 농업회사나 대지주 농장의 응모에 의한 농업이민이나, 혹은 각 부현(府縣)에 기반한 농업 조합, 혹은 개인적 이민 등의 방법으로 진행되었다. 당시 일제는 이를 지원하기 위해 농공은행 지방금융조합 등을 설치하여 이주자들에게 자금을 융통해 주기도 했으나, 아무래도 영세한 소규모 농업경영업자가 개별적으로 이민을 시도하는 것 보다는 부현의 지주 및 실업가들이 출자한 농업주식회사 혹은 농업조합의 이민이 훨씬 유리했다.

석천현농업(주)의 창립취의서에 의하면 본 사의 경영 목적은 다음과 같다.

1. 경지를 구입하고, 그 수익을 계획하여 점차 본 縣으로부터 소작이민을 모집하는 일
2. 본 현으로부터 농민의 이주를 장려하기 위하여 일정한 수수료를 징수하여 회사소유경지를 이주자에게 賣渡하는 일
3. 농사의 개량을 계획하고 그 수익을 증진하기 위하여 試作地를 설립하여 농작물의 재배 시험을 행하고, 그 성적을 본 현 아래에 보급하는 일

『韓國における農業の經營』, 1907 ; 京都府知事 編, 『韓國農業視察復命書』, 1908 ; 日本農商務省,「韓國土地農産調查報告」, 1906 등.

80) 최원규,「1900년대 일제의 토지권 침탈과 그 관리조직」,『부대사학』19집, 부산대학교 사학회, 1995 ; 同,「대한제국과 일제의 토지권법 제정과정과 그 지향」,『동방학지』94, 연세대학교 국학연구원, 1996 ; 하지연,「대한제국기 일본 대자본의 지주화 과정 연구」참조.

  4. 移農에 적합한 토지를 선정소개 및 사업의 설계조사를 하기 위하여
    그 이주를 장려하는 일[81]

  즉, 한국에서 경지를 구입하고, 소작 이민을 모집, 장려하고, 이들에게
토지를 분양하여 자작농을 만들어 내는 일을 주된 목적으로 하고 있는
것이다. 석천현농업(주)는 러일전쟁 시기 시찰단을 파견하여 한국에서의
농업 경영의 유리함과 농업이민이 안정적으로 정착할 수 있음을 확인하
고, 1909년부터 본격적인 이민사업을 개시하였다.[82]
  먼저 당 회사의 이민규정을 보면 이민대상자의 자격으로는 병역의 의
무를 마친 만 20세 이상의 남자로, 가족을 동반하고, 신체 건강하며, 근
면한 노동과 현지 정착의 의지를 갖고 농업에 종사할 자를 규정하여 한
국내 일본인 마을의 형성과 정착이 궁극적 목표임을 분명히 하고 있다.
또한 기본적으로 자산보유 정도가 300원 이상인 자로 규정하여 극빈자
이거나, 생계유지가 불가능한 계층은 제외하였다. 또 이와 관련하여 이
민 당사자 1명 당 2명 이상의 보증인을 세우게 하고 매 5년마다 계약을
갱신하여 회사 측에서 이민자에게 대부하는 토지, 각종 농기구, 농업자
금 등에 대한 안전장치를 마련하기도 했다.[83]
  한편 석천현농업(주)는 '이주민 장려법', '이주민 조직방법', '이주민
보호법'[84] 등을 제정하여 이민자의 모집 및 장려, 한국에서의 분산배치
방법, 향후 정착을 위한 보호의 장치 등을 구체적으로 마련하였다.

81) 『石川縣農業株式會社創立要覽』(本岡三郎씨 소장) 所收(田中喜南, 「石川縣
    農業株式會社」, 60~61쪽에서 재인용)
82) 大橋淸三郞, 『朝鮮産業指針』, 806쪽.
83) 大橋淸三郞, 『朝鮮産業指針』, 813쪽.
84) [부록 3] 참조.

먼저 '이주민 장려법'에 의하면 이주민을 위한 학교설립, 촉탁의 파견, 사원 및 당우(堂宇)건립, 가옥건축, 1개년 간 수요땔감 공급, 경작 예정지 선정, 도한비용마련, 이주여비 보조 등을 구체적으로 규정하면서 현의 상당한 보조를 명시하였다.

'이주민 조직방법'에서는 한일 혼합촌락 구성을 위해 일본인 호 대 조선인 호의 비율을 3대 7로 상정하고, 한국인과 일본인에서 2명의 위원을 선정한다고 규정하였다. 일본인 이주자가 한국인에 비하여 인구비율상 지극히 적었음에도 불구하고, 비율을 3대 7로 하고, 게다가 농촌위원으로 일본인과 한국인의 비율을 같이 설정한 것은 공동마을이라기 보다는 한국 내 일본인 농촌을 조성하겠다는 의도였다고 할 것이다. 또한 가급적 한국에 정착을 하기 위해서 처자를 동반한 이민을 장려하고 있다. 이민자의 선정은 일본에서의 부정행위가 없는 자로 신원 조회를 하여 이주시키되, 반드시 농업에 근면하게 종사할 것을 서약하게 했다. 이는 농업이민을 빙자하여 일확천금을 노리고, 한국에 건너와 다른 업종에 종사하거나, 현의 사업취지에 어긋나는 일을 함으로써 국고 지원의 낭비가 없게 하기 위함이었다.

'이주후 보호법'은 이민자의 도한 초기 1년간 경찰의 특별 보호를 규정하였다. 당시 한국에서는 일본인 이민에 대한 한국민의 감정이 좋지 않았고, 각지에서 의병항쟁이 일어나고 있었던 관계로, 일본인의 생명과 재산상의 안전이 보장되지 못했던 현실을 반영한 것이다. 또 이주 초년은 무이자로 종자 및 농기구를 대여하고, 농경지 유지비 또한 저리로 자금을 대여하도록 하였다. 신용조합이나 판매조합, 구매조합 등 각종의 조합을 조직하여 일본인 이주자들의 경제적 이익을 도모하였고, 농업에 관련된 각종의 산업, 즉 양잠, 목축, 조림 등의 산업을 장려하고, 각종의 품평회를 개최하여 산업발전을 도모한다고 규정하였다.

2) 이민사업의 실태와 실패

회사는 일본식 농법을 시행하여 한국농민에게 소위 '모범'을 보여줌
으로써 지방개발을 도모한다는 명분 아래 척식이민을 추진하였다.[85] 이
주민들은 소작조건에서 매우 유리한 조건을 제시받았다. 먼저 소작지
대부면적 문제이다. 이주한 첫 해에는 논 2 정보 내외 밭 3 반보 내외,
산림원야(山林原野)를 대부받고, 2년 이상 되었을 때, 토지의 상황 및 이
민 상태를 고려하여 증감하도록 규정하였다. 이 조건은 당시 일본 국내
의 평균 경작면적이나 한국인들의 평균 경작면적보다도 훨씬 넓은 것이
었다.[86]

다음으로 소작료의 문제이다. 이주자들에게는 일반적 관행이었던 타
조법의 지대방식이 아니라 정액제 지대가 적용되었다. 소작료는 초기 5
개년 간 일정하게 하여 수전은 1반보에 대하여 현미 4두 5승 이내로 하
고, 밭은 대두 3두 5승 이내로 하면서 천재지변이 있을 때는 감액하여
주었다. 공과금도 회사에서 지불했고, 그 외 가옥 및 농자금, 농구, 종자,
비료를 대여하는데, 무이자 혹은 저리로 대부하였다. 농자금의 경우 1호
당 50엔, 경우(耕牛)는 5호당 1마리가 할당되었다. 또 1912년에는 회사
부담으로 토지개량을 위한 토목공사가 시행되어 일본인 이민자들을 위
한 제반의 영농조건이 만족스럽게 조성되었다.[87]

물론 혜택만큼이나 이주민 감독 또한 철저하여 이주민들은 5개년을

85) 大橋淸三郞, 『朝鮮産業指針』, 806쪽.
86) 大橋淸三郞, 『朝鮮産業指針』, 808, 813쪽.
87) 大橋淸三郞, 『朝鮮産業指針』, 808, 813쪽.

이주 의무연한으로 하고, 근면성실하게 노력해야 했으며, 특히 지속적인
농장의 지휘아래 속하여 1. 소작지를 타인에게 전대할 때, 2. 소작지를
황폐화시키거나 시킬 우려가 있을 때, 3. 자의로 소작지 지형을 변경하
거나 지목 전환을 할 경우, 4. 소작료 납부를 태만히 할 때, 5. 농사개량
에 관한 농장의 지휘방침에 따르지 않을 때 등의 경우에는 대부토지의
소작권이 해제되었다. 88) 그러나 이러한 조건은 당시 조선 내 일본인 농
장들의 일반적인 제한 규정이었다.

이주민 배치는 앞서 서술한 바와 같이 한국 1촌락 당 약 30% 선 내에
서 김제군 6개면 19개리, 정읍군 1개면 1개리 총 7개면 20개리에 2~3호
정도 씩 분산 배치되었는데, 그 규모로는 이익을 낼 정도는 아니었다.

[표 Ⅱ-9]는 1909년 당 회사의 이민사업 시작 때부터 1914년까지의 6개
년 간의 실적상황이다.

[표 Ⅱ-9] 석천현농업주식회사의 1909~1914년 이민 실적 상황

	이민호	순익금	저금	토지구입실적	수확실적
1909	3	114圓 40錢	9원		1석 2두 9승
1910	13	432원 90전	55원 20전	3町 2半步	1석 3두 5승
1911	25	2,282원 78전	125원 25전	5정 1반보	1석 6두 3승
1912	34	2,923원 48전	35원 18전	2정 5반보	1석 1두 9승
1913	54	14,480원 32전	1,025원 13전	10정 5반보	1석 8두 5승
1914	77	12,476원 97전	2,432원 35전	17정보	1석 9두 7승

자료 : 大橋淸三郞, 『朝鮮産業指針』, 810~811쪽.

석천현농업(주)는 이민의 총 호수가 77호로 이는 한국인인 소작인
2,000 호에 비하여 매우 근소하나 정조식 감독이나 퇴비 제조 등의 농업

---

88) 大橋淸三郞, 『朝鮮産業指針』, 809쪽.

기술면에서 상당히 모범을 보이고 있고, 따라서 이민의 성과가 양호한 편이라고 회사측은 자평하고 있다. 그러나 실상 이민에 관한 자료는 더 이상 나오지 않는다. 실제로 회사의 사업목적을 규정한 정관에서도 1920년대 들어서서는 이민 항목이 제외되었다. 이는 고율의 소작료 징수가 가능한 한국인 소작인의 고용이 회사에 훨씬 높은 수익을 보장해 주었기 때문이었다. 실제로 1920년 변경된 정관에서는 당 회사의 이민사업이 사업 목적에서 제외되었다.[89] 결국 석천현농업(주)는 타산성이 없는 이민사업을 접고, 높은 수익을 보장하는 식민지 소작제 농장 경영 사업으로 사업 방향을 전환시켰다.

---

89) 田中喜南, 「石川縣農業株式會社」, 64쪽.

6. 맺음말

석천현농업(주)는 한국에서의 농장 경영 및 농업척식사업 등을 목적으로 석천현의 재정적 후원을 받아 1907년 설립되었다. 당초 본점을 석천현에, 출장소를 한국 전라북도 김제군에 설치하였으나, 한국에서의 본격적인 식민지 지주제 경영이 정착되고, 고율의 소작료 수취를 통한 초과이윤이 극대화되자 아예 본점을 김제군으로 바꾸고 식민지 농업경영에 주력하였다.

당 회사는 식민지 시기 일본인 거대 회사지주들 즉, 조선흥업이나 동산농장 등과 마찬가지로 주로 황무지 보다는 약간의 관개수리시설 보완을 통해 바로 경작이 가능했던 숙전의 매수에 주력했고, 회사 운영 초기부터 전북 김제군 일대에 1,000 정보가 넘는 대규모의 경작지를 확보했다. 얼마 지나지 않은 1910년대 말 1,500 정보 대, 1920년대 말에는 1700 정보 대의 수전위주의 소작제 회사지주로 성장했던 것이다. 또한 일본에서의 쌀소동, 그리고 작황에 따른 미가 폭등이라는 제반 여건의 작용으로 1917~1918년경부터 당 회사는 자본금은 물론, 수익성이 확연하게 증대되어 평균적인 주식 배당률은 30~40%대에 달하는 고배당률을 보였다.

회사가 매수해 들인 경작지는 대부분이 수전이었고, 조선 소작인들에게 집조, 혹은 정조 등 시기마다 회사 측에 유리한 소작료 징수 방법을 택하여 각종의 공과금 등 세금을 소작료에 전가시켰다. 이 고율의 소작료는 회사 고배당률, 이익률의 엄청난 증가를 보장했다.

'식민지'는 그 역사적 성격상 지배와 압박, 수탈이라고 하는 식민통치의 본질적이고 구조적인 성격을 근본적 특성으로 한다. 근대가 내세우는 합리성과 효율성은 실제로 폭력성을 수반한다는 사실은 본국 일본에

서도 적용되지만 식민지와 같은 취약한 구조 속에서 한층 집중적으로
구현되고 있었음을 석천현농업(주) 사례에서도 극명하게 볼 수 있다.

[부록 1] 석천현농업주식회사 설립허가서[90]

石川縣指令收農 第6760号
　　金澤市
　　　石川縣農業株式會社
　　　　社長 矢 田 與 之
1907년 12월 27일 附願 그 社 경영자금 차입에 관한 보증 및 이익배당금 補給
에 관한 건은 다음 기록 각항의 조건을 附쳐서 이를 허가한다.

1908년 1월 9일
石川縣知事村上義雄　　印

記
1. 회사가 차입금을 내지 않을 때는 金 7만 5천엔을 한도로 하여 縣에서 이를
   보증하는 것으로 하고, 단, 그 차입을 하는 경우는 知事의 승인을 받는다.
2. 회사가 채권자에 대하여 前項의 차입금을 변제할 할 경우에 있어서는 縣은
   채권자의 청구에 의하여 元利金변제의 책임을 진다.
3. 縣은 회사에 대하여 債務의 변제를 하지 않을 경우에는 그 변제액에 상당
   하는 토지를 縣에 인도하는 것으로 하고, 다만 天災와 같은 사변 등이 있
   을 경우에는 토지의 인도를 하지 않고, 이 경우에 있어서는 5개년 이내 현
   에 대하여 변제금을 납부하고, 그 납부를 하지 않을 때는 이에 상당하는
   토지를 현에 인도하는 것으로 한다.
4. 회사가 현에 대하여 前項의 변제금을 납부할 때는 引渡받은 토지를 회사에
   환부받는 것으로 한다.
5. 회사는 창립의 다음 해부터 4개년 이내에 있어서 제2회 불입으로써 株金의
   1/4 이상의 불입을 한다.
6. 회사 창립 다음 해부터 3개 년 간에 있어서 제1회의 불입금 2만 5천 엔에

90) 田中喜南, 「明治後期 <朝鮮拓植>への地方的關心-石川縣農業株式會社の
設立を通して」, 157~158쪽.

대하여 이익배당이 年利 6%에 달할 때는 그 부족액을 該기간내 매년 縣費
로부터 補給한다.

7. 사업경영방법 등의 기타 중요 사항은 지사의 승인을 받고, 그것을 변경할
때도 역시 같다.

8. 회사의 소유 경지 가운데 매년 34,200엔에 상당하는 토지는 원가의 1할 이
내의 수수료로서 本 縣人으로써 그 토지에 있어서 농업을 경영하는 자의
매수에 응한다.

9. 前項에 의하여 매도할 때 경지는 1사람에 10정보 이내로 하고, 다만 때에
따라서 지사의 승인을 받아 이 제한을 초과할 수 있다.

10. 매 결산기의 준비금 및 이익 배당률은 지사의 승인을 받는다.

11. 매 사업 년도에 있어서 법정 준비적립금 외, 該 적립금의 1/3에 상당하는
금액을 특별적립금으로 하여 지사의 지휘를 따르고, 이주민 장려에 관한
사업비에 충당한다. 단, 법정준비금이 자본금의 1/4 이상에 달한 후에 있
어서는 전 3개년 평균 額에 의하여 특별 적립금으로 한다.

12. 회사의 취급에 관계된 현금은 지사의 승인을 얻어 확실한 은행에 예입하
는 것을 요한다.

13. 주요한 기술원의 任免은 지사의 승인을 얻는다.

14. 본 명령 조건에 위배될 때는 3천엔 이내의 과태금을 부과하는 것으로 한다.

15. 본 명령 조건은 縣이 보증하는 기간에 그 효력이 있다.

[부록 2] 석천현농업주식회사 정관91)

제1장 總則

제1조 당 회사의 商號는 석천현농업주식회사라 칭한다.

제2조 당 회사의 자본금은 총금액 40萬圓으로 한다.

제3조 당 회사는 다음 사업의 경영을 그 목적으로 한다.

　1. 농업, 植林, 토지의 개간 및 기타 이에 관련된 부대사업

　2. 貸金과 토지, 건물의 賣買 및 賃貸借

　3. 당 회사 소유지의 水利에 관련된 수력전기 사업의 發起 및 出資

　4. 신탁업

제4조 당 회사는 본점을 전라북도 金堤郡 金堤邑 新豊里에 설치하며, 取締役 會의 결의에 의해 필요한 곳에 지점 또는 출장소를 설치하고 경우에 따라서 이를 이전할 수 있다.

제5조 당 회사의 존립기한은 30년으로 한다. 단, 총회의 결의로 존속할 수 도 있다.

제6조 당 회사의 公告는 본점 소재지의 재판소가 登記事項을 公告하는 新聞에 이를 공고한다.

제2장 株式

제7조 당 회사의 주식은 總數 8,000株로 하고 1株의 금액을 50圓으로 한다.

제8조 당 회사의 株券은 모두 記名式으로 하되, 1株, 5株, 10株, 50株의 4種으로 한다.

제9조 株金의 拂入을 태만히 할 때는 그 불입 기한의 翌日부터 100圓당 1日 5錢의 비율로 연체이자를 징수한다.

제10조 株金불입을 하지 않는 경우에는 商法 제152조 및 제153조에 의하여 처

---

91) 全羅北道農務課 編, 『全羅北道農事會社 定款 및 小作契約書-全羅北道內各 農地會社의 定款 및 小作 契約證書-』(全羅北道農務課, 1938). (『全羅文化 論叢』 제1집에 수록)

분한다.

제11조 ① 당 회사의 주식을 양도하여 名義改書를 청구하려 할 때는 당사자 쌍방이 株券裏面의 해당란에 記名捺印하고 당사자 連署의 株式名義改書 請求書와 함께 이를 당 회사에 제출하여 株主명부에 등록을 求하고 그 株券에 證印을 받아야 한다.

② 相續 遺贈 또는 法律명령의 규정에 의하여 주식을 취득하였을 때는 그 사실을 증명할 수 있는 서류를 첨부하여 前項에 준한 名義 改書를 청구하여야 한다.

③ 主權의 改書 時에는 1通 당 10錢의 수수료를 징수한다.

제12조 ① 주권의 滅失, 紛失, 分割, 倂合 등의 이유로 신주권의 교부를 청구하는 자는 그 사유를 詳記하여야 하며 당 회사는 그 사실여부를 조사하여 신주권 1통당 25전의 수수료를 징수하고 신주권을 교부한다.

② 前項 가운데 紛失의 경우에 있어서는 株主 중에서 2명 이상의 보증인을 세워야 한다.

③ 당 회사는 청구자의 비용으로 그 趣旨를 신문지상에 공고하여 30일이 경과하여도 이의를 제기하는 자가 없을 때는 신주권을 교부하여야 한다.

제13조 주식의 名義改書는 주주총회 전 상당 기간을 정하여 공고한 후에 이를 정지할 수 있다.

제14조 ① 주주는 주소 및 印鑑을 당 회사에 신고해야 하고 그 변경이 있을 때도 역시 이와 같으며 만약 이를 행하지 아니하여 발생한 事故에 대해서는 당 회사가 그 책임을 지지 않는다.

② 외국 거주의 株主는 일본제국 내에 假住所 또는 대리인을 정하여 당 회사에 신고하여야 하며 만일 이를 행하지 않을 때는 본 條項 제1항의 규정을 準用한다.

제3장 役員

제15조 당 회사는 取締役 5명 이내, 監査役 3명 이내를 각기 두고 이들을 중역으로 한다. 단, 당 회사 사업상의 고문으로 相談役을 둘 수 있다.

제16조 취체역은 주주총회에서 100주 이상을 소유한 주주 중에서 이를 선거

하고 그들 내에서 사장을 互選하며 취체역의 임기는 3년으로 한다.

제17조 監査役은 주주총회에서 50주 이상을 소유한 주주 중에서 이를 선거하고 그 임기는 2년으로 한다. 취체역 또는 감사역의 임기가 그 임기 중의 최종 配當期에 관한 정기총회가 끝나기 전에 만료되는 경우 그 정기총회의 종결시까지 그 임기를 연장한다.

제18조 사장은 당 회사를 대표하여 일체의 업무를 총괄하며 사장의 有故 시에는 다른 취체역이 이를 대리한다.

제19조 취체역은 그 재임 중 자기 소유의 당 회사의 주식 100 주를 감사역에게 供託하여야 한다.

제20조 취체역, 감사역의 보수는 총회의 결의에 의하여 이를 정하고, 임원 이하의 직원 급료는 取締役會의 결의로써 이를 정한다.

제21조 취체역 및 감사역에 결원이 생길 경우에는 임시총회에서 補缺선거를 하여야 한다. 단, 法定人員에 미달하지 않았을 때는 다음번 정기총회까지 연기할 수 있다.

제4장 株主 總會

제22조 주주총회를 나누어 定期, 임시의 2종으로 하며 정기총회는 매년 3월에 이를 열고 임시총회는 취체역에서 필요하다고 인정할 때 이를 연다. 단, 주주 측에서 총회의 소집이 필요하다고 인정할 때는 總株金 1/10 이상 소유한 주주가 임시총회의 소집을 청구할 수 있다.

제23조 총회의 의장은 사장이 맡으며 사장에게 事故가 있을 때는 다른 취체역이 이를 대행한다.

제24조 주주가 사고로 총회에 출석하지 못할 때는 위임장을 제출함으로써 다른 주주를 통하여 의결권을 행사할 수 있다.

제25조 총회의 결의는 상법에 별도의 규정이 있는 경우를 제외하고는 출석주주 의결권의 과반수로써 결의하며, 可否同數인 경우는 의장의 결정에 의한다.

제26조 주주의 의결권은 그 소유 주식 1주당 1개로 한다.

제27조 총회에서 결의한 사항은 이를 決議錄에 등재하고, 의장 및 출석 주주 2명이 이에 記名捺印하기로 한다.

제5장 회계

제28조 당 회사는 매년 12월 31일을 결산기일로 한다.

제29조 당 회사는 매 결산기에 총이익금에서 총 손실금을 공제한 잔액을 순
이익금으로 하여 이를 아래와 같이 처분한다. 단, 때에 따라서 별종의 적립
금을 세우거나 또는 후기 이월금을 세울 수 있다.

　1. 法定積立金 순이익금의 5/100 이상

　2. 役員상여금 순이익금의 10/100 이내

　3. 株主配當金

제30조 이익배당은 매 결산기일 현재의 주주에 대하여 이를 행한다.

제6장 附則

제31조 자본증가에 의한 신주식 4천주는 株券 액면가격으로 이를 발행하고,
舊주식 1주에 대하여 신주식 1주의 비율로 이를 인수한다.

제32조 인수하지 않은 주식이 생겼을 때에는 취체역회에서 이를 적당히 처리
한다.

제33조 주식모집에 관한 사항은 모두 취체역회의 결의로 이를 정한다.

제34조 신주식 제2회 이후의 拂入金額 및 拂入期日은 취체역회에서 이를 정
한다.

제35조 제16조, 제17조, 제19조의 개정은 차기 改選期로부터 이를 실시한다.

제36조 본 정관 제2조, 제3조의 변경은 조선총독의 허가를 받은 후에 그 효력
을 발생하는 것으로 한다.

[부록 3] 〈이주민장려법〉[92)]

제1 교육 공립소학교를 설립할 것

방법 이주민의 가장 중앙 편의의 설치를 선정하고, 공립소학교를 설치하고, 그 경비는 이주단체의 名義로써 저리 혹은 무이자로써 일본정부 또는 한국정부의 교육자금 또는 적당한 은행 혹은 회사 등으로부터 차입을 한다. 그리고 그 반환은 年賦로 상환하고, 장래 維持를 위한 조림을 실시한다. 기본재산을 만들고, 이로써 경비의 충당이 충분하다.

제2 위생 의사의 수당을 설치할 것

종래 병원이 적으니 각자 위생에 주의하고, 건강을 유지하는 것은 물론 필요하고, 만약 질병에 걸릴 경우에는 상당한 수당을 주는 것이 가능하다. 따라서 공립 소학교의 囑託醫를 이민회의 촉탁의로 한다.

제3 종교 사원 및 堂宇를 건설하여 敎導를 받을 것

사람의 사회에 교육과 한시도 떠날 수 없는 것이 종교이다. 고로 김제읍내에 堂宇를 설치하고, 매월 1회 남녀노약 모두 참석하여 종교를 신앙하도록 한다.

제4 家屋 건축 준비와 함께 계획을 강구할 것

먼저 30호에 대하여 한명의 준비위원을 두고, 다음해 1월 중에 渡韓시켜 가옥 준비에 종사하게 하고, 염가의 가옥이 있으면 매수하고, 한편에서는 신축한다. 그 구조는 한인 가옥에 유사한 것 2間, 1間, 기타 作納屋 같은 경우 間4方의 2間, 비용합계 약 33엔 이내로 하여 절약 건축을 한다. 이주민 1호에 대하여 그 도한 이전에 반드시 1間을 자력으로 준비하도록 한다. 그리고 신축 50 호에 대하여 한국인을 一名씩 배치한다.

---

92) 석천현농업주식회사 김제출장소 『東津江流域に於ける石川縣農業會社槪要』 (이하 『農業會社槪要』라고 약칭. 1909년 11월 조사, 本岡三郎씨 소장), 21~23 쪽(田中喜南, 「石川縣農業株式會社」, 61~62쪽에서 재인용)

제5 薪炭 1개년 간 수요 手當 및 공급을 할 것

도한초년은 동진강 상류는 森林이 무성한 산간으로 한국 이주 다음해부터 이 지역의 황폐지를 이주자 1호에 대하여 주고, 2두락을 염가에 매입하여 잡초를 무성하게 하지 않고, 이를 베어서 건조하여 연료로 충당하게 한다. 그리고 자작의 쌀, 보리, 대소두 기타 작물의 건조를 신탄으로 대용하게 한다.

제6 경작 노지 이주자에게 적당한 예정지를 선정하여 설치할 것

이 일은 가장 주안점을 두는 것으로 선발준비위원이 가장 고심하는 바이다. 이미 작년부터 본 회사의 출장소에 토질 수리 비료 종자 등을 조사하기 위하여 협의상 준비위원으로 예정하여 배치하고 있다.

제7 기차, 기선 등 도한 비용 기선의 할인 방법을 교섭할 것

준비위원은 철도청 및 大坂商船會社, 또 기타 기선 소유자 등에게 저렴한 가격에 이주자에게 할인할 방법을 교섭한다.

제8 보조 이주자에 대하여 다소 여비를 보조할 것

지금 가나자와 시로부터 해륙 모두 3등으로써, 渡韓하는데 金澤-神戶 간 2円 60錢, 神戶-群山간의一 汽船賃 9円, 그 외, 잡비 2엔, 즉 1인에 대하여 합계 13엔 60전을 요한다. 그래서 1戶당 평균가족 5인 즉, 대인 2명, 소인 3명으로 하여, 자녀는 대인의 여비 반액이 되는 평균 1인에 해당하여 9엔 50전 남짓으로 하고, 1가족 5인분에 47엔 60전을 요한다. 이 1가족 이주 비용에 상당하는 縣의 보조를 바란다.

〈이주민 조직방법〉93)

1. 농촌 일한 혼합의 촌락을 만들 것

한 농촌의 戶數를 100호로 상정하고, 일본인 30호, 한국인 70호로써 조직한다. 그래서 각 농촌에 日韓人 모두 함께 2명의 위원을 선정하여 농촌 이익을 증진시킨다.

2. 재류민회

각 농촌의 이주자에게 연락을 취한다. 가나자와 읍내에 會場을 설치하고, 각 지방에 산재한 이주자의 유통을 계획한다. 각 농촌의 연락을 취하여 그 안에는 우리 농회에서 활동을 계획하고, 각 농가가 일치된 행동을 취하여 이주민의 제반의 이익을 증진시키는 원동력을 기한다.

3. 모집 본 현 일반 평균 각 군으로부터 모집한다.

지금 한 마을 전체를 도한시킨다면 불가능한 일이고, 小局部의 지방으로는 縣 아래를 통솔하는 각 군에 모집 도한시키고, 뒤에 진출하는 자를 위하여 補導의 이익이 있도록 하고, 縣 아래 일반 한국의 사정을 깨달을 수 있게, 상호 이해를 도모하여 이익이 있게 한다.

4. 民質

종래 농업을 경영하는 노동자로써 처자를 동반하는 자의 일

회사 일반이 通則으로서 무경험의 사업으로 성공하는 것은 드물다. 농업에 있어서는 특히 그러하다. 고로 경험 있는 적당한 이주 농민 중 정착을 시키기 위하여 처자를 동반할 것을 장려한다.

---

93) 석천현농업주식회사 김제출장소 『東津江流域に於ける石川縣農業會社槪要』 (이하 『農業會社槪要』라고 약칭. 1909년 11월 조사, 本岡三郎씨 소장), 24~26 쪽(田中喜南, 「石川縣農業株式會社」, 62~63쪽에서 재인용)

5. 選定
이민은 종래 부정행위 없이 순결한 농민 선정의 방법을 강구한다.

이주하고자 하는 농민의 소속 관할 경찰에 의뢰하여 부정행위 없는 순결한 농민으로 하여, 또 渡韓 후 실제 농업에 종사하는 이주의 목적이 있는가 등을 조사한다.

6. 誓約
이주의 때 반드시 내지와 동일하게 노동 및 경제를 중요하게 할 것을 서약하게 한다.

도한 후 내지에 있을 때의 의지가 변하여 태만함에 빠지고, 노동을 게을리 할 우려가 있으므로 이주자들에게 근검의 서약을 반드시 받아야 한다.

7. 親交
일한인의 친교를 중하게 하는 방법을 강구한다.

'日韓親交會'를 조직하고, 언어풍속을 교정하고, 각자 본분을 지키는 근검의 미풍을 양성하고, 이로써 영구적인 기초를 지키고, 매월 1회 남녀회합하여 상호 유익한 담화를 나누고, 의견의 소통을 계획한다. 또 회합의 당일은 주최자는 殖産상의 講話를 한다.

8. 渡韓 준비
이주자에 있어서 도한의 시기 30호에 대하여 1명의 준비위원을 선정한다.

각 이주단체에 있어서 규약을 설치한다. 즉, 이주자는 출발 전 가나자와에서 회합하고, 규약을 제정하고, 각자 이 규약을 준수하도록 한다. 이 규약의 大要는 華美로 흐르지 않을 것. 5개년 이상은 각자의 자유행동에 일임할 것. 이 기간 내에는 만사 성실하도록 한다. 또 종래 재류민 가운데에는 한인을 경멸하여 그들을 사역시키고, 그 이익을 탐하는 악폐가 있으므로, 새로이 이주하는 자는 근면하도록 하여 한국인들의 신뢰를 회복시키도록 한다.

〈이주후 보호법〉94)

1. 경찰
1개년 간 특별 보호를 청원한다.
이주자는 土地 안내가 없고 행동의 제약이 많으므로 도한 초년에는 경찰의
특별 보호를 받아 만사를 지도받도록 한다.

2. 取締委員
한 농촌 단체에 있어서 일본인 1명, 한국인 1명을 선정하고, 주최자의 승낙을
받는다.
일한인 모두 1명의 취체위원을 선정하여 제반의 사무를 처리한다.

3. 종자 및 농구
이주의 초년은 충분한 보조를 하고, 혹은 무이자로써 1개년 간 대여의 방법
을 세운다.

4. 유지비
이주초년 1개년 간 단체에 대하여 저리로 자금을 대여하는 방법을 강구한다.

5. 산업조합
조합원의 산업 또는 그 경제의 발달을 기도하기 위하여 다음과 같은 조합을
조직한다.

(1) 신용조합
조합원에 필요한 자금을 대부 및 저금의 편의를 얻을 수 있게 한다.

(2) 판매조합
조합의 생산된 물품을 공동으로 구입한다.

---

94) 석천현농업주식회사 김제출장소 『東津江流域に於ける石川縣農業會社槪要』
(이하 『農業會社槪要』라고 약칭. 1909년 11월 조사, 本岡三郞씨 소장), 26~28
쪽(田中喜南, 「石川縣農業株式會社」, 63쪽에서 재인용)

(3) 구매조합

산업 또는 생계에 필요한 물품을 공동구입한다.

6. 장려

副産業을 강구, 장려하고, 품평회를 개최한다.

米麥 등은 물론, 양잠, 목축, 조림 등은 가장 풍토에 적합한 것으로써 이를 장려하고, 기타 堆肥 제조 등에 착안하고, 동절기 농한의 시기 節藥 세공, 기타 內職을 없애고, 이주자에 산업 발달 및 경쟁심을 진흥시키기 위하여 매년 물품품평회를 개설하고, 공중에 열람을 허하고, 각 지방으로 유익한 강연을 하고, 성적이 우수한 것은 상품을 수여하여 산업의 발전을 촉진한다.

〈이민규정〉95)

제1조 本則은 내지 이민의 모집 分配에 관한 사항을 규정한다.

제2조 본칙의 이민이라는 것은 내지로부터 한국으로 이주하고, 본 회사와 이민계약을 체결하는 자를 말한다.

제3조 이민한 자는 다음 각 항에 해당하는 것을 요한다.

　1) 병역의 의무를 마친 만 20세 이상의 남자로, 가족을 갖고, 신체 건강하고 노동의 의무, 토착의 의지를 확실하게 갖고 직접 농업에 노력할 것.

　2) 한국농민과 서로 친교하고, 이를 지도하여 모범이 될 것.

　3) 농사개량에 관하여 본 회사의 지휘 방침을 준수할 것.

　4) 자금 300圓 이상을 가진 자, 단, 사정에 의하여 이 보다 감소할 수 있다.

제4조 본 회사는 이민에 대하여 본 회사의 소유하는 토지를 대부한다.

제5조 전 조항의 대부에 부쳐서는 각 부락에 연대 의무를 부담시켜 한 사람의 대부에 대하여서는 본 회사가 확실하다고 인정하는 2명 이상의 보증인을 세울 것을 요한다.

제6조 토지의 대부의 면적은 초년도에 있어서 水田 2정보 내외, 밭 3반보 내

---

95) 大橋淸三郞, 『朝鮮産業指針』, 813~815쪽.

외로서 장소에 의하여서는 산림 原野를 대부하는 것으로 하고, 다만, 2년 정도 이하는 토지의 상황 및 이민의 상태에 의하여 增減하는 것으로 한다.

제7조 대부지에 대하여서는 본 회사는 소정의 소작료를 징수하고, 공과금은 무릇 본 회사의 부담으로 한다.

제8조 소작료는 5개년 간 일정하게 하여 수전은 1반보에 대하여 현미 4斗 5 升 이내로 하고, 밭은 大豆 3斗 5升 이내로 한다. 단, 천재지변의 때에는 감 액할 수 있다.

제9조 본 회사는 필요하다고 인정될 때는 다음 항목에 준거하여 무상 혹은 저리로 金品을 대여한다.

1) 농업자금 1戶 50圓 이내

2) 종자 籾 1戶에 대하여 1石 이내

3) 비료 1반보에 대하여 4圓 이내

4) 가옥 1호에 대하여 1棟

5) 농구 5호에 대하여 1式

6) 耕牛 5호에 대하여 1頭

제10조 앞의 조항의 대부에 부쳐서는 부락마다 연대하여 그 의무를 부담하는 것으로 한다.

제11조 이민하고자 하는 자는 申込書에 다음의 사항을 기재하고, 現籍地의 市, 區, 町 村長의 증명서 및 호적 등본을 첨부하여 본 회사에 제출할 것을 요 한다.

1) 이주자의 씨명 연령

2) 병역의 관계

3) 노동의 適否

4) 자산의 정도 및 부채의 유무

5) 종래의 직업 및 경력

6) 상벌의 유무

7) 이주 희망지

8) 의사의 건강증명서

제12조 이민 계약은 5개년 마다 개정한다.

제13조 이민 申込書式

　　　　　私儀今回貴會社移民으로 하여 移住致度에 付御承認相成度候也

　　　　本籍地
　　　　　　　移住申込人 何　某　　(印)
　　　年　月　日

　　　　石川縣農業株式會社御中 第十一項의 서류첨부를 요함

제14조 이민계약서식
私儀今回貴회사의 이민을 승인 받는 데는 다음의 조항을 계약한다.
　1) 직접 농업에 종사할 것
　2) 대부 받은 토지에 대하여서는 형질을 변하는 일 없이 토질향상을 도모
　　 할 것
　3) 소작료는 지정일 안에 납부할 것
　4) 농사개량 상에 관하여 본 회사의 지휘방침을 지킬 것
　5) 貴社에서 대부를 받은 금품에 대하여서는 연대의 의무를 질 것
　6) 귀 회사의 이민 규정은 물론 기타 일체의 지도를 준수하고, 결코 위배하
　　 지 않을 것
　7) 이민 계약에 기초하여 귀 회사에 대하여 짊어진 바의 의무를 이행할 때는
　　 보증인 및 연대 의무자가 이를 인수하여 귀 회사에 대하여 책임을 질 것

　　本籍地
　　현주소
　　　　　　　　　　　　계약당사자　　何　某　(印)
　　　　　　　　　　　　생년월일

　　　　　　　　　　　　보증인　　　何　某　(印)
　　　　　　　　　　　　連帶者　　　何　某　(印)

　　石川縣農業株式會社御中

Ⅲ. 식민지 시기 일본인 거대 지주회사의 '사음'제 운영

1. 머리말

조선의 소작관습을 조사한 조선총독부 촉탁 젠쇼 에이스케(善生永助)는 소작관리인 즉, '사음(舍音)' 및 그 제도에 관하여 다음과 같이 정리하였다.

> "사음제도는 조선에서 그 유래가 오래되었는데 사음은 지주와 소작인 사이에 개재하여, 관리지역 내의 소작지에 대하여 소작인을 선정하거나 이동하는 건, 소작료의 결정·검사·징수·보관, 소작지의 순회, 소작료의 감면에 관한 조사 및 결정, 공조공과(公租公課) 및 그 외의 대납(代納), 소작지의 수선개량에 관한 감독 및 소작계약 또는 해제에 대한 권한 등 거의 지주와 같은 임무와 권한을 행사하였다. 따라서 이들의 소작인에 대한 권세는 사실상의 지주와 다를 바가 없었다. 사음은 대지주, 부재지주, 농업 이외의 업무에 종사하는 지주 등이 관리인을 필요로 해서 설치한 것으로, '추수원(秋收員)', '마름'이라고도 불렸으며, 평소에 농경에 종사하고 추수기에 지주에게 고용되어 소작 관리인이 되었다."[1]

식민지 시기 사음은 일본인 거대 지주회사 혹은 조선인 대지주, 특히 부재지주들의 토지 및 소속 소작인 관리를 위해 필연적으로 존재했던 최말단의 관리인이었다. 조선의 관습 및 실정과 조선인 소작인과의 의사소통에 문제가 컸던 식민지의 일본인 지주 입장에서는 일본식의 농법 및 종자 보급, 농사 현장 감독 등의 관리를 담당해 줄 사음은 필수불가결의 존재였다. 그리고 이 사음은 조선 소작인들의 일본인 지주 및 식민

---

[1] 朝鮮總督府 編, 善生永助 著, 『朝鮮の小作慣習』, 京城, 朝鮮總督府, 1929, 235~237쪽. 본 논문에서는 식민지 시기 소작관리인을 지칭하는 '추수원, 농감(農監), 구장(區長), 사음, 마름 등 여러 용어 가운데 '사음'이라는 명칭을 사용하기로 하며, 인용사료에 따라 '마름'이란 명칭도 함께 쓰기로 하겠다.

지 농정에 대한 불만을 중간에서 대신 받아내어 주는 방패막이 내지 완충지대의 효과까지 있어 일본인 지주뿐만 아니라 식민권력의 입장에서는 상당히 유용한 존재였다. 그럼에도 불구하고 그간 식민지 지주제를 통해 이 시기 사회성격을 규명하려는 기존 역사학계의 연구는 주로 지주-소작인 관계에만 집중되었고, 식민지 지주제의 한 구성요소이자 중간자로서 가해와 피해의 이중적 성격을 동시에 갖고 있던 사음에 대한 연구는 부족한 편이었다.

식민지 시대 사음에 관한 글은 이쿠오 야히로(八尋生男)의 「사음론 舍音論」2)이 거의 효시격이다. 이후 조선총독부 촉탁 세이고(吳晴)의 「사음제도와 치산치수에 관하여 舍音制度と治山治水に就て」3)는 사음제도와 소작쟁의와의 관련성에 중점을 두고, 소작쟁의의 과반수 이상이 조선 특유의 사음제도에 그 원인이 있다고 하였다. 즉, 수리관개시설이 부족하고 농업기술이 후진적인 조선농업의 특성상 수확량이 일정할 수밖에 없고, 따라서 소작료 납부방법으로 타조법과 같은 비례제가 많이 취급된다고 설명하고 있다. 그리고 비례제 소작료 수취는 소작관리인제를 반드시 필수조건으로 했기 때문에 결국 사음의 횡포가 심하여 소작쟁의가 빈발한다고 주장하였다. 따라서 그 해결방법으로는 치산치수(治山治水)를 시행함으로써 소작관리인의 폐해를 제거할 수 있다고 제시하였다. 그런데 세이고의 주장은 소작관리인에 대한 현상적이고 지극히 표면적인 관찰로 의도적으로 1920년대 일제가 실시하던 토지개량사업 및 수리관개사업을 선전하고, 조선농업의 낙후성을 강조한 것이었다.

소작관리인에 대한 보다 본격적 논의는 히사마 겐이치(久間健一)의

---

2) 八尋生男, 「舍音論」, 『朝鮮農會報』 11-1, 1916.
3) 吳晴, 「舍音制度と治山治水に就て」, 『朝鮮』 166, 1929.

「野の言葉-마름-」[4]이었다. 이 글 역시 이전 일본인들의 연구와 마찬가지로 일제의 관변적 입장에서 씌어진 글로 조선농업의 정체성과 소작쟁의의 원인이 모두 사음의 폐해에 기인함을 강조하고 있으면서도 막상 사음의 구체적인 유형이나 운영실태 및 성격에 관해서는 분석하지 못하였다.

한편 한국학자의 연구이기에 일본 관변학자와 그 연구의 취지가 근본적으로 다르기는 하지만 결과적으로 사음의 폐해를 규명했다는 점에서 연구의 결론이 같은 경우로 인정식(印貞植)이 있다. 인정식은 식민지 시기 조선농업의 봉건적 성격을 강조하면서 그 사례 중 하나로 봉건적 농업생산방식에 근거한 사음의 작폐를 들었다. 또 이 사음의 작폐를 제거하는 방법은 법적인 규제를 통해서가 아니라 봉건적 생산양식의 타파에 의해 가능하다고 했다.[5]

결국 식민지 관변학자이든, 혹은 인정식과 같은 조선인 지식인이든 사음의 폐해가 조선농업의 후진성과 고질적이고 구조적 문제점이라는 논리는 같았다. 그리고 이러한 결론은 동양척식주식회사(東洋拓殖株式會社 이하 '동척')이나 조선흥업주식회사(朝鮮興業株式會社 이하 '조선흥업'), 불이흥업주식회사(不二興業株式會社 이하 '불이흥업') 등 일본인 거대지주회사들이 하나같이 조선의 전근대적 농업경영의 요소이면서 악폐였던 사음의 폐해를 일본인 지주회사들은 제거하고, 근대적이고 합리적인 경영시스템을 도입한 것처럼 대대적으로 선전하였던 것과 같은 논리였다.

---

4) 久間健一, 「野の言葉-마름-」, 『朝鮮農業の近代的樣相』, 東京, 西ケ原刊行會, 1935.

5) 印貞植, 「朝鮮農村經濟의 硏究」, 『中央』 28-35, 1936에 연재(吳美一 편, 『식민지시대 사회성격과 농업문제』, 서울, 풀빛, 1991에 재수록)

해방 이후 우리 학계의 사음에 관한 연구는 다음과 같다. 주봉규(朱奉奎)가 경제사 연구에서 주로 일제 시기 관변자료를 통해 사음의 임무·선정·보수 등의 기본적 내용과 지역별 특성, 그리고 폐해를 정리했고[6] 이후 김홍배(金洪培)는 식민지 시기 소작관리체계의 변화를 지주(회사)-사음-소작인의 3자 관계에서 살펴보았다.[7] 그 외에도 안병직(安秉直), 안병태(安秉珆), 강훈덕(姜薰德), 최석규(崔錫奎) 등의 연구가 있는데,[8] 기본적으로 사음의 폐해가 식민지 시기 소작쟁의의 원인 중 큰 비중을 차지했고, 식민지 조선농업의 구조적 문제점이었다는 식민지 권력의 입장, 즉 『조선의 소작관행 朝鮮の小作慣行』(조선총독부 편, 상, 하, 1932)과 그 기본적 인식을 같이하고 있다. 이후 경제학 측면에서 '마름으로 인한 피해는 곧 지주 자신에게도 피해이므로, 마름의 폐해란 마름제도의 본질에서 초래된 문제라기보다는 지주가 마름을 감시·통제하는 과정에서 투여된 비용'이란 측면에서 분석한 한상인 등의 연구도 나왔다.[9]

6) 주봉규, 「일제하 사음에 관한 연구」, 『경제논총』 16-3, 서울대학교 경제연구소, 1977 ; 同, 「日帝 地主制下에서의 査音에 關한 硏究」, 『서울대농학연구지』 12-1, 서울대학교농과대학, 1987.
7) 金洪培, 「日帝下 小作管理人에 관한 史的 硏究」, 서울대학교 대학원 경제학과 석사학위논문, 1987.
8) 安秉直, 「植民地下 朝鮮人大地主의 硏究-1920년대를 中心으로-」, 『經濟論叢』 14-3, 서울대경제연구소, 1975 ; 安秉珆, 「중간계층의 존재형태」, 『한국근대경제와 일본제국주의』, 서울, 백산서당, 1982 ; 同, 「조선인 지주와 동척의 토지경영방식의 차이」, 『한국근대경제와 일본제국주의』 ; 姜薰德, 『일제하 농민운동의 一 硏究-소작쟁의를 중심으로-』, 경희대학교 대학원 박사학위논문, 1989 ; 崔錫奎, 「일제시기 마름을 둘러싼 소작문제」, 『인하사학』 제3집, 인하역사학회, 1995.
9) 韓相仁, 「일제 하 소작관행에 관한 연구 : 재산권적 접근-소작계약형태를 중심으로-」, 『韓國經商論叢』 제17권 1호, 韓國經商學會, 1999 ; 同, 「일제 식민지기의 '마름'에 관한 연구」, 『한국경상논총』 제17권 3호, 한국경상학회, 2000.

  그런데 사음의 폐해 문제는 조선총독부 편, 『조선의 소작관행』에서 본격적으로 거론, 강조되면서 식민지 조선의 농촌의 피폐상과 문제의 온상이 '사음과 그 사음을 필연적으로 요구하는 부재지주'라는 논리가 식민지 조선농업의 근본적 폐해인 것처럼 전면에 부각되었다. 그리고 거의 모든 농민항쟁의 원인이 이들인 것처럼 식민지 시기 당시는 물론, 현재의 학계에서조차 일반적 인식으로 자리 잡았다. 최근 김인수는 1920 년대 후반부터 식민(국가) 권력이 이렇게 식민지 농정의 피폐상의 화살을 식민지 농민 중 하나의 계층에 불과한 사음에게 돌려 식민권력 자신은 마치 소작쟁의의 중재자이며, 사음 혹은 부재지주의 부패 내지 문제점의 해결자로서 이미지를 전환시키기 시작했다고 지적했다.[10] 그러나 이 연구에서도 조선총독부 혹은 식민권력이나 식민지 지주 권력이 이 사음 제도를 타파하거나 개선했는가, 혹은 사음제도의 악폐를 표면적으로는 지적했지만, 막상 그 제도를 식민지 대지주와의 이해관계상 존속, 방치했는가에 대해서는 면밀하게 관찰하지 못하였다.

  지금까지 식민지 시기 사음에 대한 연구를 보면 주로 경제사(농업) 분야에서 중점적으로 이루어졌고, 한국사에서의 연구는 상당히 부족한 상황이다. 또 일본인이 운영하던 지주회사 소속의 사음 및 사음제 변형 운영 사례에 관한 연구는 아직 본격적으로 다루어지지 않았다. 조선총독부나 일본인 거대회사들이 선전하던 것처럼 농장 사무원(관리원 혹은 사원)제를 도입하여 사음의 폐해를 없애고, 합리적이고, 근대적 농업경영 시스템으로 도입했다고 주장하던 것이[11] 사실인지, 과연 기존 사음

---

10) 김인수, 「일제하 조선의 농정 입법과 통계에 대한 지식국가론적 해석-제국 지식체계의 이식과 변용을 중심으로-」, 서울대학교, 사회학과 박사학위논문, 2013.

11) 朝鮮興業株式會社 編, 『朝鮮興業株式會社二十五年誌』(이하 『二十五年誌』), 1929, 19~20쪽 ; 朝鮮興業株式會社 編, 『朝鮮興業株式會社三十周年記念誌』

과 일본인 거대 지주회사 소속의 사음이 그 권한과 임무상 차이가 있는
지, 있다면 어떤 차이인지에 대한 세밀한 규명이 필요하다고 본다.

본 고찰에서는 기존의 연구 성과를 바탕으로 식민지 시기 사음의 임
무 및 권한의 변화, 지주를 포함하는 식민권력과 사음과의 관계, 식민지
일본인 거대 지주회사들의 사음제 운영 사례를 분석하여 조선 재래 사
음과의 차이점, 농장원 혹은 관리원과 사음과의 관계, 식민지 지주회사
들의 대대적인 선전실상과는 다른 사음의 문제점 존속, 식민권력의 사
음폐해 과대 선전과 식민지 농정피폐 책임의 전가, 실제 사음의 존속 및
활용실태 등을 보고자 한다. 이를 통해 식민지 시기 일본인 지주회사들
의 사음 운영은 그들이 봉건적 폐해의 극치라고 비난하던 조선 재래의
사음제와 비교해 보았을 때 사음의 권한을 회사가 흡수, 강화하면서 사
음을 단순한 소작인 및 소작지 관리인으로 전락시켰을 뿐, 오히려 식민
지 지주제의 '식민성'이 강화된 측면을 규명 해보고자 한다.

(이하 『三十周年記念誌』), 1936, 67쪽 ; 하지연, 『일제하 식민지 지주제 연구』,
서울, 혜안, 2010, 261쪽 ; 森元辰昭, 「日本人地主の植民地(朝鮮)進出-岡山縣
溝手家の事例」, 『土地制度史學』72, 1979 ; 森元辰昭, 「朝永土地株式會社に
よる農場經營」, 大石嘉一郎編, 『近代日本における地主經營の展開』, 東京,
御茶の水書房, 1985, 601쪽.

2. 식민지 시기 사음제와 지주 및 식민권력과의 관계

1) 사음의 임무와 권한 변화

사음은 지주의 위임을 받아 토지 및 소작인을 관리하는 자를 통칭하는 말로, 지주제의 발달과 더불어 사음의 출현은 보편적이었다. 사음의 명칭은 지방별로 각양각색이고, 같은 사음이라도 관리면적 등에 따라 본사음(本舍音) 혹은 대사음(大舍音) 또는 상사음(上舍音), 도사음(都舍音) 등으로 칭하기도 하고, 그 보다 아래는 우사음(又舍音) 혹은 소사음(小舍音) 또는 중사음(中舍音), 해사음(該舍音)이라고 칭하기도 했다.

일제하 사용되고 있던 사음에 대한 대표적 명칭을 보면 사음, 농도(農道) 수작인(首作人), 농감(農監), 구장(區長), 대리인(代理人), 지번(指審), 농막직 혹은 농막이(農幕直)(伊) 등이 있다.[12] 이 가운데 '농감'이란 명칭은 동척이 소작관리인에게 붙인 명칭으로 주로 재단법인의 토지 관리인을 지칭했는데, 일본인 부재지주 농장의 사음을 호칭하는 용어로 일반화 되었다.

사음은 지주가 자신의 권한을 위임하여 토지와 소작인을 관리하도록 위탁한 자들로, 식민지 시기 그들의 권한 범주가 어느 정도까지였는지를 살펴 볼 필요가 있다. 그것은 곧 소작인에 대한 사음의 폐해, 그리고 소작쟁의 문제와 직결되었고, 일본인 지주회사나 조선총독부에서 강조하던 조선 농업에서의 사음의 폐해문제를 규명할 수 있는 기본 순서이

---

12) 이에 대해서는 朝鮮總督府, 『朝鮮の小作慣行』 上卷, 614~619쪽.

다. 본 논문에서 살펴 볼 일본인 지주회사 소속 사음의 권한 사례가 동
시기 조선의 일반적 사음의 권한과 다르지 않다면, 이들 사음의 권한이
약화되어 지주회사의 종속적 관리인으로 전락했거나 그로인해 지주회
사의 농민에 대한 또 다른 직접 지배 방식이 늘어나고, 사음의 임무만
더 늘어났다고 할 수 있다. 그렇다면 일본인 지주회사는 사음을 식민지

[표 Ⅲ-1] 일제하 시기별 사음의 임무와 권한의 변화

1909	1910~1911	1920년대	1930년대
소작인 선정		소작인 선정	소작권 이동
소작인 해제	소작인 해제		
소작인 징계	-		소작료 경감 면제
소작인 변경	소작인 변경		
소작인 감독	소작인 감독	소작인 감독	
소작지 시찰, 보고	소작지 개선, 수선공 사실시	소작지 관리, 소작인 독려, 경작 독려	소작지의 수선개량사항 처리
소작지 변경	-		
소작료 징수	소작료 징수	소작료 査定, 징수	소작료 미납 독촉
소작료 미납 독촉	소작료 미납 독촉	소작료 미납 독촉	
지배지 秋檢			
소작료 곡물 상태 검사			
소작료 곡물 수량 검사			
소작료 곡물 보관	소작곡물 보관	소작곡물 보관	소작료의 보관 및 납
소작료 수납현물 매각	소작료 수납현물 매각		입기간, 장소
종자보관	조세 대납*	종자보관	관리기간
도사음-사음 임면권		지주와 소작인 간의 諸連絡	계약해제의 조건
		소작료 미납액 대납	소작료 미납액 대납
		토지사무에서 지주대리	소작인으로부터 부당이득 금지

자료 : 度支部司稅局, 「韓國土地慣例調査」(三), 『韓國中央農會報』 3-10, 1909, 22~28쪽 ;
朝鮮總督府, 『小作農民に關する調査』, 1928, 149~150쪽 ; 朝鮮農會, 『朝鮮の小作慣
行(時代と慣行)』, 1930, 476쪽 ; 忠淸南道稅務課, 「忠淸南道に於ける小作慣例」, 『朝
鮮農會報』 20-5, 1925 ; 朝鮮總督府, 『朝鮮の小作慣行』上, 32~34쪽.
* 賭地法시행지는 소작인이 지세를 부담하므로, 소작인으로부터 징수, 打租法 시행지는 사
음이 납세를 대리함.

현실에서 그들의 효율적 농장 관리를 위한 중간 관리자로서 여전히 존속시키면서 오히려 농업구조의 식민성만을 강화시켰다고 설명할 수 있을 것이다.

[표 Ⅲ-1]은 병합직전, 직후, 그리고 1920년대와 30년대에 걸친 시기별 사음의 임무 및 권한의 변천을 정리한 것으로 조선인과 일본인 지주 소유지를 모두 아우르는 내용이다. 당시 사음의 권한은 식민지 초기에 비하여 토지조사사업이 완료된 이후인 1920년대 들어서서 권한의 큰 변화가 보인다. 즉, 초기에 있던 소작인 해제, 징계, 변경의 권한이 1920년대에 사라졌다. 비록 소작인 선정 또는 소작권 이동이란 항목이 남아 있기는 하나, 구체적으로 이 권한이 사음이 독자적으로 행사할 수 있었던 권한인지는 명시되어 있지 않은데, 후술할 바와 같이 불이흥업의 사례에서처럼, 일본인 거대 지주회사의 경우는 사음이 소작인을 선정할 때 추천할 수는 있어도, 결국 결정은 회사 측에서 했다.

또한 식민지 초기에는 수납된 현물 소작료를 사음이 매각할 수 있었던 데 비하여 1920년대에 들어서면 사음은 단순히 소작료를 징수만 할 뿐, 수납된 소작료에 대한 어떠한 처분권도 갖고 있지 않다. 물론 1930년대에 소작권 이동이나 경감, 면제에 관한 내용이 다시 나오기는 하지만, 일본인 지주회사의 경우 기본적으로 사음이 소속 상관인 회사의 관리사원 내지 회사 측의 결정 없이 단독으로 소작권에 관한 권한을 행사할 수는 없었다. 따라서 [표 Ⅲ-1]에서 보이는 '소작권 이동'이란 소작권 부여와 박탈의 의미 보다는 후술할 바와 같이 마스토미(桝富)농장의 사례처럼 소작인 선정 혹은 교체 시 사음의 평가가 반영됨을 의미하는 정도로 해석되고, 실제로 불이흥업 소속 사음의 경우가 단지 소작인 추천 정도의 권한만 갖고 있었다.

한편 두드러진 변화 중에 하나가 사음의 임무 부분이다. 즉 1920년대 들어서면 소작료 징수의 확실성을 기하기 위하여 점차 지주는 사음에게 대납을 임무로 명시하고 있음을 확인할 수 있다. 철저하게 지주위주로 식민지 지주제가 강화되어 갔음을 확인할 수 있는 부분으로 사음으로서는 소작료의 미납이 발생하지 않도록 소작료 징수에 만전을 기하고, 이를 독촉할 수밖에 없는 식민지 지주제의 수탈의 메카니즘 속에서 중간 주체이면서 동시에 객체로서 존재하였던 것이다.

어쨌든 조선흥업이나 불이흥업, 동척처럼 한곳에 집중되지 못하고, 여기 저기 산재해 있는 방대한 토지를 운영하던 일본인 거대 지주회사로서는 현지 사정에 정통하고, 농업현장에서 조선 소작인을 직접 상대하며 관리해 줄 사음은 필수적 존재였다.13) 그리고 사음은 가장 기본적이고 중요한 임무인 소작료 징수의 업무를 효과적이고 확실하게 이행할 수 있는 믿을만한 사람으로 선정해야 했고, 소작농민 못지않게 이들에 대한 관리와 통제도 필요했다. 따라서 지주회사에 따라서는 불이흥업과 같이 '사음취체규정(舍音取締規定)'14)이라는 것을 만들어 계약체결을 통해 철저하게 관리하기도 했고, 기본적으로 선정 당시부터 일반적으로 지주의 친족이거나 신용이 있는 자, 농사 경험자 중 상당한 자산이 있는 자, 토지 매매시 중개자 등의 기준이 적용되기도 했다. 1930년 조선총독부 조사에 의하면 전국의 소작관리인(사음)의 수는 33,195인이고, 그들의 총 관리면적은 589,172 정보, 그리고 그 토지에 소속된 소작인 수는 851,342인이었다. 이들 사음의 직업은 농업종사자였고, 그 중에서도 소작농이 대부분이었다.15) 따라서 대개 지주회사들은 현지 소작농민 가운

---

13) 朝鮮總督府, 『朝鮮』 제19호, 1922년 10월, 500~501쪽.
14) 大橋淸三郎, 『朝鮮産業指針』, 京城, 開發社, 1915, 197~200쪽.

데에서 사음을 선정하였던 것이다.

한편 식민지 시기 사음의 권한이 축소되어 가면서 지주 측에 유리한 일방적 계약으로 그 고용상의 불안정성이 있었음에도 불구하고 사음직

[표 Ⅲ-2] 병합 전후 지역별 사음의 보수

	1909	1910~1911
경기	수취한 소작료의 1할	지주의 양호한 토지를 무상으로 소작 소작료 1할 이내의 현물을 지주로부터 지급받음 소작인 1호당 5되, 지주로부터 벼 5되
강원	지주의 토지를 무료 혹은 저렴하게 소작, 소작권 자체가 일종의 보수	
경북	보통 논 3두락 내지 10 두락을 소작료 납부 없이 경작 (대구)	지주의 양호한 토지를 무상으로 소작
평남	소작료 이외에 소작료의 1/20을 소작인에게서 징수하였고, 소작인으로서 소작관리인인 경우는 소작료를 면제받거나 소작료를 일부 삭감해줌.(평양)	소작료 1석에 대해 벼 5되(소작인부담)
전남	소작료의 1/20을 지주로부터 받음(靈巖)	
충북		소작료 1석에 대해 벼 5되(소작인부담)
충남	지주 전답 가운데 가장 좋은 땅을 소작 사음이 소작액의 10%를 소작인으로부터 징수하여 그 중 1/3을 下舍音에게 나누어 줌.(鴻山)	지주의 양호한 토지를 무상으로 소작 소작료 1석에 대해 벼 5되(소작인부담) 소작인 1호당 5되, 지주로부터 벼 5되
	소작지의 면적, 수확량에 따라 차이가 있으나, 보통 120두락의 지배지에 약 1두락의 비율로 무료소작지와 1석의 보수를 받고 賭 1석 이상의 소작인으로부터 每 1석에 대해 5되의 벼를 관례로 징수함.(天安)	

자료 : 度支部司稅局, 「韓國土地慣例調査」(三), 『韓國中央農會報』 3-10, 1909, 24~29쪽 ; 朝鮮總督府, 『小作農民に關する調査』, 1922, 150~151쪽.

---

15) 朝鮮總督府, 『朝鮮に於ける小作に關する參考事項摘要』, 1933, 110~111쪽.

에 대한 수요는 계속 있었다. 그것은 사음이 되어 얻는 이득이 분명 있었기 때문이다. 그렇다면 이들 사음은 지주로부터 어느 정도의 보수를 받았을까? 보수 지급방법과 액수는 시기별, 지역별 그리고 지주(회사)마다 크게 차이가 나지는 않는다.

[표 Ⅲ-2]에 의하면 식민지 초기 사음의 보수는 대략 수납한 소작료의 5~10% 혹은 소작료 1석당 5되~10되를 받았다. '두가마니＝한 섬, 한 섬(석)＝열 말, 한 말＝열 되, 한 되＝열 홉'의 비율이니, 소작료 1석당 5되~10되면 소작료의 5~10%인 셈이다. 실제로 니시 하토리(西服部)家의 충청도 농장의 경우 조선인 사음 황준(黃稕)이 소작료의 5%를 '소작미취립수수료 小作米取立手數料'로 받았다.[16] 그 외의 사음에 대한 보수 지급방법으로 [표 Ⅲ-2]에서 확인되는 것처럼 사음은 보수로서 소작료를 경감받거나, 혹은 일정한 토지를 무료 경작하는 경우도 있었다.

그렇다면 사음은 지주와 소작인 중 누구의 몫에서 보수를 챙겼는가. 1930년경 조사에 의하면 전국 평균 지주로부터 받는 경우가 58.1%, 소작인의 몫에서 챙기는 경우가 14.7%, 지주와 소작인이 공동으로 부담하는 경우가 13.7%, 무보수인 경우가 13.5%이다.[17] 이 조사를 보면 지주가 사음의 보수를 부담한 경우가 절반을 넘고(경기, 전남 영암), 지주와 소작인의 공동부담(경기, 충남)까지 합하면 71.8%에 달하여 거의 대부분의 지주(회사)가 사음제를 운영하면서 마치 소작인에게 그 부담을 크게 전가시키지 않은 것처럼 보인다. 그러나 과연 사음이 그 보수를 지주에게서 받았다는 것이 소작인의 몫을 제한 후 순수 지주의 몫에서 받았다는 의미인지, 혹은 총 수확량 수입 가운데 사음의 보수를 지주가 지급해 주

---

16) 大石嘉一郎 編, 『(近代日本における) 地主經營の展開』, 569~570쪽.
17) 朝鮮總督府, 『朝鮮に於ける小作に關する參考事項摘要』, 109~110쪽.

었다는 의미인지는 알 수가 없다. 후자일 경우 소작인의 직접 부담과 다를 바가 없는 셈이다.

> 他道에서는 사음에 대하여 매 100石當 5석 내지 7석의 보수를 준다지만 이 경남지방에서는 이러한 보수가 전혀 없다. 따라서 사음은 그 보수를 勢弱한 소작인에게서 찾으려 한다.[18]

즉, 이 자료에 의하면 사음의 보수가 경남지역에서는 표면상 무보수였다고 하지만, 실제로는 사음들이 소작인들에게 받아냈음을 보여주고 있다. 결국 사음의 보수는 지주가 부담한다고 하더라도, 소작인에게 전가되었고, 이것이 소작료의 고율화로 이어졌던 상황이다.

2) 일본인 지주회사의 사음 통제

일본인 지주회사는 주식회사의 형태상 자본을 투자한 대부분의 대주주들은 물론이고, 실제 조선에서의 농사경영 사업을 담당하는 사업부 및 현지 농장 소속의 사원까지 거의가 일본인이었다. 그리고 표면상 부재지주의 형태였으나, 사실 거대 일본인 지주회사는 조선 각 지역의 지점 혹은 관리소별로 지점장이나 관리소장 그리고 사원들을 상주시켰으므로 사실상 재지지주보다 오히려 소작지 및 소작인에 대한 통제는 더 치밀했다고 할 것이다. 또 일본인 지주회사들은 직접 조선인을 상대하지 않고, 소작관리인, 즉 사음을 통해 조선 소작인을 관리했고, 동시에 소작료 수취의 극대화를 위해 사음에 대한 관리 또한 철저함을 기했다. 지주회사는 소작인과 소작계약서를 체결하는 것처럼 사음과도 관리

---

18) 朝鮮農民社, 『朝鮮農民』 3-6, 1932, 7, 50쪽.

계약을 통하여 조선 재래의 사음과는 달라진, 지주회사에 종속된 단순한 관리인으로 만들었다. 그것은 소작계약서와 마찬가지로 소작관리인의 의무만이 강조되고, 지주 측의 일방적 지배만 가능한 사음에 대한 통제계약서의 성격이라고 할 수 있다.

보통 구두약속으로 이루어진 조선 재래의 지주-소작관리인 간의 계약은 소작지의 소재지, 면적, 보수, 소작료 및 공과금의 징수, 소작지 및 소작인 관리상의 주의사항 등을 주인이 소작관리인에게 전달하고, 소작관리인이 이를 받아들이면 계약이 성립되었다. 그리고 구두계약의 특성상 구체적으로 소작관리인의 업무나 주의사항을 제시하지는 않았으나 관례적이고, 추상적으로 소작관리인의 의무를 요구하는 것이 일반적이었다. 이러한 소작관리인의 임무는 지역별 혹은 지주별로 크게 차이가 없이 거의 관행화 되어 있었다. 물론 이 같은 재래의 지주-사음 관계로 인해 중간관리자로서 사음의 권한이 대폭 강화되고, 그 폐해가 심각했다는 것은 사실이다. 그리고 그 폐해는 소작인뿐만 아니라 고용주인 지주에게도 큰 불이익이었다.

> 보통 사음은 지주를 대리하여 토지를 관리하고, 소작계약을 체결하며, 소작료의 징수를 그 본래의 목적으로 한다.
> 사음은 특정한 약속이 없는 한 미납입 또는 징수 불가능한 소작료에 대해서는 지주에 대하여 그 책임을 지지 아니한다.
> 사음이 지주의 승낙을 얻어 징수한 소작권을 貸付利 殖할 경우 그 未收 또는 회수불가능에 대해서는 책임지지 않는다.[19]

이 자료는 조선총독부가 조선 재래의 관습을 모아 정리한 것에 나타

---

19) 朝鮮總督府,「舍音に關する件」,『民事慣習回答彙集』, 1933, 302쪽.

난 것으로 재래의 사음은 일반적으로 소작료 징수는 하되, 미납분을 대
납할 책임은 없었음을 알 수 있다. 심지어 소작권을 자의로 이동시키면
서도 그로 인한 소작권 미회수 등의 결과에 대해서도 역시 책임지지 않
았다. 그러나 식민지 시기 구두계약에서 문서계약으로 바뀌면서 기존
구두계약에서의 소작관리인의 의무사항은 물론이고 상당히 세밀한 관리
인 의무조항의 명시가 추가되었다. 그 구체적 내용은 [표 Ⅲ-1]에서 확인
되는데 지주가 소작관리인에게 요구한 의무사항은 대략 다음과 같다.20)

    ① 소작권의 이동
    ② 소작료 미납의 경우 관리인이 이를 보상
    ③ 미납 소작료의 대납처리
    ④ 흉작 시 소작료의 경감 면제에 관한 건
    ⑤ 소작계약상 제한계약에 관한 감독
    ⑥ 소작지의 수선개량사항 처리
    ⑦ 소작료의 보관 및 납입기간, 장소
    ⑧ 관리인의 배상
    ⑨ 관리기간
    ⑩ 계약해제의 조건
    ⑪ 소작인으로부터의 부당이득 금지 등

위에서 보면 문서계약으로 바뀌면서 ②, ③, ⑧, ⑨, ⑩ 등이 기존 구
두계약 때의 관습적인 지주와 사음 간의 계약에서 추가된 것이다. 특히
②, ③, ⑧은 사음이 미납소작료를 대납해야 하는 조항이 추가된 것으로
지주 측의 이익만 관철되는 지극히 일방적 계약으로 변해갔음을 알 수
있다. 또 특별한 하자가 없는 한 영구적으로 보장되었던 사음의 관리기

---

20) 朝鮮總督府,『朝鮮の小作慣行』上, 32~34쪽.

간이 ⑨에 명시되어 제한되기 시작함을 알 수 있다. 게다가 ⑩처럼 계약 해제 조항까지 들어갔는데, ②, ③, ⑧의 조항이 이행되지 않았을 경우, 즉 미납소작료를 대납하지 못했을 경우와 ⑪소작인으로부터 부당한 이 득을 취했을 경우가 계약해제의 조건이었다. 따라서 소작인과 마찬가지 로 사음 또한 언제든지 일방적으로 생존권이 박탈될 수 있는 기한부 피 고용인에 불과했음을 알 수 있다.

> 관리인(사음-필자)이 위반했을 경우는 물론 (계약이-필자) 해제되지만,
> 소작계약과 마찬가지로 지주의 일방적 사정에 의하여 혹은 情實, 신임여
> 하에 따라 언제라도 해제하는 것이 보통이었다. 따라서 계약당사자인 관
> 리인의 사망, 지주가 토지를 賣買·相續·贈與·交換에 의하여 변경한 경우
> 는 관리인도 변경되는 경우가 많았고, 특히 관리인의 사망 및 토지매매에
> 따른 토지 변경의 경우는 한층 변경이 많았다. 따라서 근래 토지매매의 빈
> 번화에 따라 관리인의 변경도 매년 빈번해졌다.[21]

이 자료에 의하면 물론 토지매매가 활성화됨에 따라 사음의 변경이 빈번해졌다고는 하지만, 그만큼 기존에 비하여 사음이 고용보장을 받지 못했음을 알 수 있다. 사음은 자신의 계약기간이 불안했던 만큼 지주에 게 더 강하게 예속되었고, 그 요구에 순응적일 수밖에 없었다.

> 農友會가 설립된 뒤로 여러 지주가 각기 同情을 보여 지세를 自擔 納
> 付하는데 ○○○는 사음 ○○○씨가 능력이 부족하여 소작인에게서 지
> 세를 받지 못한다고 인정하고 (중략) 사음을 교체하였다.[22]
> <사음도 못하겠소>-某某舍音談(대전지역) -

---

21) 조선총독부, 『朝鮮の小作慣行』上, 641쪽.
22) 『동아일보』, 1923년 1월 13일.

몇일 전에 각도 각 군에서 수납회의에 소집되어 온 사음들은 이구동성
으로 사음 노릇도 못하겠다고 하며 모씨는 말하되 회사를 위하여 나중에
미납이 많으면 안될가 하여 말을 한 즉 (조선흥업에서 -필자) 사음을 그만
두라고 하니 무슨 말을 하여 이 도조를 가지고는 수납을 다 할 도리가 있
습니까…下略.23)

즉, 사음은 소작인에게 전가된 지주부담의 공조공과금을 받아내지 못
할 경우 지주에 의하여 일방적으로 교체되었던 상황이었다. 조선흥업
소속 사음은 도저히 걷힐 것 같지 않은 과다한 소작료에 대하여 현실적
으로 불가능함을 회사 측에 건의하자, 회사 측은 사음을 그만두라고 통
지하였다. 결국 회사가 요구하는 소작료는 사음이 책임지고 걷던가, 걷
지 못하면 그만큼 사음이 채워내던가, 아니면 아예 사음을 그만두라고
한 것이다. 사음으로서는 선택의 여지가 없었다고 할 것이다.

"소작미의 5%를 小作米取立手數料로 지급받았던 사음 황준(黃稕)에게
의 신뢰가 저하되고, 게다가 황준의 불법행위(타인명의로 자기 가족을 소
작시키고, 소작료를 불납하고 있었다)가 발견되었기 때문에 1921년 5월에
파면하고, 이후 北部 경영에 사음을 두지 않았다."24)

이 자료는 일본인 거대지주회사인 니시 하토리가의 충북 지역 소작지
(북부농장)의 소작인 황준이 비리를 저지르자 회사 측이 즉시 해고했다
는 것으로 일본인 지주회사가 사음의 폐해를 근절시킨 것처럼 보인다.

---

23) 『동아일보』, 1934년 11월 15일.
24) 一九二0년 4月 15日, 上森辰太郎から小長政太宛の葉書 및 一九二一年 5月
   15日, 服部和一郎から黃 稕宛の內容證明付の手紙.(大石嘉一郎編, 『近代日
   本における地主經營の展開』, 569~570쪽에서 재인용)

그런데 니시 하토리가는 최소한 1921년 무렵까지는 사음제를 활용하였
고, 계약위반의 사유로 황준을 해고한 이후로는 북부농장의 경우는 간
평(看坪)때 본사에서 직접 파견한 출장원과 상주 관리원을 활용하여 회
사가 직접 경영하는 체제로 전환시켰다. 그러나 충남 남부농장에서의
사음은 그대로 존치시켰다. 결국 농장 경영 자체는 합리적으로 전환되
었겠지만, 식민지 소작인에게는 고율의 소작료 수취라는 식민지 본질의
수탈문제에 있어서의 변화는 없었다. 결국 사음제도의 개혁이나 그 폐
해 근절이 아닌 철저하게 경제적 최대 이윤추구 논리에 충실한 자본주
의적이고 식민지적인 재편성이라고 할 수 있을 것이다.25) 따라서 식민
지 지주제 하에서 사음은 소작인과 다를 바 없는 또 하나의 수탈 객체였
다고 할 수 있을 것이다.

3) 식민권력의 사음 통제

　1920년대 일본의 쌀 부족문제를 해결하고자 입안된 산미증식계획은
일본으로의 쌀 수출목표량을 달성하기 위하여 지주의 고율의 소작료 수
취 극대화에만 중점을 두고, 이에 수반한 농사 및 토지개량 등의 제반
농정의 개선은 실제로 따라가지 못해 결국 식민지 농민은 거의 빈사상
태로 전락했다.26) 이는 곧 식민지 지주제와 농정에 대한 체제 저항으로
이어졌고, 소작농의 빈궁화로 인한 농업생산력의 위기는 식민 지배 체
제의 파탄으로까지 이어지는 상황이었으므로, 조선총독부로서는 소작쟁

---

25) 大石嘉一郎編, 『近代日本における地主經營の展開』, 596쪽.
26) 산미증식계획에 관해서는 河合和南, 『朝鮮における産米增殖計劃』, 東京, 未
　　來社, 1986 ; 김도형, 『일제의 한국농업정책사연구』, 서울, 한국연구원, 2009, 참조.

의에 대한 시급한 대책마련이 필요했다. 이에 흉년이 예견되어 더욱 악화될 심각한 상황이었던 1928년 7월, 정무총감 명으로 '소작관행개선에 관한 건(이하 '소작개선에 관한 건')'이 통첩 형태로 발포되었다.[27] 그러나 '소작개선에 관한 건'은 강제적 집행력을 가진 법령이 아니라 단지 행정적 권장사항에 불과했다. 그 주요 내용은 소작관행 개선 지침 총 15개 항목이고, 이 가운데 14조는 사음의 폐해를 바로잡는 방법에 관한 내용으로 특히 이 부분에 대해 부가적으로 7개항의 세부조항을 추가하여 사음문제가 개선이 절실함을 강조하였다.

14조 마름의 폐해는 다음의 방법으로 바로 잡을 것
1. 지주는 가능한 한 소작지를 스스로 관리하고 원격지에 거주하거나 질병, 老幼, 기타 사유로 자신이 관리하지 못할 때에 한하여 마름을 설치할 것
2. 마름을 둘 경우 人選에 주의하고 계약은 서면으로 할 것
3. 마름을 둘 경우 지주가 소작인들에게 마름의 성명 및 권한을 통지할 것
4. 마름에게 관리를 위임하는 면적은 사무 관리상 차질이 없는 한 가급적 넓게 하여 전체 마름의 수를 적게 할 것
5. 마름에게 위임할 사항은 토지의 관리, 소작료의 징수, 檢見, 立會, 소작인 지도 등으로 한정하고, 이 범위를 넘는 소작계약의 체결·변경·제거 등에는 관여하지 못하게 할 것
6. 마름의 보수는 계약서에 명시하고, 소작인으로부터 일절 징수하지 못하게 할 것
7. 마름이 부정행위를 저지를 경우 법에 따라 처분하라는 지시를 힘써 따를 것[28]

---

27) '소작개선에 관한 건'은 朝鮮農會, 『朝鮮農務提要』, 1933, 5~8쪽.
28) 朝鮮農會, 『朝鮮農務提要』, 5~8쪽 ; 朝鮮總督府 編, 善生永助 著, 『朝鮮の 小作慣習』, 253~254쪽.

'소작개선에 관한 건'은 조선총독부가 사음의 폐해를 시정하기 위해 상당히 노력한 듯한 인상을 주고 있지만, 근본적으로 사음문제에 대해 대책을 강구한 것은 아니다. 사실 위 7가지 사항을 보면 이미 불이흥업과 같은 일본인 대지주회사에서 이미 1910년대에 사음의 권리를 이전에 비하여 현저하게 줄이고, 회사 내지 회사소속 사원(대개 일본인 사원)의 관할 하에 사음을 단순한 회사의 지시 전달자 내지 소작료 징수 담당자에 불과한 고용인으로 전락시킨 상황이었다. 이에 대하여 당시 언론은 '소작개선에 관한 건'은 구체적 실천성이 결여된 사음규제책만 제시했을 뿐이고, 사음의 폐지만이 사음문제의 근본적인 해결방안이라고 주장하였다.29) 또 인정식은 소작인에 대한 소작 관리인의 착취는 기본적으로 부재지주가 사음을 필요로 하므로, 부재지주제 자체를 방치해 두고는 해결되지 않는다고 지적했다.30) 따라서 '소작개선에 관한 건' 만으로는 결코 식민지 농정의 구조적 모순이 해결이 될 수 없음은 당연한 것이었다.

그러나 이전과 달리 식민권력은 소작쟁의와 같은 분쟁 사항에 대해 종전의 소작쟁의 문제에 당사자끼리의 민사적 해결에 맡기는 방임적 입장을 바꾸어 이제 행정관청이나 경찰 등 '관'이 개입하여 조정하는 쪽으로 전환하였다. 물론 관과 밀접한 지주 측에 유리하게 귀결되어 거중조

---

29) 『동아일보』, 1928년 5월 15일. "지주의 부당착취의 폐를 막기 위해 소작관계법령 제정은 물론 우선 소작제도 개선의 일착으로 마름제를 폐지하는 것이 소작농은 물론 지주에게도 유리하다.", 『동아일보』, 1928년 7월 29일. "제14항목의 마름 폐해의 匡正에 대하여 吾人은 역시 그 내용이 공허한데 놀라지 않을 수 없다. (1) 지주는 될 수 있는 한 자경작 하라. (중략) ..... (2) 마름의 부정행위로 법에 의해 처분할 것에 대해서는 처분을 勵行케 하라 등 隔靴搔痒之感이 풍부한 방법으로 금일의 마름의 폐해가 광정될 리가 없으니 마름의 폐해는 이를 전폐한 후에야 根除할 수가 있는 것이다."

30) 印貞植, 『朝鮮農村襍記』, 京城, 京都書籍, 1943, 176쪽.

정 시 소작농의 입장이 반영되기 어려웠지만 조선총독부가 사음문제를 소작문제의 큰 폐해로 강조하고, 그 개선을 위해 일정한 조정, 개입의 의사를 밝혔다는 것은 식민지 농민층에 대한 일정한 유화책으로의 변화였던 것이다.[31] 그러나 그것이 유화책인지 중개자로서의 이미지 강조라는 기만책이었는지는 이후 더 빈발한 소작쟁의로 보아 후자에 가까웠다고 볼 수 있다.

이 '소작개선에 관한 건'에도 불구하고, 소작쟁의는 1928년 247건에서 1929년 433건으로 1년 만에 180건이 증가했고, 참가인원도 3,878명에서 5,400명으로 늘어났다.[32] 이에 조선총독부는 1932년 말 '조선소작쟁의조정령 朝鮮小作爭議調停令'(이하 '조정령')을 제정했는데, '조정령'에는 사음에 대한 조항이 없었으므로, 다시 1933년에는 '조선농지령 朝鮮農地令'(이하 '농지령')을 제정하였다.[33] '조정령'은 '조선소작령' 제정에 앞서 마련된 응급책으로, '조정령'의 실체법의 의미를 갖는 '조선소작령' 즉, 농지령의 제정을 서두르게 된다.

1933년 6월 '농지령'은 40개 조로 구성된 법령으로 시안에서 '소작령'이라고 했던 명칭을 바꾸어 '농지령'이라고 했고, 소작기간을 5년에서 3년으로 낮추고, 소작료의 비율 규제를 폐지하는 등 지주 측의 입장이 상당 부분 반영되어 1934년 4월 11일 공포되었다. 그리고 '소작개선에 관한 건'에서와 마찬가지로 '농지령' 역시 사음의 폐해에 대한 개선이 소작문제 해결의 중요한 비중을 차지한다는 점에 공통된 인식을 보이고 있다.[34]

---

31) 최석규, 「일제시기 마름을 둘러싼 소작문제」, 361쪽.

32) 『동아일보』, 1930년, 12월 5일.

33) '조선농지령'의 제정과 소작관계 규제에 관해서는 이윤갑, 『일제강점기 조선총독부의 소작정책 연구』, 서울, 지식산업사, 2013을 참조함.

'농지령' 중 사음에 대한 조항은 다음과 같다.[35]

제3조 임대인이 마름 혹은 소작지의 관리자를 둘 때, 府尹, 郡守, 또는
島司에 제출한다.

제4조 부윤, 군수, 또는 도사는 마름 기타 소작지의 관리자를 부당하다
고 인정할 때에는 府·郡·島小作委員會의 의견을 듣고 임대인에 대
해 그 변경을 명한다.

제5조 앞의 2개조에 제정한 것 외에 마름 기타 소작지의 관리자에 관하
여 필요한 사항은 조선총독이 이를 정한다.

이에 대하여 이윤갑은 조선총독부가 당시 사음제도가 소작쟁의를 불
러올 소지가 다분한 뒤떨어진 관리방식으로 소작지의 생산성을 높이기
에 부적합했고, 따라서 점진적으로 '농지령'을 통해 사음제도를 인정하
면서도 사음의 업무내용과 운영방법을 규제하고 개선하려 하였다고 평
가하였다. 또 이로써 조선인 부재지주들이 당시 지주경영 가운데 소작
인 관리나 생산성에서 가장 앞서 있던 일본인 농장지주들, 이른바 '동태
(動態)지주'의 소작경영방식을 따라가도록 유도하였다[36]는 히사마의 이
론을 인용하였다.[37] 그러나 당시는 일본인 대지주 회사 역시 마찬가지
로 사음제도를 그대로 존속시키거나 오히려 변용시키면서 이를 십분 활
용하여 식민지 지주제의 최대한의 이윤창출을 추구했던 사례가 불이흥
업이나 조선흥업, 동척 등의 사례에서 확인되고 있다. 따라서 동태적 지

---

34) 『동아일보』, 1934년 4월 8일 농지령 해설 ; 이윤갑, 『일제강점기 조선총독부의 소
작정책 연구』, 153쪽.

35) '농지령'에 관해서는 朝鮮農會, 『朝鮮農務提要』, 1936, 30~36쪽 ; 『동아일보』,
1934년 4월 8일의 농지령 해설 기사.

36) 久間健一, 「地主的職能の調整」, 『朝鮮農政の課題』, 東京, 成美堂, 1943.

37) 이윤갑, 『일제강점기 조선총독부의 소작정책 연구』, 170쪽.

주인 일본인 농장의 경영 방식을 따라가도록 했다는 것은 일본인 지주들의 농장운영 시스템이 합리적이고, 지주와 소작인 양자 모두에게 만족을 주는 생산성 높은 선진적 시스템이었다는 식의 논리이다. 그러나 이에 대해서는 이어지는 불이흥업의 사례를 통해 그 허구성을 살펴보기로 하겠다.

또한 '농지령'은 법령임에도 불구하고 사음에 대한 근본적이고 구체적인 대책은 강구되지 않았다. 최소한의 법적 장치만을 선언하였을 뿐이다. 즉, 임대인(지주-필자)이 작정하고 부윤·군수·도사 등 지방 행정관에게 제출할 때 과연 임차인(소작농민-필자)의 입장이 반영될 수 있는지는 의문이다. 사음은 지주의 필요에 의하여 존재한다. 따라서 지주가 사음에 관한 내용을 행정관에게 제출할 때 지주에게 혹은 사음에게 불리한 내용을 제출할 이유가 전혀 없는 것이다.

둘째, 부윤·군수·도사가 지주가 제출한 사음에 관한 서류를 부당하다고 거부하더라도 다시 부·군·도의 소작위원회의 의견을 듣고 난 뒤에 임대인에 대해 변경을 명하게 되어 있으므로, 지주의 입장이 반영되는 소작위원회의 결정사항은 지주에게 유리하게 판결될 가능성이 매우 높다.

셋째, 사음과 소작지 관리자에 관한 기타 필요 사항은 조선총독이 정하므로 구체적인 사음규제책은 조선총독부의 임의적인 결정에 따라 정해질 수밖에 없다. 결론적으로 '농지령'에서의 사음규제책도 지주의 사음 지배권은 거의 그대로 유지된 채, 다만 식민권력의 사음 통제권이 강화되는 추세였다고 할 것이다.

조선총독부는 이후 '농지령시행규칙(農地令施行規則)'[38]을 발표했는데 사음에 관한 조항을 많이 포함시켰다. 특히 사음이 부당계약을 했을

---

38) 朝鮮農會, 『朝鮮農務提要』, 35~37쪽.

경우 2백원 이하의 벌금 규정을 넣은 벌금형이 있는데, 이는 단순한 벌금부과일 뿐이었다. 결국 사음제의 폐지를 통한 근본적인 폐해개선이 아니라 부재지주라는 큰 식민지 지주제의 기본요소는 유지하되 다만 식민권력의 농업통제력은 강화하겠다는 의도였다.[39] 그리고 그것은 지금까지 식민지 대지주를 식민통치의 협조자로서 적극적으로 뒤에서 후원하던 조선총독부가 아니라 이제는 제3자의 입장에서 하나의 공공권력으로서 식민지 지주와 조선 소작인 간에 분쟁 발생 시 중간 중개자로서 표면상 공정한 공공성을 띤 법의 집행자로서의 내용 없는 외형적인 탈바꿈이라고 할 수 있을 것이다. 식민권력으로서는 체제의 안정이 무엇보다 시급했던 것이다.

---

39) 최석규, 「일제시기 사음을 둘러싼 소작문제」, 369쪽.

3. 不二興業株式會社의 사음제 운영 사례

1) 불이흥업 '전북농장'의 사음제 운영 실태

불이흥업의 창업자 후지이 간타로(藤井寬太郞)은 1891년 오사카(大阪)의 후지모토합명회사(藤本合名會社)에 사원으로 들어가 곡류매매업에 종사하였고, 1904년 러일전쟁 발발 후에는 인천과 군산(群山) 지점 담당자로 한국에 건너오게 되었다. 그는 미곡과 우피(牛皮)의 수출입 업무를 담당하던 중 전북 익산군(益山郡)에 지소부(地所部)를 설치하면서 군산지역의 농사경영에 착수하였고, 그것이 한국에서의 소작제 농업회사 경영의 시작이었다.[40)

후지이는 1905년 화폐정리사업(貨幣整理事業) 당시 탁지부(度支部)의 위탁을 받아 미곡 및 잡곡과 지방 산물의 일본 수출, 잡화의 수입 판매를 담당하였다. 이 과정에서 후지이는 구백동화(舊白銅貨) 및 엽전을 회수하여 일본 오사카에 수출하는 것을 독점하였는데, 마침 오사카의 동(銅)시세의 폭등으로 큰 이득을 보았고, 한국정부의 고문으로 화폐정리사업을 강행하였던 메가타(目賀田種太郞)로부터도 노고를 인정받았다고 한다.[41] 그는 이때 거둔 거액의 이익금으로 농지를 매수할 수 있었고,

---

40) 藤井寬太郞, 『朝鮮土地談』, 大阪, 발행자불명, 1911, 3~15쪽 ; 藤井寬太郞의 조선 진출과 농장경영에 관해서는 이규수, 『식민지 조선과 일본, 일본인』, 서울, 다할미디어, 2007. 참조.

41) 고승제, 「植民地 小作農의 社會的 身分規定」, 『학술원논문집』 8집-인문사회과학편-, 서울, 학술원, 1979, 178쪽.

1910년 12월 말 현재로 전북의 군산, 임피(臨陂), 태인(泰仁), 고부(古阜) 등에 걸쳐서 2,482 정보의 농경지를 소유하게 되었다.[42]

한편 후지이는 1914년 후지모토합명회사로부터 독립하여 불이흥업주식회사(不二興業株式會社)를 설립하였다. 농장은 전북, 전남, 충남, 황해, 경기, 강원, 평북 등 전국에 걸쳐 자리하였는데 전북(全北)농장, 서선(西鮮)농장, 옥구(沃溝)농장, 철원(鐵原)농장 등으로 분할, 운영되었다.[43] 그 규모는 1943년 무렵 11,747 정보에 달하여 조선흥업의 뒤를 이어 식민지 조선에서 개별 지주회사로써는 두 번째 규모였다.[44]

이처럼 전국 각지에 산재한 광대한 농장을 경영하기 위해 불이흥업은 사음을 적극 활용했다. 불이흥업은 '사음회'를 통해 이들 사음들에 대한 정기적인 관리·감시 겸 교육의 기회로 삼았다. 매년 3월과 9월, 편리한 지역에서 2회의 사음회를 소집하여, 각 사음관리구역 내 소작지의 상황을 상세 보고하게 하고, 농사에 관한 유익한 강화(講話)를 하고, 당 농장 시설방침을 지시했다. 또한 사음회를 통해 소작인과의 원만한 친선관계 유지와 상호 복리 증진을 도모했다고 불이흥업 측은 선전하였는데, 이 기간에는 그간 소작료 수납 성적이 현저하게 좋고, 소작료 수납기일 내에 완납시키는 사음에게는 상품을 부여했다. 사음들 사이의 경쟁을 촉진하고, 그 성과에 따라 포상을 했다는 것은 결국 철저하게 소작료를 징수하게끔 독려했다는 의미였다.[45]

불이흥업은 이 회사의 전신인 후지모토합자회사 당시부터 이미 '사음

---

42) 尾西要太郎 編, 『鮮南發展史』, 京城, 朝鮮新聞社, 1913, p.200.
43) 고승제, 「植民地 小作農의 社會的 身分規定」, 178쪽.
44) 李圭洙, 『近代朝鮮における植民地地主制と農民運動』, 東京, 信山社, 1996, 145쪽.
45) 大橋淸三郎, 『朝鮮産業指針』, 199쪽.

취체규칙(舍音取締規則) 및 심득(心得)'이란 것을 두어 고용 사음을 관리해 왔었다.[46] 그리고 이를 계승하여 1915년 4월 1일자로 불이흥업의 '사음취체규정(舍音取締規定)'이라는 것을 만들어 지주회사와 사음 간 계약을 통해 사음의 임기와 임무 등에 대하여 명기하였는데,[47] 이는 성격상 쌍방 간의 합의에 의한 계약이라기보다는 지주회사 측의 일방적인 사용자 권리에 불과하였다고 할 것이다.

먼저 불이흥업은 관할 토지를 적절히 구획하여 관리소를 설치하고, 여기에 사음을 소속시켰는데, 사음은 모두 관리지 부근에 거주하고, 그 지역 토지 사정에 정통한 자로써 채용하였다. 그리고 이들 채용 사음은 회사가 지정한 계약서에 의하여 보증인의 연서(連署)를 받아 계약을 체결했는데,[48] 사용자인 회사 측의 일방적이고, 편의적 계약서로 고용인인 사음의 의사는 전혀 반영되지 않았다.

이들 사음은 회사의 규정에 기초하여 회사 소속 관리원의 지휘감독을 받아 소작인과 관리원(농장 관리계) 사이에서의 제반 업무를 중재하고, 전달하는 역할이었다.[49] 즉, 사음은 단순 중간 관리자로서 회사 관리원의 명령을 받아 이를 전달하는 역할 이외에는 나름의 권한이나 자의적 판단에 의해 할 수 있는 일이 없이 철저하게 예속적 신분이었던 것이다. 불이흥업의 사음은 또한 소작인 규정을 항상 명심하고, 감독자의 지도를 받아 그 결정에 위배되는 행동을 할 수 없어[50] 소작인과 별반 차이가 없는 단순한 피고용인에 불과했다. 이렇게 재래 조선에서 사음의 권한

46) 大橋淸三郎, 『朝鮮産業指針』, 199쪽.
47) 大橋淸三郎, 『朝鮮産業指針』, 197~200쪽.
48) 불이흥업주식회사 舍音取締規定 제1조.
49) 불이흥업주식회사 舍音取締規定 제3조.
50) 불이흥업주식회사 心得 제2.

에 속했던 소작권의 이동, 소작인의 임면 등 주요 사무는 이제 회사의 결정사항으로 회사와 소작인의 직접관계 사항이 되었다. 이는 불이홍업 외에도 조선홍업이나 구마모토 농장 등과 같은 일본인 대지주회사에서는 공통적으로 해당되는 사항이었다.[51]

한편 불이홍업은 사음의 임기를 무기한이라고 했으나[52] 사실상 언제라도 고용주인 회사 측에 의해 계약이 해지될 수 있는 불안정한 상황이었다. 불이홍업이 사음의 해고사항으로 제시한 내용을 보면 본인이 스스로 사직한 경우를 제외하고는 다음과 같다. 소작인에 관한 제반 사항을 허위로 소속 관리원에게 보고했을 경우, 개인의 이익을 도모하여 개인적으로 친척이나 지인에게 혹은 금품을 수수하여 소작권을 주는 경우, 농장 및 관리원의 지휘를 존중하여 받들지 않는 경우, 회사 측에서 사음이 필요 없어진 경우, 노쇠 또는 질병으로 임무수행이 불가능한 경우 등이다. 즉 일제하 사음은 지금까지 소작권을 자의적으로 이동시키거나, 사적으로 이윤 추구를 위해 폐해를 부린다고 일반적으로 인식되어 왔고, 당시의 많은 언론 보도나 조선총독부의 조사 자료에서 강조되어 왔었다. 그러나 실제 불이홍업의 사음해고 조항에는 사음의 사적인 소작권 이동 권한은 엄격하게 금지되어 있었다. 사음이 소작권 박탈 내지 이동을 자의적으로 행사했을 경우 이는 단번에 해고되어도 회사에 이의를 제기할 수 없음이 아예 사음계약서 상에 명시되어 있다.[53]

불이홍업의 사음은 소작지 및 소작인의 동향 등을 소속 관리인에게 일일이 보고하고, 관리구역 내 농사 상황도 수시로 보고할 의무가 있었

51) 하지연, 『일제하 식민지 지주제 연구』, 262쪽.
52) 불이홍업주식회사 舍音取締規定 제4조.
53) 大橋淸三郎, 『朝鮮產業指針』, 200쪽.

다. 즉, 단순한 보고자일 뿐, 독자적으로 일을 판단하고 결정할 권한은 일체 없었다. 게다가 회사 측에서는 사음이 필요가 없다고 판단되면 가차 없이 해고하였는데, 노쇠와 질병 등의 원인으로 일을 제대로 못할 경우도 회사 측이 일방적으로 해고하는 등 기한부 고용인 신세였다고 할 것이다. 또한 사음은 소작인이 소작인 규정을 위반했을 때도 자의적으로 소작권을 박탈할 수는 없었다. 반드시 소속관리원에게 보고하고, 그 처리를 기다렸다.54)

다만 사음은 간평(看坪)에 참여하여 의견을 진술할 수 있었는데,55) 그렇다고 하여 이 경우에도 사음이 간평에서 결정권을 행사했던 것도 아니다. 집조(執租)에 따라 소작료를 산정할 때 농장 관리원이 사음의 의견을 참고로 했다는 것이므로, 결국 소작료의 결정도 회사 측이 직접 관리했던 것이다. 다만 사음은 결정된 소작료를 소작인에게 통지하고, 소작료납입증서를 교부, 징수하는 역할을 담당했던 것이다.56) 물론 소작인 선정 시 사음이 추천하면 관리원이 결정하도록 되어 있다.57) 따라서 사음이 소작인을 선정할 때는 어느 정도 추천권은 갖고 있었던 것으로 보이나, 결정권은 아니었다.

그 외 불이흥업 소속 사음의 구체적인 임무로는 연중 수시로 일어난 자기 관리구역의 상황을 관리소에 보고하고, 소작인과의 관계 단합을 기하고, 회사의 권농방침에 기초한 농사개량 장려 및 수확의 증가를 계획, 소작인 지도감독 및 소작료 수납 독촉, 소작곡물의 건조, 타락, 조제 등의 사항이 부과되었다.58)

---

54) 불이흥업주식회사 舍音取締規定 제6조. 제11조.
55) 불이흥업주식회사 舍音取締規定 제7조.
56) 불이흥업주식회사 舍音取締規定 제5,8,9조 및 사음 계약서.
57) 불이흥업(주)의 소작인규정 제2조.

우량사음에 대한 표창은 사음 가운데 능히 회사의 권농방침에 따라서 소작인을 지도 권유하고, 솔선 농사개량에 힘쓰고, 기한 내에 소작료를 완납하게 하는 자를 선정하여 3월 사음회 개최 때 표창하였다.[59] 즉, 사음의 임무는 오로지 회사의 농사개량 지시사항을 소작인에게 전달하고, 그 구체적 솔선수범을 현장에서 이행, 감독하는 역할이었다고 할 것이다.

1912년도 이래 불이흥업 전북농장에서는 춘계 사음회에서 포상을 수여하여 왔고, 1913년도에 사음회 총 참석 사음 120명 가운데 절반이 넘는 63명에게 농기구 등의 현물상품이 지급되었다. 이어 1914년도에는 사음출석자 165명 가운데 34명에게 지급되었고, 원거리에서 오는 참석자들에게는 여비와 식사를 제공하는 등 회사 측은 사음회 개최를 통해 사음 및 사음을 통한 농사개량, 생산력 향상에 공을 들였음을 알 수 있다.[60] 또한 전북농장은 1914년 당시 165명의 사음에 총 소작인이 약 12,500명에 달했으므로[61] 당시는 사음 1인당 약 76명의 소작인을 관리했었던 셈이다. 그러다가 1936년 경우를 보면 1,870 정보의 규모에 사원 27명, 사음 66명, 소작인 수 4,919명으로 사음 1인당 관리면적과 소작인 수는 약 30 정보에 70명 가량이 되는 것[62]으로 보아 대개 사음은 70명 정도의 소작인을 관리했던 것으로 보인다.

사음의 보수는 그 관리하의 소작료 결정고(決定高)에 응하여, 관리원과의 협정에 의해 소작료 수납 때 지급되었다.[63] 즉, 소작료고가 많으면

58) 불이흥업주식회사 舍音取締規定 제5조.
59) 불이흥업주식회사 舍音取締規定 제15조.
60) 大橋淸三郞, 『朝鮮産業指針』, 196~197쪽.
61) 大橋淸三郞, 『朝鮮産業指針』, 194쪽.
62) 全羅北道農務課農政係, 「昭和11年度道內の地主一覽」, 全北大學校全羅文化硏究所, 『全羅文化論叢』 1, 1986. 참조.
63) 불이흥업주식회사 舍音取締規定 제12조.

많을수록 사음의 보수도 높아졌던 것이다. 그리고 구역의 넓고, 좁음, 멀고 가까움에 의하여 소작료 결정액의 3~5%의 수수료를 소작료 수납 때 소속 관리원으로부터 지급받았고, 우량사음표창 등을 통해 회사에 대한

(양식) 계약서

지금 회사전북농장 관리소 사음으로 채용되어 다음의 계약을 체결한다.

一. 귀 회사 사음규정 및 心得은 성실하게 존수한다.

一. 귀 회사의 권업방침을 遵奉하고, 솔선하여 농사의 개량에 노력하고, 소작인을 지도 감독하고, 상호의 이익증진을 도모한다.

一. 賭租는 반드시 규정 기한 내에 완납하도록 진력한다.

一. 만일 소작인 가운데 불량자가 있어 조악한 粗穀을 납부하거나 혹은 도망하거나 기타 불납할 때는 그 책임을 부담하고, 속히 완납하고, 귀 회사에 손해를 끼치지 않는다.

一. 사음규정 제4조 제2항 내지 제5항 기타의 이유로 인하여 퇴직하여도 추호도 이의를 제기할 수 없을 뿐만 아니라 귀 회사의 손해는 곧바로 변상해야 한다.

위의 내용을 굳게 준수하고, 保護人 連署를 받아 계약서를 제출한다.

大正   年   月   日

　　　　　　　　郡　面　里　統　戶
　　　　　　　　　舍音　　何某　　印
　　　　　　　　郡　面　里　統　戶
　　　　　　　　　보증인　何某　　印

不二興業株式會社全北農場御中

업무상의 충실함, 즉 완벽한 소작료수납을 부추겼다.[64] 그런데 불이흥업은 사음에게 소작료 수납의 의무뿐만 아니라, 미납분에 대하여서도 사음이 책임을 지도록 계약에 명시하였다.

즉, 소작료와 기타의 미납은 모두 사음이 부담하도록 했다.[65] 그리고 사음이 회사나 관리원에게 손해를 끼칠 경우에도 모든 변상 책임을 지웠다.[66] 그리고 불이흥업은 사음들 간의 경쟁을 유발하는 우량사음표창 등을 통해 사음의 실적을 평가했고, 그 실적이란 바로 철저한 소작료 수납이었던 것이다. 게다가 소작료 미납분은 사음이 채워내야 하니 사음으로서는 반드시 할당된 소작료 결정고를 달성해야만 했다.

불이흥업이 사음에 대해 규정한 '사음취체규정 및 심득'은 그 전신인 후지모토합자회사 당시부터 있었던 것의 계승이다. 후지모토합자회사의 것은 그만두더라도 불이흥업의 규정만 두고 볼 때도 이 규정의 시행 일자는 1915년 4월 1일자로 1910년대 이미 불이흥업은 조선 재래의 사음제를 그대로 활용하되, 회사 측에 종속된 단순한 관리인으로서 사음이 자의적으로 행사할 수 있는 권한을 박탈하고, 거의 단순 고용인으로 전락시켰다. 이는 [표 Ⅲ-1]에서 볼 때 사음의 소작권에 대한 권리 행사 박탈 및 미납소작료 대납 등이 1920년대부터 적용된 것과 비교했을 때 상당히 빠른 조처였다.

2) 불이흥업 소속 사음의 폐해 관련 소작쟁의 사례

불이흥업의 전라북도 옥구(沃溝)농장은 전북에 있었던 인접 시마타니

---

64) 大橋淸三郎, 『朝鮮産業指針』, 196쪽.
65) 불이흥업주식회사 舍音取締規定 제14조 및 계약서.
66) 불이흥업주식회사 舍音取締規定 제15조.

(島谷)농장이나 이엽사(二葉社)농장, 야키(八木)농장, 구마모토(熊本)농장 등의 일본인 농장에 비하여 소작쟁의가 많지는 않았다. 이에 대하여 기존 연구에서는 불이흥업 옥구 및 전북농장 소속 소작인들이 매우 열악한 경제 상태에 있으면서도 농민저항이 오히려 드물었다는 것은 그만큼 불이흥업 옥구 및 전북농장의 경영방법과 소작농민의 통제가 주도면밀했다고 분석하였다.[67] 특히 사음과 관련한 쟁의가 드물었다는 것이 근대적 경영방법상에 기인한다는 것인데, 이 논리대로라면 불이흥업과 같은 일본인 거대 지주회사들의 사음제 운영방식이 상당히 합리적이고, 바람직했다는 식의 결론이 되어 버린다. 물론 불이흥업이 주도면밀한 경영을 했다는 측면도 있겠으나, 사실은 사음이 폐해를 부릴 수 있을 만큼의 권한이 이미 없었다. 재래 사음의 권한은 이제 회사가 전권을 행사하면서 표면적으로는 사음으로 인한 폐해가 사라진 것처럼 통계수치상 줄어들었을 뿐이었다.

1926년 6월 불이흥업 전북농장의 농감인 전주군(全州郡) 초포면(草浦面) 미산리(美山里)의 오완상(吳完相)이 소작인 김주희(金周熙)에 의해 경찰서에 고소당한 사건이 발생했다.[68] 문제의 발단은 농감 오씨가 소작인 김주희에게 소작권을 주겠다는 조건으로 뇌물만 받고는 이행하지 않았기 때문이다. 같은 전북농장 관리지인 충북 논산군(論山郡) 불이흥업 논산 분파소에서도 농감 조모(趙某)씨가 전횡을 하고, 소작료를 증가하거나 운반비를 착취하자 1928년 4월 17일 100여 명의 소작인이 군산지점을 찾아가 직접 담판을 한 사건이 있다.[69]

---

67) 이정인, 「일제하 일인대지주의 농장경영에 관한 연구」, 숙명여자대학교 대학원 사학과 한국사전공 석사학위논문, 1989, 133쪽.
68) 『동아일보』, 1926년 6월 24일.
69) 『조선일보』, 1928년 4월 21일.

표면적으로 이들 사건을 보면 이 시기 흔하게 신문지면을 장식했던 대표적인 소작쟁의의 원인인 '사음의 폐해'였다. 그러나 실상 1926년 전주군 초포면의 사건을 보면 뇌물을 받은 농감 즉, 사음 오씨가 뇌물을 받고도 소작인에게 소작권을 주지 않은 것은 '주지 않은 것이 아니라 줄 수가 없었던' 것이다. 즉, 이미 불이흥업의 사음에게는 소작권이동 내지 소작인 임면의 권한은 없었기 때문이다. 그리고 이렇게 소작권 부여를 전제로 소작인으로부터 금품을 수수한 행위는 사음 해고 사항에 해당되었다.[70]

1928년의 충북 논산 분파소 사음 조씨의 전횡에 관한 건도 실상 사음 조씨가 소작료를 증가하고, 운반비를 착취했다고 보도되었지만, 이때도 소작민이 직접 군산지점을 찾아 담판을 지었다는 것은 소작료 인상의 권한이 사음과는 관계없는 회사 측의 결정사항이기 때문에 직접 회사를 상대로 담판했다고 보아야 한다. 따라서 식민지 시기 일본인 거대지주 회사 소속 사음의 자의적이고 독단적인 권력 남용이 가능했겠는가는 재고해 볼 문제이다.

물론 이들 지주회사 소속 사음들도 워낙 그들의 권한이 축소되고, 단순 고용인의 처지로 전락된 상황이었기에 회사 측과의 계약을 어기고, 소작인에게 정해진 소작료 이외의 추가 징수를 한다든가 혹은 중간에서 영농자금 등을 착복한다든가의 비리가 발생하기도 했다. 1930년 6월 28일 소작인을 속여 영농자금과 소작미를 중간에서 착복한 철원농장 제4농구 농감 김천봉(金千奉)에 대한 구타사건이 그것이다.[71] 당시 불이흥업 측은 소작인 강제 퇴거 명령을 내리는 등 소작인에 대한 강경대응으

---

70) 불이흥업주식회사 舍音取締規定 제16조.
71) 『조선일보』, 1930년 7월 7일.

로 일관했다. 그런데 불이흥업 측은 소작인에게만 일방적으로 강경 대응했다고 할 수 없다. 소속 농감 역시 회사 측과의 계약위반이므로 당연히 해고 대상이었다. 따라서 불이흥업에서 사음의 폐해로 인한 소작쟁의가 비교적 적었던 것은 일본인 지주회사에서 사음의 폐해가 줄어서라기보다는, 그만큼 지주회사의 소작인에 대한 직접 통제 방식으로 경영상의 변화가 오고, 사음의 권한이 지극히 제한적이었기 때문인 것이었다. 결국 지주회사 입장에서는 효율적이고, 치밀한, 그리고 계약서에 입각한 합리적 소작인 관리로의 변화이지만 식민지 조선 소작인 입장에서 볼 때 소작권의 이동 및 박탈, 고율의 소작료 징수, 경제외적 강제의 부담 등에서 볼 때 달라진 것이 없거나 오히려 식민성의 심화라고 할 것이다.

4. 기타 일본인 지주회사의 사음제 운영 사례

1) 구마모토 농장의 사례

일본 나가사키 현(長崎縣) 출신 구마모토 리헤이(熊本利平, 1880~1968)는 1902년 농장지배인으로 조선에 진출하여 1903년 독립 후 자신의 농장을 창설하였고, 동시에 토지 브로커로서 본격적으로 토지매수에 착수하였다. 1910년에는 1천 5백 정보(본인 소유분은 약 225 정보)를 경영했고, 1932년에는 오쿠라 기하치로(大倉喜八郎)재벌의 지경(地境)농장(오쿠라 기하치로의 아들 오쿠라 아메키치(大倉米吉) 소유)을 사들여 약 3,500 정보를 소유하는 대지주로 성장, 1937년에는 '주식회사 구마모토 농장(株式會社 熊本農場)'을 창설했다. 구마모토는 전북에 진출한 최초의 일본인 지주였고, 국책회사인 동척을 제외하고, 개인으로서는 전북지역 최대의 지주가 되었다. 그는 소유 농장을 5개 군 26개면에 걸쳐 개정본장(開井本場), 지경지장(地境支場), 대야지장(大野支場), 화호지장(禾湖支場), 전주분장(全州分場)으로 나누어 관리했다. 개정, 지경, 대야는 금강과 만경강 사이에 있는 옥구군, 김제군 소재 약 1,300 정보였고, 화호지장은 동진강 하류에 있는 부안군, 정읍군 소재 약 1,800 정보, 전주분장은 완주군 소재 약 90 정보 규모였다.[72]

구마모토는 대부분의 시간을 일본에 있으면서 사음들을 통해 소작인들을 관리했다.[73] 구마모토는 가끔씩 농장에 들렀는데, 그가 농장을 방

---

72) 원용찬, 『일제하 전북의 농업수탈사』, 신아출판사, 2004, 59~60쪽.

문할 때면 그를 맞이하기 위해 소속 조선인 소작인들을 총 동원하여 당시로서는 보기 드물었던 그의 승용차가 지나가는 도로에 도열시키고 그를 맞이하게 했다.74) 구마모토의 조선 집은 평소에는 화호지장의 관리장이 살면서 관리했다.75) 그 밖에 경리과장, 농산과장 및 일본인 직원들과 조선인 직원을 합해서 구마모토 농장의 직원은 27~28명이 되었고, 그 아래 사음을 두고 소작인들을 관리했다.76)

구마모토는 다른 일본인 농장주들과 구별되는 점이 많았는데, 일본인이든 조선인이든 유능한 직원을 뽑아서 농장의 관리를 맡겼다. 다음은 구마모토 농장의 화호리 주민들이 당시 사음제도에 대해 회상한 구술이다.

"이 사름들이 일본에서 우수하게 공부한 사람들이야. 그런 사람들을 갖다놓고 지도했는데 (구마모토)는 머리가 보통 농장을 운영한 사람들이랑은 달라, 직원을 뽑아도 다 유능한 사람들만 뽑아. 그때 당시 그 주위 집장보다 월급을 조금 더 줬어. 더 주면서 (중략) 소작료를 많이 받음과 동시에 농사짓는 개선방안 권장을 했어. 머리를 조금 더 쓴 것이지. 말하자면 녹비제도라든지, 추경갈이, 이런 것도 권장을 했지. 종자개량이라던지 농사짓는 여러 가지 기술방법을 도입을 했어. (중략) 이제 소작이 많아서 집단으로 사는 데는 사음이라는 제도가 있거든, 사음들을 조금 우대해 가면서 소작료를 거두고 농장직원들은 사음들을 이용해 가지고 농사개량을 했지. (중략) 말하자면 정조식이라던가, 농축장려라든가, 퇴비를 증산한다

73) 장성수, 함한희, 박순철, 조성실, 박진영, 문예은, 『20세기 화호리의 경관과 기억』, 20세기 민중생활사연구단, 눈빛, 2008, 77쪽.

74) 朝鮮新聞社 編, 『始政五年記念 朝鮮産業界』, 朝鮮新聞社發行, 1916.

75) 화호리 766-2번지. 장성수, 함한희, 박순철, 조성실, 박진영, 문예은, 『20세기 화호리의 경관과 기억』, 56쪽.

76) 장성수, 함한희, 박순철, 조성실, 박진영, 문예은, 『20세기 화호리의 경관과 기억』, 54쪽.

거나.... 녹비퇴비를 많이 넣어야 한다는 것으로 장려를 했고, (중략) 이놈
들이 머리가 좋은 놈들이라서 말하자면 증산대회도 했지, 말하자면 퇴비
를 잘한 부락은 상금을 주는 제도, 그런 것을 했거든, 그런데는 상당히 머
리를 썼어"-주민 구술-[77]

위 증언에 의하면 주위 농장들의 집장보다 월급을 더 주었다는 것은
그만큼 소작료에서 사원들에게 지급되는 돈이 더 많았다는 것을 의미하
는 것으로 중간관리인들에게 돌아가는 몫이 많은 만큼 소작료의 고율화
를 초래했던 것은 자명한 결과였다. 그리고 일본식의 농법개량과 녹비
및 퇴비 장려, 그리고 각종 증산대회를 열어 어떻게든 증산을 꾀했음을
알 수 있는데, 이러한 여러 가지 농사개량 장려와 소작료 징수에 사음을
적극 이용했음을 알 수 있다. 증산과 개발을 통한 수탈의 전형을 보여주
는 사례라 할 수 있다.

구마모토 화호지장의 경우 총 농장을 7개 지구로 나누었고, 농장 직원
들이 각 구를 맡아 관리하였는데, 이 직원들 아래 사음들이 또 배정되었
다. 화호리 주민의 소장 사진 중에는 '구마모토 농장 사음회'(대정10년-
1921년 9월 4일)가 남아 있다. 화호지장 소속 사음들이 모여 기념 촬영한
것으로 총 40명이다.[78]

구마모토 농장의 사음은 부락 내 사정에 정통하고, 신용 있는 유력자
를 선발하여 '총대 總代'라 부르고 있었다. '총대'라는 명칭은 구마모토
농장에서 1907년부터 수개 리동을 1구역으로 하여 소작인 조합을 조직

---

77) 장성수, 함한희, 박순철, 조성실, 박진영, 문예은, 『20세기 화호리의 경관과 기억』,
   45쪽.
78) 장성수, 함한희, 박순철, 조성실, 박진영, 문예은, 『20세기 화호리의 경관과 기억』,
   46~48쪽.

[사진 3] 조선흥업주식회사 대전 관리소의 우량종자 배부 장면. 일제 농정 당국과
일본인 거대지주회사의 경우 우량종자라는 명분으로 일본품종의 재
배를 강제하고, 소작료도 일본품종으로만 받았다. 종자값도 지주회사
의 부담이 아니라 고율의 소작료로 전가되었다. 일본으로의 조선쌀
수출을 위해서는 일본인의 입맛에 맞는 일본품종이어야 했던 것이다.

하고, 총대를 선정하여 소작지를 관리하기 위해 시작된 것이었다.[79] 그
런데 그 역할은 조선 재래의 사음에 비하여 대폭 축소되어 회사 직원의
보좌역에 불과하였다. 즉 사음은 농장직원의 지휘와 감독을 받아 주로
직원의 '농사지도'를 거들어 주고, 소작인의 상태 및 소작인의 상황을
직원에게 보고하고, 소작료 산정 시 의견 진술을 하는 등이고, 보수로서
는 10~20%의 소작료를 감면받았다고 한다.[80] 결국 식민지 시기 사음의

---

79) 全羅北道 內務課, 『小作慣行調査書』, 1933, 191쪽.
80) 조승연, 「일제하 농업생산기반의 형성과 일본인 대지주의 농장경영-전북 김제지
   역의 사례를 중심으로-」, 『민속학연구』 제6호, 국립민속박물관, 1999, 403쪽. 김제
   벽골마을의 주민 백귀동(남, 83세)와의 면접자료 ; 주봉규, 『근대 지역농업사 연구』,

폐해에 대하여 각종 조선총독부 조사 자료나 언론보도 등에서 보고·정리하고, 강조하고 있으나, 실제적으로 구마모토 농장에서 '사음'은 이미 단순 관리인화 되면서 소작농민에 대한 자의적 수탈과 폐해를 미칠 수 있는 상황이 아니었음을 알 수 있다.

2) 마스토미농장의 사례

마스토미 야스자에몬(桝富安左衛門, 1881~1934)은 러일전쟁이 발발하자 1904년 2월 제12사단 경리담당으로 전쟁에 출정하였고, 이전부터 구상해 오던 조선에서의 농장경영을 실현에 옮기기 위해 군사행동 중 전라북도 일대를 답사하였다.81) 그는 1906년 전라북도 군산지역에서 시모노세키(下關) 상업학교 동창이었던 구마모토 리헤이의 도움을 받아 토지매수에 착수하였고, 이듬해인 1907년 5월 곧바로 전라북도 김제군(金堤郡) 월촌면(月村面) 봉월리(奉月里)에 마스토미(桝富)농장을 창립, 농장경영을 개시하였다. 농장의 출장소는 일단 처음엔 군산에 두었다가 1910년 9월 농장 소재지인 김제군 월촌면 봉월리로 옮겼다. 그리고 농장의 관리소 겸 소작료 보관 창고를 두 군데 설치하였는데, 하나는 동진강(東津江)지류 연안에 두어 배를 이용한 운송의 편리함을 도모했고, 다른 하나는 1912년 9월 호남선의 개통에 앞서 호남선 김제역전에 창고를 건설하였다.82)

서울대학교출판부, 1996, 168쪽.

81) 이하 마스토미 야스자에몬의 조선에서의 토지매수와 소작제 농업경영에 관해서는 이규수, 「일본인 지주 마스토미 야스자에몬(桝富安左衛門)과 선의의 일본인론 재고」, 『아시아문화연구』 19, 가천대아시아문화연구소, 2010를 참조함.
82) 大橋淸三郎, 『朝鮮産業指針』, 257쪽.

마스토미는 1918년 전북 고창군 부안면에 오산교회와 흥덕학당을 설립하여 기독교를 전도하고, 신교육에 앞장서 1995년 12월 대한민국정부로부터 국민훈장 모란장까지 수여받은 '선의의 일본인'으로 알려졌지만, 사실은 러일전쟁 중 불법적으로 조선의 토지를 점유해 소작제 농장경영으로 식민지적 초과이윤을 추구한 식민지 지주의 전형인 인물이었다.[83]

마스토미농장은 김제, 정읍 일대에 소재했고, 토지 소유 규모는 1922년 경 710 정보가 최대치로[84] 식민지 시기 조선총독부가 대지주의 기준을 30 정보로 잡았던 것을 보았을 때 거대지주에 속했다고 할 수 있다.

마스토미농장은 지목별로 보았을 때 논농사 중심의 소작제 농장 경영을 하였는데, 1934년 12월, 김제군 일대 일본인 대지주 하시모토(橋

[표 Ⅲ-3] 마스토미농장의 토지 규모

	1910	1922	1925	1926	1929	1930	1931	1936	1939
논	318.3	602.4	530	530	516.3	516	516.3	353	355.0
밭	52.4	93.7	98.4	98.4	85.7	85	85.7	34	25.8
기타		13.7	30.0	30.0*	10.2	10	10.2		
계	370.7	709.8	658.4	658.4	612.2	611	612.2	387	380.8
소재지	김제 정읍	김제 정읍	김제 정읍	김제 정읍 고창	김제 정읍	김제 정읍	김제 정읍	김제 정읍	김제 정읍

자료 : 「群山農事組合槪況」, 『朝鮮視察書類』, 1910 ; 朝鮮總督府 殖産局, 『朝鮮の農業』, 1925년판, 131~141쪽 ; 朝鮮總督府 殖産局, 『朝鮮の農業』, 1927년판, 162~190쪽 ; 全羅北道 편, 『內鮮人地主所有地調(단행본)』, 1928, 158~159, 163쪽 ; 朝鮮總督府 殖産局, 『朝鮮の農業』, 1932년판, 177~206쪽 ; 農林省 京城米穀事務所 群山出張所, 전라북도·전라남도 地主調(프린트판) 全羅北道地主一覽, 182~185쪽 ; 朝鮮總督府 農林局, 『朝鮮の農業』, 1933년판, 185~205쪽.
* 1926년 기타 30 정보 가운데 임야가 13.1 정보.

---

83) 이규수, 「일본인 지주 마스토미 야스자에몬(橪富安左衛門)과 선의의 일본인론 재고」, 163~165쪽.
84) 朝鮮總督府 殖産局, 『朝鮮の農業』, 1925년판, 131~141쪽.

本)농장에 토지를 대량 매각하여 1936년에는 규모가 387 정보로 감소한다.85) 토지 매각은 1934년 농장주 마스토미의 사망으로 농장 경영의 어려움이 그 배경이었던 것으로 보인다.

마스토미는 구마모토 리헤이와 마찬가지로 주로 일본에 거주하면서 추수기 소작료 징수를 위해 1년에 한두 번 정도 조선에 건너오던 전형적인 부재지주였다. 게다가 마스토미농장은 식민지 시기 대부분의 일본인 거대지주들의 경우와 마찬가지로 소유 토지가 한 곳에 집중되어 있지 않고 산재해 있어 관리문제가 힘들었던 것으로 보인다. 이에 마스토미는 농장을 일차적으로 3개의 구(區)로 크게 구분하고, 이것을 다시 43개의 작은 구로 세분하여 총괄 지배인 이토(伊藤)와 농장 직원 3명을 배치하여 관리하게 하였다. 그리고 43개의 구마다 사음을 1명씩 두고 소작인을 통제하도록 하되, 사음이 소작인에게 미칠 수 있는 직접적인 영향력을 배제하고, 철저하게 농장이 소작인까지 통제할 수 있도록 하기 위하여 수시로 '사음 교습회'를 열어 관리하였다.

마스토미농장에서는 농사개량의 모범이 되는 감독답 소작인을 제외한 보통의 소작인 69명 정도를 1단(團)으로 하는 소작인 조합을 설치하여 각자의 돈을 출자, 비료 및 토지 개량 자금을 충당하게 하고, 흉년에 대비한 저축을 하게 하는 등의 지주적 성격의 소작인 통제조합을 운영하였다. 이때 사음은 소작인 조합의 대표격인 총대(總代) 후보자를 선출하였다.86)

한편 마스토미농장 소속 사음은 앞서의 불이흥업이나 구마모토 농장

---

85) 조석곤, 「'토지대장'으로 살펴본 토지 소유 구조의 변화 : 김제시 죽산면의 사례를 중심으로」, 『동향과 전망』 65, 한국사회과학연구소, 2005. 참조.

86) 大橋淸三郎, 『朝鮮産業指針』, 261~262쪽.

소속의 사음의 경우처럼 단순한 회사소속의 중간 관리인이었던 사례와
는 달리 비교적 소작권 부여 및 박탈에서 어느 정도 영향력을 행사했다.
그것은 마스토미가 부재지주였던 점에 기인한 것으로 보인다. 물론 이
때 마스토미농장의 사음이 자의적으로 직접 소작권의 부여와 박탈권을
행사했던 것은 아니었다. 마스토미농장에서는 소작인을 선정할 때는 기
본적으로 당시 소작수요가 많았던 관계로 1필지 당 여러 명의 소작인
신청자에 대하여 기본적으로 농장이 내세우는 기본 조건 즉, 소작인 후
보자의 성격, 근면성, 사상, 재산상태 등을 사음이 직접 엄밀한 실지 조
사를 한 후 올린 보고서를 참조하여 농장 측에서 결정하였다.87) 그러므
로 소작인 선정에서 사음이 작성한 보고서는 한 뼘의 소작지라도 얻고
자 하는 조선인 소작인 입장에서는 생존이 달린 문건이었다고 할 수 있
을 것이다.

　이렇게 소작인이 선정되면 농장에서 직접 소작계약서 용지를 발행하
였고, 소작인은 여기에 보증인의 연서를 하여 매년 1월 1일부터 그 해
12월 31일까지를 기간으로 하는 1년의 소작계약이 체결되었다. 이 때 농
장은 계약이 체결된 소작인을 소작인 '근태부(勤怠簿)'에 기입하고, 사음
이 소작인의 근태 상황을 기록하게 하여 해마다 소작인 재계약 혹은 계
약해제의 참고자료로 활용하였다. 따라서 마스토미농장의 사음은 신규
소작인 선정에서 뿐만 아니라 평소 소작인의 생활태도, 농장의 지시에
따른 증산 도모 등 일 거수 일 투족을 근태부에 기록하고, 농장에 보고
함으로써 농장이 조선 소작인을 철저하게 통제할 수 있었다.88)

　한편 1915년 마스토미농장 소속 소작인의 1인당 평균 경작 면적은 논

---

87) 大橋淸三郞, 『朝鮮産業指針』, 262쪽.
88) 大橋淸三郞, 『朝鮮産業指針』, 262~263쪽.

0.7412 정보, 밭 0.183 정보로 규모면에서 영세농에 해당되었다. 당시 일
반적으로 지주회사나 대농장들이 검견 때 지주 측 사원은 물론 사음, 그
리고 소작인까지 입회시키기도 하였는데 마스토미농장의 경우 조선인
들의 민도가 현저하게 낮다는 이유를 들어 농장 직원과 농장 부근에 거
주하던 일본인 및 조선인 3인 이상을 참가시켰다.[89] 즉, 사음이나 소작
인의 참여가 없어 농사 현장에서의 상황이나 소작인 측의 실태를 대변
해 줄 수 있는 여지가 당초부터 차단되어 있었던 것이다.

　농장측은 농장 직원인 검견원을 총동원하여 일차적으로 소유 농장 전
역을 검견한 후 다시 각 검견원에게 1필지씩 구역을 할당하여 생산고를
예상하여 적어 내게 하였다. 그리고 검견원에게 3개월에 걸쳐 해당 구역
의 검견고를 세밀하게 산정하도록 한 후 이를 '소작료 검견대장'에 기입
하도록 하였다. 소작료는 이렇게 농장의 검견에 의하여 확정되었고, 품
종 및 수량, 현물의 조제, 건조, 포장, 납부기간 등을 소작료 수납부에 기
재하여 이를 소작인별로 소작료 고지서를 사음을 통해 교부하였다. 이
때 농장은 소작료 고지서 발부업무를 시작하기에 앞서 사음을 1주일 내
지 열흘 먼저 소집하여 소작료 수납에 관한 제반 주의 사항을 철저하게
교육하였다. 소작료는 현물로 철저하게 조제 건조 및 포장을 거쳐 김제
역전(金堤驛前)과 태인 역전(泰仁驛前) 두 곳에 설치된 소작료 수납소에
11월 1일부터 30일까지 기한을 엄수하여 납부해야 했다.[90] 이렇게 소작
료 검견, 책정 등의 과정을 보면 사음이 할 수 있는 일은 전혀 없다. 즉
사음은 농장측이 정하고 발부한 소작료 고지서를 다만 농장의 요구에
따라 소작인들에게 전달하는 업무를 담당했을 뿐이다. 그리고 사음은

89) 大橋淸三郞, 『朝鮮産業指針』, 265쪽.
90) 大橋淸三郞, 『朝鮮産業指針』, 270쪽.

이후 수납의 업무를 담당했다.

농장은 소작료의 효율적이고 확실한 수납을 위해 소작료 수납 기간인 11월 1달간 사음과 소작인이 수시로 소작료 수납소에 출두하여 '소작료 수납상황표'라는 것을 열람하게 하였고, 이를 근거로 소작료를 독촉했을 뿐만 아니라 11월 말 소작료 수납소 폐쇄 후 사음과 소작인들 가운데 성적이 우수한 자를 선정하여 상장과 상품을 수여하고, 특히 사음은 수납성적에 따라 급여를 차등 지급하였다.91) 따라서 사음으로서는 결사적으로 소작료를 독촉하고, 체납이나 미납이 없도록 할 수 밖에 없었고, 소작료의 완벽한 수납은 다음해 소작계약 재계약에서의 가장 중요한 고려사항이었던 것이다. 실제로 쌀의 경우 소작료 수납소 폐쇄는 11월 말이고, 大豆는 쌀보다 늦어 12월 15일 경이었는데, 폐쇄기 소작료 수납고가 99.5%에 달했다는 농장 측 자체 평가를 보더라도 소작료 수납은 철저하게 이루어졌던 것이다.92) 마스토미농장에서도 역시 '농장주-지배인-농장직원-사음-소작인'이라는 농장 관리체제를 통해 식민지 소작제 농장 수익의 극대화를 위한 치밀한 지배가 실현되고 있었다고 할 것이다.

---

91) 大橋淸三郎, 『朝鮮産業指針』, 271쪽.
92) 大橋淸三郎, 『朝鮮産業指針』, 270쪽.

5. 맺음말

식민지 시기 사음은 일본 거대 지주회사 혹은 조선인 대지주들의 토지 및 소작인 관리를 위해 필연적으로 존재했던 최말단의 관리인이었다. 조선의 관습 및 실정과 조선인 소작인과의 의사소통에 문제가 컸던 일본인 지주의 입장에서는 일본식의 농법 및 종자 보급, 농사 현장 감독 등의 관리를 위탁하기 위하여 사음은 필수불가결의 존재였다. 그리고 이 사음은 조선인 소작인들의 지주 및 식민지 농정에 대한 불만을 중간에서 대신 받아내어 주는 완충효과까지 있어 일본인 지주나 식민권력의 입장에서는 상당히 유용한 존재였다.

식민지 시기 일본인 지주회사 소속 사음의 권한은 약화되어 회사의 종속적 관리인으로 전락했고, 그로인해 지주회사의 농민에 대한 직접 통제 경영 방식이 늘어났다. 따라서 일본인 지주회사는 조선 재래의 사음제도를 식민지 현실에서 그들의 최대한도의 이윤창출을 위해 악용, 오히려 농업구조의 식민성만을 강화시켰다고 할 수 있을 것이다.

사음의 권한은 식민지 초기에 비하여 토지조사사업의 완료된 이후인 1920년대 들어서서 권한의 큰 변화가 보인다. 먼저, 초기에 있던 소작인 해제, 징계, 변경의 권한이 점차 사라졌다. 또한 식민지 초기에는 수납된 현물 소작료를 사음이 매각할 수 있었던 데 비하여 1920년대에 들어서면 사음은 단순히 소작료 징수만 할 뿐, 수납된 소작료에 대한 어떠한 처분권도 가질 수 없게 되었다. 물론 1930년대에 소작권 이동이나 경감, 면제에 관한 내용이 다시 나오기는 하지만, 일본인 지주회사의 경우 기본적으로 사음이 소속 상관인 회사의 관리사원 내지 회사 측의 결정 없이 단독으로 소작권에 관한 권한을 행사할 수는 없었다. 한편 두드러진 변화 중에 하나가 사음의 임무 부분이다. 즉 1920년대 들어서면 점차 지주는 사음에게 그 대납책임을 지웠다. 결국 사음으로서는 소작료의 미납이 발생하지 않도록 소작료 징수에 만전을 기하고, 이를 독촉할 수밖에 없는 식민지 지주제 수탈의 중간 주체이면서 동시에 객체로서 존재하였던 것이다.

본 연구에서는 식민지 시기 일본인 거대 지주회사의 사음제 운영의 식민성을 규명하기 위한 사례로서 불이흥업과 구마모토 농장, 마스토미 농장 등의 사음제 운영 성격과 실태를 살펴보았다.

불이흥업은 1915년 4월 1일자로 불이흥업(주)의 사음취체규정을 만들어 사음의 임기와 임무 등에 대하여 명기했는데,[93] 지주회사 측의 일방적인 사용자 권리에 불과하였다.

불이흥업의 '사음취체규정 및 심득'의 시행 일자는 1915년 4월 1일자로 이는 식민지 시기 사음의 소작권에 대한 권리 행사 박탈 및 미납소작료 대납 등이 보통 1920년대부터 적용된 것과 비교했을 때 상당히 빠른 조처였다. 또한 불이흥업의 전북 옥구 농장의 경우 비교적 전북에 있었던 인접의 다른 일본인 농장에 비하여 소작쟁의가 적은데 그것은 사음의 폐해가 줄어서가 아니라, 그만큼 지주회사의 소작인에 대한 직접 통제 방식으로 경영상의 변화가 오고, 사음의 권한이 지극히 제한적이었기 때문이다. 식민지의 일본인 거대 지주회사의 소작관리인 운영 방식이나 성격은 재래 조선의 사음의 권한을 대폭 축소시켜 단순 중간 매개체로 존치시킨 반면 "회사-지점별(구역별) 사원(여러 단계의 직급, 현장 관리원 포함)-사음-소작인" 이라는 식민지 소작인에 대한 직접적이고도 보다 강화된 통제시스템을 통해 표면적으로는 효율적이고 근대적이라

---

93) 大橋淸三郎, 『朝鮮産業指針』, 197~200쪽.

는 관리체제 하에 그 이면의 식민성은 더욱 더 심화되었다고 할 것이다.

1903년 조선에서 식민지 소작제 농장 경영을 시작한 이래 개인으로서
는 전북 최대의 일본인 지주가 된 구마모토는 대부분의 시간을 일본에
있으면서 조선의 농장 경영은 사원 및 사음들을 통해 관리했다.[94] 구마
모토는 가끔씩 농장에 들렀고, 각 농장에는 책임자로 주임을 두었다. 농
장 주임 아래 경리과장, 농산과장 및 일본인 직원들과 조선인 직원이 대
략 27~28명이 되었고, 각 지역에는 사음을 두고 소작인들을 관리했다.[95]
구마모토 농장의 사음은 부락 내 사정에 정통하고, 신용 있는 유력자를
선발하여 '총대'라고 불렀는데 '총대'는 구마모토 농장에서 1907년부터
수개 리동을 1구역으로 하여 소작인 조합을 조직하고, 총대를 선정하여
소작지를 관리하기 위해 시작된 것이었다.[96] 그리고 그 역할은 농장직
원의 지휘와 감독을 받아 주로 직원의 '농사지도'를 거들어 주고, 소작
인의 상태 및 소작인의 상황을 직원에게 보고하고, 소작료 산정 시 의견
진술을 하는 등 재래 조선의 사음의 권한보다도 현저하게 그 권한이 축
소된 회사의 단순 고용인에 불과했다.

마스토미농장의 경우를 보면 사음이 불이흥업이나 구마모토 농장의
경우와 비교했을 때 소작인 선정과정에서 실지 조사자료 보고서를 회사
측에 올리기 때문에 어느 정도 소작권부여에 영향력을 행사할 수 있는
것처럼 보일 수 있으나, 그렇다고 하여 그 권한이 결코 결정적인 것은
아니었다. 왜냐하면 검견에 직접 참여하지도 못했고, 단순히 이후 결정

---

94) 장성수, 함한희, 박순철, 조성실, 박진영, 문예은, 『20세기 화호리의 경관과 기억』,
    20세기 민중생활사연구단, 눈빛, 2008, 77쪽.
95) 장성수, 함한희, 박순철, 조성실, 박진영, 문예은, 『20세기 화호리의 경관과 기억』,
    54쪽.
96) 全羅北道 內務課, 『小作慣行調査書』, 1933, 191쪽.

[사진 4] 전라북도 김제의 마스토미(桝富)농장 주택

된 소작료의 징수를 위한 증서 발급과 징수업무, 이후 징수 성과제에 따른 수당 지급제에서 사음 역시 소작인과 마찬가지로 어짜피 회사에 의해 언제든지 해고될 수 있는 단순 고용인에 불과했기 때문이다. 결국 식민지 시기 일본인 지주회사는 조선 재래의 사음제도를 식민지 현실에서 그들의 최대한도의 이윤창출을 위해 악용, 오히려 농업구조의 식민성만을 강화시켰다고 할 수 있을 것이다.

[부록 1] 불이흥업주식회사 舍音取締規定 및 心得[97)

제1조 사음은 본 회사 관리지를 구획하고, 그 지방의 실정에 정통한 덕망있는
자를 관리원의 추천에 의하여 채용한다.

제2조 사음으로 채용된 자는 회사가 지정한 계약서를 差入해야 한다.

다만 계약서에는 회사가 확실하다고 인정하는 보증인 連署를 요구한다.

제3조 사음은 관리원(농장 관리계)와 소작인과의 사이에 세워진 회사가 정한
제반 규정에 기초한 직접 소속 관리원의 지휘감독을 받는다.

제4조 사음의 임기는 무기한으로 하고 다음의 각 항의 하나에 해당하는 경우
의 외에 퇴직시키는 것으로 한다.

1. 본인의 依願사직
2. 본 규정 16조의 행위를 한 자.
3. 前 項 이외의 규정을 위배하고, 또는 농장 및 관리원의 지휘를 존중하고,
   받들지 않는 자.
4. 관리구역의 변경에 의하여 사음의 필요가 없을 때.
5. 노쇠 또는 질병, 사망 기타에 의하여 임무를 수행하지 못한다고 인정되
   는 자.

제5조 사음은 다음의 임무에 종사한다.

1. 회사의 권농방침에 기초한 농사개량장려
2. 소작인의 지도감독 및 소작료 수납 때 독촉, 관리지의 개선, 경계의 보호

제6조 사음은 소작인 규정 제10조, 제11조에 위배되는 자 또는 제12조에 해당
되는 자가 있을 때는 속히 소속관리원에게 보고하고, 그 지휘를 기다려 처
리한다.

제7조 사음은 看坪에 수반하고, 의견을 진술할 수 있다.

제8조 관리원으로부터 소작료 결정표의 교부를 받을 때는 無連帶 각 소작인
에게 배부한다.

제9조 소작료 수납 사무 개시 후는 극력 소작인을 독려하고, 乾燥 및 扱落 調
製 등에 주의하고, 반드시 기한 내에 완납시킬 것에 노력해야 한다.

---

97) 大橋淸三郎, 『朝鮮産業指針』, 197~200쪽.

제10조 천재지변이 있을 때는 주야를 불문하고, 출동하여 소작인을 지휘하고, 재해를 물리치는데 노력하고, 만약 관리지에 피해가 있을 때는 이들을 조사하고, 가장 신속한 방법에 의하여 관리원에게 보고한다.

제11조 매년 3월, 9월 2회 便宜의 지역에서 사음회를 소집하고, 매년 시행하는 것으로 하고 要項을 지시하고, 각 사음의 농사 상에 관한 실험담 및 의견을 교환하고, 겸하여 상호의 친목을 계획한다.

제12조 사음에게는 그 관내 소작료의 액수에 응하는 수수료를 지급하고, 그 액수는 소속 관리원과의 협정에 의하여 소작료수납 때 이를 지급한다.

제13조 사음의 직무에 勉勵하고, 기한 내에 소작료를 완납하고, 그 성적 우량한 자에게는 별도로 정한 규정에 의하여 춘계 사음회에 있어서 그 공적을 표창한다.

제14조 소작료 기타의 미납은 모두 사음의 부담으로 한다.

제15조 사음이 고의 또는 과실에 의하여 본 회사나 관리원에게 손해를 끼칠 때는 이를 변상할 책임이 있다.

제16조 제6조의 보고에 허위의 사실을 진술하고, 자기의 이익을 도모하고, 또는 친척, 知己 등에게 소작권을 주거나 혹은 새로운 소작인으로부터 금품을 수수하고, 소작권을 주는 일을 하는 자는 퇴직시킨다.

제17조 본 규정은 1915년 4월 1일부터 시행하고, 동시에 종래의 藤本合資會社 地所部舍音 取締規則 및 心得을 폐지한다.

同心得

1. 사음은 품행이 방정하여 德義를 중히 하고, 輕浮로 흘러가지 않는다.

2. 사음규정 및 心得과 아울러 소작인 규정을 服膺하고, 감독자의 지도를 받고, 결정하여 위배하지 않는다.

3. 사음 상호의 交誼를 후하게 하고, 소작인에게 접하는데, 간절함을 알리고, 회사에 대하여서는 성실함을 갖는다.

4. 사음은 자동적 농사개량에 노력하고, 항상 衆人의 모범이 되는 일에 유의해야 한다.

5. 본 회사 농장 또는 관리원으로부터 수취하는 서류 및 제반 보고서의 控은 정중하게 보관한다.

[부록 2] 불이흥업주식회사 小作人規定98)

제1조 본 회사관리지의 소작인에 대하여서는 모두 본 규정을 적용한다.

제2조 소작인은 경작하는 토지의 근방에 거주하고, 농업에 경험을 가진 착실한 농사에 勉勵하는 자에게 하도록 하고, 사음의 추천에 의하여 관리원이 이를 결정한다. 단, 노력 및 資力에 응하여 그 면적을 査定한다.

제3조 소작인은 관리원 사음의 지휘감독을 받아 다음의 각 항을 준수 실행해야 한다.

　1. 회사가 정한 권농방침에 기초하여 농사개량

　2. 지방의 증진개선

　3. 소작지의 경계보호

제4조 소작인은 별도로 정한 양식에 의한 소작계약서를 제출한다.

　　단, 계약은 1개년 기한으로 하고, 2모작지에 있어서는 보리 모종을 낼 때부터 벼를 예취할 때까지를 1期로 한다. (밭도 이에 따른다.) 기한 내에 소작료를 완납하고, 성적이 양호한 자는 특별한 이유가 있는 경우 외에 계속해서 소작한다.

제5조 소작인은 수해 기타에 의하여 지형이 붕괴될 것을 미리 알았을 때 속히 이를 加工하고, 이미 붕궤 유실된 경우는 이를 소속 사음에게 통지하고, 관리원의 지휘를 받아서 복구공사를 실시한다.

제6조 소작료는 다음의 種別로 한다.

　一. 논은 籾으로 한다.

　　단, 그 종류는 회사 지정의 稻種에 限한다.

　一. 밭은 籾 대두 기타 잡곡 혹은 대금으로 한다.

　一. 垈 및 家는 밭에 준한다.

제7조 소작료로서 납부할만한 벼는 다음의 제반 조건을 구비할 것을 요한다.

　1. 刈取하는 稻는 충분히 건조시키고, 扱落할 때는 반드시 莚을 사용하고, 토사를 혼입하는 것에 주의를 하고, 만일 연을 사용하지 못할 때는 별도

---

98) 大橋淸三郞, 『朝鮮産業指針』, 201~203쪽.

로 정한 石抜精撰을 반드시 실행하는 것으로 한다.

2. 扱落할 籾은 條穂(チリ)를 제외하고, 반드시 2일 이상 莚上에서 건조하고, 唐箕撰을 할 것.

3. 俵裝은 건조시켜 目方一貫2百刃이상으로 한다.

　　운반중 소작료는 섞이지 않게 한다.

　　대두 기타 잡곡도 위에 준한다.

제8조 소작료는 定租 및 절반 외에는 매년 稻의 성숙기에 당하여 看坪을 행하고, 그 납부액을 조정한다.

제9조 소작료를 결정할 때는 각 소작인에게 결정표를 교부하고, 소작인은 기한 내에 지정된 장소에 소작료를 가지고 와서 납부한다.

제10조 소작인은 소작료 납부 전 그 수확물을 隨意하여 賣買, 양여, 기타의 처분을 할 수 없다.

제11조 소작지의 지목을 변경하거나 또는 地形을 변경시키는 때는 미리 회사의 승인을 받고, 그 지휘에 따라 시행해야 한다.

제12조 소작계약 기간 중 본인 사망 기타의 사고에 의하여 그 토지를 경작할 수 없게 되었을 때는 속히 사음에게 보고한다.

제13조 소작인 가운데 능히 회사의 지휘를 지키고, 농사개량에 노력하고, 양호한 성적을 거둔 자는 별도로 정한 규정에 의하여 춘계소작인회에 있어서 이를 표창한다.

제14조 본 규정 및 소작계약사항에 위배되는 자는 기한 중이라도 소작계약을 해제한다.

제15조 본 규정은 1915년도부터 실시한다.

大正 년　월　일

　　　　　　　　　　　　　　　　不二興業주식회사

　　　　　　　　　　　　　　　　　全北農場

Ⅳ. 불이흥업주식회사의 식민지 소작제 농장 경영

1. 머리말

후지이 간타로(藤井寬太郞)는 1904년 러일전쟁 발발 후 후지모토(藤本)합자회사의 인천(仁川) 및 군산(群山) 지점 담당자로 조선에 건너와 미곡·우피 수출과 수입품을 판매하는 무역업을 하였다. 동시에 그는 1904년 전라북도 익산군(益山郡) 오산면(五山面)에 지소부(地所部)를 설치하여 군산지역의 농사경영에 착수했는데 이것이 후지이의 조선에서의 식민지 지주제 사업 경영의 시작이다.[1] 이후 1908년까지 강경(江景), 익산, 옥구(沃溝) 일대 1,500 정보의 토지를 매수하여 전북농장(최초는 후지모토 농장)을 개설했고,[2] 전국에 걸쳐 전북 익산군의 전북(全北)농장, 평북 용천군(龍川郡)의 서선(西鮮)농장, 전북 옥구군의 옥구농장과 불이(不二)농촌, 강원도 철원군(鐵原郡)의 철원농장 등 5개 농장을 차례로 설립하여[3] 1943년에는 그 규모가 무려 1만 7천여 정보에 달하는 거대 일본인 지주가 되었다.

지금까지 불이흥업에 대한 연구는 이미 식민지 시기 조선농업의 성격 논쟁과 관련하여 조선 농촌의 실태를 조사하여 신문에 연재한 박문병(朴文秉)과 인정식(印貞植)의 연구가 있다.[4] 이 자료들은 식민지 시기 농

---

1) 有馬純吉 編, 『朝鮮紳士錄』, 京城, 1931, 362쪽 ; 不二會, 『不二』, 6號, 31쪽 ; 朝鮮公論社 編, 『在朝鮮內地人 紳士名鑑』, 京城, 1917, 374쪽.

2) 藤井寬太郞, 『朝鮮土地談』, 大阪, 발행자불명, 1911, 3~15쪽 ; 藤井寬太郞의 조선 진출과 농장경영에 관해서는 이규수, 『식민지 조선과 일본, 일본인』, 서울, 다할미디어, 2007 참조.

3) 고승제, 「植民地 小作農의 社會的 身分規定」, 『학술원논문집』 제18집-인문·사회과학편, 학술원, 1979, 178쪽.

4) 朴文秉, 「農業朝鮮의 檢討」, 『朝鮮中央日報』, 1936년 6월 9일~8월 20일 연재 ; 印貞植, 「朝鮮農村經濟의 硏究」, 『中央』 28~35 연재, 1936년 2월~1936년 9월.

업의 성격 규명을 위한 것으로 불이흥업의 농업생산관계 성격을 조사한 실제 사례검토로 사료적 의미를 갖는 중요한 연구이다. 한편 황명수가 불이흥업의 수리조합 사업을 중점적으로 분석한 연구가 있고,[5] 이어 김용달이 평안북도 용천의 서선농장 소작쟁의를 중심으로 조선 소작인의 농민 저항을 조명한 것이 있다.[6] 또한 그 외에도 불이흥업의 이민사업, 농장 운영상 발생한 농민운동, 경영주체 변동 등에 대한 연구가 홍성찬, 최원규, 이규수 등에 의해 상당히 진척되었다.[7]

본 연구에서는 기존의 연구성과들을 바탕으로 하여 불이흥업의 식민지 조선에서의 농장 설립과정과 전국적 농장 분포 상황 및 규모, 불이흥업의 자본규모 및 수익, 농업 생산과정에서의 영농 과정 통제와 소작료 징수 실태, 농장 관리통제조직 및 불이식산조합 등 전반적인 불이흥업의 실태를 보고자 한다. 특히 이 중에서도 불이흥업의 농장 관리통제조직 및 불이식산조합 운영을 집중적으로 분석하여 당 회사의 식민지 소작제 농업 경영상의 합리성과 효율성이라는 근대성의 측면과 식민지라는 특수성 아래 조선 소작인에게 강제된 고율의 소작료와 경제외적 강제, 효율적 관리조직을 이용한 철저한 소작인 통제라는 식민성의 측면

---

5) 黃明水, 「일제하 不二興業會社와 農民收奪」, 『산업연구』 제4집, 단국대학교 부설 산업연구소, 1982.

6) 金容達, 「日帝下 龍川지방의 農民運動에 관한 硏究」, 『북악사론』 2, 국민대학교 사학과, 1990.

7) 홍성찬, 「일제하 기업적 농장형 지주제의 역사적 성격」, 『동방학지』 63, 연세대학교 국학연구원, 1989 ; 同, 「일제하 금융자본의 농기업 지배-불이흥업(주)의 경영 변동과 조선식산은행」, 『동방학지』 65, 연세대학교 국학연구원, 1990 ; 최원규, 「1920·30년대 일제의 한국 농업 식민책과 일본인 자작 농촌 건설 사업-불이농촌 사례」, 『동방학지』 82, 연세대학교 국학연구원, 1993 ; 이규수, 「20세기 초 일본인 농업 이민의 한국 이주」, 『대동문화연구』 43, 2003 ; 同, 『식민지 조선과 일본, 일본인』 등.

을 규명해 내고자 한다.

식민지 시기 대부분의 일본인 대지주 회사(농장)는 지주(회사)와 소작인 사이에 개재하여 관리지역 내의 소작인과 영농과정 전반에 걸친 농업현장의 실무를 감시·통제하는 조선 재래의 사음(舍音)과는 별도로 회사 소속의 관리인(사원)을 두거나 혹은 지주적 성격의 어용 관리조합을 운영했다. 사음의 경우 지역별로 혹은 시기별로, 관리면적의 크기별로 명칭만 달라졌을 뿐, 식민지 시기 내내 일본인 대지주 회사의 중간관리자로서 존속되었다.[8]

그런데 일본인 지주회사의 경우 조선 재래의 사음제도를 변용하여 존치시키는[9] 한편 회사의 조선 소작인에 대한 통제를 보다 체계적이고, 직접적으로 행사하기 위하여 소위 '소작인조합(小作人組合)'도 설치하였다. 이때 소작인조합이란 일반적으로 알려진 옥구농민조합(1926)이나 서수농민조합(1927), 서수청년회(1927) 등 조선 농민들의 소작권 내지 생존권 확보를 위한 농민적 조합과는 전혀 그 성격이 상반된 지주적 어용 관리조직이었다고 할 수 있다.

이 지주적 소작인조합은 사음과 함께 지주의 농민에 대한 '생산과 수확의 전 과정 및 유통, 판매, 심지어 경제 외적인 부분까지의 통제 강화'라는 기능과 성격을 갖고 있었다고 할 것이다. 동양척식주식회사(東洋拓殖株式會社 이하 '동척'), 조선흥업주식회사(朝鮮興業株式會社 이하 '조선흥업'), 동산농사주식회사(東山農事株式會社 이하 '동산농장'), 불이흥업주식회사(不二興業株式會社 이하 '불이흥업'), 가와사키농장(川崎농장)

---

8) 이에 대해서는 朝鮮總督府, 『朝鮮の小作慣行』上卷, 614~619쪽.

9) 일본인 지주회사들의 사음제도 변용 운영 사례에 관해서는 하지연, 「일제하 불이흥업주식회사 전북농장의 '舍音'제 운영과 성격」, 『이화사학연구』제49집, 이화사학연구소, 2014. 참조.

등 거의 대부분의 일본인 대농장에서는 농사개량구 구내 이주민 소작인 가운데 비교적 근면·성실하다고 판단되는 자를 선정하여 농사개량을 보조시키는 한편, 회사 어용조직으로서 농사개량조합(農事改良組合), 소작인조합 등을 결성시켜 공동으로 농사개량사업을 확대, 보급하게 하였다. 또한 일일이 소작인 상호간의 연대책임을 지워 서로간의 감시와 통제, 소속 지주회사에 대한 의무 이행 등 소작민에 대한 치밀한 관리를 하였다. 그리고 이들 소작인조합의 규약은 농장주의 농업경영방식을 실현시키기 위한 법규의 역할을 했고, 소작인들의 일방적 의무와 지주회사의 손실을 방지하기 위한 보험이었다고 할 것이다. 그리고 이 소작인조합은 회사의 관리통제 조직의 최하위에 자리 잡고 있는 가장 기초적인 농장 통제 단위였다.

지금까지 지주적 성격의 어용 소작인조합에 관한 연구는 조선흥업의 '흥농회(興農會)'[10]와 가와사키농장[11]의 소작인조합에 관한 연구가 있을 뿐, 그 구체적 실상에 대한 규명은 아직 부족한 실정이다. 이 소작인조합에 관한 연구는 식민지 지주회사의 조선 소작인에 대한 직접적이고 치밀한 관리통제조직의 실태와 성격을 밝힐 수 있고, 그 식민성을 입증할 수 있는 명확한 사례연구라는 점에 의의가 있다고 할 것이다. 따라서 본고에서는 불이흥업의 농민 관리조직, 지주적 소작인조합인 전북농장의 '불이식산조합'의 실체를 분석함으로써 일본인 거대 지주회사가 조

---

10) 하지연, 『일제하 식민지 지주제 연구』, 혜안, 2010 ; 同, 「일제 강점기 일본인 회사지주의 소작인 관리통제조직-朝鮮興業株式會社의 '興農會'의 사례를 중심으로-」, 『백범과 민족운동연구』 제6집, 백범학술원, 2008.

11) 하지연, 「일제하 한국농업의 식민성과 근대성 : 일본인 대농장 가와사키농장의 소작제 경영사례를 통하여」, 신용하 외, 『식민지 근대화론에 대한 비판적 성찰』, 서울, 나남, 2009.

[사진 5] 옥구저수지 전경(군산)

선 재래의 사음제도를 그대로 존치시키면서 사음의 권한은 대폭 축소시
킴과 동시에 회사의 소작인에 대한 통제권은 강화시켜 나간 추세를 보
고자 했다. 또한 소작인조합 제도를 도입하여 조선흥업의 흥농회의 사
례처럼 '물도 새지 않는'[12] 매우 치밀한 소작인 통제조직을 만들어 회사
편의적으로 조선 소작인을 관리했음을 살펴보고자 한다.

---

12) 하지연, 『일제하 식민지 지주제 연구』, 264쪽.

2. 불이흥업주식회사의 설립과 농장 확대 과정

1) 후지모토합자회사 및 불이흥업(주)의 설립

(1) 후지모토합자회사의 설립과 조선 진출

불이흥업의 창업자인 후지이 간타로(藤井寬太郎)는 1876년 도쿠시마현(德島縣)에서 몰락한 상인 집안의 차남으로 태어나 변변한 정식 교육도 받지 못하고, 야학교에서 경서를 배운 정도였다.[13] 그리고 일찌감치 고향을 떠나 오사카 상인 가나자와 진효에(金澤仁兵衛)가 설립한 가나자와 상점의 지배인이었던 사촌형 후지이 만타로(藤井萬太郎)의 도움으로 오사카에서 미곡무역의 일을 배우게 되었다. 이후 후지이는 1892년 16세의 나이로 후지모토(藤本) 상점에 취직하였다. 후지모토 상점은 오사카 미곡 거래시장인 도지마거래소(堂島取引所)의 중개인 후지모토 조지로(藤本常次郎)가 설립한 미곡 도매상이었다. 후지이는 여기서 미곡 거래 실적이 뛰어나 후지모토의 두터운 신임을 받았고, 1897년 21세의 나이에 구마모토(熊本) 지점장이 되었다.[14]

한편 그 해 후지모토가 사망하자, 후지모토 상점은 그의 숙부이자 오사카 미곡도매조합사무소의 임원이었던 후지모토 젠스케(藤本善助)에 의해 후지모토합명회사(藤本合名會社)로 재편되었다. 그리고 이 회사는

---

13) 藤井寬太郎, 「藤井家の歷史」, 『藤井寬太郎自敍傳』.
14) 藤井寬太郎, 「熊本時代の追憶」, 『藤井寬太郎自敍傳』.

본래 오사카(大阪)에 본점을 두고, 효고(兵庫)에 지점을, 구마모토와 오타루(小樽)에 출장점을 설치해 곡물류의 매매업을 하였는데, 이때 후지이는 구마모토 출장점의 주임과 효고 지점 주임을 담당하게 되었다.[15] 그러던 중 1900년 후지모토합명회사가 해산되는데, 그 이유는 후지모토 젠스케의 독선적인 경영 방침에 후지이를 중심으로 한 사원들의 반발때문으로,[16] 후지이는 후지모토 조지로의 미망인인 후지모토 쓰다(藤本ツタ)와 함께 독자적으로 자본금 2만원의 후지모토합자회사(藤本合資會社)를 설립하고 대표사원으로 취임했다.

후지이는 1904년 러일전쟁 발발 후 후지모토합자회사의 인천(仁川) 및 군산(群山) 지점 담당자로 조선에 건너와 처음엔 미곡·우피 수출과 수입 잡화류를 판매하는 무역업을 하였다. 후지이는 조선최대의 곡창지대였던 전주평야와 동진평야 일대의 군산 지역에서 그 사업의 기반을 다졌는데, 군산출장소에 '수입대리부와 회미부(廻米部)'를 설치하여 수입대리부에서는 면포 및 일본 일용품, 잡화 등의 수입품을 판매하고, 조선산 곡물을 수출하여 막대한 이익을 축적하였다. 당시 군산항의 주요 수출품은 미곡, 우피, 대두 등이었는데, 후지모토합자회사는 1906년 추수 이후 1907년까지 약 5만석, 연간 100만원에 달하는 미곡을 취급하였다. 1906년 군산항의 연간 미곡 수출액이 111만원이었던 것을 감안하면 후지모토합자회사가 군산항을 통해 일본으로 이출되는 조선산 쌀의 90.1%를 취급했던 것이다.[17] 그리고 이 쌀들은 후지모토합자회사의 본점을 통해 오사카와 도쿄 미곡거래소에서 직판되었고, 1908년 이 회사는 자본

---

15) 이규수,『식민지 조선과 일본, 일본인』, 74~75쪽.

16) 高林喬浩,「藤井寬太郎樣を偲びて」, 不二會,『不二』3, 1968, 62쪽.

17) 三輪規, 松岡琢磨,『富之群山』, 1907, 164~165쪽.

금을 2만원에서 30만원으로 대폭 증자할 만큼 크게 성장했다.[18]

한편 후지이는 1904년 전라북도 익산군(益山郡) 오산면(五山面)에 지소부(地所部)를 설치하여 군산지역의 농사경영에 착수하였다. 이것이 조선에서의 소작제 농장경영의 시작이라고 할 수 있다.[19] 이후 1908년까지 강경(江景), 익산, 옥구(沃溝) 등지의 1,500 정보의 토지를 매수하여 전북농장(최초는 후지모토 농장)을 개설하면서 점차 농장의 규모를 키워 나갔다.[20] 그리고 1910년 12월 말 현재로 전북의 군산, 임피(臨陂), 태인(泰仁), 고부(古阜) 등에 걸쳐서 2,482 정보의 농경지를 소유하게 되었다.[21]

그리고 1914년 후지이는 소작제 농장 운영과 개간 및 간척사업을 위한 수리조합 운영자금을 확보하기 위해 후지모토합자회사를 불이흥업주식회사로 명칭과 조직을 변경하고 규모를 확장시켰다. 그리고 해운업 관계자로 오사카에 본거지를 갖고 있던 우콘 콘자에몬(右近權左衛門)과 에치고(越後)의 가와카미 사지로(川上佐次郎) 등의 자금 후원을 받아 자본금 규모를 30만원에서 100만원으로 대폭 증자하였다. 마침내 1914년 불이흥업주식회사를 설립하였는데, 후지이는 전무취체역이자 대표자로 본점을 군산에, 그리고 지점을 군산과 인천에 설치하였고, 1915년에는 본점을 경성으로 옮겨 사업을 확장해 나갔다. [22]

불이흥업(주)의 업무는 농업개간, 부동산 관리, 신탁업, 미곡 및 잡곡

18) 이규수, 『식민지 조선과 일본, 일본인』, 82쪽.
19) 有馬純吉 編, 『朝鮮紳士錄』, 京城, 1931, 362쪽 ; 不二會, 『不二』, 6號, 31쪽 ; 朝鮮公論社 編, 『在朝鮮內地人 紳士名鑑』, 京城, 1917, 374쪽.
20) 藤井寬太郎, 『朝鮮土地談』, 大阪, 발행자불명, 1911, 3~15쪽 ; 藤井寬太郎의 조선 진출과 농장경영에 관해서는 이규수, 『식민지 조선과 일본, 일본인』, 참조.
21) 尾西要太郎 編, 『嶺南發展史』, 京城, 朝鮮新聞社, 1913, p.200.
22) 『朝鮮銀行會社要錄』, 1921, 167쪽.

의 위탁 판매, 각종 물품의 위탁 판매, 정미업, 조면업 등 다양한 분야의 사업을 취급했다.[23] 그리고 회사의 상업에 관한 업무를 분리하여 1917년 7월 31일, 자본금 10만원에 불이상업(주)를 창설하여 기존 불이흥업(주)의 제반 물품 매매와 위탁매매업, 정미업, 조면업 등의 업무를 이관하였다. 불이상업(주)는 1919년 자본금을 20만원으로 증자하였는데, 후지이가 감사역을 맡고 있었고, 총 주식수 4,000 주 가운데 불이흥업(주)가 1,000 주를 보유한 대주주로 참여한 불이흥업(주)의 자회사였다고 할 수 있다.[24]

또 1919년 4월에 불이흥업(주)가 경영하던 광산부 사업을 분리시켜 자본금 100만원의 불이광산(주)를 설립했다. 즉, 후지이는 불이흥업(주)는 오로지 소작제 농장 경영에 주력하고, 이를 통해 얻은 쌀의 일본 수출과 판매는 불이상업(주)에서 처리하며, 불이광산(주)는 조선의 광산개발을 맡기는 체제를 완성시켰다.[25]

(2) 토지매수와 농장의 설립과정

후지이는 조선의 저렴한 지가를 이용하여 대규모 토지를 집적했고 농사개량을 통한 소작제 농장 경영으로 거부를 축적했다. 러일전쟁 전후 군산 지역의 토지 가격은 1단보 당 상답이 15~20원, 중답이 10~15원, 하답이 10원 이하였다. 그리고 전주는 상답이 17원, 옥구는 중답이 13.5원, 김제는 중답이 8.3원이었다.[26] 그런데 동 시기 일본은 1단보 당 논의 평

23) 中村資郎 編, 『朝鮮銀行會社要錄』, 1921, 167쪽.
24) 『朝鮮銀行會社要錄』, 1921, 167쪽.
25) 不二會, 『不二』, 6號, 37쪽 ; 東亞經濟時報社 編, 『朝鮮銀行會社要錄』, 1941, 283쪽.
26) 日本農商務省 編, 『韓國土地農産調査報告-慶尙道·全羅道』, 1905, 347~348쪽.

균 매매가가 논의 경우 150원, 밭이 86원으로 군산지역 상답에 비해서도 거의 10배에 달했다.[27]

저렴한 토지 가격은 높은 토지 수익률도 보장했다. 후지이는 천안, 공주, 논산, 강경 일대 농지를 시찰하였는데, 특히 강경지역은 당시 1단보당 10원 전후로 매입이 가능했다. 그리고 논에서 얻는 수익률이 연간 20%를 넘어선다는 정보를 입수하였다. 심지어는 개량을 할 경우 30~40%의 수익률도 가능해 이 계산대로라면 불과 2~3년 사이에 투자원금의 회수가 가능하게 되는 것이다. 물론 자연재해나 기타의 불가항력적 상황이 없다는 전제조건이 붙기는 하나 상업에서 얻는 이익을 훨씬 상회했던 것은 사실이다.

> 토지로부터는 연간 2할의 이익이 생긴다. 토지를 개량하면 3할에서 4할의 이익을 올릴 수도 있다. 어떠한 장사도 도저히 이를 따라갈 수 없다. 장사 또한 때로는 의외의 이익을 올릴 경우가 없는 것은 아니다. 하지만 그 반대로 의외의 손실을 입는 경우도 많다. 10만원의 자금으로 평균 연간 1할 이상의 이익을 보기는 어렵다. 전도 유망한 토지에 투자하면 이익을 올릴 수 있다. 나는 조선에서 토지를 구입하고, 농사 경영을 하기로 결심했다.[28]

그러나 당시 조선에서는 외국인의 토지 소유가 국법으로 금지되어 있어서 외국인들은 직접 매입해 들이지 못하고, 마을의 지심(指審)이라는 매매 중개인을 통해 필요한 토지 목록을 제시 받은 후 실지 답사를 통해 비옥한 토지를 사들였다.[29] 이때 일본인들은 조선인 이름을 차용하여

---

27) 吉川祐輝, 『韓國農業經營論』, 大日本農會, 1904, 131쪽.
28) 藤井寛太郎, 『朝鮮土地談』, 1911, 15쪽.
29) 井上正太郎, 「東津平野の大觀」, 『東津江流域』, 1928, 30~31쪽.

토지 이용권을 사들이는 경우가 많았는데, 중간의 매매 중개인 혹은 매도 조선인들에 의해 제대로 소유권을 보장받지 못하거나 혹은 이중매매의 불이익을 당하는 경우도 생겼다. 이에 일본인들은 목포흥농협회(木浦興農協會)나 군산농사조합(群山農事組合) 등과 같은 일본인 상공업자나 지주들의 자체 부동산 관리 기구를 조직하여 자신들의 권익을 보호하기도 했다.30)

이렇게 당시 후지이의 판단에 의하면 자본금 10만원이면 1천 정보의 거대지주로서 쉽게 수익을 올릴 수 있다는 것은 소작제 농장 경영이 상업보다 훨씬 높은 수익을 보장해 주는 안정적 사업이었다는 것이다. 후지이는 계속해서 군산, 이리, 전주 평야 일대를 답사하고, 이 일대가 농장 경영의 최적지임을 확신했다.31)

2) 전국적 농장분포 현황 및 사업의 확대

(1) 농장의 창설과 사업의 확대

토지시찰을 마친 후 후지이는 곧바로 토지매수에 착수했다. 그는 제일 먼저 강경지방과 익산군 오산면 일대 농지를 사들이기 시작했는데, 자금은 후지이가 후지모토 상점에 입사하기 이전부터 도움을 받았었던 가나자와 진효에 등으로부터 융통하였다. 후지이는 1904년 6월 토지매수를 위해 익산군 오산면에 '후지이지소부 藤井地所部'를 설치했다.

한편 후지이지소부가 설치되었을 당시는 전북지역에서 의병 투쟁이

---

30) 개항 이후 일본인들의 토지취득 과정과 양상에 관해서는 하지연, 『일제하 식민지 지주제 연구』, 79~95쪽. 참조.

31) 藤井寬太郎, 「渡韓から農業經營着手まで」, 『藤井寬太郎自敍傳』

한참 전개되던 시기로 후지이는 토지매수 후보지를 시찰할 때 총포를
멘 조선인 통역을 대동하고, 자신은 말을 타고 허리에 일본도와 총을 소
지한 무장 상태로 다녔다.[32) 그리고 농장을 창설하고 나서도 항상 의병
의 습격에 대비하여 농장 내 무기를 보유하고 있었고, 러일전쟁에 참전
했던 병사들을 모아 자체적인 농장보호 군사 조직이라고 할 수 있는 '자
경단'을 조직, 참호를 구축하고, 매일 2시간씩 군사훈련까지 실시하였다.
또한 농장 내에는 헌병경찰이 상시 주둔했다.[33) 사실상 식민지 공권력
의 적극적 비호를 받은 식민권력 그 자체였다고 할 것이다.

[표 Ⅳ-1] 불이흥업의 농장별 현황

농장명		설립 연도	위치	규모(町) (1943년)	토지집적 방법	소작 농수(戶)	1호당 경작면적 (町)	소작인 출신지역	수리 조합
전북농장		1904	전북 益山郡 五山面	1,806	황무지 및 下畓매수	4,719	0.3	전북	臨益 水組
서선농장		1912	평북 龍川郡	4,175	干潟地 拂下	1,850	2.3	토착주민 전국모집	大正 수조
옥구 농장	옥구 농장	1920	전북 沃溝郡 沃溝面	1,078	간석지 불하	800	1.1	전라, 충청	益沃 수조
	불이 농촌	1920	전북 沃溝郡 米面	1,000		321	3.1	일본 이주민	
철원농장		1919	강원도 鐵原郡 鐵原邑	4,772	황무지 매수	1,211	2.5	토착민과 남조선 유민	中央 수조

자료 : 不二興業株式會社, 『營業報告書』, 각 연도판 ; 『朝鮮銀行會社要錄』, 각 연도판 ;
　　　不二會, 『不二』 6호, 1984년 11월.
* 토지 규모는 논, 밭 기타용지를 포함

---

32) 藤井寬太郎, 「渡韓より農場經營着手まで」, 『藤井寬太郎自敍傳』
33) 이규수, 『식민지 조선과 일본, 일본인』, 93~94쪽.

[표 Ⅳ-1]에서처럼 후지이 농장은 전북, 전남, 충남, 황해, 경기, 강원, 평북 등 전국에 걸쳐 자리하였는데 전북 익산군의 전북(全北)농장, 평북 용천군(龍川郡)의 서선(西鮮)농장, 전북 옥구군의 옥구농장과 불이(不二) 농촌, 강원도 철원군(鐵原郡)의 철원농장 등이 차례로 설립되면서 소작제 농장 경영 형태로 운영되었다.[34]

[표 Ⅳ-2] 불이흥업의 농장별·지목별 면적현황(1943년 현재)

농장명	지별(町步)			비고
	논	밭 및 기타	합계	
전북농장	1,524(84.4%)	282	1,806	관리지 1,200 정보, 계 3,000 정보
서선농장	3,995(95.7%)	180	4,175	
옥구농장	1,027(95.3%)	51	1,078	
불이농촌	1,000(100%)	-	1,000	
철원농장	2,433(51%)	2,339	4,772	
불이농원	-	38	38	京城府外 恩坪面 소재
군산시가지	-	85	85	
산림지	-	4,145	4,145	전북 250 정보, 경북 3,905 정보
총합계	9,979(58.36%)	7,120	17,099	

자료 : 『不二』 6호, 72, 74, 88~89쪽 ; 大野保, 「朝鮮農村の實態的研究」, 『論叢』 제4집,
　　　滿洲大同學院, 1941, 230쪽.
* 1943년 말 불이흥업에 흡수 합병된 조선개척주식회사의 논 6,000 정보(『不二』 6호, 7쪽)
　는 제외함.
* (　　)은 각 농장의 총 경지면적 가운데 논이 차지하는 비율.

후지이가 조선에서 농장을 집적해 간 방법은 소위 말하는 '사작창업 (四作創業)'이라고 일컫는 것으로 "토지를 비옥하게 만들고, 농민을 육성 하고, 농촌을 건설하고, 농산물을 생산 한다"는 4가지였는데 이는 가격 이 비싼 비옥한 기존 농경지를 매수하는 것이 아니라 황무지나 간석지 (干潟地)를 거의 무상으로 불하 받거나 헐값에 매입해 들인 후 이를 간

34) 고승제, 「植民地 小作農의 社會的 身分規定」, 178쪽.

척사업을 통해 농장으로 만들어 나갔던 것이다.35) 이런 식으로 확대해
간 불이흥업의 전국 농장은 [표 Ⅳ-2]에서처럼 철원농장의 경우를 제외
하고 거의가 논이었다. 산림지 4,145 정보를 제외한 12,954 정보의 77%가
논으로 불이흥업은 대규모 수전 경작과 미곡 수출을 통해 초과 이윤을
달성한 거대 일본인 회사지주였다.

불이흥업은 서울 본사를 거점으로 전국의 농장을 관리했다. 전북농장,
서선농장, 옥구농장 및 불이농촌, 철원농장의 총 4개 농장에는 각각 농
장 본부가 설치되어 각 농장에는 농장장 혹은 농장주임이 해당 농장에
대한 총괄책임을 담당했다. 김제·태인·부안·동산·고창·옥구·전주·부
여 규암리·강경·함열·고부·김해 등 12곳에 위탁 경영지 관리를 위한 분
파소가 설치되었다.

① 전북농장과 임익수리조합

1904년 설치된 '후지이지소부'는 1904년부터 1908년까지 강경·익산·
옥구·김제·정읍·부안·고창·전주 등지에 걸쳐 대대적으로 토지를 매수
해 들여 가장 먼저 '전북농장'을 개설했다. 당시 군산부근의 토지 가격
이 상등전은 15~20원, 하등전이 10~15원, 저수량지가 10원 이하였는데,36)
[표 Ⅳ-3]에서 알 수 있듯이 후지이가 사들인 전북농장의 토지 가격은 군
산 거류지 부근을 35.7원에 사들인 것을 제외하고는 대부분 개간이 필요
한 미간지들이었다. 특히 익산과 옥구 지역은 저수량지에 속해 주로 개

---

35) 이에 대해서는 澤村九平,「藤井寬太郞化の先見去の他」,『朝鮮の回顧』, 京
城, 1945, 302~303쪽 ; 中川龜三,『朝鮮殖産街史』, 京城, 1938, 64쪽 ; 保高正
記·村松祐之 共著,『群山開港史』, 京城, 1925, 327~328쪽 ; 이규수,『식민지
조선과 일본, 일본인』, 97~98, 111~112쪽. 참조.
36)『韓國土地農産調査報告-慶尙道·全羅道』, 347~348쪽.

간이 필요한 미간지 위주로 사들였음을 알 수 있다. 결국 안정적 토지수
익을 위해서는 수리관개시설의 정비가 필수였고, 후지이는 1909년 우리
나라 최초의 수리조합인 임익수리조합(臨益水利組合)의 설립을 주도하
였다.37)

[표 Ⅳ-3] 전북농장의 토지 1단보 당 평균 매수 가격   (단위 : 圓)

매수지역	논		밭	
	연도	가격	연도	가격
강경	1904	10.170	1904	12.246
	1907	2.370	1906	16.360
익산	1904	6.294	1908	6.491
	1904	4.680	1908	4.338
옥구	1907	6.562	1907	9.000
군산거류지부근	1906	35.713	1906	59.524

출처 : 神戶正雄, 『朝鮮農業移民論』, 有斐閣書房, 1910, 33~36쪽.

[표 Ⅳ-4] 전북농장의 시기별 토지규모 상황   (단위 : 町)

	논	밭	기타	계
1922	916.6	112.3	75.6	1,104.5
1925	978.0	114.0	179.2	1,271.2
1926	978.0	114.0	179.2	1,271.2
1929	1,000.4	124.0	173.6	1,298.0
1930	1,000.0	124.0	173.6	1,297.0
1936	1,367.0	169.0	-	1,536.0
1943	1,524.0	282.0	-	1,806.0

자료 : 조선총독부 식산국, 『朝鮮の農業』, 1925, 131~141쪽 ; 『朝鮮の農業』, 1927, 162~
190쪽 ; 『朝鮮の農業』, 1932, 177~206쪽 ; 한국농촌경제연구원, 『농지개혁시 피지
배 지주 및 일제하 대지주 명부』, 1985, 166, 184, 221, 233, 254쪽 ; 山田龍雄, 「全
羅北道의 農業事情」, 『全羅文化論叢』 제1집, 전북대 전라문화연구소, 346쪽 ; 『不
二』 제6호, 74쪽.

---

37) 불이흥업의 임익수리조합 사업과 관련해서는 李圭洙, 「후지이 간타로(藤井寬太
郞)의 한국진출과 농장경영」, 『大東文化硏究』 49, 成均館大 大東文化硏究院,
2005. 참조.

한편 전북농장은 [표 Ⅳ-4]에서 확인되는 소유경지 이외에도 황해도 해주군(海州郡)에 200 여 정보, 충청남도 논산군(論山郡)에 300 여 정보를 소작경영하고 있었다.[38) 이 지역에는 불이흥업의 소유지 외에 후지이가 위탁 관리하던 관리지가 포함되어 있었던 것으로 보이는데 전북농장에서 위탁 관리하던 신탁지는 이 외에도 전북, 황해, 충남, 경남 일대에 걸쳐 1914년 현재 무려 6,418 정보에 달했다고 한다.[39) 또 전북농장에 소속되어 있던 소작인 수는 1936년 당시 4,719명, 관리 직원 27명, 사음 66명이었는데[40) 당시 전북농장의 규모가 1,536 정보였던 것을 감안하면 소작농 1호당 평균 3반보가량을 경작한 셈이 된다. 당시 전북지역의 옥구농장에서 1호당 1 정보를 상회하는 규모를 경작했던 것과 비교해 보면 영세농으로 생계유지가 힘들 만큼의 열악한 소작조건이었다고 할 것이다.

② 서선농장과 대정수리조합

후지이는 전북농장과 임익수리조합 사업을 통해 미간지 개간 사업에 노하우를 얻었고, 저렴한 가격에 미간지를 매입해 들여 조선총독부를 비롯한 식민지 권력기관의 금융 지원과 소작인의 노동력을 이용한 개간이 상당한 이윤을 보장한다는 계산으로 1912년 평안북도 용천군(龍川郡)에 서선(西鮮)농장을 시작했다.

서선농장 지역은 본래 대부분이 초생지로 대규모의 미간지였던 것을 후지이가 1912년 6월 조선총독부에 국유미간지 불하를 신청한 것이었다. 그리고 이 지역은 후지이가 조선에 처음 진출했던 1904년 무렵 인천

---

38) 조선총독부 식산국, 『朝鮮の農業』, 1925, 1927, 1932.

39) 大橋淸三郞, 『朝鮮産業指針』, 1915, 194~195쪽.

40) 山田龍雄, 『전라북도의 농장사정』, 전북대 전라문화연구소, 1986, 346쪽.

지점에서 평안북도 지역의 미곡매입사업을 관리하면서 사업 후보지로 예정했던 곳이다.[41]

대한제국 말기 미간지는 대부분 국유미간지로서 1907년 7월 발포된 '국유미간지이용법 國有未墾地利用法'[42]과 총독부령으로 1911년 6월 발포된 '국유미간지이용법시행규칙 國有未墾地利用法施行規則'[43]에 근거하여 불하가 이루어졌다. 이 법으로 국유미간지는 1 정보당 연간 50전의 대부료를 납부하게 되어 있었고,[44] 기간은 10년으로 정해져 있었다.[45] 또한 기한 내에 개간사업에 성공하게 되면 해당 토지를 무상 혹은 헐값에 소유권을 인정하도록 되어 있었다.[46] 이때 토지면적은 100 정보를 넘지 않는다는 원칙이 있었지만, 특별한 경우 예외규정을 둠으로써[47] 자본금만 넉넉하다면 일본인 대지주들은 100 정보 규정에 구애받지 않고, 대규모로 불하받을 수 있었다.

후지이도 1913년 5월 19일, 사업 성공 후 해당 토지를 부여받는다는 조건으로 2,000여 정보의 미간지를 조선총독부로부터 불하받았다. 또 이 외에도 후지이는 불하받은 국유지 주변 혹은 국유지 내에 섞여 있던 개인 소유의 초생지와 간석지까지 1반보 당 4원이라는 헐값에 추가로 매입해 들여[48] 총 4,000 정보를 확보했다. 이 4,000 정보에서는 1912년 당시 실제 사용가능 면적이 3,500 정보가량 확보되었는데,[49] 개간 10년째인

41) 『不二』 6號, 46~47쪽.

42) 조선총독부 편, 『朝鮮法令輯覽』 上卷, 1940, 33쪽, 법률 제4호(光武 11년 7월).

43) 『朝鮮法令輯覽』 上卷, 33~34쪽.

44) 『朝鮮法令輯覽』 上卷, 34쪽, 「국유미간지시행규칙」 제18조.

45) 『朝鮮法令輯覽』 上卷, 33쪽, 「국유미간지이용법」 제2조.

46) 『朝鮮法令輯覽』 上卷, 34쪽, 「국유미간지시행규칙」 제1조.

47) 『朝鮮法令輯覽』 上卷, 34쪽, 「국유미간지시행규칙」 제8조.

48) 大橋淸三郞, 『朝鮮産業指針』, 762쪽.

1923년 무렵에는 염전예정지역 1,000 정보를 추가 매입하여 총 사업면적 5,000 정보에 이용 가능 실제 면적이 4,300 정보로 증가했다.[50) 즉, 5,000 정보 가운데 80%에 달하는 면적이 간석지였으므로 서선농장은 간척사업을 대대적으로 시행할 수밖에 없었다. 당시 우리나라의 간석지는 일본에 비하여 육지 쪽으로 깊게 들어온 경우가 많아 방조제의 길이가 비교적 짧았고, 지반이 높은 편으로 방조제를 높이 쌓지 않아도 되는 경우가 많았다.[51) 이러한 이유로 개간사업은 일본에 비하여 평균적으로 사업비가 1/6 수준으로 후지이가 확보한 서선농장 역시 큰 공사없이 개량이 진행되었던 지역이다. 먼저 서선농장의 방조제는 보통 1,000 정보 이상 사업지의 평균 길이의 1/5정도만으로도 충분한 조건이었고, 공사비 또한 당시 전국 평균인 반당 82.16원의 1/4에 불과한 22.73원이었다. 또 배수갑문공사(排水閘門工事)도 평균공사비용 반당 8.43원에 비해 2원정도로 실시되어 서선농장은 간척사업지로서는 저렴한 비용과 소규모 보수 공사만으로도 최대한의 효과를 볼 수 있었던 최적의 조건을 갖추었던 것이다.[52)

한편 서선농장은 간척사업에서 필수요소인 용수원 확보를 대정수리조합(大正水利組合) 사업으로 해결했다. 1914년 10월 설치인가를 받은 대정수리조합은 1918년부터 급수를 개시하였고,[53) 몽리면적 5,989 정보로 출발했다. 이후 점차 몽리 면적을 늘려나가면서 1923년에는 7,634 정

49) 『동아일보』, 1921년 8월 11일자.

50) 大橋淸三郞, 『朝鮮産業指針』, 758쪽 ; 「不二興業株式會社 土地改良事業成績」, 『朝鮮』 99, 1923년 6월, 142~143쪽.

51) 「朝鮮の未墾地開墾に就て」, 『朝鮮』, 1922년, 351~352쪽.

52) 伊藤俊夫, 「經濟上より見たる不二農村の實態(第1報)」, 『京城帝國大學法學會論集』 14-1, 1943, 98~100쪽.

53) 『동아일보』, 1927년 8월 14일자.

보, 1929년에는 11,351 정보까지 늘어났는데 대정수리조합은 [표 IV-5]에서 확인되듯이 거의 불이흥업(주)의 서선농장을 위한 수리조합이었다고 해도 과언이 아니다.

[표 IV-5] 대정수리조합 및 서선농장의 몽리 면적 규모   (단위 : 町)

연도	대정수리조합 총몽리면적 A	서선농장 몽리면적 B	A에 대한 B의 비율	사업실시전지목별 규모			
				간석지	雜地	밭	논
1914	5,989	3,500	58.4%	2,588	945	394	2,063
1923	7,634	4,300	56.3%	3,377	968	611	2,678
1929	11,351	4,300	37.9%	3,405	991	1,182	5,774

자료 : 「大正水利組合」, 『朝鮮農會報』 20-11, 1925, 204~206쪽 ; 阿部薫 編, 『朝鮮功勞者銘鑑』, 1935, 143~144쪽.

대정수리조합의 몽리구역 내 간석지와 잡지 등은 전부가 불이흥업 (주)의 소유지였다. 당연히 불이흥업이 수리조합 설립에 앞장서는데, 불이흥업(주)를 제외한 조합원들은 모두 조선인 지주들이었다. 대정수리조합의 사업비는 총 5,447,000원이 투입되었는데[54] 1916년 후지이가 데라우치(寺內正毅) 총독과의 면담을 통해 동척으로부터 1,300,000원의 자금을 대출받았고, 1923년에는 조선식산은행으로부터 후원을 받게 되었다. 이렇게 불이흥업(주) 서선농장은 대정수리조합을 거의 개인 수리조합 수준으로 이용하면서 1918년부터 개답되었고, 평안북도 용천군 내 부라면(府羅面), 용천면(龍川面), 외상면(外上面), 외하면(外下面)의 4개면에 걸쳐 총 4,300 여 정보의 농경지에 1,850 여 호의 소작인을 거느려 1호당 약 2.3 정보가량의 소작경영 사업을 하게 되었다.[55] 1호당 경작 면적이

54) 阿部薫 編, 『朝鮮功勞者銘鑑』, 143쪽.
55) 『동아일보』, 1932년 3월 4일자.

남부지방에 비하여 비교적 넓은 편이나 간석지였음을 감안하면 사실상 영세소작농의 형편이었다고 할 것이다. 이렇게 식민권력의 적극적인 행정적 재정적 지원을 등에 업고 대농장을 형성한 불이흥업(주)의 서선농장은 1915년 일제의 시정 5년을 기념한 조선물산공진회의 미간지개간 부분에서 은패(銀牌)를 수상하였고[56] 1929년에는 조선총독부 시정 20년 기념 조선박람회에서 명예 금패를 수여받았다. 대정수리조합 역시 1929년에 금패를 수상하였다.[57] 식민지 농정당국으로부터 개간을 통한 농경지 확보 및 일본으로의 쌀 수출을 위한 소작제 경영 사업을 인정받은 것이다.

③ 철원농장과 중앙수리조합

1919년 11월, 후지이는 강원도 철원군 철원읍에 황무지를 매수하여 철원농장을 개설하였다.[58] 이 농장은 경원철도가 통과하여 교통 입지조건이 유리했고, 수리시설을 갖춰 용수원을 확보한다면 수전 농장으로서 충분한 조건이었다.[59] 이에 후지이는 철원농장 설립과 동시에 중앙수리조합 사업을 추진하였다.

1919년부터 토지매수 및 농장 건설에 착수하고, 중앙수리조합으로부터의 수리관개 덕분에 점차 1925년 이미 4천 여 정보를 확보한 철원농장은 1943년 현재 논 2,433 정보, 밭 600 정보, 기타 임야 등 1,739 정보 등 총 4,772 정보에 소작인 1,211호를 거느리는 거대농장으로 급성장했다.

---

56) 大橋淸三郎, 『朝鮮産業指針』, 756쪽.
57) 『不二』 제6號, 30쪽.
58) 『不二』 제6號, 12쪽.
59) 「中央水利組合」, 『朝鮮農會報』 20-11, 1925, 222~223쪽 ; 「不二興業株式會社 土地改良事業成績」, 『朝鮮』 99호, 1923, 143쪽.

이때 소작인의 70%에 해당하는 970호가 삼남지역의 영세농 출신으로 천재지변과 기아 등으로 이곳까지 오게 된 사람들이었다. 이들의 평균 경작 규모는 논은 2.01 정보, 밭은 약 0.5 정보 가량으로 동척의 일본인 이민자 소작인들의 평균 경작 규모와 비교했을 때 큰 차이가 없어 보이나 비옥한 수전이 아닌 이제 막 개간을 시작한 황무지였음을 감안한다면 실제 소작농의 경제적 처지는 결코 소작만으로 생계가 가능한 상황은 아니었다. 1930년대 말에도 1,150 호의 소작농이 1호당 논 2.5 정보, 밭 0.5 정보를 경작해 농장 창설 이래 식민지 시기에 내내 대략 소작인들은 1호당 2.5 정보 정도를 경작한 것으로 추정된다.[60]

중앙수리조합이란 명칭은 후지이가 조선에서 설립한 수리조합 가운데 철원농장 지역의 수리조합이 지리적으로 전북 삼례평야 일대의 수리조합과 대정수리조합의 중간지점에 위치한다고 하여 붙여진 이름이었다.[61] 단지 이름만으로도 중앙수리조합이 불이흥업(주) 철원농장과 밀접한 관련이 있었음을 알 수 있는 부분이다.

[표 IV-6] 중앙수리조합의 조합원 구성 및 토지소유 규모(1924)

	일본인	조선인	회사(일본인)	사찰(조선인)	기타	계
조합원수	95	1,746	6	4	9	1,860
면적(町)	1,308.8	5,524.2	1,727.0	6.0	444.7	9,010.7

자료 : 『동아일보』, 1927년 11월 5일자.

[표 IV-6]에 의하면 중앙수리조합은 조합원 구성원 중 일본인의 비중은 5%에 불과하나 이들이 소유한 면적은 총 9,010 정보 가운데 3,035.8

---

60) 印貞植, 『朝鮮の農業機構』, 白揚社, 1940, 301쪽.
61) 『동아일보』, 1927년 11월 4일.

[사진 6] 대아 저수지 전경. 대아저수지(大雅貯水池)는 1922년 전라북도 완주군 동상면(東上面)
대아리에 준공되어 호남평야 일대를 관개했다(출처 : 국사편찬위원회).

정보나 되어 33.7%의 토지를 차지하고 있었다. 그러나 수리조합비는 조
선인 중소지주에게 과중하게 부과되어 결국 조선인 지주의 몰락을 초래
해 사회문제가 되기도 했다.[62] 특히 중앙수리조합 내 2,433 정보를 소유
하여 최대의 몽리 혜택을 입고 있던 농장이 바로 철원농장이었고, 후지
이는 조합장을 겸임하여 수리조합을 거의 사적 조직으로 운영하여 "철
원농장이나 중앙수리조합은 간판만 다를 뿐 본질적으로 다 같다"라는
비난을 받기도 했다.[63]

62) 『동아일보』, 1927년 11월 5일.
63) 『동아일보』, 1924년 12월 28일.

④ 옥구농장 및 불이농촌

본래 서해안은 바닷가에서 멀리까지 물이 얕다는 것을 이용하여 해안을 간척, 농경지화 하는 작업이 식민지 시기 대규모로 행해졌다. 불이흥업도 군산항 남쪽 약 1리 반 지점에 금강과 만경강이 합류해서 황해로 흐르는 하구 부근에 간척 허가를 얻어 1919년 공사에 착수, 제방을 쌓고, 염분을 제거하여 경지화하여 1924년 공사를 마무리하였다. 그 결과 2,000 여 정보의 논을 얻었고, 이 중 1,000 정보는 일본인 이주농가를 위한 '불이농촌'으로, 그 외 1,000 여 정보는 조선인 소작 농가를 이용한 '옥구농장'으로 운영하였다.[64]

(가) 옥구농장

만경강 하구의 간척지 옥구농장은 전북 옥구군(沃溝郡) 옥구면(沃溝面)에 11개 부락에 걸쳐 약 850 정보 규모로 창설된 농장이다. 소작인 구성원 전체가 조선인으로 구성되어 있었고, 후지이는 소작쟁의의 발발을 원천적으로 막기 위해 전라도와 충청도 일대에서 선량하다고 회사 측이 판단하는 소작인들을 선별하였다.[65] 이렇게 모집한 소작인은 800 여 호로 소작농 1호 당 경작규모는 1 정보가량으로 일본인 이주자들로 구성된 불이농촌과 비교해서는 물론, 당시 조선의 일반적인 농가경제 상황에 비추어서도 영세농의 수준이었다. 옥구농장은 1930년 무렵 1,000 정보 규모로, 1943년에는 논 1,027 정보, 밭 51 정보, 총 1,078 정보로까지 확장되었다.[66]

---

64) 大野保 저, 조승연 옮김, 『조선농촌의 실태적 연구』, 민속원, 2016, 173쪽.(원전은 大野保, 「朝鮮農村の實態的研究」, 『論叢』 제4집, 滿洲大同學院, 1941.)
65) 大野保, 「朝鮮農村の實態的研究」, 177쪽.
66) 『不二』 제6호, 72, 74쪽.

(나) 불이농촌

전북 옥구군 미면(米面)에 위치한 불이농촌은 일본인 이주민들을 자
작농으로 정착시켜 소위 '일본인 이상촌'을 조선에서 건설한다는 목적
으로 설립되었다.[67] 동척의 이민 사업과 마찬가지로 일본 내 만성적인
식량 부족문제와 과잉 인구 해소를 위한 식민정책에 불이흥업이 적극
조응한 것이었다.

1,000 정보의 간척지에 1924년~1927년까지 3차에 걸쳐 일본 내 19개현
에서 321호를 이주시켜 식민지 조선에서 그대로 일본을 재현하였다. 이
들 이주 농가들의 평균 경작 면적은 1호당 3 정보 규모였고, 이는 동 시
기 동척을 통한 이주농민의 평균 경작면적이 1호당 2.1 정보(제1종 이주
민)였던 것을 감안해 볼 때 상당히 넓은 면적이었다.[68]

[사진 7] 불이농촌 용수로공사(1920년대)

---

67) 伊藤俊夫,「經濟上より見たる不二農村の實態(第1報)」, 97쪽 ; 京城帝國大
　　　學衛生調査部,「不二農場調査報告(第1報)」,『朝鮮總督府調査月報』 13권
　　　12호, 1942, 29~30쪽.
68) 伊藤俊夫,「經濟上より見たる不二農村の實態(第1報)」, 115~116쪽.

[표 Ⅳ-7] 불이농촌의 규모와 이주 실태

	규모(町)	이주 및 開畓연도
제1기	378	1924~1926
제2기	334	1925~1927
제3기	290	1927~1930
합계	1,002	

자료 : 大野保, 「朝鮮農村の實態的研究」, 230쪽에서 작성.

[표 Ⅳ-7]에서처럼 불이농촌 이주 일본인들은 1930년까지 총 1,002 정
보를 개답하였고, 당시 일본정부의 만한이주정책에 적극 협조한 불이흥
업의 이민사업은 일본 정부의 후원과 보조 하에 사업 전개가 가능했는
데 예를 들어 당시 일본 정부는 이주보조금 명목으로 이주농가 1호당
300원씩의 보조금을 지급하고 있었다.[69]

한편 후지이는 불이농촌의 이민사업에 자금조달의 편의를 도모하고
자 1928년 3월 31일, 사업 주체를 '불이농촌산업조합'으로 조직을 변경하
였다.[70] 후지이가 조합과 같은 조직의 형태를 바꾼 배경에는 일본 대장
성 예금부의 자금운용제도가 개정된 결과 공익법인에게만 대출이 가능
해 지고, 불이흥업(주)나 후지이 개인 명의로는 대출이 불가해졌기 때문
이었다. 이때 후지이는 토지와 주택, 집회소(集會所) 구입비 및 기타 영
농자금 비용의 명목으로 일본 대장성 예금부에서 5.1%의 저리에 15~25
년 원리연부상환(元利年賦償還)의 방법으로 3,000,000원을 지원받았다.[71]

---

69) 伊藤俊夫, 「經濟上より見たる不二農村の實態(第1報)」, 104쪽.
70) 불이농촌 산업조합에 관해서는 소순열, 「식민지 조선에서의 산업조합의 일 특질-
불이농촌 산업조합을 중심으로」, 『농업경제연구』 제46권 4호, 한국농업경제학회,
2005. 참조.
71) 伊藤俊夫, 「經濟上より見たる不二農村の實態(第1報)」, 230쪽 ; 『不二』 第6
號, 88~89쪽.

불이농촌 이주 일본인들은 이민 대출금을 다 갚게 되면 완전한 토지 소유권을 양도 받아 최소한 3 정보를 소유한 자작농이 될 수 있었다.[72] 그런데 불이농촌은 운영 방식이 '공동경작, 공동부담'의 형태로 운영되어 경영 초기부터 농산물의 생산과 판매, 이득 취득에 문제점을 안고 출발하였다. 즉, 수확물 중 자가소비 분을 제외한 모든 영농비, 생계비, 기타 토지개량비 등을 조합을 통해 모든 농가가 균등하게 분배받고, 이를 상환하는 식으로 운영되었다. 그 결과 이주민들의 생산의욕이 저하되고, 생산량이 감소하면서 자연스럽게 조합의 재정상태도 악화되었다.[73] 더군다나 1930년대 들어서서는 경제 공황의 여파와 미가의 폭락 등의 요인으로 근본적인 개혁과 변화가 필요하게 되었다. 불이농촌이 이렇게 공동경제 개념으로 운영을 한 배경은 기록되어 있지 않아 그 이유를 파악할 수는 없으나, 당초 조합이 경제권을 쥐고, 수입과 지출을 관리함으로써 투자비용을 회수하고 상환 보증을 따로 할 필요 없는 근본적 시스템으로 채택한 듯하다.

한편 불이농촌의 재정난에 대해 일본정부는 지금까지의 차입금 연체이자를 모두 면제해 주고, 차입금 이자율을 4.1%로 인하, 상환 기한도 30년으로 연장 조정해 주는 등 적극적인 구제에 나섰다. 또 불이농촌도 공동경제 운영방식을 폐지하면서 점차 1936년부터 회생되기 시작했고, 중일전쟁 발발 이후에는 미가 폭등에 힘입어 성장하기 시작했다. 1940년대 들어서서 일제 식민 당국은 불이흥업 측이 목표로 한 이주 일본인들의 정착과 생활 여건이 어느 정도 조성되었다고 판단하였으며, 그것은 일본 자본주의의 조건 변화에 따른 불이 농촌의 경제 회복 갱생계획을 주

---

72) 柴田長雄, 『朝鮮農業論』, 1928, 167쪽.
73) 伊藤俊夫, 「經濟上より見たる不二農村の實態(第1報)」, 106쪽.

도한 불이농촌산업조합의 조직력에 힘입었다고 평가하였다.[74)]

또한 후지이는 불이농촌 건설에 대하여 '동척이민이 조선의 기존 기경지에 실시되어 문제를 일으킨 반면 불이농촌은 간석지 개척을 통해 이루어졌으므로 아무런 문제가 발생하지 않았고, 오히려 '내선융화'를 이루는 좋은 계기가 되었다고 자화자찬'했다.[75)] 그러나 불이농촌의 간석지는 조선총독부의 미간지 보조규정에 의해 불하받은 것이었고, 불이농촌의 용수원인 익옥수리조합 사업에 조선총독부의 보조금 1,000,000원 이상이 투입되었다. 또한 간척지와 수리조합 설립 자체가 조선 소작인들을 동원하여 추진된 사업이었던 만큼 그 개간지를 이주 일본인들에게 헐값에 대여하고, 결국 소유지로 인정해 주는 것 자체가 이미 식민권력의 정책적 경제적 후원 하에 가능할 수 있었던 식민지적 모순을 그대로 보여준다고 할 수 있다.[76)] 게다가 일본인 이주자들에게 넘어간 개간지에서 재래의 조선인 소작인들이 축출되면서 삶의 터전을 잃고 유랑민으로 전락하게 된 점을 감안하면[77)] 결코 후지이의 회고담처럼 조선인에게 피해를 주지 않았다는 것은 단지 일본인 그들의 입장이었다고 할 것이다.

(2) 자본 규모 및 운영 주체의 변화

불이흥업은 설립 초기 사업 목적을 주로 무역업에 두었기 때문에 미곡 및 우피 매출 및 일본으로부터의 잡화류 수입, 판매 사업이 주된 영

---

74) 伊藤俊夫, 「經濟上より見たる不二農村の實態(第1報)」, 106~107쪽 : 최원규, 「1920·30년대 일제의 한국 농업 식민책과 일본인 자작 농촌 건설 사업-불이농촌 사례」, 172~173쪽.

75) 保高正記, 村松祐之 共著, 『群山開港史』, 327~329쪽.

76) 『동아일보』, 1924년 12월 22일.

77) 『조선일보』, 1924년 6월 29일.

업내용이었다. 그러다가 소작농업 경영을 시작한 이래 농장 경영이 불
이흥업의 가장 주된 사업이 되었다.

[표 Ⅳ-8] 불이흥업(주)의 자본금 및 배당률 추이   (단위 : 圓, %)

연도	자본금	배당률	연도	자본금	배당률
1900	20,000		1922	5,000,000	8.0
1901	20,000		1923	5,000,000	8.0
1902	20,000		1924	5,000,000	8.0
1903	20,000		1925	5,000,000	7.0
1904	20,000		1926	5,000,000	8.0
1905	100,000		1927	5,000,000	8.0
1906	100,000		1928	5,000,000	8.0
1907	100,000		1929	5,000,000	8.0
1908	100,000		1930	5,000,000	5.0
1909	300,000		1931	5,000,000	-
1910	300,000		1932	4,000,000	-
1911	300,000		1933	4,000,000	-
1912	300,000		1934	4,000,000	-
1913	300,000		1935	4,000,000	3.0
1914	1,000,000		1936	4,000,000	3.0
1915	1,000,000	5.0	1937	4,000,000	5.0
1916	1,000,000	6.0	1938	4,000,000	7.0
1917	1,000,000	9.0	1939	4,000,000	8.0
1918	1,000,000	10.0	1940	4,000,000	8.0
1919	1,000,000	10.0	1941	4,000,000	
1920	5,000,000	40.0	1942	4,000,000	
1921	5,000,000	8.5	1943	10,000,000	

자료 : 朝鮮公論社編, 『在朝鮮內地人 紳士名鑑』, 京城, 1917, 374쪽 ; 小早川九郎編, 『朝
鮮農業發達史 發達篇』, 東京, 1960, 589쪽 ; 東亞經濟時報社, 『朝鮮銀行會社組合
要錄』, 1941, 283~284쪽 ; 『不二』 第6號에서 작성.

불이흥업은 후지모토 합자회사 설립 당시 20,000원의 자본금으로 출
발한 이래 계속되는 자본 증자를 통해 불이흥업(주)를 설립한 1914년에
는 1,000,000원의 규모로까지 성장하였다. 그리고 1차 세계대전기의 경제

호황을 타고 자본금을 5,000,000원으로 대폭 증대시켰으며, 1930년대에는 경제공황의 여파로 1,000,000원을 감자(減資)한 경우를 제외하고, 꾸준히 성장하였다. 그리하여 1943년에는 자본금 10,000,000원에 달하는 거대회사가 되었다. 물론 1943년에 대폭 자본금이 증대된 것은 4,000,000원 규모의 조선개척주식회사(朝鮮開拓株式會社)를 흡수, 합병한 것에 기인한다.

한편 불이홍업(주)가 창설된 이후의 배당률을 보면 세계 경제가 호황을 누리던 1차 세계대전 기에는 곡가의 폭등에 힘입어 배당률이 1920년에는 무려 40%라는 경이적인 수치를 보이고 있다. 1915년 당시 곡가는 현미 1석당 9원이던 것이 1919년에는 38원으로 4배 이상 폭등했다.[78] 이에 따라 불이홍업(주)의 주가도 1914년 설립 당시 주당 50원이었던 것이 1919년에는 330원을 호가했다고 한다.[79] 이에 따라 1920년에는 자본금도 무려 4,000,000원을 증자시킬 만큼 회사는 급성장세였다고 할 것이다. 이러한 호황을 타고 후지이는 1919년 11월 철원농장의 설립과 1923년 서선농장의 800 정보 확장 사업도 추진하면서 조선에서의 식민지 소작제 농업 경영의 규모를 키워나갔다.[80] 그러나 세계경제의 흐름에 따라 경제공황기인 1931~1934년에는 무배당을 할 수밖에 없는 침체기였고, 곡가 하락으로 인해 농업회사의 수익이 곤두박질친 시점이었다. 1919년 현미 1석당 38.36원이었던 가격이 1930년에는 22.58원으로 대폭 하락했던 것이다.[81] 때문에 1919년 1주당 330원이었던 불이홍업(주)의 주가는 1930년 들어서서 5원까지 폭락하면서 '휴지조각과 같이' 되어버렸고[82] 자본

---

78) 조선총독부, 『조선총독부통계연보』, 1930, 220쪽.
79) 『不二』 제6호, 12쪽.
80) 『不二』 제6호, 12쪽.
81) 조선총독부, 『조선총독부통계연보』, 1930, 220쪽.
82) 『不二』 제6호, 40쪽.

금 규모도 1,000,000원을 감축하기에 이르렀다.

그런데 1930년대 들어서서 주목되는 점은 불이흥업이 조선식산은행(이하 '식은) 계열의 ㈜ 성업사(成業社)의 자회사가 되었다는 점이다.[83] 식은과 불이흥업과의 관계는 1920년 익옥수리조합에 대한 자금지원에서 시작된 것으로[84] 불이흥업이 1930년대 경제공황의 여파로 경영난에 허덕일 때 '불이흥업의 위기가 식은을 무너뜨린다'고 할 만큼 식은은 불이흥업의 경영과 운영에 깊이 개입하고 있었다.[85] 그리고 1931년 5월 ㈜ 성업사가 식은의 고정대출정리회사로서 설립되었는데, 이 성업사에 선만개척(주)가 주식의 대부분이 인계되던 무렵 불이흥업도 성업사의 자회사가 되었다. 선만개척(주)는 농림관계 회사로 1936년 조선개척(주)로 상호를 바꾸었고, 1943년 말에 불이흥업에 흡수 합병되었다.[86] 불이흥업의 대주주 변화를 보면 1921년에는 10만 주 가운데 후지이가 11,000 주를 소유한 최대주주였으나, 1940년에는 총 8만 주 가운데 성업사가 43,576 주를 소유하는 최대주주가 되었다.[87] 즉, 경제공황기 식은에서 경영진을 받아들이는 조건으로 식은의 자회사로 포섭되어 금융자본의 지배하에 들어갔고, 불이흥업으로서는 공황의 위기에서 벗어날 수 있었던 것이다. 이는 1937년부터 점차 회복국면에 들어간 불이흥업이 1938년부터 점차 7~8%의 배당률을 유지했던 것에서 확인된다.

---

83) 黃明水,「日帝下 不二興業會社와 農民收奪; 水利事業을 中心으로」, 20~21쪽.

84) 中川龜三,『朝鮮殖産街史』, 1938, 36쪽.

85) 中川龜三,『朝鮮殖産街史』, 1938, 60쪽.

86) 東亞經濟時報社,『朝鮮銀行會社組合要錄』, 1941, 287쪽.

87) 東亞經濟時報社,『朝鮮銀行會社組合要錄』, 1941, 283쪽 ; 中村資郎,『朝鮮銀行會社要錄』, 1921, 98쪽.

[사진 8] 식산은행(출처 : 국사편찬위원회)

한편 1936년 후지이가 지병으로 경영일선에서 물러나고 미쓰이(三井
榮長)가 사장에 취임하면서[88] 마침 중일전쟁 발발로 인한 식량 수요 증
대 및 산미증식계획의 재개에 따라[89] 불이흥업의 경영도 차츰 회복되기
에 이르렀다. 그리고 1943년에는 조선개척(주)를 합병하여 자본 규모도
10,000,000원으로 대폭 증대된 것이다.[90] 경제 공황의 여파 속에 경영난
으로 비록 불이흥업이 금융자본의 지배하에 들어가면서 경영상의 자립
은 상실되었다고는 하나 적어도 외형상으로 여전히 식민지 거대 일본인
지주로서의 위치는 계속 유지되었음을 알 수 있다.

---

88) 『不二』 제6호, 7쪽.
89) 최유리, 「일제말기 '조선산미계획'에 대한 연구」, 『한국사연구』 61·62합집, 1988.
    참조.
90) 『不二』 제6호, 7쪽.

3. 농업생산과정에서의 규제 실태

1) 농업경영에 대한 규제

동척과 조선흥업, 구마모토(熊本)농장, 석천현(石川縣)농업(주), 동산농장, 불이흥업 등과 같은 식민지 시기 대부분의 일본인 거대지주의 농장에서 공통적으로 실시되었던 농업경영에 대한 영농과정에서의 통제는 일본인 입맛에 맞는 일본품종의 보급, 비료의 강제, 정조식 식부법, 각종 품평회의 개최를 통한 생산 증대 장려 등의 형태로 나타난다. 경영 수익에 직결된 문제였으므로 생산과정에 일일이 지주회사가 철저하게 개입하는 것은 당연한 관리과정이었다.[91]

먼저 불이흥업은 각종 시험장을 설치하여 품종 및 비료, 토양 등에 대한 실험을 실시하고, 종자개량을 위해 원종전 및 채종전도 운영했다.[92] 특히 종자개량 및 이의 보급에 주력하였는데, 일본으로의 수출과 판매를 위해 당연히 일본인들의 기호에 맞는 품종을 보급, 재배하고, 증산을 통한 수익증대가 최우선의 목표였기 때문이다. 때문에 소작인 규정에서도 회사소속 사원들의 엄밀한 관리 통제 하에 지정 품종을 재배하게 하였고, 소작료의 수납도 반드시 해당 품종만을 지정하여 납입 받는 식으로 규제하였다.[93]

---

91) 久間健一, 『朝鮮農政の課題』, 成美堂書店, 東京, 1943. 참조.
92) 大橋淸三郞, 『朝鮮産業指針』, 206~216쪽.
93) 大橋淸三郞, 『朝鮮産業指針』, 201~203쪽.

또한 영농과정에서 비료의 시용도 철저하게 관리, 투여하였다. 비료 문제는 생산량 증대와 직접적 함수관계에 있는 것으로 당시 일본인 거대 지주회사들은 비료의 종류와 사용량, 시용 시기 등 세밀하게 규정한 소작계약서나 소작인 규정을 근거로 철저하게 관리하였다. 특히 화학비료(金肥)의 시용을 적극적으로 홍보하고, 심지어 시용을 강제하면서 그 비용을 소작료에 전가시키는 등의 행태는 불이흥업에서도 마찬가지였다.[94] 그리고 회사가 정한 방침이라면 어떠한 경우라도 반드시 소속 소작인은 이행해야 함이 그 의무사항이었다. 그리고 조금이라도 이를 위배할 경우 소작권이 박탈됨은 소작인 규정에 아예 명시되어 있었다.[95] 지형이나 지목의 변경도 당연히 회사의 승인이 없으면 불가능했다.[96]

그런데 회사의 지시에 의해 영농과정의 일체가 통제 관리되는 과정에서 회사 측의 잘못으로 인해 소작인들이 피해를 입은 경우에도 무조건 소작인들이 그 피해액을 부담하도록 강제하는 사태가 있었다. 조선농지령에서 불가항력적 원인으로 피해가 발생했을 경우 당연히 지주 측에서 피해비용 부담을 하도록 되어 있었음에도 불구하고,[97] 1936년 서선농장에서 농장 지도원이 파종을 제 시기보다 일찍 서둘러 강요하여 파종된 묘(苗)가 모두 얼어 죽자 어쩔 수 없이 소작인들은 다시 파종을 실시하였는데, 서선농장은 이 비용을 모두 소작인들에게 전가시켜 버린 것이다.[98] 보통 종자곡이 가을 수확고의 10% 선이었던 것을 감안한다면, 총

---

94) 조선총독부,『朝鮮の肥料』, 1938, 14쪽 ; 堀和生,「일본제국주의하의 조선에 있어서의 농업정책」,『한국근대경제사연구』, 사계절, 1983, 345쪽.
95) 전라북도 농무과,『全北ニ於ケル農地會社ノ定款及び小作契約證書』, 1938년 3월 全北大學校全羅文化研究所,『全羅文化論叢』1, 1986, <소작계약서> 제1조 제1항 ; 大橋淸三郞,『朝鮮産業指針』, 201~203쪽, <소작인규정> 제14조.
96) <소작계약서> 제1조 제6항.
97) 朝鮮總督府,『朝鮮法令輯覽』下卷, 제17집, 3쪽.

생산액의 20%에 달하는 비용을 소작인이 부담한 셈이다.

　이처럼 종자 및 품종을 회사 측이 정하고, 이를 강제할 뿐만 아니라 일체의 경작과정을 통제한 것은 증산이 최대의 목적이었기 때문인데, 이를 위한 또 하나의 회사 측의 방안이 입모품평회(立毛品評會)였다.[99] 이는 소작지에 묘대기(苗代期)부터 삽앙수확(插秧收穫)에 이르는 사이에 농장측이 묘대 및 시비 상태 등을 심사하여 성적 우수자를 표창하던 방법이다. 그런데 품평회의 참가는 소작인들의 희망사항이 아니라 불이흥업 소속의 소작인이면 의무적으로 1인당 1필(筆)의 논(畓)을 출품하여 반드시 심사를 받도록 한 강제규정이었다.[100] 그리고 심사기준 역시 회사 측이 정하여[101] 이 심사기준에 미달되면 아예 소작권을 박탈하는 처분을 내려 입모품평회는 단순히 우량 소작인을 선정하는 대회가 아니라 불량 소작인을 회사가 일방적으로 정리할 수 있는 수단으로 이용했던 것이다.

2) 소작료 징수 실태와 전대에 의한 소작인 지배

(1) 고율의 소작료 징수 실태

　불이흥업의 소작계약기간은 매년 12월 1일부터 시작해서 이듬해 11월 말일까지 1년이다.[102] 그러나 앞서 본 것처럼 입모품평회의 성적 불량자

---

98)『朝鮮日報』, 1936년 9월 13일.
99) 大橋淸三郞,『朝鮮産業指針』, 203쪽. <立毛品評會規定>
100) 大橋淸三郞,『朝鮮産業指針』, 203쪽. <立毛品評會規定> 제3조.
101) 大橋淸三郞,『朝鮮産業指針』, 203쪽. <立毛品評會規定> 제2조 및 附則 제5항.
102) <소작계약서> 제1조 ; <소작인규정> 제4조.

를 회사가 일방적으로 소작권을 박탈했던 것처럼 사실상 소작계약기간
중이더라도 얼마든지 소작인은 일방적으로 계약이 해지될 수 있었다.
또한 1년이란 계약기간 자체가 소작권박탈의 위협을 일상적으로 안고
있는 의미없는 기간이었다. 결국 불이흥업의 소작인들은 회사 측의 무
리한 강제사항이나 요구를 감당할 수밖에 없는 처지였다고 할 수 있다.

불이흥업의 소작료 징수 방법은 집조법(執租法)과 타조법(打租法), 정
조법(定租法)을 모두 시행하고 있었다.[103] 정조법은 일부 밭농사 지역에
서 시행했고, 타조법을 가장 많이 시행하였으며, 그 다음에 집조법을 적
용하였다. 농장별로 보면 옥구농장에서는 타조법을,[104] 철원농장의 경
우 밭에서는 정조법, 논에서는 타조법을 시행하였다.[105] 서선농장에서
는 집조법을 주로 시행하다가 1929년 이후 타조로 전환했다.[106]

이 가운데 집조는 수확 전 미리 예상되는 수확량을 추정하여 소작료
를 결정하는 방법으로 간평(看坪)과정에서 지주 측의 전횡이 심하게 개
입되었던 방법이다. 그리고 때에 따라서는 수확량의 전부를 소작료로
납입해도 책정된 소작료를 맞출 수 없는 경우까지 발생해 소작인들의
불평불만이 가장 많은 징수방법이었다. 예를 들어 서선농장 소작인들은
1928년 간평을 통해 소작료가 고율로 책정되자 소작료 감면과 함께 집
조에서 정조로 징수방법을 전환할 것을 요구하기도 했다.[107] 불이흥업
의 집조에 의한 소작료율은 시기마다 조금씩 차이가 있으나 일반적으로
58~60%의 비율로 정해졌다. 옥구농장이 58%였고,[108] 철원농장은 논, 밭

---

103) <소작인규정> 제8조.
104) 大野保, 「朝鮮農村の實態的硏究」, 226쪽.
105) 印貞植, 『朝鮮の農業機構』, 310쪽.
106) 『朝鮮日報』, 1929년 3월 23일.
107) 『조선일보』, 1928년 12월 4일.

모두 60%였다.[109] 그리고 서선농장은 1929년 타조법으로 전환하면서 58%를 징수하였다.[110] 대개 수리조합 시설의 혜택을 받을 경우 일반적 관행이 60%의 소작료를 걷어 들이는 것이었다.[111] 그런데 불이흥업의 경우 그 대부분이 수리조합의 몽리구역내 편재해 있어 당연히 소작료율은 60%를 기본으로 하였다. 여기에 비료대, 운반 수수료, 용수비(用水費) 등 각종 비용을 추가하면 그 이상의 고율의 소작료가 책정되었던 것이다. 소작료에 부가되는 각종의 비용 중 용수비의 경우 소작지라는 것이 기본적으로 물까지 포함하여 지주가 소작인에게 소작을 시키는 것이기 때문에 당연히 용수비는 지주가 부담하는 것이 조선 재래의 관행이었음에도 불구하고, 식민지 시기 일본인 거대 회사지주들은 용수비를 당연하게 소작인들에게 전가시키고 있었다.[112]

한편 소작료는 현물납 지대로 징수되었는데, 회사가 지정하는 품종으로 회사가 지정하는 지역까지 소작인이 그 운반비를 부담하여 납부하게 하였다.[113] 불이흥업은 당시 일본인 회사지주들과 마찬가지로 현물납의 소작미를 시장의 곡가 시세의 추이를 관망하면서 유통, 판매망까지 직접 관여하여 이익을 챙겼다. 그리고 이때 납부 소작미는 상품으로서의 가치기준을 엄격히 요구하여 다음과 같은 까다로운 규정을 정하였다. 첫째, 소작미는 충분한 건조 및 조제과정을 거칠 것과 이를 위배할 시 회사가 할증료를 징수하여도 이의를 제기하지 않는다는 규정을 두었

---

108) 大野保,「朝鮮農村の實態的硏究」, 226쪽 ; 山田龍雄,「全羅北道に於ける農業經營の諸相」,『農業と經濟』8-8, 1941, 64쪽.
109) 印貞植,『朝鮮の農業機構』, 302~303쪽.
110) 『조선일보』, 1929년 3월 23일.
111) 『동아일보』, 1924년 12월 28일.
112) 印貞植,『朝鮮の農業機構』, 303~304쪽.
113) <소작인규정> 제6조.

다.[114] 둘째, 풀과 토사 등 잡곡물이나 불순물을 충분히 제거하고 1석의
중량이 180근 이상 되도록 하여 5두(斗) 짜리 가마니에 넣고[115] 이를 가
로, 세로 2번씩 단단하게 끈으로 묶어 포장할 것을 지정하였다.[116] 그리
고 회사 측은 모든 소작인들이 소작료를 납부하기 전까지는 수확물에
대한 전매나 양도, 담보, 저당 등의 일체의 처분 행위를 금지하였다.[117]

(2) 전대에 의한 소작인 지배 실태

불이흥업의 소작료는 대개 60% 정도 징수되었다. 그렇다고 하여 나머
지 40%가 온전하게 소작인들의 몫은 아니었다. 소작인들은 영농과정에
서의 종자벼, 비료대금, 농기구, 농우 등 일체의 비용을 회사 측으로부터
대여하지 않고는 실제로 생계유지가 어려웠다.[118] 1930년대 후반의 불
이흥업 철원농장의 사례를 보면 불이흥업 소작인들이 춘궁기를 농장 측
으로부터 대부받은 식량으로 연명하였는데 가을에 20%의 이자를 붙여
소작료 납부 때 부과되었다.[119] 그런데 문제는 당초 농장측이 소작인을
모집할 때 '농량 부족 시 무이자 대부'를 약속하였던 것인데 20%의 이자
를 요구한 것은 계약 위반이었고, 게다가 상환능력이 없다고 판단되는
소작인들에게는 대부를 하지 않았다.[120]

또한 소작인이 전담하도록 되어 있는 농기구와 종자벼, 반액 부담인

---

114) <소작계약증서> 7항.
115) <소작계약서> 제7조, 제4항.
116) <소작인규정> 제7조, 제3항.
117) <소작인규정> 제7조 ; <소작계약증서> 제11항.
118) 印貞植, 『朝鮮の農業機構』, 287~317쪽.
119) 印貞植, 『朝鮮の農業機構』, 305쪽.
120) 『조선일보』, 1927년 2월 27일.

비료대 역시 소작인들은 불이흥업의 전대에 의존했고, 이 역시 20%의 이자를 가산하여 상환해야 했다.[121] 그런데 이때 불이흥업은 차용증서에 전대액수를 기입하지 않고, 미리 소작인들의 인장을 찍어 받아두었다가 가을 추수기에 농장 측이 자의적으로 종자대나 비료대의 액수를 적어 넣고, 그 상환을 요구하여 폭리를 취했던 것이다.[122]

또 불이흥업은 경우(耕牛)를 전대를 하는데 대부 형식 이외에 전북농장에서는 예탁(豫託)의 형태로 하여 대부했다.[123] 경우는 1두에 150원의 가격으로 2호당 3두의 비율로 강제 배당되었다. 그런데 이를 상환할 때는 5년간의 연부기간 동안은 매년 30원을 부담하게 하였고, 여기에 20%의 이자까지 더해 수확기에 소작료로 징수했다. 그리고 상환이 되지 않은 상태에서 소작계약기간이 끝나거나 기타 사정으로 인해 농장을 떠날 때 대여한 경우는 그대로 농장 측에 반환되었다.[124]

가옥의 전대에서도 앞서의 기타 전대문제와 비슷한 유형이 반복되었다. 불이흥업은 대부분의 농지가 개간지인 관계로 모집된 소작인들은 대부분 조선 각 지역에서 모인 다양한 이주민들이었다. 이들은 당연히 거주할 주택이 필요했는데 농장측은 미리 마련한 가옥을 전대했다. 가옥의 가격은 100원이었고, 매년 10원씩의 연부금에 역시 20%의 이자를 가산하여 10년 상환 조건이었다. 그러나 상환이 완료된 뒤에도 소작인의 소유로 인정되지 않아 소작인이 농장을 떠날 경우 가옥은 농장에 반환되었다.[125]

121) 印貞植, 『朝鮮の農業機構』, 306쪽.
122) 『조선일보』, 1936년 9월 13일.
123) 大橋淸三郞, 『朝鮮産業指針』, 195쪽.
124) 印貞植, 『朝鮮の農業機構』, 306~307쪽.
125) 印貞植, 『朝鮮の農業機構』, 306쪽.

[사진 9] 조선흥업 경산관리소의 비료배부 장면

　이렇게 각종의 농기구, 식량, 비료, 경우, 가옥 등의 전대에서 불이흥
업은 대부분 20%의 이자를 책정해 징수했고, 상환 때는 소작료 납부와
마찬가지로 소작인이 회사가 지정하는 용기, 운반 방법에 의거하여 소
작료 납부규정과 동일한 방법으로 납부하게 했다.126)

　여기서 주목되는 것은 전대와 상환에 있어서 불이흥업이 고리대를 취
한다는 점이다. 본래 농장으로부터 전대한 농구나 비료는 농장측이 대
량으로 도매가에 구입한 물품이었는데, 이를 소작인들에게 대여할 때는
소매가격으로 계산하여 중간차익을 남기고 있었다.127) 식량의 대부에서

---

126) <소작계약증서> 제9항.
127) 印貞植, 『朝鮮の農業機構』, 306쪽.

도 싸래기 5두를 불이흥업이 시장에 판매할 때는 5두에 7원 50전에 판매
하면서 소작인들에게 전대할 때는 8원 55전의 가격을 적용하고, 여기에
20%의 이자까지 가산하여 징수했다. 또 소작인들에게 상품적 가치를 위
해 포장용 가마니를 농장에서 구입하게 강제하였는데, 이 가마니도 농
장이 60~70전에 대량 구매한 것을 소작인들에게 75전씩 판매하여 이윤
을 챙겼다.128) 또 1939년 대기근 당시 소의 시장가격이 예년 평균가의
절반이하로 폭락한 상황에서 철원농장이 대거 도매가에 소를 구입한 후
평년가격으로 소작농민들에게 전대하여 막대한 중간이득을 얻은 사례
가 있었다.129) 게다가 불이흥업은 전대금의 회수에 완전을 기하기 위해
전대금을 완전히 납부하기 전까지는 소작인 몫의 수확물에 대한 처분을
금지했을 뿐만 아니라130) 소위 '비황저곡제 備荒貯穀制'라는 일종의 담
보적 성격의 보증금 제도를 마련해 운영했다. 비황저곡제는 매년 가을
추수 후 1호당 50원 상당(약 2.5석 정도로 추정)의 쌀을 강제 저축시키는
것으로, 사실상 만성적인 식량부족에 시달리던 영세 소작농민에게는 저
축이라기보다는 소작료나 전대금 미납의 담보였다.131) 따라서 불이흥업
의 소작인들은 사실상 지주에게 소작료로 60% 정도를 납부하고, 여기에
각종 전대금과 강제저축금까지 추가로 부담하고 나면 실제 남은 소작인
의 몫은 철원농장이 18%, 서선농장은 20% 정도로 소작인들은 80% 이상
의 고율 소작료의 과중함과 부당함을 호소하였다.132)

　　[표 Ⅳ-9]는 1920년대 후반 불이흥업 서선농장과 비슷한 시기 일본인

128) 『조선일보』, 1936년 9월 27일.
129) 印貞植, 『朝鮮の農業機構』, 306~307쪽.
130) <소작계약증서> 제11항.
131) 印貞植, 『朝鮮の農業機構』, 307쪽.
132) 『조선일보』, 1936년 9월 13일.

이주자들의 불이농촌, 그리고 조선의 3 정보 미만 소작농가의 평균수지
상황을 비교한 것이다.

[표 IV-9] 1920년대 후반 서선농장과 불이농촌, 조선 소작농 평균의 수지상황 비교 (단위 : 원)

	서선농장 (1928)	불이농촌 (1926)	불이농촌 (1927예상)	3정보 미만	1정보 미만	3반보 미만
					(1928)	
수입	330.00	1,400.00	1,728.35	591	333	215
지출	422.71	956.65	1,466.15	596	353	227
차인	-92.71	443.35	266.20	-5	-20	-12

자료 : 『동아일보』, 1928년 12월 28일 ; 印貞植, 『朝鮮の農業機構』, 311~314쪽 ; 조선총독
부, 『朝鮮の小作慣習』, 38쪽 ; 朝鮮事情社, 「湖南地方之産業」, 『朝鮮之事情』 18,
1926, 53~55쪽.

서선농장의 경우 2.3~2.5 정보의 비교적 넓은 경지를 소작했음에도 불
구하고, 수지상황을 보면 조선의 1 정보 미만의 소작농보다도 수지상황
은 열악하다. 물론 서선농장이 미간지를 개척한 지역임을 감안하더라도
불이흥업 소속 조선인 소작농들의 열악한 생계상황을 객관적으로 파악
할 수 있는 수치이다. 게다가 일본인 자작농 창설을 목표로 한 불이농촌
은 농가 1호당 평균 3 정보의 토지를 경작했는데 조사연도에 차이가 좀
있으나 이들의 수지상황을 조선의 3 정보 미만 소작농과 비교해 보면
1926년 불이농촌의 수익은 443.35원으로 3 정보 미만 조선 소작농가의
수지 -5원의 무려 90배 가까운 수익을 내었다. 1927년 예상 수지치를 비
교하더라도 불이농촌은 무려 1,728.35원의 수입을 내어 순수익이 266.20
원에 달한다. 수입만 해도 3배, 지출은 2.5배, 수익은 53배에 달했던 상황
이 드러난다.

4. 농장관리통제조직 및 지주적 조합의 운영

1) 관리통제조직의 구성과 소작농민 통제

불이흥업은 전북, 전남, 충남, 황해, 경기, 강원, 평북 등 전국에 걸쳐 자리하였는데 전북농장, 서선농장, 옥구농장, 불이농촌, 철원농장 등 5개소 농장으로 분할, 운영되었다.[133] 그 규모는 1943년 무렵 1만 7천여 정보에 달하여 조선흥업의 뒤를 이어 개별 지주회사로써는 두 번째 규모

[도표 IV-1] 불이흥업(주)의 농장관리조직 체계도

사장	불이흥업(주) 서울본사			
농장본부 농장장 혹은 농장주임	전북농장	서선농장	옥구농장 불이농촌	철원농장
300~600정보 관리 분장주임	분장	분장	분장	분장
50호 혹은 50~80정보 관리 실질적 농사관리인 사원	농구	농구	농구	농구
사원의 지휘와 감독 받음	농감(사음)	농감(사음)	농감(사음)	농감(사음)
소작인 5인조 연대제도	소작인	소작인	소작인	소작인

자료 : 『不二』 제6호, 80쪽 ; 大野保, 「朝鮮農村の實態的研究」, 『論叢』 제4집, 滿洲大同學院, 1941, 225~226쪽에 의하여 작성.

---

133) 고승제, 「植民地 小作農의 社會的 身分規定」, 178쪽.

였다.[134) 그리고 이 거대 규모의 농장을 관리하기 위해 본점-농장-분장-농구-농감(혹은 사음)-소작농민에 이르는 조직체계를 마련하여 회사가 직접 소작농민을 철저한 위계질서 속에 통제하였다. 그리고 이 조직은 농장의 관리경영체계이면서 소작농민 통제조직으로서도 기능했다.

또 일본인들의 이민농장이었던 불이농촌을 제외한 4개의 각 농장은 소유지를 다시 300~600 정보 규모의 분장(分場)으로 나누어 분장 주임이 이를 관리하였다. 분장 아래 다시 하급 단위로 50~80 정보 혹은 50호 가량의 소작 농가를 단위로 하는 농구(農區)를 두고, 농사계원(農事係員) 혹은 농장원(農場員), 지도원(指導員), 관리원(管理員) 등으로 불리는 사원이 관리하였는데, 농번기에는 출근부를 만들어 군산시내 출입도 통제했다.[135) 이들 사원의 명칭은 농장마다 조금씩 달라서, 철원농장에서는 농사계원 혹은 농장원, 옥구농장에서는 지도원 혹은 농사계원이라고 했는데 옥구농장에는 20인 정도의 농사계원이 있었다고 한다.[136)

전북농장은 6농구, 옥구농장은 11촌락, 서선농장은 16농구, 철원농장은 10분장이었다. 이 중 철원농장은 1943년 현재 논 2,433 정보에 대하여 6분장 조직을 이루고 있었고, 밭이 4분장이었다.[137) 이 사원들이 바로 영농과 소작농민에 대한 실질적인 관리를 담당하던 실무진들이었다.

사원수는 1944년 현재 일본인 210명, 조선인 380명으로 총 590명이었는데 이 가운데 500명(일본인 160명, 조선인 340명)이 농업기술원으로[138)

---

134) 李圭洙, 『近代朝鮮における植民地地主制と農民運動』, 東京, 信山社, 1996, 145쪽.

135) 『不二』 제6호, 80쪽 ; 大野保, 「朝鮮農村の實態的研究」, 225~226쪽.

136) 『不二』 제6호, 80쪽 ; 大野保, 「朝鮮農村の實態的研究」, 225쪽.

137) 이규수, 『식민지 조선과 일본, 일본인』, 112쪽 ;『不二』 제6호, 75~76쪽 및 80쪽.

138) 不二興業株式會社, 「日本人在朝鮮企業概要調書」(이규수, 『식민지 조선과 일본, 일본인』, 113쪽에서 재인용)

대부분이 농학교 졸업자 출신으로 임명되고 있었다.[139] 전북농장의 경우 1936년 당시 1,870 정보와 소작인 4,919명 규모에 사원 27명, 사음 66명을 두고 관리했다고 한다.[140]

사원은 소작료 징수와 소작지 관리 등 농장 경영의 전반적 실무를 담당했었는데, 특히 농업기술원들은 생산력 확충을 위한 농사개량 시설 관리와 지도 감독의 업무였다. 구체적으로 사원들은 담당 농구에 대해 농사개량을 위한 경운(耕耘), 식부(植付), 비료(肥料), 제초(除草), 예취(刈取) 및 소작벼의 운반 및 탈곡 등의 구체적 업무를 계획하고 이행하였으며, 소작인에 대해서도 영농자금의 대여, 경우(耕牛) 및 농기구 구입 및 대여, 식량 대부 등을 담당하는 등 농업 현장의 영농 전반에 걸친 세부 업무 사항을 담당하였다.

전북농장의 농업기술원은 농장 설립 직후인 1906년부터 업무를 시작하여 도작시험지의 관리와 품종, 공동 묘대 운영, 비료의 비교 실험 및 공동구입, 우량 품종의 보급과 이모작의 장려, 농구대여, 부업 및 저축 장려 등의 영농 관리를 담당했다. 이 때 이들 사원의 임무 수행에는 반드시 업무의 계획수립에서부터 시행까지 각 분장 주임이나 혹은 그 보다 상위체계인 본부 농장장의 승인을 거친 후 현장에 적용되었으며, 물론 계획수립단계부터 이미 회사에서 철저하게 마련한 일정한 기준에 의거했다. 그 일정한 기준이란 예를 들어 '불이흥업주식회사 전북농장 입모품평회(立毛品評會)규정', '채종전(採種田) 및 원종전(原種田)'의 운영 및 품종개량, 보급, 파종의 시기와 주수(株數), 비료의 종류 및 투여량,

139) 『不二』제6호, 80쪽.
140) 全羅北道農務課農政係, 「昭和11年度道內の地主一覽」, 全北大學校全羅文化研究所, 『全羅文化論叢』 1, 1986.

투여 방법과 시기, 녹비(綠肥) 및 자운영(紫雲英)의 재배와 보급, 비료 공동구입, 제초 시기와 방법, 관개 및 배수 방법 등 세세한 부분까지 치밀하게 이미 회사가 제시한 위에 이 지침에 따라 사원들은 현장에 이를 시행하고, 그 운영 상황 및 결과를 세밀하게 보고하는 식이었다.[141] 따라서 이들 사원들은 현장 기술지도원이었고[142], 농사계원 대부분이 농학교 졸업자 출신으로 임명되었다.[143]

사원과 소작인 사이에는 사음 혹은 농감이 사원들의 추천에 의하여 채용되었고, 사음들은 반드시 사원의 지휘 감독 하에 소작료 수납 및 소작지 관리 업무를 수행했다. 이들은 조선 재래의 사음이 갖고 있었던 권한을 박탈당하고, 일본인 거대 지주회사의 식민지적 소작제 농장 경영을 위해 고용된 단순한 고용인의 성격을 갖는 것이었다.[144]

이처럼 전국 각지에 산재한 광대한 농장을 경영하기 위해 불이흥업은 본점-농장-분장-농구-농감(혹은 사음) -소작농민에 이르는 회사가 직접 소작농민을 철저한 위계질서 속에 통제하는 관리조직 체계를 마련하여 조선흥업의 흥농회와 같은 '물도 새지 않는'[145] 구조적 지배 시스템을 운영했다.

한편 농장 관리체계의 가장 하부구조에 바로 조선인 소작인이 있었

141) 大橋淸三郎, 『朝鮮産業指針』, 203~224쪽. 불이흥업주식회사 전북농장 立毛품평회 규정 제5조 및 전북농장 농사개량에 관한 내용 참조.

142) 山田龍雄, 「全羅北道に於ける農業經營の諸相」, 『農業と經濟』8-8, 1941. 8, 63쪽.

143) 『不二』 제6호, 80쪽.

144) 大橋淸三郎, 『朝鮮産業指針』, 197쪽의 '舍音取締規定' ; 불이흥업의 사음제 운영에 관해서는 하지연, 「일제하 불이흥업주식회사 전북농장의 '舍音'제 운영과 성격」, 참조.

145) 하지연, 『일제하 식민지 지주제 연구』, 264쪽.

다. 회사는 이들을 5명 단위로 묶어 상호 연대 보증을 서게 하는 소위 '5인조제도 혹은 5인 조합'을 만들어 관리했다. 불이흥업은 소작계약서에서 계약 당사자에게 다른 4명의 연대 보증인을 추가하여 연대 서명하도록 했고, 그것이 계약 성립의 조건이었다.146) 이는 소작계약 당사자가 소작료 미납 등 계약 이행을 하지 못하거나 혹은 회사에 손해를 입힐 경우를 대비하여 보증인의 연대책임으로 공동 부담케 한 것이고, 회사 측에는 어떤 손실도 돌아가지 않게 하려는 장치였다.147) 그런데 자료에 따라 연대 보증인원은 조금씩 차이가 난다. 1938년 자료에서는 계약 당사자 소작인 외 농감을 포함하여 4명의 보증인의 연서날인(連署捺印)을 요구하였는데,148) 1929년 발간된 조선총독부의 조사 자료에서는 계약 당사자 소작인 외에 농감 1명과 연대보증 소작인 5명으로 총 6명의 보증을 요구하고 있다.149) 당시 조선흥업을 비롯한 대부분의 일본인 대농장의 경우 소작인 당사자 이외에 4명의 연서날인이 일반적 현상이었고, 경우에 따라서 그 인원은 차이가 좀 있었던 것으로 보인다. 불이흥업 이외에 지주적 성격을 갖는 소작인 관리조직인 5인 조합을 운영했던 대표적인 일본인 거대 지주로는 동척, 조선흥업, 조선신탁주식회사(朝鮮信託株式會社, 이하 '조선신탁')나 가와사키농장 등이 있었다.150) 그리고 소작계

---

146) <小作契約證書>, 全羅北道農務課, 『全羅北道農事會社定款小作契約書』, 1938, 전북대학교 전라문화연구소, 『全羅文化論叢』제1집, 11쪽.

147) <小作契約證書>의 제14조, 全羅北道農務課, 『全羅北道農事會社定款小作契約書』

148) <小作契約證書>

149) 善生永助 著, 『朝鮮の小作慣習』, 朝鮮總督府, 1929, 158~162쪽.

150) 조선흥업과 가와사키농장의 소작인 5인 조합에 관해서는 하지연, 『일제하 식민지 지주제 연구』; 하지연, 「일제하 한국농업의 식민성과 근대성 : 일본인 대농장 가와사키농장의 소작제 경영사례를 통하여」참조.

약서상 연대보증 소작인으로 구마모토 농장이나 동진농사주식회사(東津農事株式會社 이하 '동진농장') 같은 경우는 10명까지 연대서명을 요구하기도 하였다.[151] 이렇게 소작인오인조합은 회사의 손실을 방지하는 보험 장치일 뿐만 아니라 소작인들 상호간에 서로 감시를 유도하는 효과까지 있어 회사로서는 상당히 효율적인 소작인 관리통제 시스템이었던 것이다.

한편 불이흥업은 소작농민에 대해 거주이전의 자유와 개개인의 노동력을 회사에서 규제·통제하였다. 옥구농장의 경우 주로 전라도와 충청도 일대 주민들을 모집하여 11개 부락으로 구성하였는데, 부락 내 취락 형태를 밀집이 아닌 200~400m의 간격을 두고 2, 3호 단위로 분산시켜[152] 거주하게 해 소작민 상호간의 왕래를 막아, 친밀감 및 공감대의 형성이나 정보교류를 효과적으로 통제하려 하였다. 그 외에도 불이흥업 측은 소작인들의 거주지를 반드시 소작지 근방에 거주할 것을 규정하였고,[153] 소작지에서 먼 거리로 이주하는 것을 엄금하였다.[154] 봉건제적 제약이 그대로 조선 소작인에게 적용되어 일상생활조차도 감시와 통제 속에 이루어졌고, 사용자인 회사의 편의를 극대화하기 위한 조처였다.

또한 불이흥업은 소작인의 노동력 통제를 위해 불이흥업 이외의 다른

---

151) 熊本농장 소작계약서(1927년 판), 제1조 및 제11조, 조선신탁주식회사 소작계약서 제6조 및 <東津農業株式會社小作契約書>, 全羅北道農務課,『全羅北道農事會社定款小作契約書』

152) 京城帝國大學衛生調査部,「不二農場調査報告(第1報)」, 32쪽.

153) <소작인규정> 제2조, 大橋淸三郞,『朝鮮産業指針』, 201쪽.

154) <소작계약증서> 제10항, 전라북도 농무과,『全北ニ於ケル農地會社ノ定款及び小作契約證書』, 1938년 3월, 全北大學校全羅文化研究所,『全羅文化論叢』1, 1986, 364쪽 ; <소작계약서> 제1조, 제7항, 조선총독부,『朝鮮の小作慣習』, 160쪽.

농장의 소작은 엄격하게 제한하였다. 즉, 전속 소작제였다고 할 것이다. 옥구농장의 경우 1930년 소작농의 경작 규모가 1호당 1.1 정보였다. 그런데 이는 동시기 조선의 전국 소작농 1호당 평균경작면적이 1.2~1.4 정보에 비해서도 적고, 자급이 불가능한 규모의 영세농이었다.[155] 그런데도 소작인들이 자작이나 다른 지역으로의 소작을 할 수 없게 규제했다는 것은[156] 농번기 노동력 동원과 기타 효율적인 통제를 위한 일방적인 회사 편의적 조처였다.

불이흥업의 소작농민 통제책은 소작민에 대한 무리한 폭력의 행사로도 물의를 일으켰는데 1934년 서선농장에서 발생한 농장 직원에 의한 소작인 폭행 사건이 대표적 사례이다.[157] 이 때 서선농장 직원은 소작인들 중 농장 직영의 못자리 작업에 우선적으로 역을 제공하지 않는 소작인들에 대해 심하게 구타하고, 소작권을 박탈하였다. 이는 엄연한 경제외적 강제 노동의 강요이고, 전근대적 부역동원의 잔재임에도 불구하고, 불이흥업은 소위 지방사회의 경제적 식민권력으로서 공공연하게 강제력을 행사했다고 할 것이다.

2) 불이식산조합의 운영

불이흥업 전북농장은 앞서 살펴본 체계적인 농장 관리조직 및 소작인 5인 조합에 의한 연대책임제로 철저하게 소작인을 통제했을 뿐만 아니라 보다 구체적으로 아예 소작인을 조합원으로 하는 회사의 보조적 관

---

155) 조선총독부 농림국, 『朝鮮に於ける小作に關する參考事項摘要』, 1934, 68쪽 표 참조.
156) 大野保, 「朝鮮農村の實態的研究」, 226쪽.
157) 『동아일보』, 1934년 5월 20일.

리기구인 '불이식산조합(不二殖産組合)'을 만들어 농장 및 소작인을 지휘·통제했다.

전북 익산군 오산면(五山面) 오산리에 설치된 불이식산조합은 불이흥업(주) 전북농장 소작인을 구성원으로 하였는데[158] 전북농장 소속의 소작인은 가입에 있어서 강제 자동가입이었다. 그리고 그 탈퇴 역시 자유롭지 않아 '사망'이나 '거주 이전'의 사유가 아닌 한 탈퇴할 수 없었다.[159] 조합 구성원들은 반드시 농장의 지휘와 감독을 받도록 되어 있었고,[160] 농장과 조합 간부의 명령을 따르지 않을 경우 조합에서 제명하도록 규정되어 있었다.[161] 이때 제명은 결국 소작권의 박탈로[162] 조합은 소작인들의 생존권을 쥔 것이나 다름없었다.

조합의 간부구성은 조장 1명, 부조장 1명, 간사 1명, 관리인 약간 명으로 임기는 2개년에 무보수였다. 조합 조장은 농장의 지휘를 받아 조합 일반의 업무를 총괄하고, 부조장은 조장을 보좌하고, 간사는 회사 회계 서무에 종사하고, 관리인은 조장의 지도를 따라서 농사개량, 공동묘대, 저축 및 부업 장려 등 농사에 관한 공동경영사업 실행의 임무를 맡았다.[163] 즉, 조합 간부들의 업무는 농장 소속 사원들의 업무와 그대로 일치하고 있어 회사가 이중 삼중으로 생산량 증대를 위한 영농 과정에 전력을 투구하고 있었음을 알 수 있다.

조합의 해산도 농장의 승인이 없이는 할 수 없었다. 즉, 조합의 해산

---

158) <조합규정> 제1조, 大橋淸三郎, 『朝鮮産業指針』, 224쪽.
159) <조합규정> 제13조, 大橋淸三郎, 『朝鮮産業指針』, 226쪽.
160) <조합규정> 제2조, 大橋淸三郎, 『朝鮮産業指針』, 224쪽.
161) <조합규정> 제13조, 大橋淸三郎, 『朝鮮産業指針』, 226쪽.
162) 大橋淸三郎, 『朝鮮産業指針』, 228쪽.
163) <조합규정> 제9, 10조, 大橋淸三郎, 『朝鮮産業指針』, 225~226쪽.

은 조합원 3/4 이상의 동의를 얻어 농장의 승인을 받는다면 해산 할 수 있었는데[164] 구성원인 소작인들이 해산에 동의한다고 하여도 농장이 불허하면 해산은 불가능했다는 의미이다.

한편 불이흥업(주)가 불이식산조합을 조직한 목적은 조합의 사업 내용을 통해서 파악할 수 있다. 즉, '조합원들은 근로를 중시하고, 공조(公租) 및 소작료를 체납하지 않고, 농산종자(農產種子)를 개량·통일하며, 공동묘대(共同苗代), 경운비배수확(耕耘肥培收穫), 조제건초(調製乾草)의 개량, 부업의 장려, 저축 장려, 기타 회사가 지정하는 농사개량의 사항에 진력을 다할 것'[165]을 명시하고 있다. 즉, 소작료의 완납을 위한 확실한 안전장치, 그리고 생산력과 수확량의 증대를 위한 철저한 영농과정 관리가 조합의 중요한 목적이었다. 또 '불이식산조합'의 규정 가운데 비료 규정을 보면 화학비료인 금비(金肥)를 제외한 퇴비와 같은 비료는 소작인이 그 비용을 부담하도록 규정해 놓았고,[166] 심지어 공동경작지로 설정된 곳에는 회사 측에서 통지를 할 경우 즉시 이유 여하를 불문하고, 무급으로 부역을 제공하도록 강제하고 있다.[167] 이 공동경작지 수확물은 종자용으로 충당하고, 나머지는 조합소유로 귀속되었다. 결국 공동구입하는 금비를 제외한 비료와 종자 모두 소작인의 부담임을 명시한 것이다.

이러한 불이식산조합사업의 사업 내용이나 규정은 이미 소작계약서[168]나 <소작인 규정>[169] 등에도 명시되어 있는 것을 다시 조합 규정

---

164) <조합규정> 제14조, 大橋淸三郞, 『朝鮮產業指針』, 226쪽.
165) <조합규정> 제3조, 大橋淸三郞, 『朝鮮產業指針』, 224~225쪽.
166) <조합규정> 제6조, 大橋淸三郞, 『朝鮮產業指針』, 225쪽.
167) <조합규정> 제7조, 大橋淸三郞, 『朝鮮產業指針』, 225쪽.
168) <小作契約證書>, 全羅北道農務課, 『全羅北道農事會社定款小作契約書』,

을 통해 이중, 삼중으로 강제하는 것은 회사의 농장경영 방침을 '불이식산조합'이 지주적 이익을 대변하고 소작인을 통제하는 관리통제조직이었음을 보여준다고 할 수 있다. 이를 두고, 당시 언론도 불이흥업과 같은 대규모 자본의 식민지 지주제 운영을 '지주의 부르조아화가 아니고 부르조아의 지주형태'170)라고 하여 식민지에서의 일본인 지주가 조선 소작인에게 자행했던 식민권력으로서의 폭압성과 강제성을 비판하기도 했다.

364~365쪽 ; <소작계약서>, 善生永助 著, 『朝鮮の小作慣習』, 158~162쪽.
169) <소작인규정>, 大橋淸三郎, 『朝鮮産業指針』, 201~203쪽.
170) 朴文秉, 「農業朝鮮의 檢討」 제37회, 『朝鮮中央日報』, 1936년 8월 14일.

5. 농민의 저항과 불이흥업의 농장 경영의 성격

1) 철원농장 소작농민의 저항 사례

불이흥업에 대한 초기 조선농민의 저항은 후지이가 농장 경영을 위한 실지 조사 때부터 이미 직면한 상황이었다. 후지이는 1904년 6월 전북 익산군 오산면에 '후지이지소부 藤井地所部'를 설치했는데, 후지이는 토지매수 후보지를 시찰할 때 무장한 조선인 통역을 대동하고, 자신도 무장 상태로 다녔다.[171] 또한 미곡과 우피 등의 매입을 위해 조선 각지를 다니는 회사 소속 출장원들에게 반드시 무장한 호위원 2~5명이 따라 붙었는데 그 와중에 출장원이 의병에게 사살되자 후지이는 농장 내에도 무기를 비치시켰다.[172] 그리고 퇴역 병사들을 모아 '자경단'을 조직, 참호를 구축하고, 의병에 대비했다고 한다. 게다가 농장 내에는 헌병경찰이 상시 주둔했다[173]는 사실에서 당시 일본인 농장에 대한 조선 농민들의 민심과 상황을 알 수 있다.

불이흥업에 대한 농민 저항에 대해서는 기존의 연구에서 심도 있게 다루어진 관계로 본 연구에서는 철원농장의 경우만을 검토하기로 하겠다.[174]

---

171) 藤井寬太郞, 「渡韓より農場經營着手まで」, 『藤井寬太郞自敍傳』

172) 澤村九平, 「藤井寬太郞化の先見去の他」, 『朝鮮の回顧』, 京城, 1945, 299~300쪽.

173) 이규수, 『식민지 조선과 일본, 일본인』, 93~94쪽.

174) 黃明水, 「日帝下 不二興業會社와 農民收奪; 水利事業을 中心으로」 ; 金容

강원도 철원군에 위치한 철원농장은 불이홍업의 기타 다른 농장과 마찬가지로 미간지 개척을 통해 설립 공사에 들어갔고, 용수원인 중앙수리조합사업과 함께 병행되어 1919년 창설되었다. 이 지역에서 1922년 1월 31일과 2월 1일, 중앙수리조합을 대상으로 100 여명의 중소지주들이 수리조합 설립 반대운동에 들어갔다.[175] 이 사건의 계기는 중앙수리조합의 설립으로 인해 평강군 내 저수지 물이 철원지방에 까지 관개하게 되자 평강군 내 수리시설의 혜택을 받지 못하는 1,000 여 정보의 중간지주들이 저항한 사건이다. 이때 100 여명의 평강군 지주들은 평강군청에 찾아가 차후 발생할 우려가 있는 농업용수 부족사태에 대하여 대안을 요구하며 총독부에 진정서까지 제출하였다. 또 1924년 12월에는 중앙수리조합 내 소작농민들의 저항이 일어났다.[176] 중앙수리조합 내 지주들이 공사비용 부담을 이유로 소작료를 50%에서 60%로 인상하자 소작인들은 지주들이 지가 폭등으로 막대한 차익을 얻고도 수리조합비를 소작인들에게 전가시킨다고 하여 소작인 단체를 조직하고 맞섰다. 1926년 6월 17일, 철원군 동송면(東松面) 오덕리(五德里)에서 일본인 수로 감독관을 소작인들이 구타한 사건도 발생했다. 일본인 수로 감독관이 수로의 상류에 위치해 있던 일본인들과 그 자신의 소유 논에 먼저 물을 대기 위해 고의로 방수관을 떼어내어 버리자 이로 인해 피해를 본 철원농장 소작인 10 여 명이 격분하여 일으킨 사건이었다.[177] 1934년 4월에는 역시 철원군 동송면 장흥리(長興里) 일대 100 정보의 토지가 개인소유에서 성업사(成業社)로 넘어가자 소작인들은 새로운 소유주인 성업사와 재계약

達, 「日帝下 龍川지방의 農民運動에 관한 研究」.

175) 『동아일보』, 1922년 2월 8일.

176) 『동아일보』, 1924년 12월 28일.

177) 『조선일보』, 1926년 6월 21일.

을 체결하게 되었다. 이때 농장측은 소작료를 60%로 인상하였고, 소작
민들은 이 지역이 수리조합 혜택구역이 아님을 들어 소작료 인상을 거
부하면서 철원군청과 경찰서에 진정서를 넣었다. 그러나 농장측은 소작
계약 해지 통지서를 발부하는 등 강경하게 나갔고, 소작인들도 대표가
상경하여 맹렬하게 저항했다.[178]

　　그런데 불이흥업 농장, 특히 철원농장에서의 소작민 저항운동의 사례
를 보면 조직적이거나 지속적인 저항은 사실상 보기 힘들다. 몇몇 사례
에서 나타나듯이 단발적으로 일회성 쟁의로 그치는 경우도 많았고, 식
민권력 당국에 해당되는 지방행정관청이나 경찰서 등에 진정서를 탄원
하는 선에서 그쳤다. 합법적인 행동 외에 더 이상의 진전이 없었던 것이
다. 이는 불이흥업이 식민권력의 후원을 받아 농장 내 경찰병력을 상주
시키고, 소작인을 조직적인 통제조직 하에 철저하게 감시했음을 반증한
다고 할 것이다.

2) 불이흥업의 농장 경영의 성격

　　불이흥업은 일제하 일본인 거대 지주회사 가운데 특히 전국적인 규모
의 개인 지주회사였다. 그리고 식민지화 이전부터 비교적 이른 시기에
미간지 개간을 주요 농지확보의 방법으로 하여 거대 농장을 형성하고,
식민지 소작제 농업 경영을 통해 초과이윤을 달성한 자본가적 농업기업
이었다. 그러나 이러한 불이흥업의 경영 성격이 봉건적 조선농촌의 생
산관계를 자본주의적 농업생산관계로 전환시켰다고 의미부여를 할 수
는 없다. 즉, 일본과 조선 재래의 지주제를 온전히 유지한 채 다만 관리

---

178) 『조선중앙일보』, 1934년 4월 5일, 6일, 7일.

통제조직, 수취 구조, 영농통제 방법 등 경영방법적인 측면에서의 효율성과 합리성의 확보라고는 할 수 있고, 이는 농업자본가적 경영이었다고 평가할 수도 있다. 그러나 실제로 소작료 징수 실태와 관리통제조직을 통한 엄격한 소작민 감독 및 규제, 외형적 소작인조합 운영을 통한 통제 등 실제적으로 식민지적 초과이윤 확보를 위한 폭압적인 소작민 통제였다. 즉, 근대성은 합리성과 효율성의 측면과 더불어 폭력성과 부당성을 함께 내포한다고 할 것이다.

그렇다면 불이흥업의 농업경영에서 지대의 성격문제, 경제외적 강제의 문제, 생산수단과 직접생산자와의 결합 관계 등의 문제를 짚고 넘어갈 필요가 있다. 먼저 지대 문제로, 수리조합 구역 내 포함된 불이흥업의 농지에서 소작인들은 58~60%의 소작료를 납부해야 했다. 그리고 이 소작료는 현물로 징수되었고, 여기에 회사가 전대한 종자, 비료, 농구, 경우, 가옥 등의 비용까지 합산하여 계산하면 60%가 아니라 평균적으로 80%가 넘는 고율의 소작료를 납부해야 했다. 이러한 고율의 소작료는 소작인 몫을 잠식하는 것은 물론 극심한 생계위협에 시달리고, 일상적인 채무자로 전락시키는 속박이었다고 할 것이다. 또한 전대금에 대한 회수과정에서 불이흥업이 자행하는 고리대적 상업자본가의 성격은 근대 자본주의와 식민권력의 폭력을 보여준다고 할 것이다.

또한 불이흥업의 소작민에 대한 경제외적인 강제 부분의 문제도 있다. 소작인들의 거주이전의 자유를 제한하거나 경작지에서 근거리에 거주하게 강제한 점, 간척지에 이주한 소작인들의 마을 구성때 소작인들이 집단 취락을 형성하지 못하게 하고 2~3호 가량을 묶어 띄엄 띄엄 분산시켜 거주지를 구성하게 한 점, 모든 영농과정에서 회사 소유 농경지 작업에 우선적으로 강제 투입한다거나 혹은 불이흥업의 농지가 아닌 다른 지주의 농지를 소작하거나 심지어 자작을 할 수 없게 하는 점 등은 소작인을 오로지 불이흥업에 종속시키고 통제하려는 또 하나의 폭력이라고 할 수 있다.

특히 근대적 외형을 띈 소작계약서는 그 내용면에서는 일방적으로 회사측의 요구를 반영하고 소작인을 규제하려는 근대적 폭력성을 여실히 보여준다. 소작권은 회사가 계약기간에 상관없이 얼마든지 그리고 언제든지 일방적으로 계약해지를 할 수 있게 규정되어 있었고,[179] 이는 생존권이 달린 문제였으므로 소작인입장에서는 불이흥업이 생존권을 쥔 절대적 식민권력이었던 것이다. 게다가 소작인 개인과 회사 측의 1:1 계약이 아닌 연대보증인을 5명이나 묶어 넣은 종속적 계약이었다. 여기에 소작계약서의 회사 이익을 보장하기 위한 규정사항은 불이식산조합과 같은 조합을 통해서도 이중으로 강제되었다.

---

179) <소작계약증서> 제12항.

6. 맺음말

불이흥업은 1904년 러일전쟁 발발과 더불어 창설자 후지이 간타로가 황무지와 간석지 등의 개척을 통해 헐값에 토지를 매수하고, 조선 각지에서 소작인들을 모집, 그 노동력을 활용하여 농장을 경영해 나간 일본인 지주회사였다.

불이흥업은 전북농장, 옥구농장, 서선농장, 철원농장 등 4개의 소작제 농장과 함께 일본인 이민자들의 자작농 창설을 위한 불이농촌까지 총 5개 농장을 운영하였다. 그리고 농장의 분포 지역은 일반적인 지역단위 지주회사와 달리 동척이나 조선흥업과 같은 대규모 자본을 소유한 거대 지주회사와 마찬가지로 전국 단위로 전라도는 물론, 강원도와 평안북도에 이르기까지 농장을 소유하고 있었다. 그리하여 불이흥업 소유의 농장은 1943년 당시 무려 17,099 정보에 달해 동척과 조선흥업을 제외한 식민지 조선 내 최대 일본인 농업회사로 군림했다.

불이흥업이 성장할 수 있었던 배경에는 토지 취득과정에서부터 농장 경영 및 성장과정에서 식민권력의 적극적인 경제적 후원은 물론 식민지 공권력의 보호를 받았기에 가능했다. 당초 후지이가 헐값에 미간지 토지를 불하받고, 장기 저리 융자로 개간 및 이민자를 유치하여 경영이 가능했고, 경제 공항기에도 동척이나 식산은행 같은 식민지 금융기관의 자금 지원으로 도산을 피할 수 있었다. 이것은 금융자본의 농업지배라고도 할 수 있으나, 결국 이때 금융자본이란 국책은행이었으므로, 식민권력 그 자체였다고 할 수 있다.

이렇게 토지 및 사업의 확대가 식민권력과 밀접한 관련을 맺고 운영되었으며, 식민지 금융자본의 후원으로 사업을 전개한 불이흥업이 식민지 농정 사업에 적극 부응한 것은 당연한 역할의 수행이었다. 불이흥업이 조선 진출 초기부터 줄곧 추진한 수리사업 및 개간사업은 일제의 식민지 농정의 대행 역할이었고, 일본 내 과잉인구와 식량부족 문제를 해결 해 줄 대안의 실천과정이었다.

결국 식민권력은 충실한 식민지 농정의 첨병이었던 불이흥업의 식민지 농장 경영을 적극 후원하였고, 불이흥업은 재래의 지주제 시스템에 효율적 농장 관리조직, 소작민 통제방법을 도입하여 최대한의 이윤 창출을 내는 자본주의적 농업자본가로 성장했다. 그러나 농장 경영상의 외형적 근대성과 합리성에도 불구하고, 식민지라는 특수성 하에 조선 소작민에 대한 각종의 경제외적 강제나, 과도한 고율의 소작료 징수라는 약탈성은 결국 공권력으로서의 식민권력과 별도로 조선 소작인들에게 직접적인 또 하나의 경제적 식민권력이었다고 할 수 있다.

[부록 1] 불이흥업주식회사 소작계약증서180)

| 인지첨부 | 소작계약증서 |

귀사 소유인 본서 기재 토지에 대하여 하기 각 항의 조건대로 소작계약을 체결함.

記
1. 소작기간은 昭和   년   월   일부터 昭和   년   월   일까지로 함.
2. 경작에 있어서는 본인 스스로 종사하고 농사에 열심 충실히 노력하며 종자, 경작방법 및 수확조제 등 일체의 개량방법은 귀사의 지도 장려 사항을 존수 실행하여 농작물의 품질을 개량하고 수확의 증가를 도모할 것.
3. 선량한 관리자의 주의로써 소작지 및 그 경계(境界), 휴반(畦畔) 등 경작에 필요한 것에 대하여는 본인의 비용으로써 관리 수선할 것.
4. 조법(租法)은 아래의 기재대로 함.
5. 정조지의 소작료는 아래 기재대로 하되 작황의 풍흉여하에 불구하고 납입할 것. 단, 천재 기타 불가항력으로 인하여 현저하게 수확량이 감소된 경우는 검견에 의해 사정함.
6. 집조지의 소작료는 매년 검견에 의해 상호 선의를 가지고 협정함. 만일 협정이 이루어지지 않는 경우는 귀 회사 입회하에 벼를 베고 볏단을 귀 회사 지정의 장소에 운반하여 조제(調製)하고 그 소작지 전수확 벼의 50/100으로써 소작료에 당하되, 벼베기 및 탈곡조제비와 아울러 운반에 소요되는 비용은 모두 본인의 부담으로 하고 귀 회사 지정의 장소에 운반 납부함.
7. 소작료는 귀사 지정 품종으로 하여 소작지에서 생산한 벼로써 지정대로 충분히 건조조제하여 납부할 것. 만일 지참한 소작료가 이품종(異品種) 또

---

180) 전라북도 농무과, 『전라북도농사회사 정관 및 소작계약서』, 1938년 3월, 불이흥업주식회사 <소작계약증서> , 364~365쪽.

는 품질·건조불량인 경우 귀사로부터 재선(再選)명령을 받거나 또는 상당의
할증료를 징수당해도 이의를 제기하지 않을 것.

8. 소작료는 오염되거나 훼손되지 않은 나락 용 가마니에 넣어 벼 검사규정
의 중량 및 포장으로 하여 납부할 것. 단, 한 가마니 미만의 우수리라 할지
라도 50근 이상은 가마니에 넣어 납부할 것.

9. 종자, 비료, 농량(農糧) 기타 귀사로부터의 차입품 일체는 본인 소유의 벼
중에서 시가로 환산하여 소작료의 납부에 앞서 지정한 장소에 용기 운반
등 일체를 소작료와 같은 방식으로 하여 완납할 것.

10. 경작 또는 본 계약의 의무 이행 상 불편한 장소로 이주하지 않을 것.

11. 소작지의 농작물 및 수확물을 소작료와 차입금품의 납입 전에 전매(轉賣),
양도(讓渡) 또는 담보, 저당 등을 하지 않을 것.

12. 아래 각항의 어느 한 경우에 해당되어 본 계약을 해제당하여도 이의 없음
은 물론 이로 인하여 본인이 손해를 입더라도 이에 대하여 배상을 청구
하지 않을 것.

(1) 소작료를 체납할 때

(2) 소작권을 전대(轉貸) 또는 양도할 때

(3) 소작지를 황폐하게 했거나 또는 황폐하게 할 우려가 있다고 귀사에서
인정할 때

(4) 소작지의 지목을 무단으로 변경할 때

(5) 미풍양속에 위반되는 행위를 하여 소작인으로서 부적당하다고 인정
될 때

(6) 그 외에 본 계약을 위반할 때

13. 계약 기간 중 소작지를 공용 또는 사용(社用)에 의해 수로, 도로 등으로
매각하게 된 경우나 기타 귀사에서 필요가 생긴 경우에는 예고를 하고 소
작지의 전부 또는 일부를 해제하여도 이의 없을 것. 단, 계약해제로 인하
여 본인이 입은 피해는 귀사에서 배상할 것.

14. 본 계약에 대하여 보증인은 연대책임을 지는 것으로 함.

위의 계약 조건이 확실함을 증명하기 위하여 각자 연서 날인함.

昭和   년   월   일

위 소작인   郡   面   里   번지
연대보증인   郡   面   里   번지
연대보증인   郡   面   里   번지
연대보증인   郡   面   里   번지
연대보증인(농감) 郡   面   里   번지

불이흥업주식회사 御中

[부록 2] 불이흥업주식회사 稻作立毛品評會

당사(當社) 관리지 전반에 걸쳐 묘대기(苗代期)부터 모심고 수확에 이르는 사이에 경작 및 비료 사용 등에 대하여 심사를 하고 아울러 그 수납 소작료의 양부(良否), 수납기의 빠르고 느림을 참작하여 성적이 우량하고 모범이 된다고 인정될만한 자를 표창하고 상품을 수여한다. 그 규정은 다음과 같다.

불이흥업주식회사 전북농장 立毛品평회 규정

제1조 본 회는 불이흥업주식회사 입모품평회라고 칭하고, 매년 3월 전북농장 및 각 관리소에 있어서 개최한다.

제2조 본 회는 소작인으로 하여 자동적 농사개선에 노력하고, 품종경운(品種耕耘), 비료 분배의 개량과 그 증수(增收)를 기도함을 목적으로 한다.

제3조 불이흥업주식회사소유 토지와 아울러 회사 관리지의 소작인은 반드시 1 필(一筆)을 출품답(出品畓)으로 하여 결정하고, 그 두락수(斗落數), 소작인 주소, 씨명을 기록한 표본을 만든다.

제4조 농장 및 관리소는 논에 모를 심은 후 곧바로 출품 논을 조사하고, 그 상황, 개요(槪要)를 7월 30일 에 이르기까지 본부에 보고한다.

제5조 본 회 역원(役員) 및 심사원(審査員)은 불이흥업주식회사의 농장 기술 사무원 및 각 관리원으로써 이를 충당한다.

제6조 수도입모(水稻立毛) 심사는 8월 상순, 9월 상순, 10월 상순의 3회 순회 심사를 행한다.

제7조 심사 성적 우등인 것으로 포상을 수여하고, 또 춘계 소작인회에 있어서 상품을 부여하고, 이를 표창한다.

제8조 출품자는 재심사를 청구하고, 또는 수여 포상을 거부하고, 심사 결정에 대하여 이의를 신청할 수 있다.

제9조 본 회 일체의 경비는 불이흥업주식회사가 이를 지불한다.

附則

1. 출품답(出品畓)은 면적 2두락 이상으로 하여 개량종을 경작한다.

2. 입모(立毛)심사는 1(필)筆마다 그 논 전 면적을 통하여 간사(看査)하고, 이것이 채점을 하여 결정하여 일국부(一局部)에 대하여 채점한다.

3. 심사채점표준은 각 관리소 채종전(감독전)에 부합하여 예정된 심사원 합의로 채점을 하고, 이를 기준으로 하여 각 출품답의 성적 여하에 의하여 채점수를 증가한다.

4. 토질의 상하, 관개배수의 편리함과 나쁨을 조사 참작하여 채점을 한다.

5. 심사 채점법

논의 생육 정황 20점, 분벽(分蘗), 키 모두 양호하여 생육이 좋다고 인정되는 것, 제초 양부(良否) 20점, 논밭 및 밭두둑(畦畔)의 피와 잡초를 인정하지 않는다. 피의 제거 20점, 피 전부를 제거하고, 또 뽑아 피를 밭두둑 등에 버리지 않는다. 종류의 혼동을 인정하지 않을 것 25점. 재래종의 혼종(混穗)없이 개량종 가운데 종류의 혼동하지 않는다. 병충해 15점, 각종 병에 걸린 것 제외하고 채점한다.

6. 심사마치고, 정한 다음에 기록한 등급에 의하여 기입을 하여 그 모범이 되는 것을 보여주고, 포상을 수여한다.

　1등　2등　3등　4등　5등

단, 심사하고, 합격하였어도, 그 기한 내에 소작료의 납입을 태만히 하고 만약 품질 건조 조제, 포장이 조악한 것, 다른 종류 종으로 소작료를 납부한 경우는 그 등급을 변경하고, 혹은 포상하지 않는다.

7. 위 외에 동일 소작인으로 30 두락 이상 개량종을 경작하고, 전 심사 요항에 해당하는 제반 종자를 개량을 실시하고, 모범을 한 것은 특별히 상을 부여한다.

8. 이상의 심사항목은 심사착수 전에 일반 소작인에게 주지시키고, 이를 실행하고 독려한다.

9. 한 관리구역 내에 있어서 제2회 심사의 시기 합격점수 이하의 성적인 자는 심사를 생략할 수 있다.

채점용지

番外		
反別		
種類別		
生育		
除草		
稗拔		
混穗		
병충해		
평균		
籾품질		
평균		
등급순위		
소작인	주소	
	씨명	
비고	생육. 1坪株數 1주본수를 기입한다.	

우량소작인표창

　당사 소작인은 기한 내에 소작료를 완납하고, 농장 및 각 관리원의 명령하는 권농지시사항을 존수하는 충실·근면하고, 선량한 소작인에 대하여서는 매년 이를 농장 및 그 소속 관리소에 초대하고, 술을 대접하고, 하루를 쉬게 하고, 또 특히 모범을 보일만한 우량 소작인에 대하여서는 상품을 부여하고, 표창하였다. 다음에 1913년도 및 1914년도의 성적에 의하여 상품부여한 명세표가 다음과 같다.

급	상품명	수량(개)	가격(엔)	인원(명)
1	稻扱	17	24	17
2	ショヘル鎌	44	20	22
3	ショヘル	24	19	24
4	鍬(가래)	30	21	30
5	熊水鎌	70	15	35
6	鎌(낫)	74	12	37
7	熊水	40	12	40
8	鎌	90	13	45
9	호미	53	9	53
10	鎌	59	8	59
계		501	166	362

급	상품명	수량(개)	가격(엔)	인원
1	形稻扱	16	29.600	16
2	非稻扱	22	27.500	22
3	開鍬	22	22.100	22
4	上等 ショヘル	25	20.750	25
5	フルイ	32	20.160	32
6	ショヘル	36	19.080	36
7	鍬	40	17.200	40
8	熊牛	39	12.870	39
9	호미	48	10.560	48
10	鎌	54	9.180	54
계		334	190.000	334

비고 : 1913년에는 수상자의 외에 1,095명을 순량 소작인으로 하여 초대하여 수상자와 함께 술과 음식을 제공하고, 위로하였다.
1914년도는 초대 소작인 1,034명을 순량 소작인으로 하여 수상자와 함께 술과 음식을 제공하고 위로하였다.

권농시설사항 및 성적(勸農施設事項 및 成績)

농작물 종자의 개량과 품질 향상을 도모하는 것은 큰 주의를 필요로 하는 것이고, 항상 종자의 혼합 퇴화를 피하기 위하여 1913년도로부터 본 농장 시작부(試作部)에 수답원(水稻原) 원종전(原種田)을 설치하고, 각 관리소의 수전에 소요되는 종자량을 충분하게 하기 위해 다음에 기록한 방법에 의하여 채종전을 설치하고, 이를 경운비배(耕耘肥培)의 개량을 한다. 또 감독전을 설치하고, 이를 일반에게 보여주고, 그 순량한 종자의 보급을 계획하고, 그 성적은 다음과 같다.

초년	2년	3년	4년	비고
原原種田 농장관리	原種田 농장관리	採種田 농장관리 관리소	소작인	이처럼 매년 半數정도 종자를 교환하고, 격년마다 신종자를 사용하게 할 것.

V. 구마모토 농장의 식민지 농장 경영과
관리통제조직

1. 머리말

구마모토(熊本)농장의 소유자인 구마모토 리헤이(熊本利平, 1880~1968)는 1903년 전라북도 옥구군(沃溝郡) 박면(朴面) 내사리 및 내인군 화호리에 농장을 개설했다. 이후 러일전쟁 기 일본 내에서 과열되던 식민지 토지 투자열기에 힘입어 일본인 자산가들의 토지 브로커 역할을 하면서 토지를 확대해 나갔고, 1910년에는 1천 5백 정보(본인 소유분은 약 225 정보)를 경영했다.[1] 이후 점차 토지규모를 늘려나가면서 1931년 말에는 오쿠라(大倉) 재벌의 지경(地境)농장(오쿠라 아메키치 大倉米吉 소유)을 사들여 약 3,500 정보를 소유하는 대지주로 성장했고, 마침내 1935년에는 '주식회사 구마모토 농장(株式會社 熊本農場)'을 창설했다. 구마모토(熊本) 농장은 전라북도 옥구, 정읍, 전주 등 5개 군 26개면에 걸쳐 개정본장(開井本場), 지경지장(地境支場), 대야지장(大野支場), 화호지장(禾湖支場), 전주분장(全州分場)의 5개 사업장을 운영하면서 직원 50여명을 배치하여 3,000 정보가 넘는 농장을 관리했다. 구마모토는 전북에 진출한 최초의 일본인 지주였고, 국책회사인 동척을 제외하고, 전북지역 최대의 개인 지주가 되었던 것이다. 또한 토지를 담보로 조선식산은행 등 식민지 관치 금융으로부터 농업자금을 대부받아 개인농장을 1935년 주식회사로 개편했고, 조선신탁(주)의 신탁제도도 폭넓게 활용하였다. 즉, 국가독점자본주의 단계의 자본주의 시스템을 최대한 이용한 농장 운영이었던 것이다.[2]

---

1) 群山繁榮會, 『湖南鐵道と群山』, 1907, 52쪽.
2) 홍성찬, 「일제하 전북지역 일본인 농장의 농업경영」, 『일제하 만경강 유역의 사회사』, 혜안, 2006, 124~128쪽 참조.

식민지 시기 일본인 거대지주들의 공통점이라면 농업경영의 근대성과 동시에 수탈성이라고 할 수 있는 식민성의 공존이라고 할 것이다. 특히 전라북도 지역의 일본인 대지주들을 가리켜 '구마모토 형 지주(熊本型 地主)라고 불렀을 만큼 구마모토 농장은 소위 '개발을 통한 수탈', 내지 '수탈을 위한 증산' 이라는 일본인 거대지주의 농업 경영상의 특징인 '근대성과 식민성의 공존'을 가장 전형적으로 보여주는 사례였다.3) 따라서 본 연구에서는 구마모토 농장의 식민지 조선에서의 토지 확대 과정과 농장의 규모, 농장의 관리조직 구성 및 사원에 대한 처우, 소작계약서 및 연대보증서 등을 통해 분석한 소작관계와 소작료 징수 실태, 소작쟁의 등을 검토함으로써 식민지 일본인 거대지주의 전형으로서의 구마모토 농장의 실체를 규명하고자 한다.

구마모토 농장에 대한 기존의 연구는 농업경제사 및 경제사 분야에서 소순열과 홍성찬의 연구가 있다.4) 소순열의 연구는 구마모토 농장의 수지구조 및 자금운용 실태를 자세히 규명한 농업경제사 연구이고, 홍성찬의 연구는 1930, 40년대 구마모토 농장의 지경지장의 경영 사례를 분석한 것이다. 본 연구에서는 선행 연구를 기본으로 하여 구마모토가 조선에서 토지를 집적해 간 과정 및 배경, 농장의 규모, 관리조직 및 사원의 업무, 사원에 대한 처우, 영농과정에서의 소작인 통제와 소작료 징수 실태 등에 대하여 분석해 보고자 한다. 특히 구마모토 농장의 관리조직과 사원 조직, 농장통제 시스템은 동척과 같은 거대 식민지 지주회사보다도 훨씬 효율적이고 치밀했었던 점에 주목했다. 또한 구마모토가 식

---

3) 「全南北 地主色彩 兩分, 熊本型, 玄俊鎬型」, 『群山日報』, 1935년 9월 19일.

4) 소순열, 「식민지(조선) 지주제론」, 『논문집』, 인문사회과학편 제32집, 전북대학교, 1990.(주봉규·소순열 공저, 『근대 지역농업사 연구』, 서울대학교출판부, 1996에 재수록) ; 홍성찬, 「일제하 전북지역 일본인 농장의 농업경영」.

[사진 10] **구마모토 가옥.** 구마모토가 군산에 지은 별장으로 옛 개정병원(開井病院) 본관 동
         쪽에 자리하고 있다. 해방 후에 개정병원 원장이었던 이영춘(李永春, 1903～
         1980) 박사가 거주하여 '이영춘 가옥'으로 불리었다.

민지 조선에서 거대지주로 성장하여 그 경제적 영향력을 지역 사회에서
행사할 수 있었던 배경에는 식민지 지방행정 기관 및 경찰 공권력의 후
원 하에 가능했음을 보고자 한다.

2. 구마모토의 식민지 농장 경영의 시작

1) 구마모토의 조선 진출과 농장의 설립

구마모토 농장의 소유자인 구마모토 리헤이는 나가사키 현(長崎縣) 출신으로 문사(門司)상업학교를 졸업하고, 게이오 의숙(慶應義塾)에 입학했다가 졸업 직전인 1902년 동문친구였던 마스토미 야스자에몬(桝富安左衛門)의 농장지배인으로 조선에 진출했다. 1903년 10월, 구마모토는 독립하여 전라북도 옥구군 박면 내사리 및 내인군 화호리의 두 지역에 농장을 개설하였다. 이후 그는 1904년 러일전쟁기 같은 나가사키 출신의 '일본 전력왕' 마츠나가 야스자에몬(松永安左衛門)의 소개로 일본 재계의 투자를 받아 토지 브로커로서 본격적인 토지매수사업을 벌였는데, 구마모토가 대리한 50 정보 이상의 토지매수자는 [표 V-1]과 같다. 그리하여 구마모토는 1910년에는 1천 5백 정보(본인 소유분은 약 225 정보)를 경영했고,5) 1931년 말에는 오쿠라 재벌의 지경농장을 사들여 약 3,500 정보를 소유하는 대지주로 성장했다. 그리고 1935년 2월말에 구마모토 농장을 주식회사로 개편했다. 주식회사 구마모토 농장의 사업 목적은 '농사경영, 토지개간, 산림경영, 부동산 위탁관리'(제2조)이고, 자본금은 2백만 원(제3조)이며, 영업연도는 매년 4월1일부터 이듬해 3월 31일까지(제31조)로 되어 있었다.6) 구마모토가 이 시기 주식회사로 형태를

---

5) 群山繁榮會, 『湖南鐵道と群山』, 1910, 52쪽.
6) 全羅北道 農務課, 『全北ニ於ケル農地會社ノ定款及び小作契約證書』, 1938

전환한 이유는 다음 몇 가지로 정리된다. 먼저 소작쟁의가 1930년대 들어서서 격화되었고, 구마모토 농장에서도 빈발하게 되자 개인농장의 형태에서 주식회사로 전환하게 되었다. 둘째, 개인농장보다는 주식회사 형태가 은행 등 금융기관으로부터 자금조달이 보다 유리했다. 셋째, 1935년 4월, '자혜진료소'를 설립하면서 농장 관리체계를 정비할 필요에서였다. 그러나 표면적인 형태가 주식회사로 전환되었음에도 불구하고, 구마모토 농장은 여전히 개인 소유의 사적 농장이었다. 그것은 [표 V-1]에서처럼 대부분의 구마모토의 개인 토지가 회사에 질권 설정되어 있었던 점과 농장 일지를 작성하여 자신에게 보고하도록 하여 농장 경영을 파악하면서 경영권을 확보하고 있었던 점, 1941년부터 1944년 현재 회사주식의 90% 이상을 구마모토 한 사람이 소유하고 있었던 점에서 확인된다.[7]

[표 V-1] 구마모토가 대리한 50정보 이상의 토지매수자(1910)   (단위 : 町)

	논	밭	계
本山彦一	190.3	94.7	285.0
藤田俊一	202.3		206.3
田中長三郎	164.0		164.0
松永安左衛門	14.3		144.3
佐分愼一郎	120.0		120.0
牛長卓藏	114.5		114.5
岩下淸周	103.5		103.5
林龍太郎	97.4		97.4
藤本淸兵	84.5		84.5
鈴木傑次郎	55.2		55.2
계	1,276.0		1,370.7

자료 : 群山農事組合, 『群山農事組合現況』, 1910.

년 3월.

7) 이에 관해서는 주봉규·소순열 공저, 『근대 지역농업사 연구』, 160~162쪽. 구마모토 리헤이는 1941~1943년까지 전체 회사 주식 100,000주 가운데 96,750주를, 1944년에는 92,750주를 보유하고 있었다.

이렇게 구마모토가 조선에서 대지주로 성공할 수 있었던 요인으로는 다음과 같은 배경이 작용하였다. 먼저 당시 조선의 지가는 일본의 1/10 에도 미치지 못할 정도로 저렴했고,8) 비옥한 토양, 고율의 소작제 관행 등 토지가 주는 수익성은 식민사업 중 농업이 가장 유망한 분야였다는 데 재론의 여지가 없었다. 당시 농장 경영의 수지에 관해서는 단순 소작 으로도 연 12~13%의 수익을 올렸다는 기록이 있고, 일반적인 토지 이윤 은 연 10~17, 18%였는데, 생산물가의 등귀에 비하여 지가는 상승폭이 극 히 적어 대략 지주들의 수익은 1905년 무렵 연 20% 선이었다고 한다.9)

두 번째로, 구마모토의 조선 진출 시기는 러일전쟁 이전으로 비교적 이른 시기에 토지 확보에 착수하였고, 비록 자기자본으로 시작한 사업 가가 아니더라도, 토지 구매 및 대리 경영을 해 주던 브로커로서 조선 각지의 비교적 양호한 농토를 직접 답사하고 매수해 들였다.10) 구마모 토가 농장을 창설한 순위는 1931년 현재 100 정보 이상 일본인 지주 331 명 중 제5위로11) 그만큼 좋은 땅을 먼저 확보할 수 있었던 셈이다.

세 번째로, 구마모토는 1904년 5월 설립된 일본인 토지취득 단체인 '군산농사조합'12)에 발기인으로 직접 참여함으로써, 1906년 이전 불법이

8) 이에 관하여서는 淺田喬二, 『日本帝國主義と舊植民地地主制』, 御茶の水書 房, 1968, 74~76쪽 ; 同, 「舊植民地朝鮮における日本人大地主階級の變貌過 程(上)」, 『農業總合研究』 제19권 제4호, 1965, 114쪽 제5, 6표 참조 ; 志賀重昂, 『大役小志』, 東京, 博文館, 1909, 1354쪽.
9) 『韓國土地農産調査報告-慶尙道, 全羅道』, 537쪽 ; 加藤末郎, 『韓國農業論』, 東京, 裳華房, 1904, 156쪽 ; 度支部司稅局, 『韓國の土地に關する調査』, 1907, 20~21쪽.
10) 하지연, 『일제하 식민지 지주제 연구』, 혜안, 2010, [표 2-3] 및 [부록 1] 러일전쟁 전후 대표적 일본인 대농장 소재지 및 보유면적 상황. 참조.
11) 조선총독부 농림국, 『朝鮮の農業』, 1933, 167~206쪽.
12) 군산농사조합에 관해서는 田中愼一, 「土地調査事業に一斷面」, 『朝鮮歷史論

었던 조선에서의 외국인의 토지매매 상황 속에서 매수해 들인 토지에 대한 공적인 보증을 받을 수 있었다.[13]

네 번째로, 구마모토는 처가 덕에 조선 진출과 사업상 자금을 확보할 수 있었다. 구마모토는 마츠나가 야스자에몬의 누이동생인 쿠니코(國子)와 결혼하려 했으나 학생 신분이고 생활능력이 없다는 이유로 반대에 부딪쳐 결혼이 성사되지 못하였다. 구마모토는 쿠니코와 함께 도망하여 동문인 마스토미의 집에 의탁했다. 그리고 마스토미의 중재로 결혼과 함께 마스토미농장 지배인 자격으로 조선에 진출하게 된 것이다.[14]

2) 농장의 확대와 규모

구마모토 농장의 규모는 1909년 말 225 정보였던 것이 1916년에는 2,670.5 정보, 1929년에 2,938 정보, 1931년 말 오쿠라 농장을 매수한 후 3,517.8 정보로 까지 늘어났다. 일본 재벌 오쿠라 기하치로(大倉喜八郎)는 1903년 일찌감치 군산, 옥구 등지에 식민지 소작제 농업경영을 위한 약 2,500 정보의 거대 농장을 설치하였다. 이후 규모가 점차 축소되기는 했지만, 1920년대 약 450 정보와 아들 오쿠라 아메키치 명의로 지경농장 580 정보를 소유하고 있었다. 1930년 초 세계경제 대공황의 여파로 자금난에 몰린 오쿠라는 아들 소유의 지경농장 580 정보를 담보로 조선은행에서 30만원을 차입했는데, 경제공황의 여파로 오쿠라 그룹 전체가 자금압박을 받고, 미가하락으로 농장경영도 부진해지자 결국 이 농장을 경매에 붙였다.[15] 그리하여 구마모토는 이 농장 경매에 응한 다른 경

[표 V-2] 구마모토 농장의 시기별 토지 규모변화   (단위 : 町, %)

연도	논	밭	계
1909년 말			225.0
1910년 초	156.9(85.8)	26.0	182.9
1910년 12월	2,286.0(92.6)	184.0	2,470.0
1911년 12월	2,498.6(91.7)	226.6	2,725.2
1916년	1,778.0(66.6)	892.5	2,670.5
1922년 말	2,322.5(91.7)	210.7	2,533.2
1925년 말	2,626.5(92.6)	210.1	2,836.6
1926년 8월	2,626.5(92.6)	210.1	2,836.6
1929년 7월	2,750.3(93.6)	188.0	2,938.0
1930년 3월	2,750.0(93.6)	188.0	2,938.0
1930년 말	2,750.0(93.6)	188.0	2,938.0
1931년 말	2,750.0(93.6)	192.0	2,913.0
1932년 3월	3,320.0(94.4)	197.8	3,517.8
1936년	2,751.0(87.4)	197.0	3,148.0
1938년	2,907.5(96.9)	92.9	3,000.4
1945년 11월	2,690.8(94.4)	159.6	2,850.4

자료 : 群山繁榮會, 『湖南鐵道と群山』, 1910 ; 群山農事組合, 『群山農事組合現況』, 1910 ; 朝鮮新聞社, 『鮮南發達史』, 1913 ; 조선총독부 전라북도, 『大正 5年朝鮮總督府全羅北道統計年報』, 1918 ; 조선총독부 식산국, 『朝鮮の農業』, 1923, 1927, 1930, 1933 ; 전라북도, 『內鮮人地主所有地調』, 1928, 1930 ; 전라북도 농무과 농정계, 『道內100정보 이상 地主一覽』 ; 전라북도 농촌진흥과, 『全羅北道地主調』, 1939 ; 『熊本農場關係書類』.
※ (   )은 총 토지소유면적 가운데 논이 차지하는 비율.

15) 鶴友會 編, 『大倉鶴彦翁』, 近代日本企業家傳叢書 8, 大空社, 1998 ; 大倉財閥研究會, 『大倉財閥の研究』, 近藤出版社, 1982. 참조. 오쿠라 재벌의 조선 경제 침탈에 관해서는 하지연, 「한말 일본 대자본의 對韓 경제침탈-오쿠라(大倉)組를 중심으로-」, 이화여대 한국 근현대사연구실 편, 『한국근현대 대외관계사의 재조명』, 국학자료원, 2007. 참조.

쟁자들보다 1평당 31전을 더 주고 낙찰 받았다.[16] 이로써 구마모토의 농
장 규모는 1932년 약 3,500 정보로 최대 면적을 확보하게 되었다가 이후
점차 감소 추세로 접어들었는데 1945년 11월 당시는 2,850.4 정보 규모였
다.[17] 구마모토는 전북에 진출한 최초의 일본인 지주였고, 국책회사인
동양척식주식회사(이하 '동척')를 제외하고, 개인으로서는 전북지역 최
대의 지주가 되었던 것이다.

구마모토의 토지 확대과정은 러일전쟁 전후 조선에 진출한 일본 재벌
시부사와(澁澤) 계열의 조선흥업주식회사(朝鮮興業株式會社, 이하 조선
흥업)나 미쓰비시(三菱)계열의 동산농사주식회사(東山農事株式會社, 이
하 동산농장), 현의 지원을 받았던 석천현농업주식회사(石川縣農業株式

[표 V-3] 1945년 3월말 현재 구마모토 농장의 농장별 토지규모   (단위 : 町, %)

	소재지	社有地	質權地	총계	각 농장 비율
개정본장	옥구군 김제군	4.0	447.3	451.3	15.4
지경농장		4.2	575.8	580.0	19.8
대야농장		1.7	239.2	240.9	8.2
화호농장	부안군 정읍군	14.7	1,561.2	1,575.9	53.7
전주분장	완주군	0.4	85.2	85.6	2.9
총계		25.0	1,908.7	2,933.7	100

자료 : 『熊本農場關係書類』. 연도미상 ; 『營業報告書』, 각 연도에서 작성.
※ 구마모토 리헤이는 社有地를 제외한 거의 모든 농지를 주식회사 구마모토 농장에 담보
로 넣고(질권설정) 거액을 대출했다. 따라서 농지의 소유권은 구마모토 리헤이, 질권은
주식회사 구마모토 농장이 갖고 있었다.
※ 각 농장 비율이란 총 토지 규모 총계 2,933.7 정보에 대한 각 농장의 토지 비율임.

---

16) 주봉규·소순열 공저, 『근대 지역농업사 연구』, 156쪽 ; 保高正記, 『群山開港史』,
群山府, 1925, 282쪽.
17) 주봉규, 소순열 공저, 『근대 지역농업사 연구』, 55쪽 [표 5-2]와 158~159쪽의 [표
5-3], [표 5-4] 참조.

[사진 11] 구마모토(熊本)화호농장 창고(정읍)

會社) 등과는 다르게 재벌자본도 아니고, 행정기관의 지원을 받지도 않으면서 일찌감치 거대지주화한 개인 지주의 사례로 주목된다. 물론 일본 자산가의 지원을 받아 토지 브로커로서 사업을 시작한 관계로 자본금이 없었던 것은 아니나 일본 내 기반을 두지 않고 순전히 식민지 조선에서 지주로 급성장한 식민지 지주였다. 물론 이 경우 식민지에서 획득한 초과 이윤을 조선이 아닌 본국 일본으로 유출한 점은 별개의 문제이다.

구마모토는 전라북도 5개군 26개면에 걸쳐 1본장, 3지장, 1분장 즉, 개정본장(開井本場), 지경지장(地境支場), 대야지장(大野支場), 화호지장(禾湖支場), 전주분장(全州分場)을 설치하여 관리했다.18) 사업장의 격과 규

---

18) 科學技術廳, 計劃局, 『朝鮮の米作技術發展史』, 低開發國科學技術事情調查資料, No. 2, 1967년 3월, 94쪽.

모에 따라서 본장, 지장, 분장을 설치한 것이고, 거기에 지배인, 지장장
(支場長), 분장장(分場長)과 당시는 장원(場員)이라고 불리었던 직원 50
여 명을 배치하여 약 3천 정보 가량의 농장을 관리했다. 1942년부터
1945년까지의 토지 소유 규모를 구체적으로 보면 개정, 지경, 대야는 금
강(錦江)과 만경강(萬頃江) 사이에 있는 옥구군(沃溝郡), 김제군(金堤郡)
소재 약 1,300 정보로 이 중 개정본장이 약 450 여 정보, 지경농장이 580
여 정보, 대야 농장이 240 여 정보 가량을 관할했다. 화호지장은 동진강
(東津江) 하류에 있는 부안군(扶安郡), 정읍군(井邑郡) 소재 약 1,600 정보
를, 전주분장은 완주군(完州郡) 소재 약 90 정보 규모를 관리해 1945년
기준 전체 총 관리면적은 약 3,000 정보에 달했다.[19]

이 구마모토 농장의 특징을 보면 [표 V-3]에서 확인되듯이 개정, 지
경, 대야, 화호, 전주 농장 가운데 화호지장의 소유지가 전체 토지의 약
54%를 차지하는 가장 크고 중심이 되는 농장이었다. 또한 [표 V-2]를 보
면 토지의 대부분이 논으로 1945년 11월 당시 총 경지 2,850.4 정보 가운
데 무려 94.4%에 달하는 2,690.8 정보가 논이었다. 또한 이 농지들은 수
리사업에 따라 경지정리가 이루어진 지역이었다.[20]

---

19) 『朝鮮施政二十年史』, 659~660쪽 ; 원용찬, 『일제하 전북의 농업수탈사』, 신아출
   판사, 2004, 59~60쪽.
20) 長澤利治, 「日本舊植民地朝鮮のおける熊本利平・熊本農場及び熊本利平に
   よる敎育文化事業について」, 『壹岐』 제13호, 1977년 2월, 8~9쪽.

3. 농장 관리조직의 구성과 성격

1) 농장 사업부 관리조직의 구성

구마모토는 가끔씩 농장에 들렀고, 그의 집은 화호지장의 관리장인 주임이 지켰다.[21] 그 밖에 경리과장, 농산과장 및 일본인 직원들과 조선인 직원을 합해서 27~28명이 되었고, 각 지역에는 사음을 두고 소작인들을 관리했다.[22] 본 고찰에서는 실질적으로 조선인 소작인 및 농사현장에까지 세부적으로 감시와 통제를 행사했던 구마모토 농장의 관리조직 체계를 살펴보고자 한다.

구마모토는 대부분의 시간을 일본 도쿄에 거주하면서 주주총회 참석 등 연간 3, 4차례만 조선에 들렀으므로 평소에는 본장 지배인인 시바야마(柴山鼎)가 농장주인 구마모토에게 일보(日報), 월보(月報) 등을 보내 현황을 보고하고 주요 현안을 지시받아 농장을 운영하였다.[23] 구마모토는 고향인 일본 나가사키현(長崎縣) 이키섬(壹岐島)에서 소학교 교장을 지내고 미국 시찰을 경험한 시바야마를 농장 지배인으로 발탁한 것은 '구태의연한 자연그대로의 농장 경영 방식을 벗어나 근대적 합리적 과

---

21) 화호리 766-2번지. 장성수, 함한희, 박순철, 조성실, 박진영, 문예은,『20세기 화호리의 경관과 기억』, 20세기 민중생활사연구단, 눈빛, 2008, 56쪽.
22) 장성수, 함한희, 박순철, 조성실, 박진영, 문예은,『20세기 화호리의 경관과 기억』, 54쪽.
23) 홍성찬,「일제하 전북지역 일본인 농장의 농업경영」, 79쪽 ; 장성수, 함한희, 박순철, 조성실, 박진영, 문예은,『20세기 화호리의 경관과 기억』, 77쪽.

학적 경영에 미치지 못했던 농장을 대대적으로 정비'하려는 목적이었
다.24)

[도표 V-1] 구마모토 농장의 사업부 관리조직 체계도

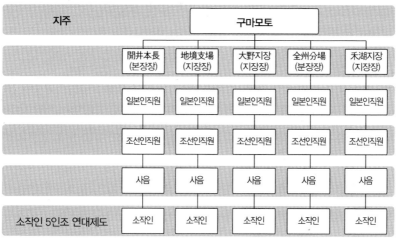

[도표 V-1]의 구마모토 농장의 사업부 관리조직 체계를 보면 일단 가
장 정점에 지주인 구마모토 리헤이가 있었고, 그 아래 '개정본장의 본장
장(本場長 혹은 주임)-지경·대야·화호 지장장(支場長) 및 전주 분장장(分
場長) 및 진료소장-직급별 일본인 직원(경리과장, 농산과장 이하 사업부
관리 직원으로 주임, 계원 등 약 50 여 명 배치)-조선인 직원-사음-소작
인'의 체제였다.

구마모토 농장의 농장 관리조직은 [도표 V-1]에서처럼 분명한 서열
구조로 체계화 되어 있었는데, 1936년의 경우 49명의 직원(사업부 이외
경리부와 진료부까지 포함)이 67명의 사음을 두고, 소작인 2,687명을 관

<hr />

24) 『조선일보』, 1937년 8월 1일자.

리했다.[25]

2) 농장 사원의 업무와 처우

(1) 사원의 업무와 전문성

구마모토 농장 사업부 직원은 사음을 두고 농사현장을 직접 통제하고, 영농의 최전선에서 실제 생산을 책임졌다. 따라서 그들은 영농에 있어서는 그만큼의 전문지식을 갖춘 전문직이었다. 예를 들어 1942년 당시 구마모토농장(주)의 이사인 스즈키(鈴木慶光)는 일본 모리오카 고등농림학교(盛岡高等農林學校)를 졸업한 후 평북 종묘장(種苗場) 기수(技手), 총독부 식산국 기수, 함경북도 도지사(道技師) 등을 거친 농정 관료 출신으로 1932년 1월 퇴직하고 2월에 전라북도 정읍군(井邑郡)의 화호지장 주임으로 초빙되었다.[26] 역시 이사 니시무라(西村英三)[27]도 평안북도 내무과 소속 기수, 충청북도 산업과 및 농사시험장 기사(技師)출신이었다. 이사 무라카미 코이치(村上幸一)는 충남 홍성군과 전북 고창, 임실의 사업기수(事業技手) 출신이었다.[28] 이렇게 구마모토는 전문 영농기술자이면서 관료출신을 영입하여 농장 관리조직을 체계화 시키고, 식민지에서의 농업경영상 편의를 도모했다.

일본인 직원들은 쿄토(京都)제국대학, 규슈(九州)제국대학, 오이타 상

---

25) 全羅北道 農務課 農政係,『道內百町步以上地主一覽』, 1936.

26) 鎌田白堂,『朝鮮の人物と事業 -湖南篇 第1輯』, 京城, 實業之朝鮮社出版部, 1936, 298쪽 ; 阿部薰 編,『朝鮮功勞者銘鑑』, 京城, 民衆時論社, 1935, 379쪽.

27) 장성수, 함한희, 박순철, 조성실, 박진영, 문예은,『20세기 화호리의 경관과 기억』, 44쪽의 주민소장 사진(1939년도 촬영) 참조.

28)『朝鮮銀行會社組合要錄』, 1942년판.

업고등학교(大分高商), 가고시마 상업고등학교(麗兒島高商) 등 일본 내
에서도 수준 높은 학교 출신이었고, 조선인 직원의 경우도 1945년 11월
현재, 직원 33명 가운데 17명이 농림학교 출신의 농업전문가들이었다.
그 외에도 잠업 학교와 농사학교, 전문학교 출신들을 합하면 22명으로
직원 33명 가운데 67%가 농업전문학교 출신이거나 혹은 농업관계 학교
출신의 전문가들이었다. 이들에 의한 농사기술지도는 총독부 농정당국
의 정책보다 10년 정도 앞섰다고 농장 스스로 자부할 정도였다고 한
다.29)

　구마모토 농장에서는 본장에서 농장 전체의 사업 계획을 수립하고,
그에 따른 재무(회계), 인사, 구매, 판매 업무를 총괄하였으며, 지장과 분
장은 본장의 지시에 따라 농사 현장의 업무를 이행했다. 지장과 분장의
직원들은 대개 지장장 이하 7~9명 규모였는데, 농장의 모든 입출금 내역
을 상세하게 기록하여 본장에 보고했고, 본장에서는 회계처리 지침을
하달하고, 지장과 분장의 장부를 검사하였다. 또 직원들은 소작인들에게
배부할 각종의 소작료 통지서, 차용증, 차입서(差入書), 계약서 등 각종
의 서류들을 작성하고, 인쇄하여 이를 관리하였고, 토지대장 등 각종의
등본 업무를 위한 인지(印紙) 준비나 사무실용 용품 비치, 농기구 및 도
구의 비치, 심지어 각종의 연회용 비품까지 갖추는 제반 사무를 담당했
다. 또 전라북도 농무과장에서 세무서 직원, 미곡검사소장에 이르기까지
관련자 접대 업무, 잡지 광고, 경조사비 업무, 농림학교 실습생 교육 등
실로 다양한 일을 처리했다.30)

---

29) 李永春, 「나의 교우록(1)」, 『전북일보』, 1972년 1월 29일 ; 주봉규, 소순열 공저,
　　『근대 지역농업사 연구』, 165~166쪽.
30) 구마모토 농장 직원들의 업무에 관해서는 홍성찬, 「일제하 전북지역 일본인 농장
　　의 농업경영」, 83~88쪽 참조.

그러나 무엇보다 지장과 분장의 사업부 직원들의 가장 중요한 임무는 농사현장에서의 생산력 증진이었다. 각각의 본·지장들 밑에 농구를 설치하고, 1사람이 100 정보를 기준으로 하여 파종, 이앙, 퇴비증산, 심경, 다비(多肥)에 의한 지력 증진, 일본품종 보급 관리 및 일본식 집약농법의 지도·장려, 소작료 수납 등 모든 영농과정을 관리하였다.[31] 그리고 조선인 직원들을 적극 활용하여 그들을 매개로 조선 소작인과의 원활한 소통을 도모하기도 하였는데, 예를 들어 상(喪)을 당한 소작인의 집에 조선인 사원을 파견하여 부의(賻儀)나 조기(弔旗)를 전달하게 하는 등의 관리를 통해 최대한도로 농장 측에 협조적인 분위기를 조성하고, 생산 의욕을 고취시키고자 하였다. 매년 개최한 다수확품평회나 식부(植付)품평회 등 각종의 품평회 개최와 이를 통한 소작인 간의 경쟁 유발도 모두 생산성을 높이기 위한 수단이었다고 할 것이다.

이렇게 농업전문가를 사원으로 채용하여 실제 영농현장에서 농업기술지도와 생산력의 증대를 꾀한 경우는 구마모토 농장뿐만 아니라 근대식 경영시스템을 도입한 다른 일본인 거대농장이나 조선인 농장에서도 확인된다. 그런데 구마모토 농장의 경우 사원의 전문성이나 규모는 다른 농장에 비해서도 월등했던 것으로 보인다.

사원의 수만으로 단순한 비교를 하기는 어려우나 [표 V-4]에서 전북지역 1천 정보 이상의 거대지주의 농지규모와 소속 소작인에 대한 관리 인수를 보면 구마모토 농장이 소유지규모에 비하여 상당히 많은 사원을 투입하여 관리했음을 확인할 수 있다. 물론 이때 사원이 모두 사업부 소속이 아니고, 경리부와 진료부 소속도 포함한 수치이기는 하지만, 사업부에 가장 많은 사원이 배정되어 있었다.

---

31) 西尾正夫, 「熊本農場紹介」, 『洛友會報』 제6호, 1933년, 11월, 6쪽.

[표 V-4] 전북 지역 1천 정보 이상 일본인 농장의 현황과 관리인 수(1938년 현재) (단위 : 町, 人)

농장명	설립 연도	농장 면적	사원 1인당 관리면적	소작인 수	사원 1인당 관리소작인수	관리인수	
						사원	사음
동산농장 전북출장소	1919	1,485.5	114.3	1,091	83.9	13	51
二葉社농장(주)	1920	1,209.0	75.6	2,191	136.9	16	67
石川縣농사주식회사	1907	1,760.2	220.0	1,586	198.3	8	22
東津농사주식회사	1928	1,624.0	95.5	657	38.6	17	-
熊本농장	1903	3,000.4	61.2	2,687	54.8	49	67
島谷농장	1904	1,742.7	158.4	1,607	146.1	11	27
불이흥업 전북농장	1914	2,691.1	99.7	4,719	174.8	27	66
多木農場	1918	2,547.0	159.2	3,055	190.9	16	69
細川농장	1904	1,376.3	275.3	2,132	426.4	5	10
동척 裡里지점	1908	7,070.2	252.5	10,671	381.1	28	36
右近商事會社	1921	2,407.8	200.7	3,924	327.0	12	23
南鮮출장소	1909	1,096.0	137.0	1,800	225.0	8	15
大橋농장(주)							

자료 : 全羅北道,『全羅北道大地主調』, 1939 ; 全羅北道 農務課 農政系,『昭和十一年度道內百町步以上地主一覽』(불명)에서 작성.

[표 V-4]에 의하면 구마모토 농장은 1938년 현재 약 3천 정보의 농지에 소속 소작인 2,687명을 사원 49명과 사음 67명을 두고 관리했다. 동척 이리지점은 7천여 정보의 농지에 소작인 수는 무려 10,671명에 달했는데, 사원수는 28명, 사음이 36명이었다. 사원 1인이 관리해야 할 경지면적을 보면 동척의 경우 무려 252.5 정보에 달했는데 비해 구마모토 농장은 61.2 정보로 동척의 1/4 정도의 경작 면적을 관리하였다. 그리고 관리 소작인 수만 비교해 보아도 구마모토 농장은 사원 1인당 54.8명의 소작인을 관리한 반면 동척은 사원 1인당 381.1명을 관리하여 동척에 비해 1/7의 소작인을 관리했다. 불이흥업 전북농장도 약 2,700 정보 가량의 농지에 소작인 4,719명으로 구마모토 농장에 비하여 관리해야 할 소작인이 2천 명 가량 더 많은 반면 사원의 수는 27명으로 사원 1인당 174.8명을

관리했다. 이로써 볼 때 구마모토 농장은 동척이나 불이홍업 등 식민지
시기 일본인 거대지주회사들과 비교해서도 철저하게 소작인 및 경작지
를 통제하는 관리시스템을 갖추고 있었음을 알 수 있다.

또한 구마모토 농장에서는 이들 직원간의 경쟁을 만들어 포상을 함으
로써 성과주의에 입각한 고율의 소작료 수취를 조장했다. 즉, 농장은 매
년 '다수확품평회' 혹은 '증산경진회'를 개최하여 우수 직원에 대해 상
여금을 주고 그 밖에도 수확증가분의 성과급으로서 토지를 준 경우도
있었다. 그 사례로 가네코 손타로(金子孫太郎)는 본래 도청 소속의 농업
기술관이었는데 "5년간 (수확량-필자) 수량을 2배로 할 경우 1 정보의 토
지를 분여한다."라는 조건으로 구마모토 농장에 발탁되었다. 이때 가네
코는 당시 우량 답의 쌀 수확량이 평당 벼 3근이었던 것에 비하여 구마
모토 농장의 경우 평당 벼 4근을 수확할 수 있게 한 결과 약 50 정보의
토지를 소유한 대지주가 되었던 것이다.[32]

이러한 소속 직원의 학력이나, 그들에 대한 우대와 직원들의 업무 등
에 관해서는 당시 구마모토 농장의 소작인이었던 현지 주민들의 회상에
서도 나온다.

> 이 사람들이 일본에서 우수하게 공부한 사람들이야. 그런 사람들을 갖
> 다놓고 지도했는데 (구마모토)는 머리가 보통 농장을 운영한 사람들이랑
> 은 달라, 직원을 뽑아도 다 유능한 사람들만 뽑아. 그때 당시 그 주위 집
> 장보다 월급을 조금 더 줬어. 더 주면서 (중략) 소작료를 많이 받음과 동
> 시에 농사짓는 개선방안 권장을 했어. 머리를 조금 더 쓴 것이지. 말하자

---

32) 科學技術廳 計劃局, 『朝鮮の米作技術發展史』, 低開發國科學技術事情調査
資料, No. 2, 1967년 3월, 95쪽 (주봉규, 소순열 공저, 『근대 지역농업사 연구』,
167쪽에서 재인용)

면 녹비제도라든지, 추경갈이, 이런 것도 권장을 했지. 종자 개량이라던지 농사짓는 여러 가지 기술방법을 도입을 했어.(중략) 축산을 해서 퇴비를 증산한거야. 소를 기르면서 말하자면 짚을 깔아서 소가 분뇨를 배출하면 퇴비를 만들어 가지고 농사에 넣는다던가 하지. 결국 퇴비를 되도록 많이, 녹비 퇴비를 많이 넣어야 한다는 것으로 장려를 했고, 직원들을 여름에 싹 나오라고 해 가지고 아침 풀갈이 지도도 했지. 각자가 맡은 구역이 있거든. 한 일곱 군데를 자기가 맡은 데를 돌아다니면서 풀 베가지고 퇴비 장려를 많이 했어. 퇴비 장려를 함과 동시에 이놈들이 머리가 좋은 놈들이라서 말하자면 증산대회도 했지, 말하자면 퇴비를 잘한 부락은 상금을 주는 제도, 그런 것을 했거든, 그런데는 상당히 머리를 썼어"[33] -주민 구술 -

즉, 구마모토 농장은 일본에서 공부한 유능한 직원을 뽑아 농장 관리를 위탁했다. 또한 일본인이든 조선인이든 능력위주로 발탁해 썼는데, 수당도 다른 농장에 비하여 높았다. 물론 일본인과 한국인 직원 사이에는 내부적으로 이중적 위계구조가 뚜렷했다.[34] 농장은 이들 직원들의 전문 농업기술을 바탕으로 농사개량과 지도, 그로 인한 생산력의 증대를 꾀했고, 증산과 직결되는 농법개량 및 시비의 장려에 가장 주력을 했다.[35] 직원들이 일일이 자기 관리구역을 돌아다니며, 풀베기와 퇴비 장려까지 한 점으로 보아 매우 치밀하고, 세부적인 부분에 까지 회사의 통제력이 미치고 있었다고 할 것이다. 수당이 높았던 만큼 회사에 대한 충성도와 업무강도 역시 그에 비례했다고 할 것이니 사원들이라고 하여 편하게만 일했던 것은 결코 아니었다. 그럼에도 불구하고 성과주의에

33) 장성수, 함한희, 박순철, 조성실, 박진영, 문예은, 『20세기 화호리의 경관과 기억』, 45쪽.

34) 장성수·함한희·박순철·조성실·박진영·문예은, 『20세기 화호리의 경관과 기억』, 74쪽.

35) 홍성찬, 「일제하 전북지역 일본인 농장의 농업경영」, 66쪽.

입각하여 일본인 사원들에게는 적어도 그들이 일한 만큼의 경제적 보상
은 보장되었다. 그리고 구마모토 농장에서 소속 사원들에게 주위 농장
들의 집장보다 월급을 더 주었다는 것은 그만큼 소작료에서 사원들에게
지급되는 돈이 더 많았다는 것을 의미하는 것으로 중간관리인들에게 돌
아가는 몫이 많은 만큼 소작료의 고율화를 초래했던 것은 자명한 결과
였다.

(2) 사원에 대한 처우와 복지

일본인 직원들은 농업전문학교 출신으로서 전문성을 발휘하여 영농
현장에서 농사기술을 지도하고, 생산성 향상에 전력을 기울여 그 성과
에 따라 상응하는 경제적 대우를 받았다. [표 Ⅴ-5]은 1943년 구마모토
농장 직원의 봉급 지불 상황이다.

[표 Ⅴ-5] 구마모토 농장직원의 봉급·수당·상여(1943)   (단위 : 圓, 名)

	봉급	가족수당	상여	재근수당	계
금액	54,1114.90	11,740.2	44,343.80	6,628.20	116,857.10
직원수	56	51	56	24	56
1인당 평균	966.87	230.2	791.85	276.18	2,086.73

『熊本農場決算書』, 1943, 1944.(주봉규, 소순열 공저, 『근대 지역농업사 연구』, 167쪽의
[표 5-9])

[표 Ⅴ-5]에 의하면 1943년 구마모토 농장 소속 직원에 대한 봉급과 각
종 수당, 상여금 등을 알 수 있는데, 구마모토 농장의 직원 1인당 평균
임금은 2,086원 정도였다. 이는 1940년 농사시험장 소속 일본인 직원(判
任官)의 평균 임금 1,495원과 비교하여도 매우 높았던 수준이다.[36] 고액

---

36) 朝鮮總督府, 『昭和15年 朝鮮總督府統計年報』, 1942, 477쪽.

의 임금을 보장해 줌으로써 사원들의 충성심을 유발하고, 그만큼 최대
한의 이윤을 낼 수 있도록 독려함으로써 식민지에서 창출된 이윤은 일
본인의 몫으로 갔던 것이다.

[사진 12] 구마모토 농장 직원 주택

　한편 직원들에게는 봉급 이외에 정원과 온돌이 딸린 사택이 제공되기
도 했다. 구마모토 농장은 모두 7개 지구로 나누어져 관리되었는데, 한
개 지구의 크기는 보통 한 개 면의 1/3 정도 크기로 매우 큰 면적이었고,
화호지장의 경우는 총 3명의 직원이 관리했었다. 화호지장의 관리장(場
長)의 집은 구마모토가 조선을 방문할 때 이용했고, 평소에는 관리장의
숙소였다.(현 화호리 766-2번지) 이 가옥은 전형적인 일본식 주택이었고,
넓은 정원에, 기와지붕, 튼튼한 목재를 사용하였다. 그리고 과장들의 집

은 그 보다는 규모나 설계 등에서 뒤쳐져 소위 '2급'이라고 불렀는데, 농산과장의 집(766-3번지)과 경리과장의 집(766-5번지)이 현재 남아있다. 보통 과장급들의 숙소인 소위 2급의 관사에 예외적으로 자혜진료소의 김성환 박사가 포함되어 일본인 경리과장 및 농산과장과 비슷한 처우를 받았던 것으로 보인다. 또 구마모토 농장 일본인 직원들의 합숙소(766-4번지)가 관리장의 집 바로 아래 위치해 있어 회의도 하고, 숙식을 같이 하면서 농장을 관리했다. 과장급은 아니더라도 그 아래 일반 일본인 직원들의 집도 남아 있다.(766-6번지 및 780번지, 775-1번지)[37]

구마모토 농장 직원간의 위계질서는 일본인 간에서도 물론 있었지만, 일본인과 조선인 사이의 그것은 더욱 뚜렷하였다. 예를 들어 가옥 구조나 공간 배치에서도 드러나는데, 관리장의 집이 마을의 가장 높은 곳이며, 마을의 상징인 당산나무의 바로 옆 중심에 있었고, 그 주위에 과장급의 사택, 더 나아가서 바깥쪽으로 일본인 일반 직원들의 집이 배치되었다. 그리고 그 보다도 더 외곽으로 조선인 직원들의 집이 배치되었다. 조선인 직원에게는 농장설립 초기에는 사택 건축이 허락되지 않았다가 1936년에 가서야 허락되었는데 그 규모가 협소하고, 공간구성도 방 두 개와 부엌으로 작고 단출했다. 구마모토 농장 관리소 구내의 공간적 구성과 사택의 구조에서 식민지적 위계질서를 그대로 확인할 수 있는 것이다.[38]

이렇게 농장에서 제공된 사택은 농장측이 수시로 사무실 구내와 사택 주변의 청소와 소독까지 해 주었고, 생명과 재산상의 안전과 보호를 위한 사택주변의 철조망 설치, 철문 설치, 전등 및 수도관 가설 등의 혜택

---

37) 장성수·함한희·박순철·조성실·박진영·문예은, 『20세기 화호리의 경관과 기억』, 47, 56, 58~60, 65~66, 70~71쪽.
38) 장성수·함한희·박순철·조성실·박진영·문예은, 『20세기 화호리의 경관과 기억』, 72~74쪽 참조.

[사진 13] 구마모토 농장 직원 주택

도 있었다. 그리고 사택이 미처 완성되지 못해 입주하지 못한 직원들에게는 입주 전까지의 숙박료를 따로 지급하기도 하였다.39) 결국 소속 직원들에 대한 높은 수당 지급과 처우는 그만큼 농장이 상당한 수익을 올렸을 때 가능한 것이고, 또 계속해서 고수익을 올리도록 하는 원동력이었다.

---

39) 홍성찬, 「일제하 전북지역 일본인 농장의 농업경영」, 87쪽.

4. 농장 운영의 실태와 소작관계

1) 소작계약증서 및 연대보증서에 나타난 소작관계

구마모토 농장의 소작조건은 계약 기간이 1937년 현재 3년으로 책정되어 있었다. 이는 조선총독부의 '조선농지령' 이후 시행된 것이었고, 소작료는 3년마다 예상 수확고를 전제로 정조제를 적용시켰다. 그리고 원칙적으로 소작지의 변경 없이 2월경, 지주가 수리조합비와 조세 공과금을 부담하고, 소작인은 비료 비용을 부담하는 조건으로 체결되었다.

소작료의 징수 형태는 1944년 화호농장을 기준으로 볼 때 정조법이 소작지의 97%, 집조법이 3%정도에서 시행되었다.[40] 구마모토 농장은 소작계약기간 3년을 1기로 잡고 소작인들에게 생산력을 증대시켜 그 증가분에 기준하여 다음 번 소작료를 증징하는 방법으로 최대한도의 소작료를 책정해 나갔다.

1937년 작성된 [부록 2]의 <소작계약증서>는 <소작승낙증서>에 대하여 승낙 형식으로 되어 있고, <소작승낙증서>의 명의는 '조선신탁주식회사 촉탁 주식회사 구마모토'라고 되어 있다. 이때 구마모토 농장은 토지가 신탁 저장되어 있던 화호지장으로 추정된다.

먼저 <소작계약증서>에는 소작계약 기간을 3년으로 명시했고, 풍흉에 관계없이 정조액을 완납할 것을 명시하고 있다.[41] 그리고 반드시 회사

---

40) 소순열·주봉규, 『근대 지역농업사 연구』, 170쪽.
41) 全羅北道農務課, 『全羅北道農事會社定款小作契約書』, <소작계약증서> 제1조.

가 지정한 장소로 납입해야 했다. 그리고 이때 소작미는 상품가치를 높이 위해 품질, 용량, 포장을 철저하게 규정해 주었는데, 소작인들은 반드시 기한 내에 회사가 지정한 개량종으로 건조와 조제를 완전히 마친 후 새 가마니에 91근씩 넣고, 반드시 새끼줄로 가로 3번, 세로 2번을 감아 완납하게 했다. 그리고 이때 소작미의 품질이 불량하거나 혹은 건조와 조제 과정이 불충분할 경우는 회사가 부과하는 할증미를 더 내야 했고, 기한을 어길 경우는 1일당 연체료가 0.2% 가산되었다.[42] 또한 소작료와 회사로부터 차용한 각종 비료대, 종자값, 기타 생계를 위한 식량 등을 기한 내에 완납하기 전까지는 일체의 생산물에 대하여 소작인은 자기 몫이라고 할지라도 자유로이 처분할 수가 없었다.[43] 그리고 이 규정을 어길 경우는 무조건 소작계약이 해제되었다.[44]

한편 실제 경작 과정에서 회사는 필요하면 소작지를 개량 및 경지정리, 경작지 이동, 소작지 변경, 소작면적 및 소작료 증감을 소작인의 동의 없이 시행할 수 있었고, 이에 대해서 일체 소작인들은 이의를 제기할 수 없었다. 또 벼 이외의 작물을 소작인이 재배하거나 이모작을 할 때도 반드시 회사로부터 승낙증을 받아야 가능했다. 영농과정에서는 심경 및 시비, 식부법에 관해서도 구마모토 농장은 일체의 과정을 상세하게 소작계약증서에 명시했는데, 소작답은 전부 7촌(寸)[45] 이상 심경을 하도록 했고[46] 해마다 그 해 생산된 볏집의 절반 이상을 퇴비로 소작인이 제작해 사용하도록 강제했다. 녹비 재배나 시용도 반드시 회사의 지시에 따

---

42) <小作契約證書> 제2조.
43) <小作契約證書> 제3조. 제5조 5항.
44) <小作契約證書> 제5조 1항.
45) 10寸=1尺, 즉 1寸은 약 3.3cm 정도.
46) <小作契約證書> 제4조 6항.

라 이루어졌다.47) 정조식 식부법도 1평당 90주를 표준으로 하여 전 소작답에 시행하도록 했고, 만약 이를 이행하지 않을 경우 회사가 처음부터 다시 식부할 것을 명령했다.48) 종자 갱신이나 기타 모든 영농과정은 반드시 회사의 지도에 따라야 함도 분명하게 명시했다.49) 구마모토 농장은 소작계약증서의 제5조에 소작계약 해제 조건을 상세하게 명시하여 이에 위배될 경우 일방적으로 소작계약을 해제하고, 바로 소작답을 원상태로 복원, 반환함은 물론 회사 측에 손해가 있을 때는 이를 배상하게 하였다. 또한 소작인 또는 연대보증인이 회사 측의 일방적인 계약해제로 인하여 손해를 입더라도 일체 손해배상을 요구하지 않을 것을 서약하게 하였다.50)

구마모토 농장측이 제시한 소작계약해제의 조건은 다음과 같다. '소작료와 각종 전대금을 기한 내에 납부할 것,51) 소작답은 반드시 본인이 경작하고 타인에게 전대하지 말 것,52) 소작인이 이사하여 거주지가 멀어 소작인으로서 부적당할 경우,53) 비료를 소작답 이외에 사용했을 때나 대여할 경우,54) 농사를 태만히 하여 소작답을 황폐시켰을 경우,55) 소작답의 지형지목을 변경한 경우,56) 회사소속 지도원의 지시에 불응하거

---

47) <小作契約證書> 제4조 7항.
48) <小作契約證書> 제4조 8항.
49) <小作契約證書> 제4조 9항.
50) <小作契約證書> 제5조.
51) <小作契約證書> 제5조 1항.
52) <小作契約證書> 제5조 2항.
53) <小作契約證書> 제5조 3항.
54) <小作契約證書> 제5조 4항.
55) <小作契約證書> 제5조 6항.
56) <小作契約證書> 제5조 7항.

나 불온한 언동을 했을 경우,[57] 소작인으로서의 신용을 실추하거나 소
행이 불량하여 체면을 훼손했을 경우,[58] 소작답이 국유, 또는 공유에 제
공될 경우'[59]가 그것이다. 게다가 '제반 본 계약을 위반한 때'[60] 라는 조
항을 넣어 회사 측의 자의적 판단에 기초한 포괄적 계약해제가 가능하
도록 했다.

　그리고 구마모토 농장은 이렇게 상세한 각 조항을 준수시키기 위해
소작계약증서에 보증인을 소작인 1인당 5명을 책정·서명하도록 하여 소
작인과 연대하여 반드시 책임을 지게 하였다. 그리고 이러한 장치에 추
가하여 <연대보증서>를 별도로 작성하게 하였다.[61] 이 연대보증서의 내
용은 소작계약증서의 내용을 반복, 강조한 것으로 3년간의 소작기간 내
농장으로부터 소작인이 전대한 각종의 차용금을 1년 단위로 나누어 해
마다 보증한도액을 책정하고 반드시 기한 내에 상환하도록 하면서,[62]
상환이 이루어지기 전까지는 일체의 생산물에 대한 소작인의 처분 권리
를 인정하지 않았다. 또한 채무 소작인이 상환을 제대로 하지 못해 신용
실추의 염려가 있다고 회사 측이 판단하거나 혹은 회사 측이 강제집행,
가차압, 가처분 등의 처분을 내리게 될 때는 상환 및 보증기한 전이라도
언제든지 불시에 회사가 연대채무를 보증인에게 강제할 수 있도록 규정
하여 일방적인 회사 편의를 도모하고, 손실을 방지하기 위한 편무적 계
약이었다.[63]

---

57) <小作契約證書> 제5조 8항.
58) <小作契約證書> 제5조 9항.
59) <小作契約證書> 제5조 10항.
60) <小作契約證書> 제5조 11항.
61) 全羅北道農務課, 『全羅北道農事會社定款小作契約書』, <연대보증서>
62) <연대보증서> 제2조.
63) <연대보증서> 제5조.

한편 구마모토 농장은 소작인을 5명을 한 조로 하여 관리하는 ' 5인조
제도'를 두었는데 이 제도는 당시 일본인 대지주회사의 공통적인 소작
인 관리조직이었다. 예를 들어 무라이(村井)농장, 후민(富民)協會농장 등
에서도 이 제도를 이용하여 소작인을 관리했는데,[64] 지주적 성격을 갖
는 5인 조합의 형태는 동척, 조선신탁, 불이흥업, 가와사키농장 등 일본
인 거대 농장들에서도 거의 예외 없이 채택되어 운영되고 있었다. 그리
고 소작계약서상 연대보증 소작인으로 불이흥업이나 구마모토 농장 같
은 경우는 10명까지 연대서명을 요구하기도 하였다.[65] 그런데 구마모토
농장의 경우 소작계약서 상 소작인 1인이 회사와 계약을 체결할 때 연
서 보증인으로 5명의 다른 소작인이 더 필요했던 사실만 있을 뿐,[66] 그
외의 자료에서 더 이상 5인조제도에 대한 내용이 나오지 않는 것으로
보아 이때 5인조제도는 조선흥업의 소작인 통제조직으로서의 그것과는
달리 단순한 연대보증인제였던 것으로 파악된다.

결론적으로 구마모토 농장의 소작계약증서는 단순히 소작계약 기간
이나 소작료 징수 방법 등에 관한 기초적 계약 조건을 제시한 문서가 아
니라 지주회사측에 의한 영농방법 지시 및 통제, 소작료의 납입 방법과
규격, 소작미에 대한 종자 및 건조·조제·포장 방법, 납입 기한, 소작계
약 해제 조건, 심지어 연대보증인 설정까지 회사가 소속 소작인과 영농
과정 일체를 세밀하게 통제할 수 있었던 강제규정 조항이었다고 할 수
있다. 그리고 이렇게 상세한 각종의 규정은 결국 생산력의 증대와 고율

---

64) 淺田喬二, 『日本帝國主義下の民族革命運動』, 未來社, 1973, 172, 175쪽.
65) 熊本농장 소작계약서(1927년 판), 제1조 및 제11조, 조선신탁주식회사 소작계약
    서 제6조 참조.
66) <小作契約證書>, 全羅北道農務課, 『全羅北道農事會社定款小作契約書』,
    1938, 370~370쪽.

의 소작료를 확보함으로써 최대한의 이윤을 창출하기 위한 식민지 시기
일본인 거대 지주회사의 보편적인 현상이었다.

2) 소작료 징수 실태

[사진 14] 소작 문제, 조선 일보, 1924. 소작료를 못 낸 농민이 일제 경찰에
게 잡혀가고 있다.

   1938년 전라북도 소작쟁의와 관련하여 전북 경찰부장이 작성한『熊本
농장 소작쟁의 해결에 관한 건』[67] 에 의하면 구마모토 농장의 소작료는

---

67)『熊本農場小作爭議解決ニ關スル件』, 全北高 제185호, 1938년 1월 20일.

'다른 농장이 평당 1.05근인 것에 비해 구마모토 농장은 평당 1.25근 정도로 고율'이었다.

구마모토 농장의 소작료율이 주변 일본인 농장들 가운데에서도 가장 높은 수준이었음은 1940년 당시 조사 자료에서도 확인할 수 있다.1940년 10월 오노 토모츠(大野保)가 조사한 바에 의하면 구마모토 농장 화호지장 구역인 김제군 부량면 신용리 일대 촌락의 전 소작면적의 50%가 구마모토 농장 소유지였고, 동척이 20%, I농장이 20%, A농장, MI농장, MA농장 3개를 합쳐서 나머지 10%를 점하고 있었다. 그런데 이들 농장 가운데 구마모토나 동척 소유 농장이 엄격하고 치밀한 영농과정에서의 통제와 농사지도를 받는 형태에 속했고, 나머지 I농장 이외에는 농장이라고는 하나 사실상 비료나 자금을 소작인의 희망에 따라 대여하는 정도로, 그저 소작료의 수입만을 목적으로 할 뿐이었다고 한다. 따라서 구마모토 농장이나 동척처럼 강제적으로 비료의 사용을 강요하거나 혹은 농사지도를 엄밀하게 시행하는 등의 행태는 일어나지 않았다.

이 신용리 일대 농장의 소작료를 비교해 보면 구마모토 농장이 1평당 벼 1.35근, 동척이 1.25근, I농장이 1.15근, A농장이 1.30근, MI농장이 1.10근, MA농장이 1.20근으로 구마모토 농장이 가장 고율의 소작료를 걷고 있었다. 오노는 이 조사에서 구마모토 농장의 소작료율은 60% 정도라고 하였고, 따라서 구마모토 농장에 항상 소작쟁의의 소지가 상존한다고 분석하였다.[68]

"내가 맡은 데는 칠 구였는디, 한 개 면을 세 개로 쪼개서 그중에 하나

---

[68] 大野保, 조승연 옮김, 『조선농촌의 실태적 연구 朝鮮農村の實態的硏究』, 민속원, 2016, 217~218쪽.

를 말하지, 구마모토가 토지의 삼분지를 내가 맡은 셈이야. 한 지구가 꽤
크네요. 아 크지. 칠만 석을 거기서 소작을 받아 내는디, 소작료를 그 마을
에서 최고로 많이 받은 사람이 구마모토야. ......"-주민 구술[69]

이처럼 당시 구마모토 화호리 농장의 사음을 지낸 주민의 구술을 통
해서도 당시 구마모토 농장이 주변 대지주들 가운데에서도 최고의 소작
료를 받아 내었음을 알 수 있다. 또 당시 언론사들이 구마모토 농장 개
정 본장의 실태가 "소년 소녀가 짠 가마니로만 연명"할 정도라고 하거
나[70] 소작농가의 수지가 증산에도 불구하고 18.6원이 적자라고 보도 했
을 정도로 소작농의 생활은 열악하였던 것이다.[71] 구마모토 농장은
1933년부터 1937년까지 4차례의 대규모 소작쟁의가 발생한 쟁의 다발
농장이었다는 점에서 소속 소작인들에 대한 수탈적 소작제 경영 상황을
알 수 있다. 효율적이고 근대적 경영방식을 통한 높은 생산성과 그에 따
른 높은 소작료율, 최대한의 이윤 창출은 결국 일본인 지주와 사원들의
몫이었고, 조선 소작인은 오히려 적자에 허덕여야 했던 수탈의 구조였
던 것이다.

농장 소속 일본인 사원들에 대한 후한 복지혜택과 대조적으로 조선
소작인들의 열악한 생활 실태는 1934년 화호지장 소작인들이 농장 측에
소작료납입고지서를 반송하면서 주장한 요구사항 세 가지에서 극명하
게 드러난다.[72]

---

69) 장성수·함한희·박순철·조성실·박진영·문예은, 『20세기 화호리의 경관과 기억』,
    47쪽
70) 『매일신보』, 1934년 5월 24일자.
71) 『조선일보』, 1933년 11월 27일, 28일자.
72) 『조선일보』, 1934년 12월 1일, 7일, 12일자.

첫째, 농장측이 내건 소작료 단보 당 2석 3승은 이곳 평균 수확량이 단보 당 4석 6두이므로 설사 이곳 농지가 전부 옥토라고 하더라도 어림도 없는 것으로 사실상 6~7할의 소작료이다.

둘째 대부비료 가격은 대량 구입한 원가의 시세보다 훨씬 비싸고 다른 농장보다도 비싸다.

셋째, 소작인에 대한 대우가 '牛馬'보다도 못하여 농장의 지휘에 조금이라도 불응하거나 성적이 다소 불량하면 구타 욕설하기 예사이다.

즉, 60~70%에 달하는 고율의 소작료 수취는 물론이고 대부 비료에서도 농장은 차익을 챙기고, 농장의 지시를 조금이라도 어기면 구타까지 하는 등 근대적 합리성을 갖춘 경영이라기보다는 봉건적 수탈에 가까운 폭압성을 보여주고 있는 것이다. 그렇다면 식민지 소작인들에게 돌아갈 수 있었던 이득이란 과연 무엇인가. 식민지 지주제의 식민성과 근대성의 문제를 논할 때 합리적 관리조직과 체계적인 농사현장 및 영농 관리, 최대한도의 소작료 수입을 통한 높은 수익성 등을 근대성의 근거로 제시하나, 그것이 식민지 조선 소작인에게 어떠한 의미가 있었을까. 따라서 식민지라는 구성체 하에서 근대성이란 피지배민족 내지 피지배층에 대한 수탈과 폭력을 수반하는 식민성의 또 다른 이면임을 짚고 넘어가야 할 것이다.

5. 식민지 지주제 농장 경영의 성격

1) 소작쟁의의 발생과 경과

구마모토 농장은 식민지 시기 전북에서 일본인 지주 가운데 개인지주로서는 최대 규모였다. 그리고 1931년 당시 전 조선의 100 정보 이상 거대 지주 266명 가운데 농장 규모가 7위를 기록할 만큼 거대 일본인 지주였다고 할 것이다.[73] 또한 동척보다도 우수한 농업 전문 인력을 다수 확보하여 농사기술을 현장에서 지도하면서 체계적이고 효과적으로 영농과정 및 소작인들을 통제·관리했다. 구마모토 농장은 전북의 정읍, 김제, 옥구, 익산, 부안군 등 총 5개 군에 걸쳐 분포했고, 대부분의 경작지가 수리조합의 몽리 혜택을 받는 지역이었다. 관할 농장 가운데 개정본장, 지경지장, 대야지장, 화호지장 등은 군산항에 이르는 철도 교통의 요지에 자리하고 있어 일본으로의 미곡 수출에도 최적의 조건을 두루 갖춘 지주회사였다.

1920년대, 구마모토는 농촌문제, 소작쟁의가 빈발하여 이것이 식민지 조선농촌에서 일본인 지주 대 조선인 소작인의 충돌로 비화되는 것을 매우 경계하였다.[74] 그리고 그는 소작쟁의가 발생하지 않도록 상당한 주의를 기울였는데, 구마모토의 조선 소작인들에 대한 쟁의 방지책은 식민지 공권력인 총독부 경찰당국에서 조차 "교활하고 다변(多辯)"이며

---

73) 조선총독부 농림국, 『朝鮮の農業』, 1933, 186~205쪽. 동양척식주식회사는 제외함.
74) 熊本利平, 「農村の重大問題」, 『조선농회보』 19권 4호, 1924.

"신용도 후하지 않다."고 평가될 만큼 상황파악이 빠르고 신속하게 모든
사태에 대비하는 주도면밀함으로 보여주었다. 또한 쟁의에 대한 대책에
서 그는 사후 약방문이나 극단적 상황까지 치달은 후의 부득이한 합의
보다는 일단 언론과 홍보활동을 통해 최대한 자신이 선량하고 조선을
"제2의 고향"으로 생각하는 우호적 인사라는 이미지를 연출하였고,[75]
실제로 각종 학교, 의료 혜택 등의 시혜적 활동을 내세워 쟁의를 미연에
방지하고자 했다.

1919년 10월 구마모토는 조선호텔에서 미가 등귀로 모은 재산의 일부
로 장학재단 '보인회(輔仁會)'를 설립한다고 발표하였다.[76] 그는 도쿄에
보인학사(輔仁學舍, 기숙사)를 만들어 조선인과 조선에 있는 일본인의
자제 유학생들을 무상으로 입학시켜 '상호간의 친목과 내선 융화를 도
모하게 하고자' 한다는 설립 취지를 밝혔다.[77] 즉, 구마모토는 일본인
지주와 조선인 소작인의 민족적·계급적 대립의식 문제를 평소에 염두
에 두고 자신이 조선에 대한 시혜적 인물임을 선전한 것이다. 그리고 이
보인회의 운영진에 수원농림학교장, 총독부 내무부 장관, 총독부 기관지
서울 프레스 사장, 경성일보 사장, 일본 중의원 의원 등 정치·사회적 거
물급 인사들을 대거 참여시켜 조선에서의 자신의 입지를 강화하고, 소
작제 농장 경영 등 사업상 후원 네트워크를 형성했다.[78]

또한 후술 할 바와 같이 1935년 개정본장에 '자혜진료소(慈惠診療所)'

---

75) 『매일신보』, 1920년 3월 20일, 1922년 3월 7일.

76) 『매일신보』, 1920년 2월 11일, 1922년 3월 7일, 1923년 1월 26일 ; 宇進木初三郎,
『朝鮮の寶庫 全羅北道發展史』, 文化商會, 1928.

77) 『매일신보』, 1919년 10월 26일.

78) 『매일신보』, 1920년 2월 11일 ; 阿部薫, 『朝鮮功勞者名鑑』, 民衆時論社, 1935,
644쪽 ; 홍성찬, 「일제하 전북지역 일본인 농장의 농업경영」, 122쪽.

를 설치하여 의학박사 및 간호사 등 의료진을 구축하고, 소속 소작인들에 대한 근대의료 혜택을 제공한 파격적인 조처도 당시로서는 엄청난 선전효과를 내어 간접적으로 소작쟁의 억제의 효과를 발휘했다고 할 수 있다. 이 구마모토 농장에서 1930년대 들어서서 쟁의가 4번 발생하였다.

(1) 1933년 쟁의

1933년 가을 소작료를 납입할 때, 구마모토 농장측이 일방적으로 소작료를 인상한다는 취지를 통고하면서 시작되었다. 이 해는 흉년으로 수확량이 예년에 비해 50%나 감수되어 개정 본장 구역인 전북 옥구군 옥산면(玉山面) 강북리(江北里) 구마모토 농장 소작인 200 여명은 11월 19일, 소작료 감면을 요구하였다. 그러나 농장측은 오히려 소작료를 작년보다 30%나 인상 통고하면서 쟁의가 발생했다. 쟁의를 일으키기 전 소작인들은 최소한 작년과 같은 수준에서 소작료를 징수할 것을 여러 차례 진정했으나 계속해서 거절되던 중 19일 밤, 마침내 농장을 포위하는 사태에까지 이른 것이다. 쟁의 사태가 점차 험악해 지자, 군산경찰서 경관대가 출동하여 이를 진압하고 문동렬(文東烈), 조길용(趙吉用) 등 주동자 9명을 구속하였다. 소작인들은 21일, 경찰서 앞에 100 여명이 다시 몰려가 억울함을 호소하려 했지만, 경찰 측 제지로 강제 해산되었다.[79] 이후 소작인 측은 경찰서장과 옥구군 군수 앞으로 재차 진정서를 제출하여 결국 구마모토 농장측은 '재해 또는 부득이한 사정에 의해 감수(減收)하는 경우 소작인의 신청에 따라 다시 감평을 한다'는 조건을 제시하였고, 소작인들도 이에 동의하면서 소작료 인하 요구를 취하했다.

---

79) 『조선일보』, 1933년 11월 27일. 2백여 소작인이 熊本농장을 포위. 소작료 감하 요구에 불응하므로/ 경찰은 9명을 引致 취조 ; 『매일신보』, 1933년 11월 29일.

이 쟁의에 관해서 상세하게 분석한『조선일보』보도에 의하면 옥산면 당북리 구마모토 농장은 논의 전부가 경지정리가 실행된 곳으로 1,200평 (4단보)가 한 필로 되어 있었다. 그런데 4단보에서 1933년 가을 평균 총 수확이 2,500 근이 나왔고, 여기서 소작료 1,500 근(60%)을 제하고 나면 1,000 근이 남는다. 이것을 근당 5전으로 환산하면 50원이 되는데 이 50 원이 온전히 소작인의 몫이 아니었다. 여기서 봄 춘궁기 때의 전대금 3 원 60전, 종자대(22근) 1원 20전, 묘대비 2원, 묘식인부비(苗植人夫費) 4 원, 풀뽑기 인부 14인 7원, 여름 물품 2원, 벼베기 3원 2전, 벼 운반임 1 원, 도급(稻扱賃) 3원, 비료대 36원, 추경임(秋耕賃) 4원 등 소작인들이 농 장 측에 상환해야 할 전대금이 합계 68원 69전으로 결국 구마모토 농장 의 소작인들은 오히려 18원 60전이나 적자가 생겨 쟁의는 필연적이었다 고 할 것이다.[80]

(2) 1934년 쟁의

1934년 4월 11일, 조선총독부는 '조선농지령'을 발표하고, 9월에 시행 규칙을 공포, 10월에 시행하였는데, 김제군 용북면(龍北面) 화호리(禾湖 里) 구마모토 농장이 이 발표 직전에 소작료를 10~20% 인상을 강행하면 서 일어났다.[81] 이에 11월 23일 농장 측의 일방적인 조처에 소작인 350

---

80)『조선일보』, 1933년 11월 28일, 1년간 耕農代償 결손이 10圓餘. 熊本농장의 소 작지대 농가의 수지결과 ;『동아일보』, 1933년 11월 25일. 三洞二百作人 結束 熊本 農場 爭議 突發 沃溝 農況 凶作인데 作料는 引上, 宣傳文 配布코 抗爭 //群山 警察署 出動 代表 九名을 檢擧, 중 두 개와 다수한 선전문을 압수 作人 代表 全部老人.

81)『동아일보』, 1934년 4월 1일. 熊本 東拓 石川 等 大地主 小作料增加, 대체로 一할 내지 二할 올려, 多數 小作人은 不安莫甚 ;『동아일보』, 1934년 4월 3일. 農地令 發表를 앞두고 ; 東拓 熊本等 大地主 作料二, 三割 引上 載寧 北栗

명은 소작료가 높고, 여름 수해의 피해가 컸음을 이유로 소작료 인하를
여러 차례 농장 측에 요구했고, 전라북도 도 당국 및 군 당국에 진정함
과 동시에 소작료 불납동맹으로 농장과 대치까지 했다. 이 쟁의는 1933
년 11월 쟁의의 연장선이다. 경찰 조사에 의하면 1933년 11월, 농장측이
새로이 검견을 하기로 하였으면서도 약속을 이행하지 않았고, 간혹 검
견을 한 경우에도 몇 사람의 동리 총대(總代)들의 입회 하에 실행하여
결국 1단보 당 평균 소작료가 280근이던 것을 오히려 330근~370근까지
올려 소작료율을 60~70%로 인상하고, 납부기한을 11월 20일로 통지하였
다. 뿐만 아니라 농장에서 대부한 비료에 대해 연 12% 이자로 계산하여
1단보 8원 52전이라는 큰 금액으로 10월말까지 납부하라고 한 후, 농장
직원을 총동원하여 독촉해 받아갔다. 결국 일반 소작인들은 풋벼를 비
료대로 납부하고 전에 없던 고율의 소작료를 감당할 길이 없어 농장에
가서 소작료 감하를 탄원하였으나, 농장에서는 오히려 강경한 태도로써
대하므로 소작인 300여 명은 격분하여 소작료 불납 동맹을 결성하였고,
12월 1일, 김제군 군수와 김제경찰서, 도 농무과에 진정서를 내고 농장
과 대치한 것이다.

　이때 소작인들의 요구사항은 다음 세 가지였다.

　　첫째, 평균수확을 단보 당 4석 6두로 보아 소작료를 2석 3승으로 정했
　다고 하나, 설사 이곳 농지가 "전부 옥토라도 이는 어림없는 숫자"로서
　"사실상 60~70%이상의 소작료"다.
　　둘째, 대부비료의 가격이 鷄林비료 3원 53전, 米糠 80전, 硫安 4원 4전
　이라고 주장하나, 이는 "대량구입한 원가의 시세보다"도 훨씬 비싸고 "다
　른 농장보다 평균 1원 비싼"가격이다.

面과 井邑 新泰仁에 徹底調査後對策講究.

셋째, 소작인에 대한 대우가 '우마' 보다도 못하여 "농장 지휘에 조금이
라도 불응하거나 성적이 다소 불량하면" 구타 욕설하기 예사이다.

이에 사태의 위급함을 느낀 구마모토 농장측은 수확고 책정은 평예
(坪刈)한 결과이고, 이미 소작인들의 소작료 납입율이 70%에 달하였기
때문에 이제 와서 소작인의 요구에 응하기 어렵다고 주장했다. 또 비료
는 고품질을 썼기 때문이며, 비료대가 그리 비싼 것이 아니니, 차후 "종
래와 같은 폐단이 없이"하겠다고 답변하였다.82) 또한 대신 소작인들에
게 1만원을 현금 지급하겠다고 제안했다. 마침내 이 제안을 소작인측이
받아들이면서 쟁의는 일단락되었다.83)

(3) 1935년 쟁의

1935년 쟁의의 원인은 1934년 쟁의 때 농장 측이 약속한 1만원 현금지
급이 이행되지 않자 발생했다. 결국 구마모토 농장은 1933년 쟁의 때, 새
로이 검견을 약속했으나 약속을 이행하지 않아 1934년 쟁의가 발생했고,
1934년 쟁의의 해결방안으로 소작인들에게 현금 1만원 지급할 것을 제
안하였으나 역시 이를 이행하지 않아 1935년 쟁의가 발생한 것이다. 소
작인들의 요구를 전혀 수용하지 않고, 쟁의해결을 위해 타협안을 이행
하겠다고 약속을 했으나 결국 끝까지 이행하지 않음으로서 조선 소작인
들을 기만했던 것이다.

1935년 4월 농장은 1만원의 기금 조성을 위해 복리계를 만들고 각 소
작인들에게 면적별로 향후 4년간 출자시킨다는 계획을 발표하였다.84)

---

82) 『조선일보』, 1934년 12월 1일, 7일, 12일.
83) 『조선일보』, 1934년 12월 1일. 金堤郡下 熊本농장 3백여 작인 궐기. 5,6할 작료
인상에 반대하여 불납동맹으로 항쟁. 『동아일보』, 1935년 5월 8일.

결국 1934년 쟁의 때 구마모토 농장 측이 현금을 내놓기로 해놓고서는 1년 뒤에 와서 농장이 아닌 소작인들에게 스스로의 기금을 출자하게 하는 계를 만들려했던 것이다. 이에 소작인들은 농장 측에 복리계를 인정할 수 없음을 통지했고, 전북 도지사와 김제 경찰서장에 진정서를 제출하였다. 이 쟁의의 결말은 보도가 되지 않아 해결내용을 알 수 없으나 농장 측의 강경함을 볼 때 결국 복리계를 만드는 것으로 결론 난 것으로 보인다.

(4) 1937년 쟁의

1937년 2월 6일 전라북도 도청의 호출로 전북 도지사 응접실에 도청 측 농무과장, 소작관, 소작관보 등과 구마모토 농장 측의 지배인 시바야마, 화호지장장, 지경지장장, 대야지장장, 사무원 등, 그리고 경찰 측 고등과장 및 경부 등이 참석하여 '구마모토 농장 소작료 사정 청취회'가 열렸다. 이 회의에서 도청 측은 농장 측에 대해 소작료 증액계획을 보류해 줄 것을 요구했으나 농장 지배인 시바야마는 '농장의 생산 실적에서 과거 3개년 간 평균수량과 금후 3개년 간 평균수량을 최소한도로 보아 15% 내지 20%의 증수는 가능할 것으로 예상하고, 소작료 일부를 결정하였기 때문에 소작인에게 이는 무리가 아니'라고 하며 증액된 소작료를 감면할 의사가 없음을 분명히 했다.[85] 그리고 1938년 봄, 소작계약 시기 농장 측은 소작료 증액계획대로 소작계약을 체결하려 했으나 김제군 내 소작인들이 진정서를 내고 농장 측과 대립하였다. 이에 농장 측은 추수

---

84) 『동아일보』, 1935년 5월 8일. 禾湖熊本農場에 小作爭議再燃 당국과 장주에게 진정서 제출, 中心條件은 作料減下(新泰仁).

85) 주봉규, 소순열 공저, 『근대 지역농업사 연구』, 255쪽.

기에 가서 예상 수확량이 나오지 않을 경우 상당한 감면을 행하겠다고
약속함에 따라 소작계약은 체결되었다.

다음은 구마모토 농장의 단보 당 벼 수확량 및 소작료율을 소작인, 농
장, 그리고 회사의 수량 확정 이후 소작인 측이 다시 주장한 수확량 상
황이다.

[표 Ⅴ-6] 구마모토 농장, 소작인이 査定한 단보 당 벼 수확량 비교 (1937) (단위 : 石, %)

	수확량(석)	소작료(석)	소작료율(%)	소작인수취분(석)
소작인 1	3.00	2.35	78.4	0.65
농장	4.68	2.21	47.2	2.47
소작인 2	4.15	2.21	53.3	1.94

자료 :「熊本農場小作料增額聽取事情眞末」, 1937년 2월 6일 ;「陳情書」, 1937년 12월 10일.
※ 소작인 1은 소작인이 진정서 제출 당시 산정한 단보 당 수확량
※ 농장은 농장 측이 검견한 단보 당 수확량
※ 소작인 2는 농장 측의 수확량 확정 이후 소작인 측의 수확량 주장치

[표 Ⅴ-6]에 의하면 1937년 쟁의 발생 때 농장 측과 소작인 측이 주장
하는 수확량 사정을 비교해 보면 소작인 측은 단보 당 수확량을 3.00 석
으로 산정해 이 중 2.35 석을 소작료로 납입하여 무려 78.4%에 달하는
고율의 소작료를 농장이 걷어간다고 주장했다. 반면 농장 측은 단보 당
4.68석의 수확량을 주장하면서 소작료 2.21석, 즉 소작료율이 47.2%라고
주장하였다. 농장 측의 이 같은 검견 이후 소작인들은 자체적으로 재차
검견한 결과 단보 당 4.15 석의 수확량에 소작료 2.21석으로, 53.3%의 소
작료율이라고 하였다. 이로써 볼 때 구마모토 농장은 소작계약서나 형
식적으로는 정조법을 적용하여 소작료를 걷어 들인다고 하였으나, 실제
에 있어서는 실수확을 검견하여 별도로 소작료를 책정했음을 알 수 있
다. 또한 이 과정에서 농장 측의 일방적인 검견과 높은 수확량 및 소작

료 책정으로 번번히 소작쟁의를 초래했던 것이다.

쟁의의 진행 과정을 보면 다음과 같다. 10월 7일, 소작인 측은 벼 수확량을 검사해 보고 소작인 대표 3인이 농장 사무소를 방문하여 소작계약에 의한 소작료 납입은 불가능함을 통고했다. 농장 측은 이 때 소작인 대표에게 실지 검견을 하여 소작료를 원만히 결정하겠다고 약속했기 때문에 안심하고 귀가 하였다. 그러나 10월 23일, 농장 측은 일방적으로 수확량을 평예(坪刈)하고, 11월 6일 이후 소작인들의 반발을 막기 위해 계약 소작료 보다는 약간 감면된 소작료 납입고지서를 발송했다. 이에 11월 10일 소작인들은 개별적으로 농장 사무소를 방문하여 소작료의 감면을 요구했으나 거절당했고, 결국 소작료납입고지서를 농장 측에 반송시키며 저항했다. 농장 측은 반송된 고지서를 3~4회나 재배포하였고, 소작인들은 이를 계속 반송시키면서 12월 3일, 쟁의가 격화되었다.[86]

12월 10일, 소작인 42명은 연명으로 김제 군수와 경찰서장에게 분쟁조정을 진정하였다. 진정서에 의하면 구마모토 농장은 소작지에 다량의 비료를 투입하여 경작하는 관계로 실제 소작인들은 '수확되는 17푼 중에서 13~14푼을 농장 측에 소작료로 납부하고, 나머지 3푼~4푼은 비료대로 충당하기에도 부족한' 상황임을 주장했다. 또한 '사실상 구마모토 농장의 소작을 하지 않고서는 생계를 유지할 길이 없'으나 '전 가족의 생계를 위해 감히 위협을 무릎 쓰고 소작료를 공정히 조정해 주시길'[87] 진정한다고 하였다. 이 때 경찰 측은 고등주임을 쟁의 현장에 파견하여 실정을 조사하게 하였고, 구마모토 농장 측과 소작인 간의 원만한 해결을

---

86) 『동아일보』, 1937년 11월 23일. 熊本農場作人 動搖, 小作料高率로 不平滿滿 小作人은 告知書返還코 抗爭.

87) 주봉규, 수순열 공저, 『근대 지역농업사 연구』, 258쪽.

엄중 경고하였다. 그리하여 12월 20일, 소작인 대표 3인은 농장 사무소에서 경찰 고등 주임의 입회하에 농장 측과 영농방침과 소작료 조정을 논의하였고, 농장측은 12월 말까지 조정된 액수의 소작료를 납부한다면 연체료를 물지 않겠다고 하면서 쟁의가 종결되었다.

사실 비료 등의 투입은 지주에 의한 강제 사항으로 1937년 당시 구마모토 농장의 <소작계약증서>에 의하면 '종자갱신, 시비, 기타 경작에 관하여서는 귀하의 지도에 따를 것'으로 되어 있다.[88] 그리고 이를 위반할 경우는 말할 것도 없고, '귀하 또는 귀하의 지도인의 지도 장려에 불응 혹은 불온한 행동을 할 경우'는 당연히 소작계약이 해지되었다.[89] 이런 상황에서 소작료 자체의 부담 위에 화학비료의 사용 증가 등으로 인한 생산비용의 상승은 결국 소작료 증징으로 이어졌고, 소작민의 경제적 궁핍을 초래했다는 점에서 생계를 위한 소작쟁의는 발생할 수밖에 없었다고 할 것이다.

식민지 공권력이라 할 수 있는 경찰, 혹은 도 행정기관들은 1930년대 쟁의에서 일방적으로 지주 편향적인 해결만 내리지는 않았음을 알 수 있다. 최소한 조정의 역할을 함으로써 조선 소작인들의 반발을 무마하고, 장기적인 식민지 농정에 있어서의 농민 회유를 도모했다고도 할 수 있다. 그러나 한편으로는 1937년의 소작쟁의에서는 식민권력이라고 할 수 있는 경찰의 개입에서 고등주임을 쟁의 현장에 파견하여 전말을 조사하게 하고, 쟁의 조정 과정에서도 고등주임이 함께 참석하였던 점에서 소작농민들에게 심리적 중압감과 위축감을 형성했을 것으로 보인다. 게다가 소작인들도 농장과의 대립에서 일정정도 소작료 감면 요구가 관

---

88) <소작계약증서> 제4조 9항.
89) <소작계약증서> 제5조 8항.

철이 되면 근본적인 소작환경의 개선 없이 요구를 철회하는 양상을 보였다. 결국 구마모토 농장측은 일관되게 강경 하고 고압적 태도로 쟁의 조정에 임하거나 조정된 합의내용을 제대로 이행하지 않는 등의 태도를 보였던 것이다.

조선총독부의 소작관을 지낸 히사마(久間建一)은 이러한 식민지 공권력인 경찰 혹은 지방행정 권력과 식민지 지역사회의 경제적 권력이라 할 수 있는 일본인 거대 지주와의 유착관계를 다음과 같이 서술하고 있다.

> 시정 이래 1/3세기인 오늘날까지 조선농업의 지도자는 지주적 직능에 대해서 실로 무비판적이었다는 것을 부정할 수 없다. 중산적 개발에 성급한 나머지 이의 협력자로서의 일면만이 강조되어 직능이 농민생활에 미치는 영향에 대해서는 간과하고 있었다.[90]

이러한 실태에서 식민지 조선의 소작농들이 식민지 공권력과 지주에 대해 쟁의의 목적을 관철시키기 쉽지 않았음을 알 수 있다.

2) 식민지 일본인 거대지주의 전형-'구마모토 형 지주'

구마모토 농장의 관리조직은 경리부, 사업부, 진료부의 3개부로 구성되어 있었다. 경리부는 회계업무를, 사업부는 농사지도 및 소작인 관리 등의 생산에 관련된 업무를, 그리고 진료부가 있어 소작인증을 제시하는 소작인에 대한 무료 진료를 담당했다.[91] 특히 의료부에서는 화호농

---

90) 久間建一,『朝鮮農政の課題』, 成美堂書店, 1943, 352쪽.
91) 이에 대해서는 주봉규, 소순열 공저,『근대 지역농업사 연구』, 163~164쪽 및 장성수, 함한희, 박순철, 조성실, 박진영, 문예은,『20세기 화호리의 경관과 기억』, 107~117쪽 참조.

장에 의료기관을 설치하여 의사 2명을 두어 많은 날에는 환자 100명 정도까지 진료를 받았다고 한다.[92] 물론 진료대상은 구마모토 농장 소속의 직원과 소작인들이었다.

구마모토가 조선에서 거대 농장을 경영하면서 가장 우려했던 문제가 바로 소작쟁의였고, 실제로 일본인 거대지주와 조선인 소작인간의 민족적 대응양상으로 비화되는 것을 극히 경계했다고 한다.[93] 그는 소작쟁의에 대하여 식민지 공권력의 도움을 받아 직접적이고 폭압적 방법으로 제압하기도 했지만 동시에 사전에 미리 방지하는 예방에 주안점을 두었고, 그 대표적 사례가 바로 진료소의 설치이다.

구마모토는 1935년 화호지장에서 대규모 소작쟁의가 일어나고 있던 상황에서 그 해 4월 개정본장에 '자혜진료소(慈惠診療所)'를 설치하고 세브란스 의전 출신이고, 교토(京都)제대에서 의학박사를 받은 이영춘(李永春)을 전속의사로 초빙하여 소속 소작인들에게 무료 의료 혜택을 제공하기 시작했다. 이후 계속해서 세브란스 출신의 의사 김성환(金聲煥)과 김경식(金庚湜)을 더 초빙하여 화호지장과 지경지장에도 진료소를 설치하였는데, 당시로서는 매우 파격적인 조치였고, 그 효과 또한 대단했다.[94] 이러한 추세는 다른 일본인 거대지주에게도 영향을 미쳐 완주군의 동산농장, 김제의 동진(東津)농사주식회사, 옥구의 불이(不二)농장도 촉탁 의사를 고용하였다.[95] 식민지 시기 근대 의료의 혜택을, 그것도

---

92) 大野保, 『朝鮮農村の實態的研究』, 滿洲大同學院, 1941, 275쪽.

93) 홍성찬, 「일제하 전북지역 일본인 농장의 농업경영」, 120쪽.

94) 이에 대해서는 주봉규, 소순열 공저, 『근대 지역농업사 연구』, 164쪽 및 홍성원, 『흙에 심은 사랑의 인술-쌍천 이영춘 박사의 생애』, 쌍천 이영춘 박사 기념사업회, 군산, 모음사, 1993. 참조.

95) 홍성원, 『흙에 심은 사랑의 인술-쌍천 이영춘 박사의 생애』, 179쪽.

무료로 받을 수 있었던 농촌 소작인들이 과연 얼마나 되었겠는가.

"병원 댕겼간디, 한약 쪼개 지어 먹다가 안 낳으면 죽고 그랬지, 그런게 그때는 보통 사십에서 육십 안에 다 죽어버렸지. 화호에 한약방은 많이 있었지. 대개 아프면 한약방에 가서 약 지어다 먹었지"[96)]

말 그대로 한약을 쪼개 지어먹다가 낫지 않으면 결국 나이 40~60세 사이에 거의 다 죽었다고 하는 회고담에서처럼 식민지 시기 농촌에서 근대 의료의 혜택을 받기란 거의 불가능했던 것이다. 따라서 화호농장의 진료소는 분명 대단한 선전 효과가 있었다.

한편 식민지 시기 전북지역 대지주가운데 농업경영의 선진성과 수탈성, 즉 근대성과 식민성을 동시에 갖고 있던 지주를 소위 '구마모토형(熊本型) 지주'라고 불렀다.[97)]

"전북의 熊本(利平), 多木(粂次郎) 두 지주를 비롯한 이 지방 지주들은 토지개량, 농사개량과 소작인 지도에 열심이나 소작료 징수에는 다소 비난을 받고 있다. 多作하여 多取하는 主義인데 多取가 過하다는 비난이 없지 않다. 반면 현준호 같은 대지주이나 경영방식이 상당히 원시적이고 소작료도 아버지 시대 그대로이며 소작인 지도도 별로 하지 않아 多作하여 多取하는 지주보다도 오히려 좋지 않다는 비평까지 있다. 농지령과 벼(籾)검사제도가 실시되어 지주의 지도가 문제되고 있는데, 소작료 징수만을 제외한다면 熊本, 多木型 지주에게도 경의를 보낼 필요가 있다."[98)]

---

96) 장성수, 함한희, 박순철, 조성실, 박진영, 문예은, 『20세기 화호리의 경관과 기억』, 112쪽의 주민 김재석씨 구술.
97) 「全南北 地主色彩 兩分, 熊本型, 玄俊鎬型」, 『群山日報』, 1935년 9월 19일자.
98) 「全南北 地主色彩 兩分, 熊本型, 玄俊鎬型」, 『群山日報』, 1935년 9월 19일자.

즉, 위 기사는 구마모토 형의 경우 근대적 경영방식과 영농 전 과정에서의 지주의 지도·감시가 높은 생산성으로 이어지고 있으나, 그만큼 고율의 소작료로 인한 수탈성도 동시에 갖고 있음을 지적하고 있고, 이를 현준호 형과 같은 방임형 지주와 대비하여 설명하고 있다. 기존 일본인 학자들의 '정태적 지주 = 조선인 지주, 동태적 지주 = 일본인 지주'라는 학설과 다를 바 없는 유형화일 수도 있으나, '구마모토 형'이라고 하여 경영상의 근대성과 아울러 그 이면에 공존하고 있는 식민성을 강조하고 있는 대표적인 사례라고 할 수 있다. 실제로 구마모토 농장은 소작농의 노동력과 비료를 최대한 투입하고, 가능한 증산목표치를 설정하여 전문 영농기술자를 채용하여 철저한 일체의 생산 과정 관리와 소작민 통제를 통해 증산을 꾀했다. 그리고 이에 따라 소작료도 계속 올렸다. 목표가 달성되면 다시 증산목표치는 상향 설정되었다. 또 앞서 살펴 본 바와 같이 일본인 사원에게는 성과주의에 입각한 보상이 충분히 주어졌던 것이다. 결국 증산은 이루어졌어도 조선인 소작인에게는 혜택이 돌아갈 여지가 없었다.

즉, 구마모토의 자혜의료소 운영과 같은 조선 소작인에 대한 복지혜택이나 자선의 본질은 식민지 조선의 농업개발과 소작농의 복지증진 차원이 아니라 쟁의발생을 미연에 방지하기 위한 방책 중의 하나였던 것이다. 태평양 전쟁 말기 일본의 패전 기색이 짙어지면서 구마모토는 비행기 헌납금 기금(1,500원)을 기부함과 동시에 농지를 담보로 조선은행이나 일본 권업은행으로부터 대출을 하여 이를 현금화하여 일본으로 빼돌린 그의 행동에서 그 식민지 지주로서의 본질을 알 수 있다.[99]

---

99) 科學技術廳 計劃局, 『朝鮮の米作技術發展史』, 低開發國科學技術事情調査
　　資料, No. 2, 1967년 3월, 99쪽(주봉규, 소순열 공저, 『근대 지역농업사 연구』,

일본이 대동아전쟁을 일으켰을 때 다른 사람은 여유롭게 놀고 있어도 구마모토는 자신의 방에서 나오지 않았다. 그리고 일본이 선전포고를 했을 때 돈이든 무엇이든 전부 이쪽(일본-필자)으로 보냈다. 그리고 이것 또한 들은 것이지만 구마모토는 "결코 저 농장을 그냥 주지는 않을 것입니다. 자금을 회수하기 전에, 패전의 색이 짙게 되었을 때는 조선은행이든 권업은행이든 간에 담보로 들어온 돈을 전부 차입하여 국내로 보낼 것입니다."

조선에서 수탈적 소작제 농장경영을 통해 축적한 막대한 부와 이윤은 결국 식민지 조선인이 아닌 일본인 지주와 본국 일본으로 고스란히 돌아갔던 것이다. 게다가 구마모토 화호리 농장 사무실 바로 옆에 농장을 지키기 위한 화호리 경찰지서가 있었는데, 그 유지비는 구마모토가 지원했다.[100] 식민지 공권력의 치안 유지 비용을 지역사회의 일본인 거대 지주가 부담하고, 그 댓가로 구마모토는 빈발하는 소작쟁의에 대해 식민지 공권력의 권위와 물리적 힘의 지원을 받았던 것이다. 식민지 공권력과 지주권력의 상호 유착과 공조 체제를 확인할 수 있는 부분이다.

188~189쪽에서 재인용)
100) 장성수, 함한희, 박순철, 조성실, 박진영, 문예은, 『20세기 화호리의 경관과 기억』, 39쪽. 화호리 주민 구술.

6. 맺음말

구마모토 농장을 창설한 구마모토 리헤이는 대한제국기 외국인의 토지소유가 금지되어 있던 상황에서 1903년 전라북도 옥구군 화호리에 농장을 개설한 이후 러일전쟁 기 일본 내 식민지 투자 열기에 힘입어 일본 자산가들의 토지매수 브로커로서 불법적으로 농지를 매입·확대했다. 그리고 그 자신도 점차 토지규모를 늘려 전라북도에 개정본장, 지경지장, 대야지장, 화호지장, 전주분장 등 5개 농장, 3,000 정보 가량의 방대한 농장을 경영했다.

구마모토 농장은 조선흥업이나 동산농장, 석천현농사주식회사 등 식민지 시기 다른 일본인 거대지주들과 비교했을 때 재벌자본도 아니고, 행정기관의 후원을 받아 초기 사업자본 자체가 풍부했던 지주자본도 아니었다. 또한 일본 내 사업 기반을 두지도 않은 순전한 식민지 지주였다. 그러나 일본 자산가들의 투자를 유치하여 당초부터 사업 자본 자체가 적지 않은 상황에서 처음에는 위탁 토지 관리사업자로 출발했으나, 이내 스스로 토지확보와 농장 확대에 나서 식민지 시기 전북일대 최대의 일본인 거대지주로 성장한 것이다.

구마모토 농장은 치밀한 관리통제조직을 통한 생산·분배·유통의 전 과정의 통제 및 수탈에 경영상의 특징이 있다. 또한 농업 분야 전문 사원을 채용하여 영농과정에서 개량품종 보급, 정조식 식부법 및 비료시용 강제 등 일체의 모든 과정을 합리적이고 효율적으로 통제, 장악하여 증산을 도모했다. 그러나 이러한 자본주의적 경영방식의 이면에 조선 소작인에 대한 폭압적 수탈로 막대한 경영이득을 창출했다.

구마모토 농장은 관리조직을 경리부, 사업부, 진료부의 3개부로 구성하였고, 이 가운데 사업부가 농사지도 및 소작인 관리 등의 업무를 담당

하였다. 구마모토 농장의 가장 정점에는 농장주였던 구마모토 리헤이가
있었고, 그가 주로 일본에 머물고 있었던 관계로 지배인이 총책을 담당
했었다. 구마모토는 이 지배인을 선정할 때 농업 전문가 보다는 조직을
치밀하게 관리할 수 있는 경영 전문가를 뽑았다. 물론 지배인을 제외한
개정본장, 지경지장, 대야지장, 전주분장, 화호지장의 농장장과 그 아래
일본인 및 조선인 직원은 불이흥업의 경우와 마찬가지로 대부분이 전문
농업기술자 출신이었다. 구마모토 농장에서는 이들 직원에 대하여 당시
농사시험장 소속 직원들보다도 높은 임금과 당시로서는 현대적 의료 혜
택을 보장해 주었고, 직원간의 경쟁을 만들어 성과주의에 입각한 증산
과 고율의 소작료 수취를 조장했다. 그런데 이렇게 직원에 대한 높은 임
금과 사원복지 등의 혜택은 그만큼 농장의 최대한도의 이윤을 보장해
주는 고율의 소작료 수취 시스템에서 가능했고, 실제로 구마모토 농장
은 높은 소작료율과 열악한 소작인들의 경제적 처지로 소작쟁의가 빈발
했다.

1930년대 들어서서 빈발하는 소작쟁의에 대해 구마모토 농장은 항상
소작인의 요구 사항을 끝까지 들어주지 않다가 식민권력인 경찰권이나
지방 도 행정력의 중재를 거치면 일단 타협점을 찾으며 쟁의에서 제기
된 요구 사항을 어느 정도 수용하는 듯한 자세를 보였다. 그러나 구마모
토 농장이 소작인들에게 약속한 쟁의 타협안은 결국 이행되지 않아 매
년 쟁의를 초래했다.

흔히 농업 경영상의 합리성과 효율성을 갖춘 식민지 일본인 거대지주
의 근대성과 그 이면에 공존하는 최대한의 짜냄이라고 할 수 있는 식민
성의 전형적인 지주 형태를 '구마모토 형 지주'라고 했다는 점에서 구마
모토 농장의 식민지 지주로서의 본질을 파악할 수 있다고 본다.

[부록 1] 주식회사 熊本농장 정관101)

제1장 총칙

제1조 당 회사는 주식회사 熊本農場이라 칭한다.

제2조 당 회사는 농사경영, 토지 개간, 산림경영, 부동산의 위탁관리 및 이들의 부대사업의 경영을 그 목적으로 한다.

제3조 당 회사의 자본총액은 200 만원으로 한다.

제4조 당 회사는 본점을 전라북도 沃溝郡 開井面에 두고 필요한 곳에 출장소를 둔다.

제5조 당 회사의 공고는 조선총독부 관보에 게재한다.

제2장 주식

제6조 당 회사의 주식총수는 4만주로 하고 1주의 금액을 50원으로 한다.

제7조 당 회사의 주권은 記名式으로 하여 1주권, 10주권, 100주권, 500주권 및 1,000 주권의 5종으로 한다.

제8조 株金의 불입은 금액불입으로 한다.

제9조 당 회사의 주식은 取締役會의 승낙이 없이는 이를 양도, 저당 또는 담보의 대상으로 할 수 없다.

제10조 ① 주주 또는 그의 법정대리인은 성명, 주소 및 인감을 당 회사에 서면으로써 신고하여야 하며, 그것이 변경되었을 때도 역시 이와 같다.

② 전항의 제출을 태만히 하여서 생긴 손해에 대하여 당 회사는 그 책임을 지지 않는다.

제11조 ① 주식을 양도할 때는 당사자들이 連書한 서류에 그 주권을 첨부하여 주식명의의 改書를 청구하여야 한다.

② 상속 또는 受贈의 경우에 있어서는 그 사실을 증명할 수 있는 서류를 첨부하여 취득자가 이를 청구하여야 한다.

---

101) 전라북도 농무과, 『全北二於ケル農地會社ノ定款及び小作契約證書』, 1938년 3월, 366~368쪽.

③ 주주의 성명을 변경하거나 그 법정대리인을 바꾸는 경우에는 前項의 규정을 準用한다.

제12조 ① 주권을 분실한 때는 그 이유를 기재한 서면에 당 회사가 승인하는 보증인 2명 이상이 연서한 보증서를 첨부하여 신주권의 교부를 청구할 수 있다.

② 前項의 청구가 있을 때, 회사는 청구자의 비용으로써 그 주권이 무효되었다는 사실을 공고하고, 공고한 후 30일이 경과하여도 이의를 제기하는 자가 없을 경우 신주권을 교부한다.

제13조 주권을 훼손한 때는 그 사유를 기재한 서면에 그 주권을 첨부하여 신주권의 교부를 청구할 수 있다. 주권을 분할 합병할 때도 역시 이와 같다.

제14조 주식의 名義改書 또는 재교부 때의 수수료는 취체역회의 결의에 의하여 이를 정한다.

제15조 주식의 명의개서는 매 영업 년도 종료 익일부터 당해 년도에 관한 정기주주총회가 종료하는 날까지 이를 정지하며, 임시주주총회 소집통지를 발한 날부터 그 총회가 종료하는 날까지도 역시 이를 정지한다.

제3장 주주총회

제16조 정기주주총회는 매년 5월에 개최하며, 임시주주총회는 필요할 때마다 개최한다.

제17조 주주총회를 소집할 때는 그 일시, 장소 및 회의의 목적을 기재하여 2주 전에 주주에게 통지하여야 한다.

제18조 주주총회의 의장은 사장이 맡고, 사장에게 사고가 있을 때는 다른 취체역이 이를 대신한다.

제19조 주주는 주식 1주당 1개의 의결권을 가진다.

제20조 주주총회에서 주주의 의결권을 행하는 대리인은 당 회사의 주주이어야 한다.

제21조 주주총회의 결의는 법령에 별도의 규정이 있는 경우 외에는 출석주주의 의결권의 과반수에 의하고, 可否同數인 때는 의장이 이를 결정한다.

제22조 주주총회의 결의사항은 이를 의사록에 기재하고, 의장 및 출석주주 2

명이 기명날인하여야 한다.

제4장 役員

제23조 ① 당 회사는 취체역 3명, 감사역 2명 이상을 각각 둔다.

② 취체역은 당 회사의 주식 100 주 이상을, 감사역은 50주 이상을 가진 주주 중에서 주주총회에서 이를 선임한다.

제24조 취체역의 임기는 3년, 감사역의 임기는 2년으로 한다. 단, 임기만료 일 자가 그 임기 중의 최종 배당기에 관한 정기주주총회 전일 경우에는 그 총 회가 끝날 때까지 그 임기를 연장한다.

제25조 ① 취체역 또는 감사역에 결원이 생길 때는 임시 주주총회를 열어 보 결선거(補缺選擧)를 한다. 단, 법정수에 모자라지 않고, 그 임무를 행함에 지장이 없다고 인정될 경우, 그리고 상법 제184조의 규정에 의하여 감사역 중에서 일시 취체역의 직무를 담당할 자를 정한 경우에는 다음번 정기 주 주총회까지 그 선임을 하지 않을 수 있다.

② 보결선거에 의한 역원의 임기는 전임자의 잔여기간으로 한다.

제26조 취체역은 그 소유주식 100주를 감사역에게 공탁하여야 한다. 단, 퇴임 한 경우라 할 지라도 주주총회에서 그 해의 계산보고를 승인한 후가 아니 면 이를 반환받을 수 없다.

제27조 ① 사장은 주주총회에서 취체역 중에서 이를 선임한다.

② 사장은 당 회사를 대표하고, 또 그 업무를 집행한다.

제28조 ① 당 회사의 업무방침, 사업계획, 기타 지배인의 선임 등 중요한 사 항은 취체역회에서 결정한다. 취체역회의 의사는 출석한 취체역의 과반수 로써 이를 결정하고, 가부동수인 경우에는 회장이 이를 결정한다.

② 취체역회의 회장은 사장이 이를 맡는다.

제29조 감사역은 당 회사의 업무 및 재산의 상황을 감사한다.

제30조 취체역 및 감사역의 보수는 주주총회의 결의로써 이를 정한다.

제5장 계산

제31조 당 회사의 영업 년도는 매년 4월 1일부터 翌年 3월 31일까지로 하고, 매 영업 년도 말에 결산하기로 한다.

제32조 매 영업 년도 간에 생긴 총수입금 중에서 영업상 일체의 경비, 손실 및 자산의 減價償却費를 공제한 잔액으로써 이익금으로 하고, 이것에 전기 이월금을 더하여 아래와 같이 처분한다. 단, 주주총회의 결의로써 그 밖의 처분을 하는 것은 무효하다.

1. 법정적립금 5/100 이상
2. 별도적립금
3. 주주배당금
4. 역원상여금 및 교제비
5. 역원 퇴직위로기금
6. 차기 이월금

제33조 주주배당금은 불입한 주주금액에 따라서 정하되 그 영업년도 말의 주 주명부에 기재된 주주에게 배당한다.

부칙

제34조 당 회사의 발기인은 특별한 이익을 받을 수 없다.

前記한 대로 당 회사의 정관을 작성하고 발기인 각자는 아래로 연명날 인함.

昭和 10년(1935년) 2월 11일

[부록 2] 주식회사 熊本농장 소작승낙증서 및 소작계약증서[102]

| 3錢印紙 |

小作承諾證書

소작답 및 그 정조 소작료 벼의 표시

토지소재		地番 또는 農番		지목	地積	정조계약소작료		
面	里	지번	농번			昭和 12년도	소화 13년도	소화 14년도
					坪	斤	斤	斤

---

102) 전라북도 농무과, 『全北ニ於ケル農地會社ノ定款及び小作契約證書』, 1938
년 3월, 369~372쪽.

위 土地를 귀하가 差入한 昭和   年   月   日附 소작계약증서에 의하여 소작함을 승낙함.

단, 만일 소작계약증서와의 사이에 소작답의 坪數 및 그 소작료 등의 숫자에 相違가 있을 경우는 소작계약증서에 의거하기로 함.

昭和   年   月   日

朝鮮信託株式會社

촉탁 株式會社 熊本農場

郡   面   里   番地

展

| 3錢印紙 |

소작계약증서

今般 별지 記載沓의 稻作 소작을 하도록 승낙하심에 대하여 아래 각 조항을 굳게 서약함.

계약 조항

제1조 본 계약의 기간은 昭和 12년(1937) 4월 1일부터 昭和 15년(1940) 3월말까지로 함.

제2조 본 계약에 의한 소작료 및 그 연체료는 하기 각 항에 의하여 납입하기로 함.

  1. 소작료는 그 해의 풍흉에 관계없이 별지 기재의 정조액을 완납하기로 함.

   2. 당해 연도의 소작료는 매년 11월 30일까지 귀하께서 지정한 장소에 납입하기로 함. 단, 위의 소작료 채무 이외의 채무 때문에 귀하 또는 제3자로부터 소작답의 立稻나 베어 놓은 벼, 또는 나락 등의 생산물이 강제 집행, 假差押, 가처분 기타 처분을 받거나 혹은 신용 실추의 염려가 있다고 인정될 때에는 전기 기한 전이라 할 지라도 언제든지 귀하의 지시에 따라 그 해당 연도의 소작료 전액을 지불하기로 함.

   3. 소작료의 납입기한이 경과된 다음에는 그 미납액에 대하여 1일에 그 1/2,000에 상당한 연체료를 가산하여서 납입하기로 함.

   4. 소작료 및 연체료로서 납입할 나락은 반드시 귀하가 지정한 개량종으로서 본 계약답에서 생산한 것에 한하고, 또한 건조 및 조제를 완전히 하여 새 가마니에 매 가마니 당 나락 91근 씩 넣되, 가마니를 묶는 새끼줄은 지름 4분의 것을 사용하여 가로 3개소 세로 2개소를 2종으로 감고, 91근에 미달한 우수리라도 그 반량 이상이 되는 경우는 위와 같은 새가마니에 넣어 포장하여 납입하기로 함. 단, 그 품질이 불량하거나 건조 또는 조제가 불충분할 때는 그 상당량 할증하여 납입하기로 함.

제3조 소작답의 立稻나 베어 놓은 벼 또는 나락 등의 생산물은 소작료와 借用肥料換金額, 차용농자금 등을 완납하기 전에 임의로 매각 양도 기타 처분 또는 담보의 대상으로 할 수 없음.

제4조 본 계약에 의해서 토지를 경작함에 있어서는 하기 각항을 존수하기로 함.

   1. 소작답에 대하여 토지의 보존 개량 기타 귀하가 필요한 시설을 하는 경우에도 이의가 없을 것.

   2. 소작답에 대하여 경지정리를 하거나 또는 그 결과로 경지의 이동을 초래하게 되어 소작지가 변경되거나 또는 면적 및 소작료에 증감이 생기더라도 이의가 없을 것.

   3. 소작답의 지번, 면적 기타의 표시에 대하여 이의가 있을 때에는 귀하가 비치한 장부와 도면을 확인하고, 현지의 실제를 조사한 후에 이를 결정함.

   4. 소작답은 소작인 본인이 경작할 것.

   5. 소작답에 水稻 이외의 작물을 재배하고자 할 때, 또는 벼 이모작을 하고

자 할 때는 귀하의 승인을 얻기로 함. 이러한 경우에는 특히 귀하로부터 그 승낙증을 교부받기로 함.

6. 소작답은 전부 7寸 이상으로 심경하기로 함.

7. 소작답에는 그 해, 그 논에서 생산된 볏짚의 절반 이상을 퇴비로 만들어 그 논에 환원할 것. 아울러 녹비는 귀하의 지시에 따라 재배할 것.

8. 논의 식부는 1평당 90주(縱 8촌 橫 5촌)를 표준으로 하여 반드시 전부 정조식을 勵行하고 만약 종래의 不整植을 한 경우 이의 改植을 명할지라도 전혀 이의를 제기하지 않을 것.

9. 종자의 갱신, 시비 기타 경작에 관하여서는 귀하의 지도에 따를 것.

제5조 아래 각 호의 어느 하나에 해당할 경우 본 계약을 해제당하더라도 이 의없이 바로 그 요구에 응하여 소작 농지를 원상대로 복원하여 반환함은 물론, 만약 귀하에게 손해가 있을 때는 바로 배상하기로 함. 아울러 본 계약 해제로 인하여 소작인 또는 연대보증인이 손해를 입을지라도 손해배상 등 일체를 요구하지 않기로 서약함.

1. 소작답의 소작료 및 소작에 사용한 借用肥料換金額, 차용농자금을 기한까지 지불하지 아니한 때.

2. 소작답을 소작인 본인이 경작하지 아니하고 타인에게 전대한 때.

3. 소작인이 먼 곳으로 전거하여, 사실 소작인으로서 적당하지 못하다고 인정된 때.

4. 소작답에 시비할 목적으로 예탁 또는 대여한 비료를 전매 양도 또는 지정답 이외에 사용한 때, 또는 하려고 할 때, 혹은 소작능력이 없다고 인정된 때.

5. 소작답의 입도, 베어 놓은 벼 또는 나락 등의 생산물을 소작료 또는 차용 비료환금액, 차용농자금 등을 완납하기 전에 임의로 매각, 양도, 기타 처분, 혹은 담보로 제공하였거나 또는 하려고 할 때.

6. 농사에 태만하여 소작답을 황폐시켰을 때.

7. 귀하의 승낙없이 임의로 소작답의 지형지목을 변경한 때.

8. 귀하 또는 귀하의 지도인의 지도 勸奬에 불응, 또는 불온한 언동을 한 때.

9. 도박을 하거나 또는 법의 制裁에 의하여 刑의 집행을 받거나, 혹은 신용을 실추하든지, 기타 소행이 불량하여 소작인으로서의 체면을 훼손하였

다고 인정될 때.

10. 토지가 국유 또는 공용에 제공될 때.

11. 제반 본 계약을 위반한 때.

제6조 본 계약에 연대보증인의 增員을 귀하로부터 요구받는 경우에는 즉시 이에 따를 것.

위의 각 조항대로 굳게 존수하기 위하여 보증인은 소작인과 연대하여서 본 채무이행의 책임을 지기로 함.

비고 (만일 朝鮮語譯이 본문과 상위할 때에는 본문에 의하기로 함)

昭和   年   月   日

주소   郡   面   里   番地
          소작인

주소   郡   面   里   番地
          연대보증인

주소   郡   面   里   番地
          연대보증인

주소   郡   面   里   番地
          연대보증인

주소   郡   面   里   番地
          연대보증인

주소   郡   面   里   番地
          연대보증인

조선신탁주식회사 御中

소작답 및 그 정조 소작료의 표시

토지주소		地番 또는 農番		지목	지적		정조계약소작료		
面	里	지번	농번			坪	1937	1938	1940
							斤	斤	斤

[부록 3] 주식회사 熊本농장 연대보증서[103)]

3錢印紙	연대보증서

금반   郡   面   里   番地   의 귀하에 대한 채무이행에 있어서 본인
등은 하기의 계약을 체결함.

계약 사항

제1조 전기 소작인의 귀하에 대한 소화 11년(1936년) 11월 1일부터 소화 15년
　　　(1940년) 3월 31일까지의 기간에 비료 및 농자금 차용계약에 근거한 채무는
　　　제2조에 정한 보증한도 금액 내에서 보증인 등이 연대하여 그 이행의 책임
　　　을 맡기로 함.

제2조 연대보증인의 보증한도액은 아래와 같이 정함.

　(1) 소화 11년 11월 1일부터 소화 12년 10월 31일까지 발생한 채무에 대하여
　　　는 그 금액에 불구하고 금 ＿＿＿＿＿＿＿＿

　(2) 소화 12년 11월 1일부터 소화 13년 10월 31일까지　　　　　전과 동일

　(3) 소화 13년 11월 1일부터 소화 15년 3월 31일까지　　　　　전과 동일

제3조 전기 소작인의 귀하에 대한 제1조의 차용계약은 그 때 그 때 본인 등의
　　　승인을 얻을 필요가 없음.

제4조 본인 등의 생산물은 그 처분에 대하여, 특히 귀하로부터 지정이 있는
　　　때는 이에 따르기로 함.

제5조 전기 소작인이 강제집행, 가차압, 가처분 기타의 처분을 받거나, 혹은
　　　신용 실추의 염려가 있다고 인정된 때는 기한 전이라 할 지라도 불시라도
　　　귀하의 요구에 응하여 본인 등이 연대하여서 채무를 이행하기로 함.

---

103) 전라북도 농무과, 『全北ニ於ケル農地會社ノ定款及び小作契約證書』, 1938
　　　년 3월, 373쪽.

위의 각 條대로 굳게 존수하기 위하여 본 증서를 제출함.
비고 (만일 조선어 譯이 본문과 상위할 때는 본문에 의하기로 함)

昭和   年   月   日
주소   郡   面   里   番地
　　　연대보증인
주소   郡   面   里   番地
　　　연대보증인
주소   郡   面   里   番地
　　　연대보증인
주소   郡   面   里   番地
　　　연대보증인
주소   郡   面   里   番地
　　　연대보증인

주식회사 熊本農場   御中

Ⅵ. 동양척식주식회사의 농장관리조직과 특수어용단체 운영

1. 머리말

일본은 1905년 러일전쟁에서 승리하여 대한제국을 식민지화 할 전망이 뚜렷해지자, 이제는 본격적으로 경제적 측면에서 식민지적 수탈을 감행하여, 당시 일본이 직면한 인구팽창과 식량문제, 직업 및 거주지 문제 등을 해결하기 위한 구체적 식민지 정책의 대행기관으로서 1908년 동양척식주식회사(東洋拓殖株式會社, 이하 '동척')을 설립했다. 그것은 다만 척식사업의 차원을 넘어 조선 농업의 일본화와 조선인에 대한 동화정책을 겸하는 식민사업이었다.[1] 이에 일본은 1908년 2월 8일 대한제국 정부를 압박하여 동척의 설립법안을 공포하고, 같은 해 10월 정관(定款)승인을 통하여 12월 창립하였다.[2]

동척은 조선 및 외국에 있어서 척식자금의 공급, 기타 척식사업운영을 목적으로[3] 설립되었다. 그러나 동척의 이민사업은 1926년 제17회 이민을 끝으로 일단락된다.[4] 이후 동척은 오히려 이민사업보다는 고율의 소작료 징수를 통해 거대 이윤을 창출해 낼 수 있는 소작제 농업 경영에 주력하여 일제의 산미증식계획 등 식민지 농업정책의 충실한 대행기관

---

1) 酒井鎭東, 「朝鮮의 拓地殖民」, 『朝鮮及滿洲之研究』, 1914, 148~154쪽 ; 최원규, 「동양척식주식회사의 移民事業과 동척이민 반대운동」, 『한국민족문화』 16집, 부산대 한국민족문화연구소, 2000, 3쪽.
2) 東洋拓殖株式會社, 『東洋拓殖株式會社創立眞末書』, 2쪽 ; 東洋拓殖調査課, 『東洋拓殖株式會社要覽』, 동양척식주식회사, 1943, 1쪽.
3) 東洋拓殖株式會社 編, 『東拓十年史』, 東京, 東洋拓殖株式會社, 1918, 133쪽, 「東洋拓殖株式會社定款」(1908년 10월 8일자 인가) 제1장 총칙 제2조.
4) 동척의 이민사업 전개와 실태에 관해서는 최원규, 「동양척식주식회사의 移民事業과 동척이민 반대운동」, 문춘미, 「20세기초 한국의 일본농업이민연구: 동양척식회사를 중심으로」, 『한림일본학』 23, 한림대학교 일본학연구소, 2013 참조.

이자 중추기관으로서의 역할을 해 나간다.

사유지(社有地)의 면적이나 소속 소작인의 수 등 규모면에서 동척은 일본제국주의의 국책회사로서 식민지 시기 최대의 일본인 지주회사였다. 토지조사사업이 끝날 무렵 동척의 소유 토지는 총 75,000 여 정보(町步), 소속 소작인은 총 150,000명에 달했고, 1920년대 들어서서는 농지 규모가 더욱 확대되어 84,000 정보, 1943년에는 무려 253,239 정보에 달했다.[5] 동척은 조선총독부와 더불어 식민지 조선에서 식민권력 그 자체였다.

지금까지의 동척에 관한 연구는 동척의 설립과정과 자본 및 회사(경영) 규모 분석, 사업 전개과정, 이민(척식)사업, 궁삼면(宮三面)을 비롯한 조선에서의 토지수탈문제 등에서 상당한 성과를 이루어 왔다.[6] 이제 동

---

5) 『東拓十年史』, 42~44쪽 ; 東洋拓殖株式會社 編, 『東洋拓殖株式會社 業務要覽』, 1927, 6쪽 ; 姜泰景, 『동양척식주식회사의 조선경제 수탈사』, 계명대학교출판부, 1995, 101쪽 ; 신용하, 「동양척식주식회사의 對한국 및 동북아시아 수탈경영」, 『한국근현대사회와 국제환경』, 나남, 2008, 381쪽 [표 7-10], [표 7-11] ; 김용섭, 「韓末·日帝下의 地主制-事例 2 :載寧東拓農場에서의 地主經營의 變動-」, 『한국사연구』 제8호, 한국사연구회, 1972(「載寧 동척농장의 성립과 지주경영 강화」, 『한국근현대농업사연구』, 지식산업사, 2000에 증보 재수록), 260쪽.

6) 동척에 관한 연구는 다음이 참조된다. 김용섭, 「載寧 東拓農場의 成立과 地主經營 强化」 ; 조기준, 「日人농업이민과 동양척식주식회사」, 『한국경제사학논총(崔虎鎭박사화갑기념논총) 제1권』, 박영사, 1974 ; 安秉珆, 「東洋拓殖株式會社の土地經營方式と在來朝鮮人地主の經營方式について」, 『經營史學』 11-1, 1976 ; 同, 「동양척식주식회사의 토지수탈에 대하여-全羅南道舊宮三面토지수탈사건-」, 『조선사회의 구조와 일본제국주의』, 1977 ; 同, 「조선인 지주와 동양척식주식회사의 토지경영 방식의 차이」, 『한국 근대 경제와 일본 제국주의』, 백산서당, 1982 ; 김석준, 「동양척식주식회사의 사업 전개 과정」, 『사회와 역사』 2, 한국사회사학회, 1986 ; 同, 「동양척식주식회사의 농장 확장과 그 경영형태」, 『한국의 사회와 문화』 9집, 한국정신문화연구원, 1988 ; 高承濟, 「東拓移民의 社會史的 分析」, 『백산학보』 14, 백산학회, 1973 ; 강태경, 『동양척식회사의 조선 경제 수탈사』 ; 同, 「東洋拓植株式會社의 土地 收奪經營」, 『경영사학』 13, 한국경영사

척이 조선의 전국 각지에서 농장을 운영하기 위해 설치했던 현장 관리
조직 실태, 즉 소작인 통제조직, 소작인조합, 사원관리 조직, 실제 농장

학회, 1996 ; 주봉규, 「동척의 이민사업추진에 관한 연구」, 『동아문화』 제29호, 서
울대 동아문화연구소, 1991 ; 최원규, 「동양척식주식회사의 移民事業과 동척이민
반대운동」 ; 손경희, 「1920년대 경북지역 동양척식주식회사 및 일본인 농장 경영」,
『계명사학』 13, 계명사학회, 2002 ; 李圭洙, 「전남 나주군 '궁삼면'의 토지소유관
계의 변동과 동양척식주식회사의 토지집적」, 『한국독립운동사연구』 14, 독립기념
관 한국독립운동사연구소, 2000 ; 同, 『近代朝鮮における植民地地主制と農民
運動』, 信山出版社, 1996 (一橋대학 박사논문) ; 同, 「전시체제기 동양척식주식
회사의 '중견인물' 양성과 농업연성시설」, 『鄕土서울』 제69호, 서울特別市史編
纂委員會, 2007 ; 君島和彦, 「東洋拓植株式會社의 設立過程(上, 下)」, 『歷史
評論』 第282, 285號, 1973, 1974 ; 同, 「朝鮮における東拓移民の展開過程」, 『日
本史研究』 161號, 日本史研究會, 1976 ; 靑木香代子, 「東洋拓殖株式會社의
設立」, 『朝鮮近代史料研究集成』 3, 1960 ; 黒瀬郁二, 「日露戰後の朝鮮經營
と東洋拓植株式會社」, 『朝鮮史研究會論文集』 12集, 朝鮮史研究會, 1975 ;
大河內一雄, 「東拓の不動產鑑定について」, 『朝鮮史研究會會報』 67, 東京,
朝鮮史研究會, 1982 ; 大河內一雄, 『國策會社: 東洋拓殖の終焉』, 續文堂出
版, 1991 ; 河合和男, 「東洋拓殖株式會社と植民地政策」, 『靑丘學術論集』 제
2집, 1992 ; 河合和男·金早雪·羽鳥敬彦·松永達, 『國策會社東拓の研究』, 東
京, 不二出版, 2000 ; 신용하, 「동양척식주식회사의 對한국 및 동북아시아 수탈
경영」 ; 米山裕ほか 編, 『日系人の經驗と國際移動 : 在外日本人, 移民の現
代史』, 人文書院, 2007 ; 轟博志, 「東洋拓殖による農業入植地の立地特性-メ
ソスケールの要因を中心に」, 『言語文化研究』 21卷 4号, 2010 ; 조정우, 「만
주사변 전후 '척식' 사업기구의 변화」, 『사회와 역사』 92, 한국사회사학회, 2011 ;
문춘미, 「20세기초 한국의 일본농업이민연구 : 동양척식회사를 중심으로」 ; 김호
범, 「동양척식주식회사(東洋拓殖株式會社)의 금융활동에 관한 연구」, 『경제연
구』 6-1, 한국국민경제학회, 1997 ; 배석만, 「전시체제기 동양척식주식회사의 자금
동원 구조와 투자동향 분석」, 『지역과 역사』 34, 부경역사연구소, 2014 ; 하지연,
「1920년대 동양척식주식회사의 농장관리조직과 특수어용단체 운영의 실태」, 『한
국민족운동사연구』 85, 한국민족운동사학회, 2015 ; 同, 「『나의 동척 회고록』에
나타난 동양척식주식회사의 농장 운영 실태」, 『한국민족운동사연구』 90, 한국민
족운동사학회, 2017.

운영 실태 및 성격 등에 대한 연구도 '식민지 지주'의 가장 전형이라고
할 동척 연구에서 좀 더 심도 있게 규명되어야 할 중요한 주제라고 생각
된다. 기존에는 주로 동척에서 발행한 회사편찬의 회사지와 영업보고서
류에 치중한 사료 분석을 통해 동척에 관한 연구를 진행함으로써 동척
의 식민지 지주로서의 농장 운영의 실태와 성격을 파악하는데 상당한
한계가 있었다. 이런 점에서 1918년부터 1945년까지 동척 조선지점에서
27년간 근무한 이노마다 쇼이치(猪又正一)의 회고록은 비록 일본인의 기
록물이기에 주관적 편견이 많이 반영되어 있기는 하지만 회사 편찬의
기록물들에서 볼 수 없었던 실제 영농현장의 생생한 모습을 상당 부분
보완할 수 있는 자료이다.[7] 따라서 본 고찰에서는 먼저 그간 동척에 관
한 선행 연구에서 구체적으로 다루지 않았던 농감 및 소작인 관리조직,
지주적 소작인조합의 운영 실태, 1920년대 '척식청년단'과 같은 특수어
용단체의 운영 사례 등에 대하여 사원 이노마다의 기록을 추가로 활용
하고, 『동아일보』 등의 일간지 자료 등을 함께 비교하여 동척의 식민지
지주로서의 '식민성'과 '근대성'의 양면적 속성을 보고자 한다. 특히 지
주적 소작인조합의 사례는 그간 조선흥업주식회사(朝鮮興業株式會社,
이하 '조선흥업')의 '흥농회(興農會)'와 가와사키(川崎)농장, 불이흥업주
식회사(不二興業株式會社, 이하 '불이흥업')의 '불이식산조합(不二殖産組
合)'[8] 등에 관해 일련의 연구가 있는데 이 소작인조합에 관한 연구는 식

---

7) 猪又正一, 『私の東拓回顧錄』, 友邦シリズ 第21号, 財團法人 友邦協會,
   1976.
8) 하지연, 『일제하 식민지 지주제 연구』, 혜안, 2010 ; 同, 「일제 강점기 일본인 회사
   지주의 소작인 관리통제조직-朝鮮興業株式會社의 '興農會'의 사례를 중심으로-」,
   『백범과 민족운동연구』 제6집, 백범학술원, 2008 ; 同, 「일제하 한국농업의 식민
   성과 근대성 : 일본인 대농장 가와사키농장의 소작제 경영사례를 통하여」, 신용하

민지 지주회사의 조선 소작인에 대한 직접적이고 치밀한 관리통제조직의 실태와 성격을 밝힐 수 있고, 그 식민성을 입증할 수 있는 명확한 사례연구라고 할 것이다. 그런데 동척의 경우는 특이하게도 이 지주적 소작인조합과 별도로 회사 측에 순종적인 조선농민이나 일본인 이민자로 구성된 '척식청년단'이나 '소작인 향상회'와 같은 특수어용단체를 더 운영하고 있었다. 그것은 장기적으로 보았을 때, 소작인의 구성 자체를 회사가 선별, 관리하고, 특히 일본인 이주자들에게 특혜를 주고자 한 것으로 동척의 대표적인 식민지 농업침탈 사례에 해당한다고 할 수 있다.

외, 『식민지 근대화론에 대한 비판적 성찰』, 서울, 나남, 2009 ; 同, 「일제하 일본인 지주회사의 농장 관리 조직을 통해 본 식민지 지주제의 성격」, 『한국문화연구』 제28집, 이화여자대학교 한국문화연구원, 2015.

2. 동척 설립과 농장 설치 과정

1) 일본의 농업식민책과 동척의 설립

(1) 일본의 만한이민집중책과 농업식민론

일본은 러일전쟁 발발 직후인 1904년 5월, 원로회의와 각의(閣議)의 의결을 거쳐 「對韓方針」과 「대한시설강령」을 결정하고 향후 조선을 식민지화할 궁극적 목적을 위해 그 기본 구상으로서 보호국화 노선을 확정했다.[9] 그리고 군사·외교·재정·교통·통신·척식 등 6개 항목에 걸친 구체적 침략 방안을 마련했다.[10] 이 중 「대한시설강령」의 '척식' 항목에서 농업식민화 정책의 기조를 다음과 같이 밝히고 있다.[11]

한국에서 일본인 기업 중 가장 유망한 것은 농사이다. 원래 한국은 농업국으로 오로지 식량과 원료품을 일본에 공급했고, 일본은 공예품을 한국에게 공급해 왔다. 생각건대, 앞으로도 양국의 경제관계는 이 원칙을 따라 발달해야 된다. 또한 한국은 토지 면적에 비해 인구가 적어 다수의 일

---

9) 일본의 한국 강제 병합 이전은 '한국' 또는 '대한제국'이라고 호칭하는 것이 적절하나 이 글에서는 서술상 식민지화 이전과 이후 모두 '조선'으로 통칭하기로 하겠다.
10) 「對韓方針竝ニ對韓施設綱領決定ノ件」, 日本外務省 編纂, 『日本外交文書』 37-1, 東京, 日本國際聯合協會, 1962, 355쪽. 러일전쟁을 전후한 시기 일본의 조선에 대한 농업식민화 정책에 관해서는 권태억, 「통감부시기 일제의 대한농업시책」, 『露日전쟁 전후 일제의 한국침략』, 역사학회 편, 일조각, 1986. 참조.
11) 정연태, 「대한제국 후기 일제의 농업식민론과 이주식민정책」, 『한국문화』 14, 서울대학교 규장각 한국학연구원, 1993, 452쪽.

본 이민을 족히 수용할 수 있다. 그러기에 많은 우리 농민이 한국 내지로 헤치고 들어갈 수 있게 되면, 한편으로 우리의 초과 인구를 위한 移植地를 얻고, 다른 한편으로 우리의 부족한 식량의 공급을 증대할 수 있다. 이렇게 하는 것은 이른바 일거양득일 수 있다.[12]

즉, 일본의 농업식민화 정책의 기본은 조선 농촌과 농업에 대한 기존의 식량과 원료 공급지 기능을 충실히 하고, 동시에 일본의 과잉인구를 이주시킬 수 있는 이주식민지화 정책을 병행하는 것이었다. 당시 일본의 인구증가는 산업화와 도시화의 진행으로 도시에서 두드러졌고, 전통적인 농업종사자의 감소로 인해 러일전쟁 이후에는 연간 1인당 쌀 소비량이 1석 이상으로 증가했다. 그러나 당시 일본의 경제 성장률은 인구증가율을 월등히 넘어서는 것으로 일본 경제의 인구부양력은 높은 인구증가율에도 불구하고 충분했던 상황이었다. 그런데도 일본 식민론자들이 인구문제와 이에 대한 해결방안으로서 식민지 개척, 특히 '만한척식', '만한 이민 집중', '만몽척식'을 내세운 것은 일본의 북미이민 급증으로 인한 일본과 이들 해당 국가 사이의 갈등 해소와 특히 러일전쟁 이후 일본 자본주의가 제국주의로 빠르게 전환되어가는 상황을 반영한 것이었다.[13]

'만한 경영'이란 말이 하나의 유행어로 쓰일 정도로[14] 당시 만주와 조선으로의 이민 집중론은 일본 사회에서 확산되었다. 그리고 러일전쟁

---

12) 「對韓方針竝ニ對韓施設綱領決定ノ件」, 『日本外交文書』 37-1, 355쪽.
13) 정연태, 『식민권력과 한국농업』, 서울대학교출판문화원, 2014, 15~26쪽 ; 문춘미, 「20세기초 한국의 일본농업이민연구: 동양척식회사를 중심으로」, 104~106쪽 ; 최원규, 「동양척식주식회사의 移民事業과 동척이민 반대운동」, 70쪽.
14) 권태억, 「1910년대 일제 식민통치의 기조」, 『한국근대사회와 문화』 II(권태억 외), 서울대학교출판부, 2005, 14쪽.

후 일본은 조선을 보호국화 한 후 1906년 남만주철도주식회사(南滿洲鐵道株式會社)를 설립하고, 관동도독부(關東都督府)를 설치해 만주에 대한 정치·경제적 독점권을 장악하는 것은 물론 이들 권익을 옹호하기 위해 군사력을 강화해갔다.[15] 마침내 1908년 9월 각의에서 '만한이민집중론'이 대외정책의 일환으로 공식 채택되어 공표되었다.[16] 즉, 일본은 만한 이민 집중책을 통해 이민문제로 인한 구미 여러 나라와의 갈등을 최소화 시키고, 한편으로는 조선과 만주에 대한 실질적인 지배를 구축할 수 있는 기반을 확보하려 했다.

그런데 조선 농촌이 일본 농민의 이주 식민지로 적절한 것인지에 대해서는 일본 식민론자 사이에 견해가 갈라졌다. 이주 식민론과 토지투자 식민론이 그것이다. 이주 식민론은 조선에는 미간지가 많고 인구가 비교적 적어 일본인 중소농민을 조선으로 대거 이주시켜 자작농으로 안착시키기에 적절하다는 견해였다. 그러나 토지투자 식민론은 조선에 가보면 의외로 새로 개간할 기름진 땅이 거의 없고, 대규모 자본을 투자해야지만 개간이 가능한 미간지가 있으므로 조선 소작인을 이용한 지주경영, 즉 토지투자 식민이 유리하다는 주장이었다. 물론 토지투자 식민론 역시 기본적으로는 이주 식민론의 필요성을 인정하고 있었고, 양쪽 모두 일본식 농업 이식 담당자로서, 그리고 조선 농촌 지배와 농민 동화를 실질적으로 담당할 주체로서 일본인 이주농민을 활용하자는 데 동의하고 있었다.[17] 결국 일본의 침략정책 기조는 이 양쪽 주장을 동시에 추진하는 방향으로 결정되었다. 즉, 일본인 지주와 함께 중소농민도 이주

---

15) 池井優, 『일본외교사 개설』(증보판 5판), 慶応通信, 1988, 97~98쪽.
16) 外務省 編, 『日本外交年表並主要文書 1840~1945』上, 原書房, 1965, 308쪽.
17) 최원규, 「일제의 초기 한국식민책과 일본인 '농업이민'」, 『동방학지』 77·78·79 합집, 연세대학교 국학연구원, 732쪽.

시켜 조선 농업을 식민지적으로 재편하고, 농촌지배의 안정화를 꾀하는 것이었다. 그리고 이러한 식민지 이민정책을 적극 수행할 국책대행기구의 설치가 강력하게 요청되었고, 그것이 바로 동척이었다.

(2) 동척의 설립과 사업 방향

일본은 식량공급지화 정책과 이주식민지화 정책을 병행한다는 식민지 농업식민책의 기조에 맞추어 대규모 이주 식민을 모색하고, 그 실행기관으로 국책 이주식민회사의 설립을 추진했다. 그리고 그 설립을 위한 논의가 본격적으로 이루어진 시기는 1907년이었다.

1907년 동양협회(東洋協會) 회장 가쓰라 타로(桂太郎)가 동 협회 간사장인 고마쓰바라 에이타로(小松原英太郎)에게 조선 및 만주 시찰을 시킨 후 그 해 7월 간부회의를 열어 동척 설립 계획을 결의하였다.[18] 이후 가쓰라는 일본 정부와 통감 이토 히로부미(伊藤博文)와의 협의를 통해 1908년 3월 26일 일본중의원과 귀족원의 양 의회에서 동척법을 통과시켰다. 양국합자회사의 외양을 갖추어 설립되도록 법제화된 동척은 일본에서는 1908년 8월 16일 법령 제63호로, 조선에서는 같은 해 8월 27일에 법률 제22호로 '동양척식주식회사법'을 정식으로 공포하기에 이르렀다.[19] 그리고 1908년 10월 정관 승인을 거쳐 12월 28일 마침내 동척의 설립이 이루어졌다.[20]

동척의 설립위원은 일본 82명, 조선 33명으로 하고,[21] 각각 양국 정부

---

18) 동양협회에 관해서는 최혜주, 「일본 東洋協會의 식민활동과 조선인식-『東洋時報』를 중심으로-」, 『한국민족운동사연구』 51, 한국민족운동사학회, 2007. 참조.
19) 「東洋拓殖株式會社法」, 『日本外交文書』 41-2. 참조.
20) 이상 동척의 설립과정에 대한 상세한 내용은 신용하, 「동양척식주식회사의 對한국 및 동북아시아 수탈 경영」, 『한국근현대사회와 국제환경』, 나남, 2008. 참조.

에서 임명했으며, 이들은 도쿄에 집합하여 일본 정부의 동척 정관안을 재확인 가결하였다. 정관에 따라서 총자본금은 1,000만원으로 하고, 총 주식수는 20만주로 하여, 일본정부는 매년 30만원씩 향후 8년간 보조금을 지출하고, 대한제국 정부는 토지로 출자하되 6만주에 해당하는 300만 원 상당의 논과 밭, 각각 5,700 정보, 합 11,400 정보를 출자하기로 하였다. 그리고 1,000 주는 중역에게 우선 배당하고, 13만 9,000주는 일본에서 일본인과 조선인을 대상으로 공개 모집하였는데 그 결과 응모수가 총 4,665,621주로 모집수의 35배에 달하였다.22) 동척의 주식은 엄청난 수익을 가져다 줄 확실한 투자처였던 것이다.23)

동척은 본사를 서울에 두기로 하고, 서울 황금정(黃金町) 2정목 95번 지(현재의 을지로 1가)에 사옥을 마련했다.24) 그리고 동척 초대 총재로 임명된 현역 육군중장인 남작 우사가와 가즈마사(宇佐川一正)는 1909년 2월 1일, 일본인 중역과 사원 등 80 여명을 대동하고, 시모노세키(下關)를 출발, 부산을 거쳐 서울에 부임했다.25) "사원들은 모두 제복을 입고

---

21) 동척의 설립위원에 대해서는 신용하, 「동양척식주식회사의 對한국 및 동북아시아 수탈 경영」, 344~345쪽 참조.
22) 東洋拓殖株式會社 編, 『東拓三十年誌』, 東京, 東洋拓殖株式會社, 1939, 235쪽.
23) 신용하, 「동양척식주식회사의 對한국 및 동북아시아 수탈 경영」, 339쪽.
24) 『東拓三十年誌』, 7쪽.
25) 北崎房太郎, 『東拓三十年の足跡』, 東邦通信社, 1955년, 471쪽. 동척 초대 총재 우사가와는 1908년 이래 육군대신을 역임하고 있던 데라우치 마사다케(寺內正毅) 휘하에서 軍務局長을 지냈고, 동척 총재 임명 당시 현역 육군중장과 남작의 작위를 갖고 있었다. 데라우치가 야마가타 아리토모(山縣有朋)-가쓰라 타로(桂太郎) 계열 권력을 대변하였던 것처럼 우사가와는 데라우치계 권력을 대변하였다. 당시 동척의 간부 구성은 야마가타-가쓰라 계열로 구성되어 있었고, 우사가와의 총재 임명에는 데라우치의 영향력이 크게 작용하였다.

피스톨을 허리에 차고 상륙하였다.'26)라던가 "동척의 경영활동에는 기다(幾多)의 혈(血)을 볼 결심이 없어서는 안된다"27)는 당시의 기록은 동척이 설립 당초부터 조선 농민의 극심한 저항을 예상하고, 폭압적 경영방침을 세우고 출발했음을 잘 보여준다고 할 것이다.

[사진 15] 동양척식주식회사 경성 본점, 명치정 소재. 1909년 1월 29일 문을 열 때, "식산흥업의 길을 열고 부원을 개척해… 한국민으로 하여금 문명의 혜택을 입게 한다."고 표방했지만 일제 강점기 조선 최대의 지주로 일본에서 건너오는 이민자들에게 조선이 토지를 헐값에 불하하거나 장기저리의 대출을 통해 일본인 지주 양성의 근거지 역할을 했다(출처 : 국사편찬위원회).

한편 당초 동척의 사업 방향은 설립 당시 정관을 보면 명확하게 알 수 있다. 정관에 명시된 7개항에 달하는 영업 내용은 전부가 이민에 관한 사업이었다.28)

---

26) 東洋拓殖株式會社, 『東拓回顧三十年』, 1940, 251쪽.
27) 《朝鮮》 제3권 제1호, 1909년 3월, 67쪽.
28) 『東拓十年史』, 東京, 東洋拓殖株式會社, 1918, 133쪽, 「東洋拓殖株式會社

1. 척식에 필요한 자금 공급
2. 척식에 필요한 농업, 수리사업 및 토지매매
3. 척식에 필요한 이주민의 모집 및 분배
4. 이주민을 위한 건축물의 건조와 매매 및 대차(貸借)
5. 이주민 또는 농업자에 대한 척식에 필요한 물품의 공급 및 그 생산 물품의 분배
6. 위탁에 의한 토지의 경영 및 관리
7. 기타 척식에 필요한 사업의 경영

또한 동척법에도 이러한 이주식민사업을 추진하기 위한 업무가 구체적으로 제시되어 있었는데, 그 업무는 농업은 물론 척식 상 필요한 경우 토지의 매매·대차와 경영 관리, 건축물의 축조와 대차, 이주민의 모집과 분배, 이주민과 조선인 농업자에 대한 물품의 공급, 생산 또는 획득한 물품의 분배, 자금의 공급 등이었다.[29] 동척은 10년간 24만 명의 일본 농민을 조선에 이주시킨다는 계획이었다. 이를 위해 이주농민의 경작지 24만 정보, 소작 대부지 1만 정보, 직영지 3천 정보 등 총 25만 3천 정보의 토지를 집적한다는 것이었다.[30] 그러나 동척의 이민사업은 부진했다. 조선은 오랜 농본국으로 이미 미간지는 거의 없었고,[31] 조선인들의 일본 이민자들에 대한 거센 저항이 있었을 뿐만 아니라,[32] 일본이 예상했던 900만 명 인구를 넘어 274만 여 호의 1,293만 명에 달하는 인구가 있어[33] 일본인 이민자들이 쉽게 좋은 토지를 확보할 수 있는 여건이 아니

定款」.
29) 「東洋拓殖株式會社法」, 『日本外交文書』 41-2, 297~301쪽.
30) 山口精 編, 『朝鮮産業誌』上, 日本寶文館, 1910, 693~709쪽.
31) 『매일신보』, 1911년 4월 21일자 「寺內총독의 연설」
32) 정연태, 『식민권력과 한국농업』, 109~123쪽.
33) 조선총독부, 『제3차 시정연보』, 1909년 20~21쪽.

었다.

동척은 1910년 9월 이주규칙을 제정하고 1911년 제1회 이민을 시작으로 1927년까지 17차례의 이민을 실시하였다. 처음 제정된 이주규칙에서는 이민형태를 갑종(甲種)이민과 을종(乙種)이민 두 형태로 나누었다. 갑종이민이란 동척 사유지를 2 정보 규모로 할당하여 시가에 따라 연리 6%의 이자를 붙여 25년 이내에 연부상환(年賦償還)으로 토지소유권을 양도해 줌으로 자작농이 되는 방식이다. 을종이민은 동척으로부터 토지를 대부받아 소작료를 납부하고 경작하는 이민으로서 소작농을 육성하는 방식이다. 제1차 이주규칙은 제5회 이민까지 적용되었고, 갑종이민이 4,446호, 을종이민이 39호로 자작농 이민이 주가 되었다.[34] 이 규모는 동척설립 당시의 연간 24,000호 이주식민계획의 1/50에 불과한 매우 저조한 실적이었다. 그리고 17회까지 동척이민에 할당해 준 토지면적은 총 5,862호에 면적 13,231 정보로 1호당 평균 2.7 정보였다.[35]

동척의 자작형 이주식민사업은 방침을 수정하여 이주규칙을 3차례 (1915, 1917, 1921)에 걸쳐 거듭 개정하고, 1922년부터는 자작형 이민을 완전히 폐지하고, 지주형 이민만 수용하기 시작했다.

동척이 이렇게 이민사업의 방침을 여러 차례 수정하고, 결국에 중단하게 된 원인은 초기 이주 자작농에게 할당된 농지 규모가 농가경제를 안정적으로 유지하기에는 부족하여 연부금 상환도 힘든 상황을 초래했고, 조선 농민들의 극심한 반발과 저항을 불러일으켜 결국은 1915년부터 지주형 이민을 보완하였다. 즉, 기존 자작이민을 제1종으로 하고, 10 정보 이내의 경지를 할당한 제2종 이민을 새로이 추가하였다. 그리고 1921

---

34) 友邦協會, 『資料選集 東洋拓殖株式會社』, 1976, 299쪽.
35) 友邦協會, 『資料選集 東洋拓殖株式會社』, 212쪽.

년에 가서는 제1종 이민을 폐지하고, 제2종 이민에 대한 할당지를 5 정보로 한정하였다. 그러나 동척이 자작이민을 폐지했음에도 불구하고, 여전히 조선 농민들의 반발이 극심해 마침내 이민사업은 1928년에 완전히 중단되었다.[36]

[사진 16] 동양척식주식회사 목포지점

동척이 이주식민사업 방침을 거듭 수정한 것은 단지 동척이라는 식민회사 차원의 문제는 아니었다. 동척이 일본의 이주 식민정책을 반영하여 설립되었듯이 이 사업방침의 수정은 바로 일본의 식민정책의 수정을 의미하는 것이었다. 즉, 일본은 식민지 조선에 대한 지주제 강화와 이를

---

36) 동척의 이민사업에 관한 내용은 최원규, 「동양척식주식회사의 移民事業과 동척 이민 반대운동」, 79~83쪽 참조.

통한 식량 및 원료공급지화 정책에 주력하는 방향으로 전환했고, 식민
통치를 위해 필요한 세원을 지주에게서 충당하는 식민지 지주제의 틀을
구축해 나갔다고 할 것이다.[37] 결국 동척의 주력 사업은 토지획득과 소
작제 농업경영이 차지하게 되었다. 사실 이미 조선에 진출한 호소카와
(細川)나 석천현농업주식회사(石川縣農業株式會社), 조선흥업 등과 같은
일본 거대 지주들 또한 이주식민사업을 하기는 했지만 어디까지나 식민
지 농장 경영의 원활한 운영을 위한 보조 사업에 불과했고, 주업은 토지
매수와 소작제 농장경영이었다.[38]

2) 동척의 토지소유 규모와 농장 분포 상황

동척은 1908년 자본금 1천만원(千萬圓)(20만주, 1주당 50圓)으로[39] 설
립될 당시 일본 정부가 창립 후부터 8년간 매년 30만원 씩 지급하고, 이
에 대해 대한제국 정부는 그에 상당하는 약 6만주에 해당하는 300만원
상당의 자본을 투하한다는 명분으로 회사 경영상 필요한 사업 용지의
일부를 국유지에서 출자하기로 하였다.[40]

동척의 사유지(社有地)는 대한제국 정부가 출자한 출자지(出資地)와
동척 본사가 매수해 들인 매수지의 2가지로 구분된다. 이때 출자지가 바
로 현금 출자가 불가능했던 대한제국 정부가 토지로 내놓은 300만원 상
당의 논과 밭 각각 5,700 정보로 총 11,400 정보였다. 그런데 이 11,400

---

37) 정연태, 『식민권력과 한국농업』, 150~153쪽.
38) 정연태, 『식민권력과 한국농업』, 99~101쪽.
39) 『東拓十年史』, 104쪽.
40) 『東拓十年史』, 1쪽 ; 東洋拓殖株式會社, 『東洋拓殖株式會社創立顚末書』,
    106쪽.

정보에 대해서 동척은 출자지를 받은 후 실측한 결과 인수면적에 비하여 78.3%가 증가한 면적이었다고 밝힌 것으로 보아[41] 동척은 실제로 대한제국 정부로부터 출자액 이상을 받아냈다. [표 VI-1]은 1913년 실측이 완료된 동척에 대한 대한제국의 출자지이다. 그리고 이 출자지는 당시 전국의 역둔토(驛屯土)와 궁장토(宮庄土) 가운데 농지가 한 곳에 비교적 몰려 있어 농장 경영에 유리한 단취지(團聚地) 9개 처였다.[42]

[표 VI-1] 동척에 대한 대한제국 정부의 출자지 도별 현황(1913년 현재)   (단위 : 町步, 圓)

도별	밭		논		잡종지		계(정보)
	면적	가격	면적	가격	면적	가격	
경기도	3,010.1	611,792	2,859.5	288,204	3.5	-	5,873.2
충청남도	291.3	61,872	34.8	4,223	2.5	-	328.6
전라북도	983.9	155,166	110.7	9,088	106.5	-	1,201.2
전라남도	183.4	27,883	24.0	1,649	-	-	207.5
경상북도	1,093.5	210,815	412.2	38,127	83.3	-	1,589.2
경상남도	2,926.3	591,209	922.2	75,012	34.8	-	3,883.4
황해도	4,027.2	859,499	306.3	32,585	51.2	-	4,384.7
평안남도	6.7	971	238.6	30,733	0.4	-	245.9
계	12,522.8	2,519,210	4,908.7	479,624	282.4	-	17,714.0

출처 : 『東拓十年史』, 36쪽.

당시 역둔토라는 것은 역토, 둔토, 궁장토 및 능원묘부속지(陵園墓附屬地) 등을 총칭하는 것으로, 1894년 갑오개혁의 결과 역둔토는 모두 궁내부 관리로 이관되었다가, 다시 1908년 탁지부 관리로 넘어갔다. 이 역둔토에 대해서는 당시 일본인들이 "직접 역리(驛吏)의 수입에 영향을 미

---

41) 『東拓十年史』, 36쪽.
42) 『皇城新聞』, 1908년 9월 22일자 '東洋拓殖會社株券請入에 관한 請議書 第192號'.

치었기 때문에 피등(彼等)은 극력 미전(美田)을 택하여 이를 역토에 편입시켜 자손세습하여 그 수확을 취하고 있는 것으로서 현하의 국유지 중에서는 가장 비옥한 것에 속한다."43)라고 말한 것처럼 대한제국은 가장 비옥한 토지를 동척에 출자하게 된 것이다.

한편 이 때 동척에 넘어간 9개 단취지가 정확하게 어디에 소재했는지는 분명하게 명시되지 않았지만, [표 VI-2]의 1917년 말 현재 동척의 전국 소재 10개 출장소의 위치와 밀접한 관련이 있을 것으로 추정된다. 10개 출장소(1920년부터는 지점으로 승격)44)는 경성, 수원(水原), 강경(江

[표 VI-2] 1917년 말 동척의 10개 출장소별 사유지 면적 및 지가   (단위 : 町步, 圓)

출장소	査定地 내의 社有地 土地 公簿面	
	면적	지가
경성	8,764.8	2,370,417
수원	5,683.8	1,637,206
강경	6,470.9	2,507,407
김제	8,604.3	2,846,586
영산포	12,983.4	4,527,690
대구	5,868.1	2,620,437
마산	7,883.5	3,458,755
사리원	10,365.4	2,691,147
평양	3,463.6	401,546
원산	2,482.6	175,627
합계	72,570.4	23,236,818

출전 : 『동척십년사』 41~42쪽.
비고 : 사정지 외의 사유지를 제외함.

---

43) 《朝鮮》 제2권 제3호, 1908년 11월, 37쪽.
44) 猪又正一, 『私の東拓回顧錄』, 12쪽.

景), 김제(金堤), 영산포(榮山浦), 대구(大邱), 마산(馬山), 사리원(沙里院), 평양(平壤), 원산(元山) 출장소로, 이 가운데 수원은 1921년 경성지점에 합병되면서 9개 지점으로 정리된다.[45]

[표 Ⅵ-3] 동양척식주식회사의 연도별 소유지 면적 (단위 : 町步, 千圓)

연도	논	밭	기타	계	지가
1908	1,425	1,425	-	2,850	750
1909	3,915	873	0.5	4,789	1,025
1910	8,644	2,301	91	11,036	1,898
1911	18,763	6,502	1,554	26,820	5,273
1912	32,893	11,652	3,488	48,037	9,678
1913	43,057	17,472	4,334	64,862	13,015
1914	46,642	18,753	4,747	70,142	14,286
1915	49,080	19,594	4,688	73,362	14,229
1916	49,022	19,648	4,710	73,380	15,177
1917	50,008	19,473	5,187	75,008	15,571
1918	50,134	19,422	5,620	75,614	15,986
1919	51,149	20,145	7,026	79,214	16,081
1920	44,118	19,629	1,273	82,888	14,068
1921	44,456	20,525	14,404	91,321	15,562
1922	44,332	20,429	14,838	78,145	17,321
1923	51,297	21,358	15,688	88,334	17,929
1924	50,992	20,975	16,293	88,257	18,233
1925	41,438	18,968	17,031	77,291	17,568
1926	39,653	18,458	24,087	82,047	27,469
1927	38,925	18,248	24,116	81,123	27,190
1928	37,869	18,042	30,595	86,052	28,029
1929	37,796	18,181	41,709	92,558	28,793
1930	37,972	18,282	60,092	92,847	29,452
1931	38,168	18,483	122,662	179,313	29,790
1932	38,527	20,346	148,008	206,881	31,227
1933	39,056	19,799	146,965	205,819	31,542
1934	38,029	22,827	149,332	210,188	31,577

---

45) 『東拓十年史』, 41~42쪽.

연도	논	밭	기타	계	지가
1935	36,991	19,862	148,494	205,347	31,482
1936	35,619	19,688	123,001	178,305	34,018
1937	35,728	19,381	122,951	178,060	36,073
1938	35,698	19,467	123,070	178,235	37,874
1939	36,035	18,490	122,966	177,851	35,854
1940	35,584	17,041	138,033	190,658	41,657
1941	35,822	16,533	165,940	218,295	42,028
1942	36,261	16,418	184,696	237,375	41,058
1943	36,583	16,385	199,771	253,239	41,568

자료 : 東洋拓殖株式會社, 『營業報告書』 각 년도판(제1기~제50기) ; 東洋拓殖株式會社,
　　　『東拓十年史』, 1918, 42~44쪽 ; 朝鮮總督府, 『朝鮮總督府統計年譜』에서 작성.
* 기타는 임야, 잡지, 택지의 합계임.
* 1931년 기타의 대폭 증가는 임야가 1930년 30,802 정보이던 것이 116,821 정보로 대폭
　증가한 것에 기인함.

　한편 매수지는 대한제국 정부로부터 넘겨받은 출자지와 인접한 지역
의 토지를 동척 본사가 매수하여 형성되었다. 동척은 각 지역별로 '매수
반'을 조직하여 전국에 파견, 관리 경영이 편리한 지방의 토지를 조사하
고 1909년부터 매수에 착수했다. 그리하여 1913년까지 함경북도를 제외
한 조선 각도에 4만 6천여 정보(1천 70여 만원)의 토지를 매수해 들였는
데, 1913년 경 토지가격의 폭등과 기타 회사 재정 곤란 등의 사유로 토
지 매수가 중단되었다.[46] [표 VI-3]에서도 확인되듯이 1913년 이후 동척
의 토지 소유 규모는 1920년대까지는 큰 변화가 나타나지 않고 있다. 그
리하여 출자지와 매수지를 합하여 1913년 말 동척의 사유지는 64,862 정
보에 달했고, 토지조사사업이 마무리되는 시점인 1918년 말 전국에 걸쳐
약 7만 5천 정보를 경영하게 된 것이다.[47]

---

46) 『東拓十年史』, 37쪽.
47) 『東拓十年史』, 40~41쪽.

3. 동척의 농장관리통제조직의 변화과정

1) 식민지 소작제 농업 경영 초기의 '농감'제

동척은 이렇게 확보된 토지에 대하여 1909년 가을 첫 수확에 대한 소작료 징수는 조선 재래의 소작관리인, 즉 '사음'에 의한 소작료 징수 관행에 그대로 따를 수밖에 없었다.[48]

식민지 시기 소작관리인에 대한 호칭은 조선 후기 이래 마름 즉, '사음'(舍音)이 가장 보편적이었고, 그 외 수작인(首作人), 농도(農道), 수농인(首農人), 농막주인(農幕主人), 농막직(農幕直), 농막이(農幕伊), 도작인(都作人), 입작인(立作人) 등[49] 다양한 여러 호칭들이 있었다. 동척의 경우 소작관리인을 '농감'(農監)이라고 불렀는데[50] 이후 일본인 거대지주의 농장에서도 간혹 사용되었다. 동척의 토지 관리는 당연히 사유지 관리 및 소작료의 수취 등을 업무로 하였기 때문에 동척 사무의 근간을 이루는 중요한 업무였다. 동척은 농장경영이 아직 궤도에 오르지 않았던 초기에는 거의 대부분의 일본인 거대지주들의 경우와 마찬가지로 농장에 농감, 즉 사음을 두어 관리했다.[51] 회사가 소작농을 완전히 장악하기까지는 조선 소작인과의 의사소통 문제도 있었거니와 항상 현장에서 소작인을 지도하고, 영농과정에서의 여러 상황을 적절하게 판단하여 조정

---

48) 『東拓十年史』, 43쪽.
49) 朝鮮總督府, 『朝鮮の小作慣行』 上卷, 1932, 613쪽.
50) 『東拓十年史』, 52쪽.
51) 『東拓十年史』, 52~53쪽.

하고, 수납의 정확성을 기하기 위해 지방 사정에 정통한 토박이 중간 관리인의 존재가 필수였다.[52] 따라서 지방민 가운데에서 감관(監官) 또는 사음과 같은 직권을 가진 자를 선발하여 농감이라고 하고 주로 검견(檢見), 수납 및 일본품종의 보급 등의 농사개량 업무에 이용하였다.[53] 이후 일본인 이주자들 가운데에서도 조선 정착 후 조선의 현지 사정에 정통한 자가 나오기 시작하면서 점차 이들을 '지도원' 혹은 농감으로 채용하여 조선 소작인 관리에 활용하는 방향으로 전환해 나갔다.[54]

한편, 식민지 시기 일본인 지주의 사음들은 보통 취급 소작료의 일정 비율 혹은 일정액의 수당을 급료로 지급받았다. 동척에서는 수납취급 석수(石數)의 다소에 의하여 쌀 1석에 대하여 17전 내지 20전을 사음 수당으로 하고, 연 1회 1인 평균 20원의 상여금을 주었다.[55] 그렇기는 하나 사음들의 소작료 수납 과정에서의 중간 이윤 착복 등, 회사의 소작료 수입에 지장을 초래하는 불법행위들이 현장에서 자주 발생하자 동척은 이에 대한 방비책으로 소작 계약, 검견, 수납 등의 각 사무는 각각 맡은 바 책임 종사자를 수시로 바꾸어 가며 일을 맡기는 방법까지도 썼다.[56] 이는 조선인 지주 강화 홍씨가(江華 洪氏家)에서 사음의 폐해를 줄이기 위해 지역 간 관리인을 교체하였던 사례와 유사하다.[57] 그러나 이 방식은 부정은 일시적으로 방지할 수 있어도 전문적인 사유지 및 소작인, 영농

52) 朝鮮總督府, 『朝鮮』 제19호, 1922년 10월, 500~501쪽.
53) 『東拓十年史』, 43쪽, 51~53쪽.
54) 『東拓十年史』, 53쪽 ; 東洋拓殖株式會社 編, 『東拓二十年誌』, 1928, 51쪽.
55) 善生永助, 『朝鮮の小作慣習』, 1929, 240~243쪽 ; 朝鮮農會, 『朝鮮の小作慣行(時代と慣行)』, 1930, 283~284쪽.
56) 猪又正一, 『私の東拓回顧錄』, 27쪽.
57) 홍성찬, 「韓末・日帝下의 地主制 硏究-江華 洪氏家의 秋收記와 長冊分析을 中心으로-」, 『韓國史硏究』 33, 한국사연구회, 1981. 참조.

현장 관리에 의한 증산증수를 기대하기는 불가능했다. 그리고 이러한
운영에도 불구하고 농감의 폐해는 계속되었다. 동척 사원 이노마다는
회고록에서 동척은 조선 재래의 사음제도를 개혁하여 새로이 '농감'제
도로 전환하였지만, 명칭만 바뀐 것일 뿐, 실제로 여전히 다음과 같은
폐해가 남아있다고 그 실상을 지적하고 있다.

> ○ 소작계약증서에 소작인 본인이 서명을 하지 않고, 농감이 적당히 작
> 성하고 있다.
> ○ 소작계약서에는 執租 또는 定租라고 되어 있어도, 실제로는 전부
> 제分하였다.
> ○ 회사원이 검견하기 위해 순회할 때, 현지에 입회하는 자는 농감이
> 고용한 자이거나 농감의 친척 소작인이다.
> ○ 소작료 납부 때는 소작인이 직접 회사에 납부하지 않고, 적당히 농
> 감이 알아서 납부한다.
> ○ 소작료 미납 소작인에 대해서는 회사원 파견을 구하여 엄중 독촉한
> 다. …
>
> 이상과 같아서 농감은 회사원이 출장을 나올 경우 극히 이를 경계하고,
> 환심을 사려고 하고, 회사원에게는 소작인에 대한 험담을 하고, 소작인에
> 게는 회사원에 대한 공포심을 주어 양자를 이간질시켜 중간이익을 얻는
> 것에 전념하고 있다.[58]

즉, 농감은 소작계약을 체결할 때, 농감이 단독으로 적당히 소작계약
서를 만들거나, 소작료를 징수할 때에도 집조나 정조의 원칙을 지키지
않았고, 농감이 거두어 들였으며, 검견 때는 회사원과 소작인이 입회하
여 실시해야 함에도 불구하고, 농감 본인의 친척들을 입회시키는 경우

---

58) 猪又正一, 『私の東拓回顧錄』, 30쪽.

까지 있었다는 것이다. 또한 소작료도 소작인이 직접 납부하게 하지 않고, 농감이 중간에서 납부하여 그 과정에서 착복의 우려가 있고, 회사와 소작인 사이를 이간질하여 이득을 취하였다고 지적하였다.

그러다가 점차 동척은 조선의 궁장토를 대부분 흡수한 국책회사로서 궁장감관(宮庄監官)제도를 폐지하고, 역토(驛土) 시절에 내세웠던 역둔토의 정부직할(財務監督局)의 원칙을 좇아, 회사에서 직접 관리하는 방침을 세웠다. 즉, 동척은 사유지를 지점을 단위로 하여 주재원(駐在員) 등의 사원을 배치하고, 그 밑에 농감이나 소작조합장, 또는 세화인(世話人) 등의 업무 보조자를 두고 소작인을 관리하는 체계를 수립해 나갔다. 이제 동척은 소작인과 직접 계약을 체결하고, 다만 사무보조로서 농감을 사용했다. 동척 농감은 1928년 3월 말 약 600명 정도의 규모였는데 당시 소작인이 89,926명이었으니,[59] 농감 1인당 150명의 소작인을 관리했던 셈이다. 그런데 동척이 소작관리체계를 개편해 간 것은 그들이 선전한 것처럼 '조선의 구습 및 폐풍을 타파하고, 교정'[60]하기 위해서 사음제를 폐지한 것이 아니라, 중간 관리자로서 그대로 존속시키면서 그 권한을 현저하게 줄여나갔을 뿐이었다. 사실 '사음의 폐해' 문제는 말 그대로 '사음제의 구습과 폐풍'으로 조선총독부나 동척은 이것을 조선 자체의 문제로 치환하여 강조함으로써 그들의 식민지 농정 지배를 정당화했던 것이다.

한편 이 때 동척의 농감에는 일본인들도 포함되어 있었다. 그러나 이들 농감은 동척이 조선에서 흡수한 궁장토 지역의 감관과 같은 권한은 없었다. 동척의 농민지배를 사무적으로 보조할 뿐 일체의 권한은 부여

---

59) 『東拓二十年誌』, 39~40, 42쪽.
60) 『東拓十年史』, 43쪽.

되지 않았다. 그것은 조선흥업, 구마모토(熊本), 불이흥업 등 다른 일본인 지주회사에서도 같았다.[61]

그리고 동척은 농장 경영이 어느 정도 궤도에 오르면서 1921년부터 각 수납소마다 수지원(受持員)을 배정하고, 특히 중요한 수납소에는 주재제(駐在制)로서 사원을 상주시켜 관리했다. 즉, 경성지점 관내에는 청량리(淸涼里), 장안평(長安坪), 수원(水原)의 3개 지역에 주재소를 두었고, 평택(平澤), 오산(烏山), 수색(水色), 일산(一山), 개성(開城), 송파(松坡), 이천(利川)의 7개 지역에 수지구(受持區)를 설치하였다.[62]

2) 1920년대 이후 농장관리조직의 체계화

동척은 산미증식계획에 편승하여 적극적으로 토지개량계획에 매진하고, 농사개량 및 증산을 위해 식민지 전 지역에 산재한 광대한 관할 농지를 보다 효율적으로 관리하기 위한 대대적인 사유지 관리조직 개편에 들어갔다. 즉, 1921년부터 지역단위별 사업구 및 농구 구분 및 관리원 파견 문제 등 사원을 직접파견하여 회사의 사유지 및 소작인에 대한 장악력을 높이는 작업에 착수하였다.[63]

이를 위해 우선 회사소속의 전 토지를 9개 관리구역으로 구획하여 각 관리구역을 5~6개의 사업구로 나누고, 1개의 사업구를 다시 2~3개의 농구로 구분하였다. 회사 소유지를 집단화한 사업구에는 사원을 여러 명

61) 하지연, 「일제하 불이흥업주식회사 전북농장의 '舍音'제 운영과 성격」, 『이화사학연구』49, 이화사학연구소, 2014, 141~143쪽 ; 하지연, 『일제하 식민지 지주제 연구』, 262쪽.

62) 猪又正一, 『私の東拓回顧錄』, 27쪽.

63) 東洋拓殖株式會社 編, 『東拓三十年誌』, 東京, 東洋拓殖株式會社, 1939, 130쪽.

주재시키고, 하나로 집단화하기 어려워 산재된 사업구는 지점 내에 수지원을 파견·배치하여 관리하였는데, 동척은 점차 사원이 직접 상주하는 주재구를 늘려 마침내 모든 관할 농경지에 주재구를 두고, 농장이라고 칭하였다.[64]

이런 식으로 1930년대 말 경 동척의 9개의 관리구역 산하에는 총 103개 농장이 설치되었고, 이 가운데 74개 농장에는 사원 130명을 주재시켰다. 그리고 그 외의 농장은 지점에 수지원을 파견하였고, 사원 아래 보조자인 지도원을 두어 농사개량 및 소작인 지도 감시를 담당하게 했다. 이 지도원의 수는 1938년 말 1,001명으로, 관리대상 소작인은 78,667명이었다.[65] 즉, 지도원 1인당 소작인 약 80명 정도를 관리했던 것으로 1928년의 농감 1인당 150명의 소작인을 관리했던 것에 비하면 거의 두 배로 관리직원을 증가시켜 통제력을 강화시킨 셈이었다. 결국 농감은 최소한의 필요한 인원을 남기거나 혹은 동척의 사원이 미처 파견되지 못한 지역에서 활용하는 식으로 존치시키면서 동척은 전 사유지에 대한 회사의 장악력을 강화하기 위한 관리조직을 갖추어 갔다.

관리기구(출장소, 뒤에 지점)이 설치된 곳은 경성(본사 → 지점→支社), 마산(출장소 →부산지점), 대구(출장소→지점), 영산포(출장소→목포지점), 김제(출장소→지점→裡里支店), 대전지점, 원산(출장소→지점), 사리원(출장소→지점), 평양(출장소→지점)의 총 9곳으로 [표 Ⅵ-4]는 1943년 당시 동척의 9개 지점별 농장과 각 농장에 소속된 사원의 규모이다.[66]

---

64) 猪又正一, 『私の東拓回顧錄』, 48~49쪽.
65) 『東拓三十年誌』, 132쪽.
66) 猪又正一, 『私の東拓回顧錄』, 51~52쪽.

[표 Ⅵ-4] 9개 지점별 농장과 농업 종사 직원의 수(1943년 현재)

지점	도명	내근직	농장명(직원수)
경성	경기 강원	16	淸涼里4, 水原6, 松坡2, 靑北3, 平澤2, 水色2, 開城2, 鐵原(경기)1, 一山2, 長安坪1, 철원(강원)1 (계 26)
부산	경남	13	馬山2, 守山3, 固城3, 河東2, 勿禁2, 大渚2, 密陽2, 金海3, 進永2, 辰橋2, 蔣山3, 泗川1 (계27)
대구	경북	11	大邱2, 慶山3, 永川3, 慶州2, 浦項5, 尙州3, 安溪3, 海平2, 乾川2, (계 26)
목포	전남	14	榮山浦4, 細枝1, 在倉津1, 松汀里2, 大村2, 潭陽2, 文場1, 靈光2, 三鄕2, 珍島1, 靈巖2, 唐津3, 長平2, 寶城2, 筏橋3, 長城1, 西倉1 (계 32)
이리	전북	15	裡里4, 望城5, 金堤3, 竹山2, 新泰仁5, 禾湖2, 白山6, 扶安3, 古阜4, 參禮2, 井州1, 南原2, 全州1 (계 41)
대전	충청	13	論山4, 江景3, 獐項3, 鴻山2, 窺岩2, 天安3, 淸州3, 林川2 (계 22)
원산	강원	3	高原3, 通川2, 安邊2 (계 7)
사리원	황해	13	黃州3, 舍人2, 北栗6, 新換浦2, 白石6, 沙里院3, 海州2 (계 24)
평양	평남	6	龍岡3, 大寶3, 甑山3 (계 9)
합계		104	83개소 214명

(특수농장으로서는 조선지사 직할의 농장은 江西20, 新溪11, 蘭谷18, 慶源3, 穩城3, 訓戒1, 谷山2, 梨木5 (합계 8개소 63명)이 있다.)
자료 : 東洋拓殖株式會社 編, 『東拓三十年誌』, 1939, 74~75쪽 ; 猪又正一, 『私の東拓回顧錄』, 12, 51~52쪽 ; 東洋拓殖調査課, 『東洋拓殖株式會社要覽』.
각 출장소들은 1920년에 지점으로 승격.
마산 출장소가 부산지점으로 통합, 대구 출장소가 대구 지점으로, 영산포 출장소가 목포 지점으로, 김제 출장소가 김제 지점으로, 다시 이리지점으로, 원산 출장소가 원산 지점으로 사리원 출장소가 사리원지점으로, 평양 출장소가 평양 지점이 됨.
당초 수원출장소는 경성지점으로 합병됨.

[표 Ⅵ-2]의 1917년 동척 10개 출장소에서 수원출장소는 1도(道) 1점(店)주의에 의하여 1921년 경성지점으로 합병되었다. 그러나 수원에는 당시 권업모범장(勸業模範場)과 고등농림학교가 있었고, 민간기업으로서는 미쓰비시(三菱)계열의 동산농사주식회사(東山農事株式會社, 이하

'동산농장')의 지사가 있어 소작료로 벼 1만석 이상을 수납하고 정미공
장까지 갖추고 있었던 중요한 지역이었다.[67] 따라서 동척도 그 중요성
때문에 수원에 사원을 배치시켜 주재소를 여전히 운영했다.[68] 토지조사
사업부터 산미증식계획까지 조선농업의 최일선에서 식민지 농업정책을

[사진 17] 동산농사주식회사. 수원에 위치한 동산농사주식회사는 일본인 자본가에 의해
설립되었고, 동산농장을 운영하였다. 또한 수려선과 수인선을 운영한 경동철
도주식회사의 대주주였다.

---

67) 수원지역의 일본인 농장 및 동산농사주식회사, 식민지 농업기구에 관해서는 다음
의 연구가 참조된다. 하지연, 「일제시기 수원지역 일본인 회사지주의 농업 경영」,
『이화사학연구』 제45집, 이화사학연구소, 2012 ; 同, 「일본인 회사지주의 식민지
농업경영-三菱재벌의 東山農事株式會社 사례를 중심으로-」, 『사학연구』 88호,
한국사학회, 2007 ; 김도형, 『일제의 농업기술 기구와 식민지 농업지배』, 국민대
학교 국사학과 박사학위논문, 1995 ; 同, 「일제 강점하 농업기술기구의 식민지 농
업지배적 성격」, 『농업사연구』 4-1, 한국농업사학회, 2005.
68) 猪又正一, 『私の東拓回顧錄』, 32쪽.

[사진 18] 동양척식주식회사 수원출장소. 동양척식주식회사는 일제가 조선의 경제를 지배·
착취하기 위해 설립한 국책회사로, 경성에 본점을 두고 주요도시에 출장소를 설
치하여 식민지 지배를 공고히 하였다.

주도해 가던 동척으로서는 일제의 대표적 식민지 농업관리 기관인 권업모
범장이 설치되어 있던 수원지역의 주재소는 필수적이었다고 할 것이다.
한편 [표 Ⅵ-4]에서처럼 전국에 산재한 농장과 이에 소속된 소작인을
통제하고, 식민지 지주경영을 안정적으로 운영하기 위해서는 체계적이
고, 일사불란한 관리조직체계가 필요했다.

[도표 Ⅵ-1] 동척의 농장관리조직 체계도

동척 소속 사원들의 직급은 1차 세계대전 종결 후 일본 재계가 장기
간의 불황으로 들어가면서 조직 간소화 차원에서 '서기보', '기수보' 명
칭을 폐지했다.[69] 1917년부터 '서기보', '기수보'의 직급은 [표 VI-5]에서
확인되듯이 보이지 않는다. 그러나 동척의 총 사원 규모는 계속 증가했
고, 그 추세는 1923년까지 이어졌으며 1917년부터는 '서기'와 '기수'에
해당되는 인원을 종전의 '보' 직급으로 흡수하여 '기수', '서기' 직급으로
통합시킨 것으로 보인다. 그런데 1924년 3월부터는 참사(參事), 기사(技
師), 서기(書記), 기수(技手) 등의 호칭을 폐지하고, 대대적인 사원수 감
축과 더불어 모두 일률적으로 사원(社員), 고원(雇員)으로 직급체계를 간
소화 시켰다. 1923년에 비하여 1924년 사원수는 412명에서 304명으로 무
려 26.2%에 달하는 108명이 감축되었다.[70] 이때 동척은 퇴직희망자에게
5 정보의 사유지를 지급하는 조건으로 구조조정에 들어갔는데,[71] 5 정
보라고 하면 소지주로서 조선농촌에서 기반을 잡을 수 있는 충분한 조
건이었다.

[표 VI-5] 동양척식주식회사 직원 및 촉탁 인원(1909~1938) (각 년말 현재)

	調査役	參事	技師	書記	技手	書記補	技手補	雇員	見習	囑託	계
1909	10	13	1	30	-	-		5	-	8	67
1910	10	12	2	32	4	-	-	4	5	10	79
1911	10	15	4	41	13	-	-	11	31	9	134
1912	10	19	4	59	36	-	-	43	32	7	210

69) 이노마다는 회고록에서 동척이 '서기보'와 '기수보'의 명칭을 폐지한 시기를 1920
년 4월이었다고 했다. 그러나 이미 그 이전시기부터 '보' 직급은 사실상 폐지시킨
것으로 보인다. 猪又正一, 『私の東拓回顧錄』, 47쪽.
70) 『東拓二十年誌』, 155~156쪽 ; 猪又正一, 『私の東拓回顧錄』, 47쪽.
71) 猪又正一, 『私の東拓回顧錄』, 38쪽.

	調査役	參事	技師	書記	技手	書記補	技手補	雇員	見習	囑託	計
1913	10	19	8	84	43	-	-	58	46	6	274
1914	8	20	7	91	47	-	-	76	28	2	279
1915	4	17	7	68	33	65	19	-	14	-	227
1916	3	17	7	69	34	68	21	-	12	1	232
1917	-	24	9	137	53	-	-	-	3	4	230
1918	-	51	9	147	60	-	-	-	16	5	288
		參事	기사	서기	기수	서기보	기수보		견습	촉탁	계
1919		60	8	163	90	-	-		6	6	334
1920		63	10	218	131	-	-		13	10	445
1921		56	9	182	108	-	-		6	10	371
1922		69	15	188	100	-	-		4	3	379
1923		82	21	191	94	-	-		5	19	412
		사원							견습	촉탁	계
1924		282							3	19	304
1925		288							4	31	323
1926		278							16	19	312
1927		304							-	17	321
1928		308							-	19	327
1929		353							-	6	359
1930		355							-	10	365
		참사	부참사	기사	서기	기수	서기보	기수보	견습	촉탁	계
1931		22	50	18	120	65	136	154	23	11	609
1932		21	53	19	145	67	137	144	2	16	604
1933		21	55	22	169	91	135	118	1	16	623
1934		26	52	26	185	102	98	112	9	18	629
1935		22	58	31	202	118	97	111	5	19	663
1936		31	50	32	215	133	106	106	9	22	704
1937		30	38	29	224	149	124	112	4	58	768
1938		30	33	35	241	164	151	120	5	52	831

자료 : 『東拓三十年誌』, 257~259쪽.

한편 1931년에 들어서서는 동척은 조선사업부를 조선지사(朝鮮支社)라고 하면서 산미증식계획에서의 토지개량사업을 일단락 짓고 대대적인 조직개편을 단행했다. 즉, 식산과와 토목과를 합병하여 농업과로 통합하였는데 소속된 사원들은 업무 성격에 따라 관리사무직(事務屋)과 농업현장기술직(技術屋)으로 구분되었다. 이러한 위계질서에 대하여 동척 조선지사 조선지사장까지 지낸 이노마다는 동척의 관리조직을 관청 이상으로 관료적이었다고 회고하였다.[72] 그리고 이 때 동척은 직원수를 1930년 365명에서 1931년 609명으로 244명, 즉 1.7배나 늘렸다. 사원수는 이후로 꾸준히 늘어나 1938년에는 무려 831명에 달했다. 그것은 만주사변 이후 회복되기 시작한 미가, 그리고 동척의 대량 토지매입으로 인한 관리사원의 필요, 1932년에서 1936년까지 5개년 계획으로 진행된 '사유지증산계획' 등으로 사원수를 대폭 늘린 것으로 보인다. 실제로 동척은 1920년대 말 미가 폭락으로 타격을 입은 일부 지주들이 토지를 내놓자 이를 집중적으로 매수해 들어 [표 VI-3]에서처럼 1930년대 총경지 면적이 92,847 정보였던 것이 179,313 정보로 1.9배 넘게 급증했다. 소작료 역시 곡가의 등귀와 경작지 면적의 증가에 따라 1930년대 들어서서는 쌀의 경우 1929년 275,368석에서 1930년 348,918석으로, 1933년에는 427,541석으로 급증했다.[73]

이러한 추세를 반영하여 동척은 1931년에 1차 세계 대전기 경제호황 시기 때와 유사하게 직원을 그 직능에 따라 계급을 세분화했다. 즉, 참사, 부참사(副參事), 서기, 서기보(書記補), 기사, 기수, 기수보(技手補) 등으로 직급을 상세하게 나누어 정년제를 보장하고, 그 대우방법을 개선

---

72) 猪又正一, 『私の東拓回顧錄』, 55~56쪽.
73) 『東拓二十年誌』, 43~44쪽 ; 『東拓三十年誌』, 134~135쪽.

하는 등 소속 사원에 대해서는 식민지에서 확보한 초과이윤에 따른 우대책을 실시하였다.[74]

또한 1931년부터 채용된 사원들은 이전과 비교했을 때 농업전문학교 출신의 영농전문가들을 집중적으로 채용해[75] 생산현장에서의 직접적 영농관리를 통한 생산성 향상을 도모했고 그에 상응하는 처우를 해 주었다. 이는 국책회사인 동척이 개인지주회사인 구마모토 농장처럼 철저하게 이윤창출을 위한 경영방식으로 변화해 갔음을 보여준다. 최대한도의 소작인 노동력 동원과 다량의 비료 투입, 증산목표치의 설정, 철저한 소작농 관리로 수익목표가 달성되면 사원들은 그 만큼 보상을 받는 성과주의였다.[76]

---

74) 『東拓三十年誌』, 145~146쪽.
75) 猪又正一, 『私の東拓回顧錄』, 50쪽.
76) 하지연, 「일제하 일본인 지주회사의 농장 관리 조직을 통해 본 식민지 지주제의 성격」, 60~64쪽.

4. 1920년대 동척의 특수어용단체 운영과 폐해

1) 지주적 소작인조합의 운영 실태

일본인 지주(회사)는 농장운영 초기, 사음에 의존한 소작인 및 농지 관리 체계에서 점차 전문 영농기술자들을 사원으로 하여 직접 관리하는 관리조직체계를 갖추기 시작하면서 사음은 사실상 일본인 지주의 농장 통제 시스템의 부수적이고, 이차적인 위치로 전락했다. 또한 지주회사들 은 지주적 성격의 소작인조합을 만들어 소작인을 조합원으로 강제 편 성, 조합원간의 철저한 연대보증제를 통해 상호간의 감시와 통제를 유 도하고, 소작료 납부에 있어서의 완전함을 기함으로써 회사의 소작인 통제의 편리함과 효율성을 얻어냈다. 동척은 물론 조선흥업의 '5인조 제 도'와 '흥농회(興農會)', 동산농장, 불이흥업의 '불이식산조합', 가와사키 농장 등 거의 대부분의 일본인 대농장에서 조직·운영되던 소작인조합 은 지주회사의 농장 및 소작인 관리를 위한 최하위 단위의 조직이었고, 지주회사의 손실을 방지하기 위한 보험이었다고 할 것이다.[77]

한편 지주적 성격의 소작인조합은 1931년 기준으로 전라남도의 경우 에만 423개가 있었고, 소속 조합원은 10,122명에 달했다.[78] 동척에서도 이 소작인조합은 초기의 농감(사음)를 대신하여 지주회사 소속의 사원

---

77) 하지연, 「일제하 일본인 지주회사의 농장 관리 조직을 통해 본 식민지 지주제의 성격」, 48~52쪽.
78) 全羅南道, 『小作慣行調査書』, 121~122쪽.

내지 관리조직의 업무 보조역할을 했다. 동척에서는 1921년경부터 점차 지역별 농장 내에 주재원, 지점 내에 수지원(담당원) 등의 사원을 배치 하고, 그 아래 소작인조합장이나 농감 및 세화인(世話人) 혹은 지도원 등의 업무 보조자를 두는 '주재원-소작인조합장' 체제가 실질적인 농장 통제관리조직으로 정착되었다. 그리고 동척은 소작인조합의 설립과 사 원의 농장 주재를 늘리면서 점차 농감의 수를 줄여나갔는데, 1928년 3월 말 현재 동척의 농감 수는 약 200명으로 이는 농장설립 초기 농감수의 1/3 수준으로 줄어든 상황이었다고 한다.[79]

　　"본래 북률면 일원 동척회사 소유전담에 대하여는 종래로 조선사람 농 감(農監)을 두어 가지고 나려오던 중 작년부터 그것을 변경하야 동척주재 원이라는 명칭 아래서 일본인 세 사람과 또 다시 그 밑에는 그 지방을 15 구로 나호운 뒤에 소작인조합장(小作人組合長)이라는 것을 15명이나 두 었기 때문에 일반 소작인에게 대하야 여러 가지로 불미한 점이 많이 있을 뿐더러 이자들은 무슨 큰 권리나 가지고 잇는 듯이 조끔만 자긔 마암에 맛지를 아니하면 곳 소작권을 함부로 이동을 식히는 등 여러 가지로 횡포 한 행동을 하는 고로 소작인들은 이중의 악박을 바다 …… 云云"[80]

위 기사를 보면 동척이 점차 초기 농감을 활용했던 시스템에서 벗어 나, 이제 그 역할과 자리를 주재원 혹은 수지원-지도원 혹은 소작인조합 장 기구로 대신 해 갔음을 알 수 있다.[81] 게다가 조합장들은 소작권 박 탈 문제 등에서 이전과는 달리 막강한 권한을 행사하여 조선인 소작농 민들은 회사 파견의 주재원과 소작인조합장에게 이중으로 관리통제를

---

79) 『東拓二十年誌』, 39~40쪽.
80) 『동아일보』, 1924년 11월 7일자.
81) 『東拓三十年誌』, 130~132쪽.

받았다. 동척의 황해도 재령(載寧) 북률면(北栗面) 농장의 사례를 보면 1923년 당시 일본인 주재원 3명을 파견하고, 농장을 15개 단위 구로 나누어 소작인조합을 조직하고 15명의 조합장을 두었다. 즉, '본사-사리원 출장소(지점)-농장주재원-지도원·소작인조합장'이라는 관리조직의 체계화가 이루어졌고, 이 조직을 통해 관청조직 혹은 군대조직 같은 일사불란한 농장 관리·통제가 이루어졌던 것이다.[82] 이 지주적 소작인조합의 기능은 후술할 바와 같이 동척이 소작인과 소작계약을 체결할 때 회사의 권익을 보장하고, 소작인은 의무 수행과 연대책임만을 지도록 하는 데 결정적으로 작용했다.

동척의 소작인조합의 규모는 보통 농지 200 정보를 단위로 하였다. 동척은 이 소작인조합을 1925년경부터는 '농사개량구'의 단위구역으로 하고, 산미증식계획에 따른 농사증산구의 단위구역으로 설정하기도 했는데, 1925년 당시 7개구 신설을 시작으로 점차 그 수를 늘려나갔다. 이 농사개량구는 1개량구 면적을 2평방리[83] 내에 150~250 정보의 토지를 집단으로 설정하되 비교적 한수해의 피해가 적은 지역을 선정하여 10년에 걸쳐 제반 개량시설을 설치했고, 소속 소작인들은 본사에서 직접 관리했다. 또 이 지역 소속 소작인들의 소작료 징수방법은 기존의 집조법을 개량시설 완성 후에는 정조법으로 전환시켰다.[84]

이 농사개량구에서는 심경 장려, 종자의 매년 갱신, 밀식(密植) 장려, 제초 장려, 금비·녹비 등 시비 장려, 건조 및 조제방법의 개선, 현미 조제 장려, 부업 장려, 지도원 배치, 조합 조직(농사개량의 공동실행 및 저

82) 『東拓二十年誌』, 39~40쪽.
83) 1平方里는 약 15.424km²이다.
84) 『東拓二十年誌』, 54쪽.

축 목적) 등을 사업 내용으로 내걸었다. 이때 조합은 회사 측에서 보조금을 1조합 당 500원 내지 1천원을 지원하는 지주적 성격의 조합이었다.[85] 농사개량구는 1925년 설치 이래 지속적인 증설로 1928년에는 20구

[표 Ⅵ-6] 동척의 농사개량구 일람표

개량구명	설치연도	소재	면적(町) 논	밭	기타	계
大渚	1925	경남 金海郡 대저면	256.2803			
勿禁	1925	경남 梁山郡 上西面	127.3017			
守山	1926	경남 密陽郡 下南面	238.1213			
固城	1926	경남 固城郡 固城面	161.4408			
尙州	1925	경북 尙州郡 尙州面	161.2609	30.8700		192.1309
大村	1926	전남 光州郡 大村面	234.8100	22.3700	4.1600	261.3400
松汀里	1927	전남 光州郡 松汀面	173.9800	9.8200	2.0000	185.8000
五山第一	1925	전북 益山郡 五山面	244.8223			
五山第二	1926	同	324.7206			
古阜	1925	전북 井邑郡 古阜面	250.2510			
羅岩里	1926	전북 익산군 望城面	125.0601			
白山	1927	전북 扶安郡 白山面	183.7929			
論山	1925	충남 論山郡 論山面	206.8000	8.2408	4.392	219.4328
水東	1927	충남 舒川郡 馬東面	215.9905	4.7110	5.7028	236.4113
安邊	1926	함남 安邊郡 鶴城面	150.5102	98.3512	1.1833	250.0517
通川	1927	강원 通川郡 通川面	124.9619	65.6921	6.6935	197.3615
舍人	1925	황해 鳳山郡 舍人面	125.0000			
芦月	1926	황해 信川郡 北部面	47.0000			
北部	1926	同	172.0000			
총계			3,525.1325	240.0621	24.1526	3,789.3472

출전 : 『東拓二十年誌』, 55~58쪽.
* 기타에는 택지, 잡종지가 포함됨.
* 지목별 총계가 3,789.3612 정보로 나와 있으나, 계산상 3,789.3472 정보로 수정, 기재함.
* 1925년 신설된 7개구 내 경상남도의 2개구는 낙동강 대범람과 이 지역의 대폭풍으로 인하여 피해가 극심함. 다른 5개구는 순조롭게 진행됨.
* 1926년에 신설된 8개구까지 합하여 15개구가 됨.

---

85) 『東拓二十年誌』, 55쪽.

까지 늘렸다.86) [표 Ⅵ-6]은 1927년 당시 동척의 전국에 걸친 농사개량구로 총 면적이 3,789 정보에 달했다.

동척은 1농사개량구 마다 반드시 소작조합을 설치함으로써 소작인과 영농현장의 모든 과정을 관리했다. 또한 동척은 농사개량구가 설치되지 못한 지역에는 '증산구'라는 것을 설치하여 1931년까지 총 7,300 정보에 19개의 증산구를 설치하고, 농사개량구와 비슷한 기능을 이행하도록 했다. 즉, 개량구와 증산구 모두 산미증식계획에 부합한 동척의 집중적 토지 및 소작인 관리조직 구획으로 총 11,000 정보에 달하는 지역에서 증산을 위한 치밀한 관리를 시도했다.87)

한편 동척은 명목상 조합 사업에 대하여 저축심을 향상시키고, 소액 금융 및 공제를 목적으로 하는 조합을 조직하여 농민 상호간의 부조사업을 도모한다고 했다. 그런데 이 저축금은 농민 상호간의 부조의 목적이라기보다는 우선적으로 소작료 불납 내지 미납으로 인한 회사의 손실을 보전하는 일종의 보험이었다.88) 1928년 무렵 조합수는 전국에 걸쳐 236개, 조합원 12,883명으로 이 중 대구지점이 180개 조합에 5,517명으로 전체 조합수의 76%를 차지했다. [표 Ⅵ-7]은 1928년 당시 동척의 소작인 조합 현황이다.

동척은 농장의 운영관리조직을 개편하여 철저한 관리통제 시스템을 마련함과 동시에 실제 농업 경영 원칙도 새로이 수립했다. 소작료 수입이 곧 회사 수익 그 자체라고 할 수 있었던 동척은 소작료 징수에 관한 규정을 치밀하게 관리했다.

---

86) 『東拓三十年誌』, 130~132쪽.
87) 『東拓三十年誌』, 131쪽.
88) 『東拓二十年誌』, 52~53쪽.

[표 Ⅵ-7] 동척의 소작인조합 현황(1928년 현재)

지점명	조합수	조합인원	조합자금(円)			
			보조금	조합원 醵出額	기타	계
부산	17	842	4,200	6,896	343	11,439
대구	180	5,517	800	7,628	1,808	10,236
목포	3	1,203	1,800	2,937	2,857	7,594
이리	6	853	6,000	12,568	2,166	20,754
대전	10	3,094	1,000	7,646	1,878	10,524
경성	1	1	100	81	50	231
원산	17	429	700	432	1,709	2,841
사리원	2	944	6,185	11,834	4,815	22,834
계	236	12,883	20,785	50,022	15,646	86,453

자료 : 東洋拓殖株式會社 編, 『東拓二十年誌』, 52~53쪽.

우선 지주회사-소작인간 소작계약서에서 회사 측에게 유리한 소작조
건을 반영한 소작계약서를 소작인들에게 강요했고, 그것은 소작인의 소
작권을 위협하는 것이었는데 예를 들어 소작인을 소작인 본인을 포함하
여 6인조의 연대보증제로 묶거나 소작기간을 단축하는 등의 규정이 그
것이다.[89] 동척도 초기에는 연대보증인을 2명 정도로 했던 것으로 보이
는데[90] 점차 이를 확대·강화시켜나가 당사자 소작인 외에 추가로 5명의
연대보증인을 더한 6인조 제도로 정착시켜 나갔다. 이들 보증인들은 계
약의무 이행, 연대책임, 철저한 지대납부 의무의 이행, 저항의 저지 혹은
약화의 역할을 했다. 심지어 보증인들 가운데 소작인 자격을 상실한 자

---

89) 朝鮮總督府, 『朝鮮에 있어서의 現行小作及管理契約證書實例集』, 1931, 416~
    418쪽, 451~452쪽 ; 全羅北道農務課 編, 『全羅北道農事會社定款及小作契約
    書』, 1938(『全羅文化論叢』1, 1986).
90) 朝鮮農會, 『朝鮮の小作慣行(時代と慣行)』, 1930, 304쪽 ; 朝鮮總督府, 『朝鮮
    の小作慣習』, 1929, 169~170쪽.

가 나올 경우 10일 이내에 다른 자를 대립(代立)하지 않으면, 계약이 해제되고, 소작권이 상실되는 사태까지 이르렀다.91) 이 연대보증의 소작계약 방식은 바로 소작인 5인조합제에 근거한다. 소작인조합 가입자에 한하여 회사 측과 소작계약이 체결되었고, 소작인들은 다른 소작인들에 대한 연대책임을 짊어져야 했다. 이는 다른 일본인 대지주회사의 5인조 제도와 마찬가지로 소작료 납부 등에 있어서 철저하게 상호 연대책임을 지움으로써 소작인 상호간의 감시를 하게하고, 동시에 회사의 완납에 가까운 소작료 수납을 가능하게 하는 지주적 관리시스템으로 기능했다. 결국 연대책임제로 인해 소작료를 제대로 회사 측에 납부하지 못한 소작인들은 연쇄적으로 보증을 선 이웃 소작인의 몫까지 감당해야 했고, 그것은 본인의 소작료조차 채워내지 못하는 상황에서 사실상의 소작권 박탈이었다. 1923년 북률면에서는 1922년의 대홍수의 여파로 인해92) 해일의 피해까지 입어 겨우 연명하고 있던 상황에서 회사 측이 '소작료의 강제집행을 하는 등 사람으로는 차마 못할 잔인한 행동을 하여 집을 빼앗기고, 먹을 것도 없이 남부여대하여 떠난 사람이 수십호'93)에 달한 상황은 이러한 연대책임제의 실상을 그대로 보여준다고 할 것이다.

한편 동척은 1920년대 소작쟁의가 빈발하고, 격화되어 감에 따라 동척은 '척식청년단(拓殖靑年團)'이나 '소작인향상회(小作人向上會)'와 같은 어용조직을 조직하여 소작인에 대한 회유와 협박을 가하는 등 강온

---

91) 동양척식주식회사 小作契約書 제19조 10항 및 25조, 全羅北道農務課 編, 『全羅北道農事會社定款及小作契約書』, 1938(『全羅文化論叢』 1, 1986)

92) 『동아일보』, 1923년 8월 17일자. 「昨年의 瘡痍가 尙新한데 載寧郡又復慘害, 간신히 어린 움집조차 다 쓸어진 北栗面참상」

93) 『동아일보』, 1923년 11월 19일자. 「繼續하는 災難에 北栗面民離散, 대개 동척의 소작인들」

양면책을 총동원하여 소작민에 대한 통제를 시도했다.[94]

2) 특수어용단체 '척식청년단'의 설치와 폐해

　동척은 일본 내의 식량부족문제와 그로 인한 사회문제 등에 대한 해결 방안으로 조선에서의 농업개발 및 개량을 사업 목표로 내걸면서 척식사업을 대대적으로 추진하였다. 동척이민은 1910년부터 1926년에 이르기까지 17년간 총 17회에 걸쳐 모집호수 13,095호, 승인호수 9,096호로 정착한 지역은 전국적으로 11개 도(道) 82 군(郡) 349개 읍면에 달했다.[95] 이들 일본인 이민자들은 약 2 정보의 토지를 할당받아 자영농으로 자리잡은 제1종 이민과 10 정보의 농지를 받아 중소지주로 성장가능한 제2종의 두 가지 부류가 있었는데 동척은 1922년부터는 제2종의 이민만을 규모를 5 정보로 축소시켜 모집하였다.[96] 이들 일본인 이민자들은 이민 초기 주로 경상도와 전라도 지역에 정착했고, 이후 경기도와 황해도 지역으로도 확산되었다. 황해도의 황주(黃州), 봉산(鳳山), 재령(載寧), 신천(信川), 연백(延白)의 5 군에는 1933년 말 530호가 이주하였는데 이 가운데에서도 재령군의 북률면(北栗面)과 남률면(南栗面) 일대에 가장 많은 일본인이 정착하였다.[97] 비슷한 경우가 강원도의 철원(鐵原)과 평강(平康) 지역으로, '철원, 평강, 재령에는 소일본이 생기고 있다'[98]는 말이 돌 정도로 동척의 일본인 이주촌이 성장하고 있었다.

94) 『동아일보』, 1924년 11월 21일.
95) 『東拓三十年誌』, 170쪽.
96) 『東拓三十年誌』, 170~175쪽.
97) 東拓朝鮮支社, 『東拓의 植殖事業』, 『資料選集 東洋拓殖會社』, 1976.
98) 『朝鮮日報』, 1927년 5월 24일 社說.

북률면의 경우 1922년 당시 일본 이주민 240호가 약 1,000 정보의 토지를 차지해 1가구당 평균 4.16 정보를 확보하고, 조선인 소작인을 고용하여 지주로 자리 잡았다. 이에 비하여 북률면의 조선 소작인 1,600 여호는 나머지 여분의 토지 1,800 정보를 경작하게 되어 1가구당 1 정보 남짓 정도밖에는 확보하지 못하는 상황이 벌어졌다.[99] 이후 동척은 이 재령군 북률면 일대에 일본인 이주민들의 모범적이고 이상적인 이상촌(理想村)을 건설하려는 계획을 수립하여 일본인 이주자들을 계속 받아들였고, 이들 이주 일본인들의 1가구당 평균 경작 면적은 약 2.04 정보 수준이었다. 이 규모는 1910~1941년간 동척의 일본인 농업이민자들이 호당 평균 2.1 정보를 할당받은 것에 비해 약간 적은 규모이나 자작 규모로서는 그리 적지는 않았다. 당시 농업기술 수준에서 볼 때 소작이나 임노동 등에 의하지 않고 순수 자가노동으로 논농사를 하는 경우, 그 규모는 3 정보를 넘기 어려웠고, 이를 감안해 동척이 할당한 규모였다고 할 것이다.[100] 그리고 이로 인해 조선인들에게 돌아갈 몫을 일본인 이주자들이 차지한 상황이었다.[101] 그런데 이 이상촌을 위해서 동척은 일본인 이주민들에게는 상급의 토지를 불하하고, 조선인들에게는 살기가 불가능할 정도의 하급의 땅을 배정했다. 그리고 일본인 거주지역에는 15만원이라는 거금을 투입하여 수도를 가설하고, 도로를 내어 화려한 이상촌의 면모를 과시했는데, 이로 인해 당시 북률면의 조선인들은 '저주받을 이상촌'이라고 불렀다.[102]

---

99) 『동아일보』, 1922년 10월 23일. 「우리도 살아야 할 것이 아닌가. 동척 이민을 폐지하라, 북률면 형제를 위하야」
100) 허수열, 『개발 없는 개발』, 은행나무, 2011, 116~117쪽.
101) 『동아일보』, 1925년 2월 9일. 「日移民에 10여만평 일등전답은 모조리 이민에게」
102) 『동아일보』, 1924년 4월 28일. 「北栗面民의 窮境, 저주바들 리상촌, 東拓의 移

이 북률면 동척농장에서 1924년부터 1925년까지 전개된 소작쟁의를 살펴보면, 동척이 소작지에 대한 고율의 소작료 징수와 지주경영 쇄신을 명분으로 내건 농장개편이 발생 원인이었다. 먼저 무리한 고율의 소작료 징수 문제이다. 1924년 7월 말, 황해도 재령 강둑이 터지면서 북률면과 남률면 일대가 모두 침수되어 가옥과 가축의 피해는 물론, 북률면의 경우 전 경지면적 1,500 정보 중 1,000 정보 가량이 닷새나 침수되어 추수가 가능한 경지는 전체의 불과 30% 수준으로 급감했고, 병충해가 창궐하여 작황은 거의 전멸상태가 되었다.103) 그런데도 동척은 소작계약서 상의 자연 재해 등의 발생 당시 소작료 감면에 관한 조항을 무시하고,104) 일체의 소작료 감면 없이 그대로 소작료의 징수를 강행하여 500명이 넘는 조선 소작인들의 거센 항의와 소작쟁의를 초래했다.105)

소작쟁의의 또 다른 요인은 바로 동척의 농장 개편이었다. 그것은 바로 일본인 이주민들에게 불하하여 이상촌을 건설하고, 동척의 어용단체인 '척식청년단원'이나 '소작인향상회원'에게 할당하여 이른바 모범농장을 설치하려던 사업을 가리킨다. 즉, 동척은 조선인 농민을 소작인으로 하여 운영하던 소작제 농업이 1920년대 들어서서 점차 빈발하는 소작쟁의 등으로 인해 난항에 부딪히자 회사 측에 순응적이고 다루기 쉬운 순종적 소작인과 일본인 이주민을 중심으로 점차 농장 개편을 시도한 것이다. 동척 사리원지점장(沙里院支店長)은 1924년 봄부터 구체적으로 모범농촌을 건설하기 위해 북률면 일대의 일본인 이주민 300 여 명에게 향

民事業」
103)『동아일보』, 1924년 7월 22일, 28일, 31일, 8월 14일.
104) 동양척식주식회사 小作契約書 제11조, 全羅北道農務課 編,『全羅北道農事會社定款及小作契約書』, 1938(『全羅文化論叢』 1, 1986)
105)『동아일보』, 1924년 11월 1일, 2일, 5일, 7일, 12월 9일, 12월 23일.

후 1.5 정보의 농지를 새로이 추가 불하하겠다고 선언하고, 작업을 추진
해 갔다.106) 문제는 이 때 불하하겠다고 한 농지가 미간지가 아니라 이
미 조선 소작인들이 차경하고 있었던 숙전이었다는 데에서 불거졌다.

동척은 모범농장 건설을 위해 회사에 절대적으로 복종하는 척식청년
단이나 소작인향상회라는 어용 조합을 조직하여 여기에 가입한 농민에
게만 소작권을 부여함으로써, 소작쟁의를 아예 원천적으로 차단하려는
계획을 수립한 것이다.107) 실제로 이미 동척은 회사 측에 저항하는 불량
한 소작인들의 소작권을 박탈하여 모두 일본이민에게 넘기겠다고 협박
하였던 상황이었다.108) 이들 단체의 단원은 '기혼자, 보통학교 졸업 이상
의 학력, 만 20~30세의 청년으로 각 소작인조합장의 추천을 받아야만 한
다.'109)고 하여 회사 측에 협조적인 자들을 철저하게 가려 선별하였다.

모범농장의 운영 계획은 이렇게 선별된 소작인들에게 '토지(논)을 3
정보씩 주어 그 중에서 1 정보는 자작지로 불하하고, 나머지 2 정보는
당분간 소작을 시키면서 순량한 단원이 되었다고 판단될 때 마저 불하
한다.'는 것이었다.110) 동척은 척식청년단이나 소작인향상회에 가입하지
않은 농민은 소작권을 박탈하겠다고 선언하였고,111) 결국 조선 소작인
은 회사 측의 일방적인 고율의 소작료 징수는 물론 소작권 박탈 등의 전
횡을 속수무책으로 수용할 수밖에 없었다.

---

106) 『동아일보』, 1924년 12월 21일.
107) 『동아일보』, 1924년 12월 30일.
108) 『동아일보』, 1924년 11월 2일.
109) 『동아일보』, 1924년 12월 22일. 「동척의 간계, 완전한 착취를 실행할 수단으로
　　　기괴한 척식청년단 조직」
110) 『동아일보』, 1924년 12월 9일, 22일.
111) 『동아일보』, 1924년 12월 30일, 1925년 1월 11일.

3) 북률면 소작쟁의의 전개와 실패

이러한 상황에서 1924년부터 대대적으로 북률면 지역에서 소작쟁의가 발발하게 된 것이었다. 농민들은 1924년부터 1925년에 걸쳐 다섯 차례나 동척 서울지사나 총독부에 진정서를 제출하고, 담판을 벌이는 등의 쟁의를 이어나갔다. 사리원지점 소속 소작농민들은 소작료의 감면, 소작권의 보장, 부정사원(不正社員)과 조합장의 철폐, 이상촌이나 척식청년단 설치의 연기 등 소작인의 생존권에 관한 여러 가지 조건들을 내걸었다. 이 때 북률면 소작인들이 동척에 제시한 제1차 요구조건은 다음과 같다.112)

1. 올 가을 발포된 소작료 납입고지서 액수에 의하여 4할, 5할, 6할의 비례로 減除하고 그 이상은 면제할 건.
2. 一指高斗수납을 폐지할 건.
3. 叺入收納을 폐지할 건.
4. 대부된 식량 및 비료대금은 5년 年賦로 償케 할 건.
5. 15구역 소작인의 조합장은 전부 폐지할 건.
6. 동척회사 북률주재소 주임 이하 사원 4인을 전부 개선할 건.

이를 보면 1924년 당시 전례없는 흉년으로 소작료의 감면을 요구한 것도 있고, 소작료를 징수할 때 벼를 푸는 용기에 산처럼 솟아오르게 푸는 일지고 수납을 폐지하자는 주장이나 가마니 채 수납하는 방식을 폐지하고, 대부곡식과 배료를 기한을 두어 차차 상환하도록 하자는 의견도 있지만, 무엇보다도 5번과 6번의 조항을 보면 동척의 관리조직 시스

---

112) 『동아일보』, 1924년 12월 9일. 「-아사할 만 여명, 최후까지 싸울 동척 소작인 대표 양씨가 총독부에 진정, 至惡極毒한 동척의 태도-」

템에 대한 근본적인 문제제기가 나온다. 즉, 소작인조합장을 폐지하자고
한 것은 결국 지주적 성격의 소작인조합을 없애자는 의견인 것이고, 주
임 이하 사원에 대한 개선을 요구한 것을 보아도 결국 동척의 소작인 관
리통제 조직이 소작쟁의의 주요 원인이 되었음을 보여주는 것이다.

그런데 이봉서를 대표로 한 북률면 소작인의 1924년 12월 23일자 2차
요구서를 보면 동척에서 소작인들의 1차 요구 내용을 받아들이지 않았
음을 알 수 있다.[113]

1. 금년에 정한 소작료 5할 감면해 주고, 불가능 할 경우 향후 금년도에
   감해준 7천석을 공평하게 나누어 거둘 것.
2. 소작료 미납자라도 소작권을 해제하지 않을 것.(금년은 재난의 해임)
3. 소작논은 동척 사리원 지점에서 직접 관리할 것.
4. 15개구 조합장과 부정사원을 없앨 것.
5. 올해의 농자금, 식량·농기구·종자비용 등을 (회사 측에서-필자) 대부
   해 줄 것.
6. 1922년도 이래 소작인이 회사에 진 채무는 5개년 간에 걸쳐 상환할
   수 있게 할 것.
7. 지금부터 5개년 간 소작권을 변동시키지 말 것.
8. 척식청년단은 5년 후에 설치할 것.

2차 요구서의 내용 중 특히 소작인 관리조직 내지 동척 소속 사원과
관계된 조항을 살펴보면 먼저 북률면 소작인들은 소작료 사정방법으로
기존 동척이 해오던 것처럼, 형식적으로 소작인을 입회시키고, 사실상
사원들이 전담하여 결정하던 방식에 이의를 제기하고 각 마을의 소작인

---

113) 『동아일보』, 1924년 12월 23일. 「陳情? 吐血! 두번째 상경한 북률면 東拓소작
인 피로 얼킨 진정서 진정내용 '生死決斷을 一任합니다'」

들의 중평(衆評)에 의하여 하고, 금년도 홍수의 피해를 각 소작인들이 조사한 후 평년 소작료에 준하여 감면할 것을 주장하고 있다. 즉, 소작료의 산정과 감면에 대해 동척의 사원에 의한 일방적 결정이 아닌 현장의 조선 소작인들의 실질적 목소리를 반영할 것을 요구한 것이다.

다음으로 북률면 소작인들은 일체 동척사리원지점에서 직접 관리할 것을 요구하면서 부정한 사원들을 없앨 것을 내걸었다. 여전히 1차 요구 때의 사원의 폐해 문제가 개선되지 않았음을 알 수 있다. 게다가 15개 구역의 조합장이 부정한 사원과 뇌화부동하여 소작지를 무리하게 박탈하고, 사원들의 권리를 빙자하여 부당하게 재물을 수납하는 등 그 폐해가 극심하다고 주장하면서 조합장은 그 존재 자체가 불필요하니 폐지할 것을 주장하였다. 역시 1차 요구 때 조합장 폐지 요구가 받아들여지지 않고, 남아있었던 것이다. 여기서 소작인조합장의 폐해를 보면 일본인 지주(회사)들이 조선 재래의 사음의 폐해라고 주장하던 문제점들이 소작인 조합장이라는 이름으로 바뀌어 그대로 재현되고 있음을 볼 수 있다.

한편 이때 척식청년단에 대한 문제점 지적이 상세하게 나온다.[114]

'동척에서는 본 면에다가 소위 척식청년단이라 하는 단체를 조직하고, 단원은 38인으로 하야 단원 매 1인당 3 정보의 논을 경작케 하기로 되었는데, 지주가 자의로 하는 데는 소작인된 자 등은 이의가 無 할 터이나, 본 면에서는 연속을 3년간 재해에 채무가 多數하여 생활은 안정할 수 없는 소작인들의 소작지를 解除하야 청년단으로 경작케 하면 90 정보를 소작하던 소작인들은 流離四方하야 강원도 철원 불이흥업회사 기타 남북만주로 걸식케 되겠으니, 척식청년단은 5개년 후에 설립하도록 하여 줄 것'

---

114) 『동아일보』, 1924년 12월 23일.

이에 의하면 연이은 흉작으로 제대로 소작료를 내지 못한 소작인의 대여지를 회수하여 척식청년단에게 넘겼음을 알 수 있다. 게다가 동척은 '소작인향상회'에 가입하지 않은 농민은 소작권을 박탈하겠다고 까지 선언하였고,[115] 조선 소작인은 결국 토지에서 유리되어 유리걸식하거나 만주로 떠났다. 동척은 일본인이나 회사에 순종적인 조선인 소작인에게 토지를 불하하여 소작인에 대한 구조조정을 해 나갔던 것이다.

수개월을 끌던 소작쟁의는 1925년 1월, 소작인 대표 이몽서가 조합원 1,000여명의 위임장을 갖고 서울 동척지사에 올라와 직접 담판을 벌리는 지경에까지 이르렀다. 동척은 이때 북률면 소작인들의 요구를 일부 수용하는 해결조건을 내걸어 소작인들의 주장이 관철되는 듯 싶었다. 즉, 해결조건을 보면 소작료를 미납한 자도 소작권을 보장하고, 척식청년단은 폐지하겠다고 분명히 하였다. 그런데 사원문제에 있어서는 동척의 약속이 석연치 않다. '부정사원의 조처는 연도 이내는 물론이되, 그 조처할 시일은 연구 중'이라고 하였고, 또한 '부정조합장은 단연 조처하되, 전부 폐지는 연구 중'이라고 하여 과연 부정사원과 부정조합장을 동척 측이 조처를 취해 줄 것인지는 알 수 없었던 것이다.[116]

게다가 동척 사리원지점은 서울지사의 이 같은 미온적 해결조건마저도 제대로 이행하기는커녕 오히려 이를 무시하고, 일방적으로 미납소작료의 강제징수를 강행함으로써 결국 2월 5일 조선조작인과 동척 측 향상회 회원 15명, 엽총으로 무장한 일본인 이민자 40여명과 물리적 충돌이 일어났다.[117] 특히 동척은 향상회를 강화하여 2월 13일부터는 경찰관

---

115)『동아일보』, 1924년 12월 30일, 1925년 1월 11일.

116)『동아일보』, 1925년 1월 24일.

117)『동아일보』, 1925년 2월 7~9일.

과 주재원 등을 총 동원하여 소작인 대표를 구속하고, 소작료를 미납한 소작인들에 대해 가차압을 시행하여[118] 회사 측에 비협조적이고 저항적인 소작인들에 대한 대대적인 정리 작업을 강행했던 것이다.

3월, 다시 북률면 동척 소작인들은 부정한 사원 아래 소작계약을 하지 않겠다고 선언하고[119] 다시 동척 서울지사에 대표를 파견하여 소작권의 절대보장 등의 요구조건을 제시하였다.[120] 봄철 본격적인 농절기를 맞아 소작계약을 체결해야 하는 시기, 동척으로서도 이제 문제를 더 이상 끌지 않고 해결해야 할 필요성이 절실했던 상황으로 농민 측의 주장을 일부 수용한 해결조건을 제시하였다. 그런데 이 해결조건에 의하면 동척은 미납소작료와 수해로 인해 상환하지 못한 사채를 연부(年賦)로 처리해 주고, 비료 및 식량도 필요한도까지 회사 측에서 대부해 주는 조건을 제시했다. 그러나 문제가 되었던 척식청년단은 폐지하지 않고, 다만, 그 정원을 32명에서 16명으로 축소하여 존속시키기로 했고, 부정사원들은 전근 조치하는 선에서 마무리 지었다. '소작인들이 폐지를 주장하는 각 리의 조합장도 당장 그 폐지가 곤란하므로 일부 3개 지역에서만 실시해 보고, 추후 실시하겠다'[121]고만 하였지, 완전히 폐지하겠다고 확답을 한 것이 아니었다. 일단 임시방편으로 동척은 척식청년단을 존치시키기 위해 조합장 폐지라는 소작인 측 요구를 수용하는 것처럼 애매모호하게 답했던 것이다. 어짜피 척식청년단 같은 어용단체가 기존 조합장의 기능을 대신 수행할 것이기 때문에 동척으로서는 조합장제를 포기해도 손해 볼 것은 없었다.

118) 『동아일보』, 1925년 2월 14~16일.
119) 『동아일보』, 1925년 3월 8~9일.
120) 『동아일보』, 1925년 3월 10~11일.
121) 『동아일보』, 1925년 3월 27일.

북률면 소작쟁의는 완전한 동척의 승리였다. 동척이 제시한 3월 27일의 해결조건에도 불구하고, 바로 다음날인 28일자 보도를 보면 '남부여대(男負女戴)하여 강원도나 서북 간도 등지로 길을 떠나는 사람이 끊이지' 않았고, '3월말 현재 먹을 것이 없는 사람이 350호, 보름 동안 밖에 먹을 것이 없는 사람이 약 480호, 한 달 식량만 가진 사람이 500호라는데, 지금 형편을 보아서는 한 달 뒤에는 그 곳에 조선 사람은 하나도 볼 수 없게 될는지도 모른다'고 전망하였다.[122] 동척은 4월에도 북률면 소작인 17호에 대한 소작권을 일방적으로 해지하였고, 5월에는 무려 70여 호의 소작권을 박탈했다.[123] 이미 1924년 말, 쟁의의 중반 무렵부터 약

[사진 19] 만주로 떠나는 조선인들. 만주로 이주하는 조선인들이 압록강 국경에서 일본군의 검문을 받고 있다.

---

122) 『동아일보』, 1925년 3월 28일.
123) 『동아일보』, 1925년 4월 29일, 5월 17일.

20여 호의 농민이 떠났다.[124] 실제로 북률면 쟁의는 370명의 소작인이 만주로 떠나는 비참한 결과만 남기고 끝났다.[125]

1924년에서 1925년에 걸쳐 동척의 북률면 농장에서 일어난 소작쟁의의 원인은 고율의 소작료 징수에도 원인이 있었지만, 이와 함께 동척이 조선인 소작농의 소작권을 자의적으로 박탈하거나 양질의 상등전을 일본인 이주민에게 불하함으로써 이상촌을 건설하고, 어용단체인 '척식청년단원'이나 '소작인향상회원'에게 특혜를 부여해 이들을 중심으로 한 이른바 모범농장을 설치하려한 것에 대한 반발로 일어난 것이었다.[126] 즉 동척은 1920년대 지주경영의 난국을 돌파하기 위한 방법으로 어용소작인과 이주민에게 경작권을 넘기고, 회사에 불온한 일반 조선인 소작인들로부터 소작권을 박탈하는 식으로 정리를 해나가기 시작했는데 이는 결국 조선인 소작인들의 생존권에 관한 문제였으므로, 쟁의를 불러일으켰던 것이다. 그리고 이렇게 회사 측의 일방적인 소작권 박탈은 이후로도 계속되었다. 1929년 3월 소작계약 체결 시기에도 1928년의 가뭄으로 인해 수확량이 30~40%까지 감수된 상황에서 약정된 소작료를 제대로 납부하지 못한 북률면 소작인 900여 호(약 6천명)를 동척은 전격적으로 내쳤다.[127] 이때는 극심한 기근으로 북률면 일대 농민 수 천 명이 굶주림에 시달릴 때였다.[128] 결국 소작계약서 상의 소작권 보장이나 소

---

124) 『동아일보』, 1924년 12월 9일.
125) 김용섭, 「載寧 東拓農場의 성립과 지주경영 강화」, 313~315쪽.
126) 東洋拓殖株式會社 編, 『東拓十年史』, 46쪽 ; 東洋拓殖株式會社 編, 『東拓三十年誌』, 133쪽 ; 김용섭, 「재령 동척농장의 성립과 지주경영 강화」, 307쪽.
127) 『동아일보』, 1929년 3월 10일. 「小作權契約問題로 六千農民又動搖, 한재로 삼사할식 감수가 되었건만 소작료를 강징코 작권 해제로 위협, 北栗面東拓小作人//南栗面에도 民怨 오두락소작권은 전부박탈, 二百餘農民困境」
128) 『동아일보』, 1929년 3월 19일. 「北栗面 數千農民이 饑饉救濟를 歎願, 이삼일

작료 감면의 조항 등은 현장에서는 전혀 고려되지 않았고 계속해서 회사 측의 소작권 박탈은 반복되었다.[129] 동척의 이민사업이 1926년 17회 이민을 끝으로 중단되었음에도 불구하고, 이미 이주해 들어온 일본인 농민 약 1만호로 인해 그만큼 조선 농민의 경작지는 감소했고, 소작권 박탈로 귀결될 수 밖에 없었던 것이다.

동척의 어용조합인 '척식청년단'의 경우 불이흥업이나 조선흥업의 흥농회, 가와사키농장의 조합과는 차이가 좀 있다. 즉, 동척은 회사에 순응하는 종속적 소작인만을 남겨두고 조선인 소작농을 축출하고, 그 자리를 일본인 이민자로 대체하여 구성했다는 점에서 조선인 소작인을 조합원으로 묶어 관리했던 다른 일본인 지주회사의 소작인조합과는 구성원 면에서 구별되는 특수어용단체였다. 그러나 기본적으로 회사에 순응하고, 식민지 지주제 경영의 안정을 꾀하려는 목적에서 운영되었던 점에서는 근본적으로 같았다고 할 것이다.

식 굶주리기는 레사이라 하야 열흘안에 구제해 달라고 대표가 탄원, 目不忍見의 東拓作人」
129) 『동아일보』, 1932년 10월 27일.

5. 맺음말

동척은 러일전쟁에서 승리한 일본의 과잉 인구문제와 토지 및 식량부족사태 등 경제적인 당면 과제를 해외이주를 통한 식민지 경영으로 해결하기 위해 국책회사로 1908년 설립되었다. 동척은 일본 정부가 설립자금으로 창립 후 8년간 매년 30만원씩 투자하고, 한국 정부가 300만원 가량의 사업용지를 국유지에서 출자하면서 조선에서의 농업 경영에 착수하게 되었다.

동척의 사업은 크게 이민사업과 농업경영이라는 두 가지 분야에서 추진되었지만, 이민사업의 경우 1910년부터 1926년까지 총 17회 이민을 끝으로 종결되었고, 주된 사업 수익은 지주제 경영을 통한 소작료 수입이었다.

식민지 시기 대부분의 일본인 대지주회사가 그러했듯이 동척도 조선 재래의 사음을 농장 경영 초기 활용하다가 점차 회사소속의 전문 영농관리인(사원)을 고용하거나 혹은 지주적 성격의 소작인조합을 만들어 사유지 및 소작농에 대한 직접적이고 치밀한 관리통제 방법으로 전환해 나갔다. 물론 사음제도를 폐지한 것도 아니었다. 집단화가 가능한 농장 지역에는 주재소를 설치하여 사원을 상주시켜 회사가 직접 통제를 했지만, 전국에 산재한 사유지에서 이런 방법이 불가능한 지역의 경우 지점에서 때마다 수지원을 파견하거나, 재래의 농감을 그대로 존치시켜 보조원으로 이용할 수밖에 없었던 것이다.

한편 소속 사원들은 1차 세계대전으로 일본 재계가 호황을 누리고, 조선에서 그 사업을 확대해 가던 1910년대의 경우 그 직능에 따라 참사, 기사, 서기, 기수 등 다양한 직급으로 나누어져 있었는데, 1920년대 장기

간의 불황국면으로 접어들면서 그 조직을 간소화시켰다. 그러다가 다시
1931년부터는 관료조직과 같은 위계질서의 관리조직을 갖춘 사원직급제
도를 정비하고, 철저한 농장 및 소작인 관리를 통해 소작료 수입에서 초
과이윤을 달성한 경우 실적과 능력에 따른 승진과 처우개선, 정년제 보
장 등 혜택을 제공하였다.

 동척도 동 시기 불이흥업이나 조선흥업 등의 일본인 지주회사에서 운
영하던 소작인조합의 운영을 통한 농장 및 소작인 관리통제의 방법을
썼다. 황해도 재령 북률면 농장의 사례를 보면 1923년에 농장을 15개 구
로 나누어 1개구 당 1조합을 설치하게 함으로써 총 15명의 조합장을 두
었다. 동척은 1925년부터 소위 '농사개량구'라는 것을 만들기 시작하여
산미증식계획에 따른 토지개량이나 증산계획 등의 업무에 효율을 기하
고, 사원과 농감 이외에 또 하나의 소작인 통제조직인 소작인조합을 설
치하여 이중, 삼중으로 사유지 및 소작인 관리에 만전을 기했다. 이 소
작인조합은 다른 일본인 지주회사에서와 마찬가지로 소작인에게 의무
가입이 강제되었고, 회원만이 소작권을 받을 수 있었다. 또한 자신을 포
함한 소작인 6인을 연대보증인으로 가입하여 소작료의 철저한 완납과
소작쟁의에 대한 방지 등에 있어서 지주회사로서는 일종의 보험이나 마
찬가지였던 것이다.

 한편 동척은 그 외에도 북률면의 '척식청년단', '소작인향상회' 등의
다양한 특수어용단체를 구성하여 회사에 순응적인 소작인이나 일본인
이민자들을 조직화하여 1920년대 당시 빈발하는 소작쟁의를 미연에 방
지하고, 식민지 지주제 경영의 안정을 꾀하였다. 그런데 이 중 '척식청년
단'의 경우 일본인 이민자들이 다수를 차지하면서 기존 조선 소작인들
은 결국 소작권을 박탈당하는 사태가 빈발하였다. 즉, 동척은 식민지 지

주제의 안정적 경영이라는 목적과 함께 일본인 이민자의 정착과 이상적
인 일본인촌의 형성을 꾀했던 것이다. 그리고 결국 경작지에서 유리된
조선소작인들은 남부여대로 만주로 떠나는 사태가 끊임없이 이어졌다.
특히 동시기 일본인 지주회사와는 또 구별되는 일본인 이민자들의 문제
는 국책회사로서의 동척의 '조선농촌의 일본농촌화' 라는 사업 목적까
지 복합되어 식민지 지주제 경영이라는 사업과 함께 조선 소작인과의
중첩적인 갈등과 모순을 낳았다고 할 것이다.

Ⅶ. 이노마다 쇼이치(猪又正一)의 회고록을 통해 본 동양척식주식회사의 농장 운영

1. 머리말

이노마다 쇼이치(猪又正一)는 1918년 7월 도쿄제국대학(東京帝國大學) 농과대학 실과(實科)를 졸업하였다. 당시로서는 영농 전문가 교육을 받았던 그는 졸업과 동시에 21세의 나이로 동양척식주식회사(東洋拓殖株式會社, 이하 '동척')에 입사하였고, 48세 되던 해인 1945년에 일제의 패망으로 일본으로 돌아갈 때까지 만주근무 및 도쿄 본사 근무시기를 제외하고는 줄곧 동척 조선지점에서 근무하였다. 그가 근무한 27년의 세월은 동척 38년의 역사에서 약 70%를 차지하고 있고, 그의 회고록인 「나의 동척 회고록」은 식민지 조선에서 동척의 주력사업 분야였던 농업관계 부분의 중요한 사실들을 기록하고 있다. 특히 그는 일제 패망 시점에 경성지점장이었고, 그 이전에도 동척의 중요한 요직을 두루 거쳤으므로, 동척의 중추에서 그 실무를 담당했었던 인물의 기록이란 면에서 비록 일본인의 조선 식민지배에 대한 회고록이란 점에서 지극히 주관적이고 편향된 시각을 반영한 기록이기는 하나 동척 연구의 중요한 사료적 가치를 지닌다고 할 것이다.

동척에 관한 자료는 『동척십년사 東拓十年史』,[1] 『동척이십년지 東拓二十年誌』,[2] 『동척삼십년지 東拓三十年誌』,[3] 『동양척식주식회사 업무요람 東洋拓殖株式會社 業務要覽』,[4] 『영업보고서 營業報告書』[5] 등 동척에서 발간한 회사 측 자료가 있다. 그런데 이노마다의 회고록은 그가 무

---

1) 東洋拓殖株式會社 編, 『東拓十年史』, 東京, 東洋拓殖株式會社, 1918.
2) 東洋拓殖株式會社 編, 『東拓二十年誌』, 東京, 東洋拓殖株式會社, 1928.
3) 東洋拓殖株式會社 編, 『東拓三十年誌』, 東京, 東洋拓殖株式會社, 1939.
4) 東洋拓殖調査課, 『東洋拓殖株式會社要覽』, 東洋拓殖株式會社, 1943.
5) 東洋拓殖株式會社 編, 『營業報告書』, 각년도판.

려 27년이란 세월을 동척 주요 지점과 농장에서 다양한 업무를 두루 거치면서 생생한 영농 현장과 경영 실무를 맡아왔던 관계로 이 글에서 제공된 동척 운영 관계 자료는 회사편찬의 기록물 못지않게 상당히 상세하고, 사료적 가치가 높다고 할 것이다.

지금까지 동척에 관한 연구는 동척의 설립과정, 자본 및 회사의 대략적 규모, 이민사업, 궁삼면(宮三面)을 비롯한 조선에서의 토지수탈문제, 농장관리조직 등에 관해서 연구가 진행되었다.[6] 그러나 실제 동척의 식민지 지주로서의 소작제 농업 경영의 실태를 파악할 수 있는 구체적 영농 전반에 걸친 농업 현장의 실태에 관해서는 여전히 숙제로 남아 있다. 따라서 본 연구에서는 이노마다라는 동척 사원의 회고록을 통해 동척의 소작계약의 체결 과정, 검견 및 수납 과정, 영농 현장에서의 농사개량 지도 업무, '사유지증산계획' 등 구체적 농장운영의 모습을 파악해 보고자 하였다.

---

6) 동척에 관한 기존의 연구 성과에 대해서는 하지연, 「1920년대 동양척식주식회사의 농장관리조직과 특수어용단체 운영 실태」, 『한국민족운동사연구』 85, 한국민족운동사학회, 2015, 각주 6) 참조.

2. 이노마다 쇼이치의 조선 부임

1) 이노마다의 「나의 동척 회고록」

　동척의 농업관계 사업은 또 하나의 주요 사업이었던 이민사업이 1927
년 중단된 이후, 금융업과 함께 동척의 2대 사업이었다. 이노마다의 「나
의 동척 회고록」은 그가 직접 관계했던 농업관계 사업을 중심으로 기록
된 것이므로 그 전부를 기록했다고 말 할 수는 없으나, 조선 소작인과의
소작계약 체결, 검견, 소작료의 수납, 농사개량지도, 사유지증산계획 등
영농 현장의 실태를 매우 상세하게 보여주고 있다. 또한 중간 중간 들어
가 있는 이노마다의 분석이나 판단, 전후 상황에 대한 설명 등은 회사
측 자료에서는 찾아볼 수 없었던 생생한 실제 모습으로 비록 개인의 인
식과 판단에 기초한 지극히 주관적인 기록이라고 하더라도 동척의 식민
지 농업분야 사업과 식민지 농정과 동척의 관계, 지주회사 동척과 조선
인 소작인과의 관계 및 영농관리 행태 등을 사실적으로 들여다 볼 수 있
다. 따라서 동척의 공식적 기록물들과 비교·검토한다면 당시 동척의 조
선에서의 식민지 지주제 경영 방식과 성격, 특히 소작인 관리통제 시스
템에 대한 자세한 내용을 파악할 수 있을 것으로 본다. 이 회고록은 당
초 간단한 메모형태였던 것을 보관해 오던 우방협회가 연구자 키미즈마
가즈히코(君島和彦)에게 의뢰하여 1968년 경 사료집으로 집필에 착수, 2
년 여에 걸쳐 정리한 기록물이다.[7]

---

7) 君島和彦, 「解說 猪又正一 ‘私の東拓回顧錄’」, 『資料選集 東洋拓殖株式會

이노마다는 이 책이 개인의 회고록인 만큼 내용구성을 자신이 동척에
서 근무 부서를 옮기거나 직책 혹은 근무지가 변경되는 신변상의 변화
와 시점을 기준으로 하여 시기구분을 했다. 그런데 국책회사인 동척이
식민지 농정을 충실하게 반영하고, 농업 현장 최전선에서 이를 실행한
조선 최대의 지주회사였던 만큼 대략 이 책의 시기구분은 식민지 농정
의 변화과정과 거의 유사하다.

제1장은 1918년 7월, 이노마다가 대학을 졸업하고, 동척 조선지점에
부임하면서부터 1921년까지의 시기로 그가 동척의 견습 사원으로 조선
에서 동척의 초기 사업인 연초사업에 근무하던 시기에 해당된다. 여기
서는 동척의 연초 사업의 전개 및 사업 철회과정에 관한 내용 파악이 가
능하다.

제2장은 1927년부터 1931년까지로, 이 기간은 산미증식계획이 한창 진
행되고 있던 시기다. 이때 이노마다는 주로 경성, 이리, 평택, 수원 등지
에서 근무하면서 농업 현장에서 소작계약의 체결, 검견, 소작료 수납 및
보관 업무, 영농방법의 현장 교육 등 실질적으로 생산량 증대와 수납 등
의 업무를 담당했다. 따라서 이 시기 그의 회고담을 통해 동척의 생생한
쌀 증산책과 소작료 수납의 실태 파악이 가능하다.

제3장은 1931년부터 1935년까지 동척의 '사유지증산 5개년 계획'이 추
진되던 시기로, 이노마다가 이 계획을 수립한 장본인이었고, 산미증식계
획을 동척이 실행한 사례로서 식민지 농정과 이를 최전선에서 수행했던
국책회사 동척의 사례를 분석할 수 있는 부분이다.

제4장은 1935년 간도지점 근무, 그리고 1년만인 1936년 조선 남부의
목포지점장 근무에 해당되는 시기이다. 특히 목포지점장으로서 이노마

社』, 友邦シリズ 第21号, 財團法人 友邦協會, 1976, 3~4쪽.

다는 제주도까지 실지 조사를 담당하기도 했다.

제5장은 1937년 6월부터 1938년 2월까지 만주 근무의 시기이다. 이 시기 동척은 본격적으로 중국으로 영업 확장을 위해 부동산 및 금융 분야 사업을 신설해 나갔는데, 중일전쟁 당시 이노마다가 만주주둔 일본군의 보호아래 만주 각지를 답사하고, 목축업을 위한 목장, 면화재배 작업지, 간척지 및 개간지 탐색, 일본인 이주사업을 계획, 입안했다.

제6장은 1938년 2월부터 1942년까지는 도쿄 본사 농림과장으로 근무하던 시기로, 이노마다가 본사의 핵심 주무부서의 중견 간부로서 실질적으로 동척의 농업 부분 사업 전반에 걸친 업무를 담당했던 시기이다.

제7장은 1942년 9월부터 이노마다가 조선 경성지점장으로 부임하여 일본의 패망으로 동척이 사업을 접고, 조선에서 철수하는 1945년 11월까지의 시기로, 이노마다는 식민지 조선에서의 사업을 총괄하는 최고 간부로서 근무했다. 그리고 그는 일본 본사와 분리되어 조선지사의 사장으로서 1945년 8월 15일 이후 전개된 동척의 사업 상황과 철수과정을 상세하게 기록하여 놓았다.

동척의 식민지 조선에서의 농업 경영 실태에 관한 연구의 중요성에도 불구하고, 그간 이 부분에 대한 연구가 부진했던 이유는 동척의 경영상황을 파악할 수 있는 중요한 비공개 자료들이 대부분 도쿄에서 패전과 동시에 소각되었고, 조선지사에 보관되어 있던 서류와 문헌들도 일본인들이 철수 당시 이를 소각시켜 자료수집이 힘들었기 때문이다. 그런 점에서 이노마다의 회고록은 동척 연구의 사료상의 제약을 보완할 수 있는 충분한 자료적 가치가 있는 것이다.

2) 동척 사원 이노마다의 조선 부임

(1) 동척 조선지점 부임

[표 Ⅶ-1] 이노마다의 동척 조선지점 근무 연혁

시기	활동
1918.7	동경제대 농과대학 실과 졸업, 동척 조선지점 입사
1919.7.~1921.6	동척 경성지점 殖産課 소속 배치, 대전주재소의 연초사업업무 담당. 경성, 이리 지점 시대
1921.7~1931.9	평택수납소 관내 受持
1921.7	수원주재
1922.7	경성지점 전근, 이민계 주임
1926. 1	이리지점 농업계 주임
1927.	조선지사 시대
1931.4~1935.5	조선업무부 식산과로 전근 사유지증산계획 강서간척사업 식산과에서 농업과로 옮김(1933년 6월 식산과와 토목과를 합쳐 농업과로 변경함) 황해도 신계농장
1935.6	간도지점 차장으로 전근
1936년 7월	목포지점 차장으로 전근
1936년 12월	제주도 조사 담당
1937.6~1938.2	북만농장경영계획으로 동경 출장 및 만주조사
1938.2~1942.8	본사 농림과장으로 부임
1942.9~1945.11	경성지점장

자료 : 猪又正一, 『私の東拓回顧錄』에서 작성.

　　이노마다는 1918년 7월 도쿄제국대학 농과대학 실과를 졸업하고 동척 조선지점에 신입사원으로 입사하였다. 그가 졸업할 당시는 대학의 졸업 시기가 7월이었는데, 졸업에 앞서 1918년 1월, 대학 은사 하라 히로시(原 熙, 1868~1934) 선생이 이노마다를 미리 불러 향후 이노마다의 취업 및 진로에 대한 문제를 면담하였다. 하라는 메이지(明治) 시대 일본의 대표적 농학자이자 조경사로 일본 농상무부, 대만 총독부, 척식무성 등에서 관료생활을 하고, 1899년 도쿄제국대학 조교수가 된 이래 1929년까지 교편을 잡은 농학자였다.

하라 선생은 1906년부터 농과대학 농장장(農場長)으로 본과(本科)와 실과(實科)를 통틀어 졸업생의 취업 상담을 담당하고 있었다. 선생은 이노마다에게 일본에서는 이미 주요 농업관계 관청이나 농사시험장 등에는 농과대학 본과 출신들이 자리를 잡아 실과 출신인 이노마다로서는 취업은 가능하겠지만, 향후 승진에는 한계가 있을 것이라고 충고하였다. 그러면서 일본 국내 보다는 만약 동척에 입사하여 식민지 조선으로 외지파견 근무를 나간다면 장래 출장소장의 지위까지는 확실하게 보장될 것이라고 상담을 해 주었다. 이노마다는 결국 스승 하라 선생의 충고를 받아들여 동척 조선지점을 택했다.[8] 당시 동척은 본사가 조선의 경성에서 도쿄로 이전하여 미쓰비시(三菱) 빌딩 내의 몇 개의 방을 빌려 사무소로 운영하고 있었다. 이노마다는 하라 선생의 소개장을 갖고 회사를 방문하고, 임원진들의 면담을 거쳐 입사가 결정되었다.

이노마다는 1918년 7월 13일에 졸업식을 하고, 7월 24일에 도쿄역을 출발하여 시모노세키(下關)에 도착, 그곳에서 조선으로 떠나는 연락선을 타고 27일, 부산항에 도착하였다. 그리고 경성으로 이동하여 경성지점 식산과(殖產課)에 배치되었다. 이노마다는 이때 기본급 월 35엔(圓)에 외지(조선) 근무수당 50%가 가산이 되어 52.5엔의 월급을 받게 되었는데, 당시는 제1차 세계대전 중으로 이 해 특히 일본의 경기가 매우 좋아서, 채용조건이 상당히 좋았다고 한다. 또한 이노마다가 처음 입사한 1918년

---

8) 猪又正一, 『私の東拓回顧錄』, 『資料選集 東洋拓殖株式會社』, 友邦シリズ 第21号, 財團法人 友邦協會, 1976, 10쪽.

은 동척이 이전까지는 군인, 관리 등에서 예편하거나 전입한 사람들을
채용하다가 처음으로 대학에서 농업을 전공한 학사 출신의 전문 사원을
뽑아 들이기 시작한 시점으로 도쿄제대 법과 출신과 농과 출신이 5~6명
정도 입사했다고 한다. 이노마다도 그 전문 사원 중 하나였던 것이다.[9]

(2) 경성지점 식산과 배치와 연초재배 업무

이노마다는 경성지점 식산과에 배속되었고, 숙소는 동척 사원을 위한
통의동(通義洞) 사택(社宅)에 설치된 합숙소였다. 그에게 주어진 첫 임무
는 동척의 신규 사업이었던 연초사업이었다. 당시 연초사업은 일본에서
도 전매제로 시행되고 있었던 상황이라서 일반적인 참고서를 구하기 힘
든 상황이었다. 게다가 이노마다는 학교 교과과정에서도 연초재배에 대
해서는 배운바가 없었던 상황이었다. 결국 이노마다는 어렵게 서양 서
적을 구입하여 수입종자 재배를 위한 독학을 하면서 농사지도 업무를
수행하였다.

그런데 이노마다는 다시 8월 10일, 대전으로 부임하여 연초 주재원으
로서 근무하게 되었는데, 당시 대전주재소는 신분상으로는 강경(江景)출
장소의 관할 하에 있었지만, 연초사업은 그 특수성으로 인해 기술상의
지도는 경성지점으로부터 직접 받고 있었고, 대전주재소 관할 구역은
대전과 논산(論山)의 2개 군이었다. 특히 대전은 조선총독부 탁지부의
연초시험장(煙草試作場) 소재지였고, 수입종인 터어키 산 묘목을 재배하
고 있던 곳으로 여기서 얻어진 종자를 동척 소속의 연초재배 농가에 배
부, 경작시켰던 중요 지역이었다.[10] 이 때 이노마다는 대전, 토성(土城),

---

9) 猪又正一, 『私の東拓回顧錄』, 12쪽.
10) 猪又正一, 『私の東拓回顧錄』, 11~15쪽.

개성(開城) 등지에 주재하였다.[11]

1918년부터 동척이 착수한 연초사업은 1921년까지의 짧은 기간 이루어졌다. 따라서 이노마다의 대전지점에서의 연초 관계 업무도 최초이자 최후의 연초담당 업무였다. 당시 조선에서 연초는 이미 광범위하게 보급되어 대량 재배, 대량 소비되고 있었던 상황으로 연초경작세가 징수되고 있었고, 연초 제조업에는 일본인들이 주로 관계하고 있었다. 이노마다에 의하면 동척은 1912년부터 미국산 연초 종자를 수입해서 강원도 영월군청 구내에 묘목을 설치하여 재배를 시작을 했고, 다시 1918년 미국 품종을 들여와서 대전출장소 관내 및 황해도에서도 재배가 되었다. 그리고 1919년에는 황해도 재령 및 평안남도 중화군(中和郡)에까지 경작을 확대하여 상당한 성과를 올렸다고 한다.[12]

이노마다는 대전관리소 근무 당시까지만 해도 조선어에 서툴러 인근 논산군(論山郡)이나 연산(連山)으로 출장을 갈 때는 꼭 조선인 통역을 대동하였고, 아울러 미국 스탠다드(Standard) 연초회사의 전문기사의 도움을 받아 현장 지도를 받았다.[13] 그러면서 그는 농촌 현장 지도를 위해서 조선어 공부도 시작했다.[14]

조선총독부는 터어키 종 엽연초(葉煙草)를 조선의 주요 수출농산물로 하는 계획을 수립하였고, 이에 동척이 호응하여 당초에는 연초재배사업이 토지관리사업 이상으로 동척의 가장 중요한 사업으로서 시작한 것이다. 따라서 연초사업에는 도쿄제대 출신의 농학사들을 투입하고, 직접 미국 스탠다드 연초회사에 재배 및 납품 계약을 체결하고 전문기사와

---

11) 猪又正一, 『私の東拓回顧錄』, 32쪽.
12) 猪又正一, 『私の東拓回顧錄』, 君島和彦, 解說, 4~5쪽.
13) 猪又正一, 『私の東拓回顧錄』, 16쪽.
14) 猪又正一, 『私の東拓回顧錄』, 18쪽.

종자 및 재배기술을 지원받았으며, 조선의 농학교출신자들도 다수 채용하여 대대적으로 사업에 착수했던 상황이었다. 그리고 조선의 연초 주요산지에 연초경작조합을 설치하여 계약을 체결하고 연초경작, 생산, 재배 등 일체의 과정을 동척이 관리했다.

　1918년 스탠다드 연초회사는 조선이 연초 경작 조건이 적합하다는 판단 하에 경성에 십여개의 창고와 공장을 설치하고, 지배인과 기사를 파견하여 동척과 계약을 체결, 연초 매수에 착수했다. 그러나 1918년 말 제1차 세계 대전이 끝나고, 다음 해 말경부터 경제공황이 불어 닥치자 연초업에도 그 여파가 미쳤고,[15] 결국 스탠다드 회사도 1921년 동척과 연초거래 계약을 파기하고, 창고와 공장 등 일체를 동척에 양도하고, 물러났다. 1921년 4월 1일자로 조선총독부가 '조선연초전매령'을 발포하여 같은 해 7월 1일자로, 동척의 연초사업은 조선총독부 전매국으로 흡수되었고, 연초사업종사자의 절반도 전매국으로 인계되었다. 나머지 절반은 동척에 남아 다른 업무로 전환되었다. 결국 동척의 연초사업은 1차 세계 대전의 호경기에 편승한 사업이었지, 조선의 농업발전이나 농가소득 향상 등과 같은 문제와는 전혀 별개의 사업이었다. 오히려 미국 연초회사와 동척의 계약이 중단됨으로 인해 연초경작조합에 소속되어 있었던 조선농민으로서는 하루아침에 생계가 파탄 난 상황이었다.[16]

---

15) 猪又正一, 『私の東拓回顧録』, 20쪽.
16) 猪又正一, 『私の東拓回顧録』, 25쪽.

3. 이노마다를 통해 본 동척 사원의 주요 업무

이노마다는 1921년 7월 경성지점의 토지관리사업부로 다시 배치되어 평택수납소의 수지원(受持員)이 되었다. 그는 이때부터 1931년 3월까지 경성지점에서 근무하게 되는데 이 시기는 산미증식계획 실시기간과 거의 일치한다. 이 무렵 동척은 당초 이민회사로서 '토지관리사업부'라 함은 본래 일본 이민자들에게 토지를 넘기기 전에 일시적으로 관리를 했던 부서였다. 그런데 업무가 점차 농사개량, 토지개량 등의 업무로 전환되어 갔다. 이노마다의 주요 업무도 토지관리, 증산 등 본격적인 영농관리업무였다. 대개 토지관리사업부에는 경력 4~5년 이상의 베테랑들이 배치되었는데, 이노마다가 이 부서에 배치된 것은 당시 상급학력 소지자가 적었고, 연초사업 분야에서의 현장 경험이 인정되었으며, 일본인으로서 조선어를 할 줄 안다는 점이 인정되어 발탁되었다.[17]

그는 평택수납소 관내 수지원으로서 관내 안성(安城)과 진위(振威) 2개 지역 가운데 안성군의 품종 관리, 즉 조신력(早神力), 곡량도(穀良都), 다마금(多摩錦) 등의 일본품종의 보급과 소작계약 방식(정조, 집조, 타조 등), 소작료의 평예(坪刈) 등을 담당했다. 또한 이노마다는 검견(檢見)출장, 소작료 수납, 소작계약과 지적정리(地籍整理)도 담당했다. 이렇게 많은 동척 사원의 업무 가운데 무엇보다도 가장 큰 업무는 소작계약, 검견, 수납의 3가지였다고 이노마다는 회고하고 있다.[18] 그러나 여기에 영농과정에서의 품종관리, 제초작업, 시비, 농기구 및 농우 등의 대여 등 일체의 농사현장 업무 지도도 주요 업무였다고 할 것이다.

---

17) 猪又正一, 『私の東拓回顧錄』, 27~28쪽.
18) 猪又正一, 『私の東拓回顧錄』, 28~29쪽.

1) 소작계약의 체결

먼저 소작계약의 체결 업무이다. 동척의 소작료 징수 방법은 정조법 (定租法)과 집조법(執租法)의 두 가지였다.19) 동척은 조선 재래의 소작료 징수방법 중 대표적 유형인 타조(打租), 정조, 집조의 3가지 가운데 타조

[표 VII-2] 동척 사유지의 소작료 징수 방법 종류 및 면적   (단위 : 町, %)

연도	정조법			집조법			합계		
	논	밭	기타	논	밭	기타	논	밭	기타
1918	23,788(56.2)	14,874(86.9)	-	18,516(43.8)	2,252(13.1)	-	42,304	17,126	-
1919	27,883(68.7)	15,918(90.8)	503	12,675(31.3)	1,612(9.2)	14	40,558	17,538	517
1920	31,312(71.9)	15,324(83.3)	769	12,215(66.4)	3,069(16.7)	293	43,527	18,393	1,062
1921	27,543(68.6)	16,245(86.1)	1,222	12,631(66.9)	2,625(13.9)	245	40,174	18,870	1,467
1922	23,770(54.4)	16,648(86.2)	1,204	19,889(45.6)	2,661(13.8)	199	43,659	19,309	1,403
1923	23,111(53.1)	16,802(83.5)	1,083	20,360(46.8)	3,315(16.5)	936	43,471	20,117	2,019
1924	17,825(42.3)	16,186(90.6)	1,285	24,275(57.7)	1,680(9.4)	1,016	42,100	17,866	2,301
1925	16,547(40.2)	16,947(91.4)	1,359	24,615(59.8)	1,599(8.6)	240	41,162	18,546	1,599
1926	15,517(39.8)	14,473(84.3)	1,242	23,463(60.2)	2,697(15.7)	314	38,980	17,170	1,456
1927	17,421(46.9)	13,639(84.6)	1,497	19,718(53.1)	2,490(15.4)	278	37,139	16,129	1,775
1929	17,383(46.9)	13,398(86.2)	1,134	19,863(53.6)	2,141(13.8)	120	37,076	15,540	1,254
1930	17,308(46)	13,517(85.7)	864	20,346(54.1)	2,258(14.3)	177	37,654	15,775	1,041
1931	17,558(46.9)	13,453(84.2)	783	19,855(53.1)	2,516(15.8)	205	37,413	15,969	988
1932	17,262(45.4)	13,405(74.3)	906	20,724(54.6)	4,240(25.7)	306	37,986	17,645	1,212
1933	22,888(59.3)	13,740(77.7)	-	15,680(40.7)	3,954(22.3)	-	38,568	17,694	-
1934	24,482(65.1)	13,124(68.8)	923	13,141(34.9)	5,963(31.2)	165	37,623	19,087	1,088
1935	22,895(63.5)	11,348(46.3)	824	13,161(36.5)	7,100(53.7)	117	36,056	24,509	941
1936	21,210(60.2)	10,740(90.5)	785	14,018(39.8)	1,132(9.5)	88	35,228	11,872	873
1937	15,713(44.5)	10,705(73.8)	719	19,620(55.5)	3,801(26.2)	172	35,333	14,506	891
1938	14,164(40.2)	10,398(72.4)	735	21,076(59.8)	3,965(27.6)	179	35,240	14,363	914

자료 : 『東拓二十年誌』, 41~42쪽 ; 『東拓三十年誌』, 133~134쪽.
※ 1928년 자료는 누락됨.
※ (   ) 안은 비율(%)

19) 『東拓十年史』, 44쪽 ; 『東拓二十年誌』, 40~41쪽.

법을 '번잡하다'고 폐지하고, 정조와 집조의 2가지 유형으로 정리했다. 그리고 다시 1916년 이후로는 정조를 증가시키는 방법을 써서 가능한 한 농감을 소작료 산출 등의 업무에서 점차 배제시키는 방향으로 나갔다.[20]

동척은 정조법의 경우 '기왕 5년간의 수확에서 풍흉 2년을 제한 평균액의 1/2을 표준으로 한다.', '기왕 3년간의 평균 수확고의 1/2을 표준으로 한다'는 것이었다.[21] 본래 정조법은 도조법(賭租法), 도작법(賭作法)이라고도 했던 것으로 소작인과 지주가 수확량의 증감에 관계없이 일정액의 소작료를 계약하여 수확기에 이를 납부하는 방법이었다. 따라서 정조법은 소작료를 인상하지 않는다면 소작인이 자신의 수입 증대를 위해 스스로 노력하여 생산력을 증대시키는 효과가 컸다. 또한 대개 정조법의 소작료율은 총 생산물의 25~33% 선에서 정해졌는데, 동척의 경우 수확량의 1/2로 정했으니, 기존 소작료율의 거의 2배를 수취한 셈이었다.

한편 동척은 집조법의 경우 '황숙기(黃熟期)에 그 작황을 조사하여 수확의 1/2을 표준으로 한다'는 것[22] 으로 매년 사원을 전국의 220개에 달하는 동척의 수납소에 파견하여 실지답사를 하고, 소작인과 농감의 입회 하에 간평, 사정(査定)하여 수확 예정량의 40/100~50/100 사이에서 구체적 소작료액을 정하였다.[23] 그러나 이 경우 소작인을 입회시킨다고는 하나 소작료 결정권은 동척에 있었다.[24] 특히 흉작인 해에는 그 사정이 소작인 측에 더욱 불리하여 소작료율이 70~80% 또는 그 이상에 이르는

---

20) 『東拓二十年誌』, 41~42쪽.
21) 『東拓三十年誌』, 133쪽.
22) 『東拓二十年誌』, 41쪽 ; 『東拓三十年誌』, 133쪽.
23) 『東拓十年史』, 45쪽.
24) 日本拓務省, 『拓務要覽』, 1930년판, 504~505쪽.

경우도 있었다. 1924년 사리원(沙里院) 농장의 경우가 대표적인 사례인데, 사리원면 대원리(大元里)와 황성리(黃成里)의 소작인 이흥점(李興漸)은 3석(石) 6두(斗)의 소출에 소작료가 6석이 부과되어 소작료가 소출의 1.6배를 넘었다.[25] 당시 사리원 일대의 소작료는 평균 90%, 전라북도 정읍군(井邑郡)의 경우 50% 이상에서 7,80%였다고 언론에서 보도되고 있었던 점에서[26] 집조법이 지주회사의 일방적인 결정으로 고율의 소작료를 징수하기 위한 징수방법이었음을 알 수 있다.

　구래 조선의 소작관행에서는 논에서는 타조법이 52%, 정조법이 32%, 집조법이 16%였고, 밭에서는 정조법이 60.6%, 타조법이 38%, 집조법은 1.4%였다.[27] 그런데 동척에서는 [표 Ⅶ-2]에서 확인되듯이 논에서 집조법이 50%를 넘어섰다. 밭에서도 집조법은 10~20%대로 그 비율이 증가했음을 알 수 있다. 즉, 수확 전 농작물을 간평할 때 동척 입장에서 유리하게 소작료를 책정할 수 있는 집조법을 주된 소작료 징수 방법으로 확대시켜나갔다고 할 수 있다. 그리고 그것은 동척만이 아니라 대개 거대지주회사들의 공통점이었다.[28] 또한 조선흥업이나 기타 일본인 거대지주회사에서 거의 공통적으로 적용되었던 것처럼 동척에서도 수리조합 구역 내에 있거나 토지개량공사가 이루어진 구역 내의 논에서는 60/100 이상을 받도록 규정하고 이에 대해서는 일체의 이의를 제기할 수 없도록 소작계약서에 명기하였다.[29]

---

25) 『동아일보』, 1924년 10월 16일.
26) 『조선일보』, 1924년 10월 23일.
27) 『조선소작관행』 상권
28) 善生永助, 『朝鮮の小作慣習』, 1929, 67~68쪽.
29) 善生永助, 『朝鮮の小作慣習』, 169~170쪽 ; 全羅北道農務課 編, 『全羅北道農事會社定款及小作契約書』, 1938(『全羅文化論叢』 1, 1986) 동양척식주식회사 소작계약서 제9, 제10조 ; 하지연, 『일제하 식민지 지주제』, 혜안, 2010, 233~234쪽.

한편 동척은 「계약기간을 만들어 두어 3년마다 소작료의 개정을 하도록 하는 것」[30]과 「한번 계약기간을 3년으로 하는 것」의 2가지 종류를 두고[31] 있었다고 선전하였으나, 역둔토 시절 소작기간이 5년이던 것을 오히려 3년으로 단축시킨 조처였다. 더군다나 실제로는 매년 조선 소작인과 소작계약을 체결할 때 농감을 통하지 않고, 조선 소작인이 직접 회사에 출두하여 회사소속 사원과 직접 계약을 체결하도록 하였다. 이노마다도 평택역 앞에 가사무소를 설치하거나 혹은 조선인 농감의 집을 빌려 소작인들을 직접 나오게 하여 계약을 체결했다. 그런데 이노마다의 회고에 의하면 소작계약서를 체결하는 업무가 1달간 지속되는 동안 관내 경찰서에서 형사가 파견 되어 현장에 혹시나 있을 소요 사태에 대비하여 입회를 했다고 한다.[32] 소작계약을 체결할 당시 소요사태를 염려하여 1달간 공권력이 투입된 상황을 볼 때, 그 만큼 소작인에게 불리하게 계약이 체결되고 있었고, 또한 소작계약의 여러 조건에 대하여 소작인들이 이의제기를 하지 못하게 당초부터 위압적 분위기를 조성했음을 알 수 있는 부분이다. 즉, 소작계약서 체결 현장에서의 식민지 치안 공권력의 행정적·물리적 지원은 지주회사가 식민지 소작인들에게 단순한 경제적 계약관계 그 이상의 식민권력으로서 작용할 수 있는 배경이었다.

또한 이노마다는 농감이 '소작인들이 직접 나오는 것을 싫어한다' 라던가 '소작인이 잊고 나오지 못했다' 던가 등의 이유로 소작인의 인장만을 갖고 계약을 하려고 할 경우 직접 각 부락을 순회하여 일일이 현장을

---

30) 豬又正一, 『私の東拓回顧錄』, 30쪽.
31) 『東拓二十年誌』, 42쪽.
32) 豬又正一, 『私の東拓回顧錄』, 32쪽.

찾아다니면서 소작계약을 체결했는데 이때 이노마다는 토지조사사업 당시 완성된 1/5만 지적도를 갖고 다니면서 일일이 지목과 해당 소작인을 조사하였다.[33] 그것은 기존의 조선인 농감에 의한 보고라던가, 관행적으로 체결되어 온 그간의 소작계약서상의 상황을 재검하는 조처였고, 동척이 농사현장 및 소작인에 대한 일체의 관리통제권을 행사하기 위한 기초 작업이었던 것이다

소작계약의 체결은 농사 1년의 시작이자 그 해 영농 전 과정과 수확 및 소작료의 수납에 이르기까지 거의 모든 사항을 계약서에 기재하는 것이었으므로 그야말로 현장의 영농관리와 더불어 중대업무였다고 할 것이다. 동척은 이 소작계약서를 통해 소작인에 대한 회사의 직접적이고 더 강력한 지배시스템을 가능케 했던 것이다.

2) 검견·수납 및 농사개량 지도

(1) 검견

다음으로 소작료 산정을 위한 검견(檢見) 업무이다. 동척은 농사 현장에 사원들을 파견하여 각 필지마다 답사를 하고, 수확고와 소작료율을 산정하는 사정작업에 치밀하고도 상당한 노력을 기울였다. 수확고가 어떻게 산정되느냐에 따라 소작료가 결정되기 때문에 이 검견작업은 결국 동척의 회사 수입으로 직결되는 1단계 작업이라고 할 수 있었다.

매년 1사람의 회사 소속 사원이 하루에 5,60필지씩 조사하고, 20일 간격으로 계속하여 측정을 하는 상당한 중노동이었다고 한다. 또한 동척

---

33) 猪又正一, 『私の東拓回顧錄』, 31쪽.

에서는 검견 때 사원들에게 2,3일간 평예(坪刈)를 연습하게 하여, 그 업무가 숙달되도록 훈련시켰다.[34]

이노마다는 1922년 7월, 경성지점 토지관리 사업부 소속이면서 평택 수지원 업무에 이어 수원에 주재하면서 수원, 용인의 2개 군에 걸쳐 19개 면, 사유지(社有地) 1천 정보, 소작료 약 7천석, 소작인 2,000 명을 관리했고, 일본인 이주가구 150호, 이주자 경작지 400 정보를 관리하게 되었다. 그리고 그는 여기서 근무기간 동안 동료 사원들과 함께 관내 검견 작업을 2번 정도 경험하게 되는데, 당시 수원 관내는 집조지가 적고, 비교적 정조지가 많아 검견작업은 15일 이내에 종결할 수 있었다고 한다. 그는 경성지점에서 파견한 견습 사원을 데리고 검견 현장에서 검견은 물론 견습생 실습도 담당했는데, 검견 기간 동안 평택역 부근의 일본인 여관에서 숙식하거나, 혹은 동척 소속 농감의 집에 체류하면서 직접 검견 작업을 관리했다.[35]

문제는 사정과 검견 작업에 이렇게 동척 사원들이 검견원으로서 그 업무를 직접 담당하면서 소작료는 회사 측에 유리하게 고율로 책정되었다는 것이다. 소작인들은 이렇게 일방적으로 회사소속 검견원이 정한 소작료를 받아들일 수밖에 없었다. 만약 산정된 소작료에 이의가 있을 경우는 검견원이 현장에 있을 때 즉시 그 시정을 요구할 수 있기는 했지만, 검견원이 현장을 떠난 후에는 어떠한 사정이 있다 할지라도 절대로 이의제기를 할 수 없는[36] 불합리한 구조였다. 또한 소작계약서에는 불가항력에 의한 수확고의 현저한 감소로 인해 소작료의 감면을 신청하려

---

34) 猪又正一, 『私の東拓回顧錄』, 29쪽.

35) 猪又正一, 『私の東拓回顧錄』, 32~33쪽.

36) 全羅北道農務課 編, 『全羅北道農事會社定款及小作契約書』, 1938(『全羅文化論叢』 1, 1986) 동양척식주식회사 소작계약서 제8조.

할 경우는 9월 중에 신청을 해야 하고, 재해가 그 이후 발생한 경우는 발생 후 5일 이내에 신청하도록 하는 규정도 두기는 했지만,[37] 동척은 결정적으로 소작계약서의 말미에 '본 계약의 전부 또는 일부의 해석에 이의가 생길 경우 귀사의 해석에 따르기로 함'이란[38] 조항을 넣어 소작 인들의 이의제기 권리를 사실상 유명무실화 시켜버렸다. 게다가 '회사 와 소작인간의 소송은 회사지점 소재지를 관할하는 재판소를 관할재판 소로 한다'고 까지 규정하여[39] 소작인은 소송에서 승산 할 가능성은 거 의 없었다고 할 것이다.

1922년 이래 수재, 병충해 등 거듭되는 재해로 인하여 해마다 흉작을 면치 못하는 상황에서 동척은 수확량의 1/2 징수를 전제로 한 정조와 집 조를 하면서도 늘 그것을 넘어서는 고율의 소작료를 징수했다. 동척은 '수한해 기타 천재를 당하면 기술원을 파견하여 선후책을 강구한다.'거 나 '심한 흉작이거나 재해로 말미암아 수확이 감소하였을 경우에는 상 당한 액을 감면 한다'[40]는 원칙을 세우고 있었다. 그러나 1929년 경남 창녕군에서 각종의 자연재해로 수확량이 감소했을 때 동척이 과도하게 소작료를 사정하여 소작농들은 총 수확량을 거의 다 납부하게 되는 상 황이 초래되자 타조법을 적용해 줄 것을 요구하는 소작쟁의가 일어나기

---

37) 全羅北道農務課 編, 『全羅北道農事會社定款及小作契約書』, 1938(『全羅文 化論叢』 1, 1986) 동양척식주식회사 소작계약서 제11조.

38) 全羅北道農務課 編, 『全羅北道農事會社定款及小作契約書』, 1938(『全羅文 化論叢』 1, 1986) 동양척식주식회사 소작계약서 제26조.

39) 全羅北道農務課 編, 『全羅北道農事會社定款及小作契約書』, 1938(『全羅文 化論叢』 1, 1986) 동양척식주식회사 소작계약서 제27조 ; 朝鮮總督府, 『朝鮮에 있어서의 現行小作及管理契約證書實例集』, 1931, 451~452쪽, 제13조.

40) 東洋拓殖株式會社 編, 『東拓十年史』, 46쪽 ; 東洋拓殖株式會社 編, 『東拓三 十年誌』, 133쪽.

도 했다.41)

집조지에서의 검견이 동척에 유리하게 책정된 사례로 1930년 경남 하동의 경우도 있다. 당시 이 지역의 소작료는 총 수확량의 90%에 달했는데 여기에 비료대금까지 합산하면 소작인으로서는 수확량 전부를 납부해야 할 지경이었다.42) 사태 조사를 위해 파견된 조선총독부의 소작관도 동척의 소작료를 총수확량의 80%에 달하는 무리한 징수라고 인정한 사실에서43) 동척의 검견이 회사측에 유리하게 책정되었음을 확인할 수 있다. 1934년 함남 고원에서도 동척은 흉작임에도 불구하고, 총 생산량의 70~80%에 달하는 소작료를 징수하여 소작인들의 항의를 불러일으켰다.44)

한편 동척에서는 수확이 현저하게 감소된 전답에서도 '평년과 같이 소작료를 내도록 한 것이 반이나 되고, 그 밖에 수확이 없는 곳에는 겨우 3~4할밖에 감(減)'하지 아니하고 있었다.45) 그래서 1924년 경우 동척에서 부과한 대로 소작료를 납부한다면 '소작답에서 수확한 것을 전부 납입할지라도 부족되는 소작인이 다유(多有)한' 형편이 되고 있었으며, '거듭되는 흉작으로 인해 회사에 채무를 진 소작농도 적지 않아 소작농들은 회사의 빚 독촉에 시달려 자기 집에서 숙식을 할 수도 없는 지경'이 되고 있었다. 그런데도 동척주재소에서는 '사원이 매일 출근하야 일반 소작인에게 도급(稻扱) 하는 곡석(穀石)은 위협으로 꼬리표를 붙이며

---

41) 『조선일보』, 1919년 10월 21일자. "총수확을 다 주게 되는 동척 東拓小作料鑑定".
42) 『조선일보』, 1930년 11월 25일자. "동척이 소작료 惡徵, 전 수확이 猶爲不足"
43) 『조선일보』, 1930년 11월 25일자. "동척의 暴惡은 소작관도 인정"
44) 『조선일보』, 1934년 10월 16일자. "흉작지대 高原에서 동척 7·8할을 執租"
45) 『동아일보』, 1924년 10월 31일자.

혹은 강탈하야 조합장처(組合長處)에게 보관하며, 심하야는 위협으로 구
타를 하면서 가혹한 횡포를 하고 수확한 곡식에는 일절 소작인에게 권
리를 허치 아니'46)하고 있었다.

(2) 수납

동척의 각 연도별 총 수입과 영업 항목별 수입내역을 보면 영업 분야
중 대부금 이자와 지소건물수입(地所建物收入) 부분의 비중이 가장 높
다. 특히 1920년대 말부터는 총수입의 1/3 이상에 달하는 가장 큰 비중을
차지하는데, 이 지소건물수입 부분이 소작료 수납에 의한 토지 수익부
분이다.

[표 Ⅶ-3] 동척의 영업분야별 수익 상황(1908~1938)   (단위 : 円, %)

연도	정부 보조금	대부금 이자	주권채권	지소건물	잡수입	합계	순익
1908	300,000	-	-	-(0)	11,975	311,975	152,221
1909	300,000	7,130	-	134,674(24.1)	117,281	559,085	298,358
1910	300,000	27,750	-	694,483(64.4)	55,828	1,078,061	513,347
1911	278,000	74,418	-	1,155,181(73.8)	57,924	1,565,523	510,281
1912	300,000	141,000	58,714	1,422,848(68.9)	138,067	2,064,529	572,666
1913	300,000	262,478	63,533	1,945,422(64)	467,837	3,039,270	804,498
1914	300,000	348,958	160,500	1,712,410(59.8)	340,360	2,862,237	515,241
1915	300,000	573,717	170,131	1,529,648(55)	207,140	2,780,636	706,675
1916	-	635,339	106,171	1,968,069(67.1)	221,226	2,930,805	817,970
1917	-	697,016	166,527	3,208,523(72.1)	375,365	4,447,431	657,098
1918	-	1,433,035	212,237	5,301,158(60)	1,894,898	8,842,228	1,440,385
1919	-	3,461,082	413,507	6,790,012(57.3)	1,178,584	11,843,185	1,983,600
1920	-	6,708,335	828,602	3,504,590(26.2)	2,228,203	13,359,730	3,432,000
1921	-	9,137,479	1,002,256	4,555,284(25.5)	3,138,880	17,833,899	3,578,769
1922	-	10,293,716	1,155,102	4,716,274(24.6)	2,995,864	19,160,956	4,413,000

46) 『동아일보』, 1924년 11월 2일, 7일.

연도	정부 보조금	대부금 이자	주권채권	지소건물	잡수입	합계	순익
1923	-	11,420,994	1,356,690	5,972,742(25.7)	4,517,970	23,268,405	3,012,000
1924	-	12,134,439	1,135,497	5,200,185(22)	5,112,014	23,582,135	3,012,000
1925	-	11,719,701	1,563,636	5,813,380(25.1)	4,042,309	23,139,026	3,295,098
1926	-	10,187,561	1,374,612	7,657,707(23.2)	13,813,373	33,033,253	5,904,669
1927	-	9,776,343	1,410,292	6,877,606(34.7)	1,768,014	19,832,255	2,537,656
1928	-	9,159,033	2,093,337	5,918,242(31.1)	1,882,720	19,053,332	1,943,155
1929	-	6,587,988	722,709	4,614,544(34.5)	1,433,545	13,358,786	1,427,560
1930	-	9,060,164	1,043,467	5,188,486(30.1)	2,010,134	17,242,251	1,046,460
1931	-	9,476,128	1,093,151	5,553,370(31.2)	1,653,380	17,776,029	1,429,437
1932	-	9,568,183	1,655,635	5,823,873(30.3)	2,163,539	19,211,230	615,250
1933	1,485,714	8,694,356	3,414,202	6,400,195(27)	3,704,562	23,699,029	-
1934	170,861	7,883,819	2,942,379	7,815,716(35.9)	2,973,078	21,785,853	361,181
1935	-	7,811,298	2,564,962	9,520,255(43.3)	2,111,084	22,007,599	2,046,131
1936	-	8,796,338	3,259,124	10,422,960(43.1)	1,710,881	24,189,303	2,459,180
1937	-	9,381,613	3,741,514	11,735,326(43.8)	1,938,924	26,797,377	2,531,882
1938	-	10,547,425	5,512,405	12,491,232(36.6)	5,562,802	34,113,865	2,647,645

출전 : 『東拓三十年誌』, 264~267쪽에서 작성.
※ 1930~1938년까지는 上期와 下期를 합산함.
※ ( )는 총수입 중 지소건물 수입이 차지하는 비율.

　따라서 수익 중 가장 중요한 부분을 차지하는 소작료 수입의 철저한 관리를 위해 동척은 수납에 관한 규정을 별도로 마련해 철저하게 징수하였다. 당초의 소작계약서에서도 이 수납에 관한 내용을 상세하게 명문화해 이에 따라 지정된 장소로 기한 내에 정확한 양의 소작료를 한 푼의 차질 없이 납부하게 되어 있었고, 이 때 그간 식량, 종자, 비료, 농구와 농우 등 농업자금으로 소작인들이 회사 측으로부터 대여해 간 각종의 대부금액에 대한 원리금을 환수해 들였다. 소작료 수납은 전국에 22개가 넘는 수납소에 사원을 파견하여 수납하였는데, 기한 내에 납입을 한 소작인들에게는 농기구 등의 상품을 주었고, 1916년에는 불량소작인

을 대대적으로 정리하는 식으로 하여 수납을 독려하였다. 또 1917년부터
는 소작료 완납을 위해 독려원(督勵員)을 설치하고, 감독소를 두어 소작
료 납입율을 98%까지 끌어올렸다.47)

　이 수납규정은 현물납부로 현미, 벼, 대두, 잡곡, 실면(實綿), 현금 등
의 6가지 형태로 소작료를 규정해 놓았는데,48) 특히 벼의 경우 일본으로
의 수출을 위해 현미 상태로 가공하여 납부하도록 했다.49) 또한 현금납
의 경우는 회사가 일방적으로 지정한 대전율(代錢率)에 근거하여 그 금
액을 산출하고, 납입하도록 했다.50) 식민지 시기 대부분의 대지주회사들
과 마찬가지로 동척도 일본의 대도시와 항구도시인 오오사카(大阪), 도
쿄, 히로시마(廣島) 등의 대소비지에 소작료로 거두어들인 현미를 곡가
등귀와 이에 따른 시세 차이를 이용하여 판매함으로써 막대한 이익을
챙겼던 것이다.51)

　[표 Ⅶ-4]는 동척 영업 초기에 해당되는 1912년부터 1917년까지 단보
당 평균 소작료와 동 시기 조선의 1단보 당 쌀 생산량, 그리고 이를 기
준으로 산출한 동척의 소작료율이다.

　[표 Ⅶ-4]에서 1915년에 동척의 1단보 당 소작료가 감소한 것은 가뭄
피해로 인한 것이었고, 1916년도에 격증한 것은 강우량이 적절하여 예년
에 가뭄의 피해를 입은 지역까지 풍작이 되었기 때문이었다. 이는 전국

---

47) 『東拓十年史』, 45쪽.
48) 『東拓十年史』, 45쪽.
49) 『東拓二十年誌』, 43쪽.
50) 全羅北道農務課 編, 『全羅北道農事會社定款及小作契約書』, 1938(『全羅文
　　化論叢』 1, 1986) 동양척식주식회사 소작계약서 제13조 ; 『東拓三十年誌』 134
　　쪽 ; 東洋拓殖株式會社, 『東洋拓殖株式會社 業務要覽』, 1927, 11쪽 ; 東拓木
　　浦支店, '小作料玄米收納事情', 『朝鮮農會報』 19-3, 1924.
51) 『東拓二十年誌』, 43~44쪽.

.[표 Ⅶ-4] 동척의 1단보당 소작료 평균액과 소작료율(1912~1917)　　　(단위 : 石, %)

	동척 1단보당 소작료(石)	조선의 1단보당 생산량(石)	동척의 소작료율 추정치(%)
1912	0.520	0.77	67.5
1913	0.542	0.83	65.5
1914	0.625	0.95	65.8
1915	0.591	0.87	67.9
1916	0.756	0.92	82.2
1917	0.665	0.90	73.4
평균	0.617	0.87	70.4

자료 : 『東拓十年史』, 46쪽 ; 허수열, 『일제초기 조선의 농업』, 한길사, 2011, 267~272쪽에
　　서 작성.
※ 조선의 1단보 당 생산량은 개량품종과 조선 재래품종의 평균값임.

적인 현상으로 1916년에는 조선 전체의 생산량도 대폭 늘었다. 그러나
[표 Ⅶ-4]에 의하면 동척의 소작료율 추정치를 보면, 풍작임을 감안하더
라도 1916년 무려 82.2%에 달하는 고율의 소작료율을 기록하고 있다.

　한편 1912년 당시는 식민지 조선 전체적으로 소위 개량품종의 보급률
은 2.8%에 불과했고, 1914년에도 7.5%였다. 따라서 이렇게 낮은 보급률
로 조선 전체의 단보 당 평균 생산량이 0.77석에서 0.95석으로 23.4% 증
가했다고 하여 개량품종이 높은 생산성을 갖고 있었다고 설명하기는 어
렵다. 이러한 데이터의 문제점을 감안하더라도 [표 Ⅶ-4]에 의하면 동척
의 영업 초기인 1912~1917년까지의 1단보 당 논의 평균소작료는 대략 벼
0.617석 정도였는데 이 시기 조선 전체 논의 쌀 생산량은 1단보 당 평균
0.87석이었으므로, 이를 기준으로 동척의 소작료율을 산정하면 무려
70.4%에 달하는 고율의 소작료였다. [표 Ⅶ-5]는 1909년부터 1938년까지
의 동척의 품목별 소작료 수납고이다.

346   식민지 조선 농촌의 일본인 지주와 조선 농민

[표 Ⅶ-5] 동척의 소작료 수납고(1909~1938)   (단위 : 石, 斤, 円)

	현미(石)	벼(石)	대두(石)	잡곡(石)	면(斤)	현금(円)	기타(円)
1909	-	37,633	612	371	-	34,078	-
1910	-	113,018	2,522	2,223	1,739	72,354	-
1911	-	136,900	4,129	3,906	265	118,622	545
1912	-	189,628	6,594	9,565	17	114,006	3,159
1913	-	239,573	7,783	11,736	42,058	68,638	2,604
1914		239,065	8,222	8,467	22,883	46,811	4
1915	-	255,398	8,312	11,177	29,627	78,196	-
1916	-	291,692	7,916	9,221	11,514	230,244	-
1917	-	278,008	8,197	9,787	5,042	261,108	-
1918	-	295,205	8,545	9,052	7,903	794,528	-
1919	603	210,930	5,298	6,116	5,467	1,715,436	-
1920	520	277,686	8,413	8,867	8,786	179,948	-
1921	1,241	283,542	7,896	9,368	8,400	133,171	-
1922	619	273,678	7,095	9,506	7,185	111,443	-
1923	2,790	270,203	6,172	7,913	8,762	120,942	-
1924	3,069	201,343	5,691	6,155	11,418	131,924	-
1925	3,299	283,759	7,320	6,831	21,855	114,983	-
1926	4,761	259,479	7,707	6,810	22,072	119,937	-
1927	4,622	291,185	7,617	5,804	26,867	332,024	-
1929	830	275,368	6,604	7,592	31,402	139,050	-
1930	4,392	348,918	7,440	8,042	43,578	142,813	-
1931	1,408	356,667	7,517	7,734	33,374	86,989	-
1932	125	365,293	8,185	11,919	54,766	73,047	-
1933	1,271	427,541	7,320	11,313	39,200	86,106	-
1934	7,731	413,922	6,199	9,617	46,276	86,592	-
1935	13,462	415,794	5,943	8,114	81,714	87,535	-
1936	13,888	355,283	6,658	10,205	50,219	67,215	-
1937	20,241	484,444	7,333	10,802	64,196	113,979	-
1938	20,184	457,089	6,409	9,707	70,295	116,260	

자료 :『東拓二十年誌』, 43~44쪽 ;『東拓三十年誌』, 134~135쪽.
* 1928년도 통계가 누락됨.
* 기타는 채소 등의 작물을 돈으로 환산함.
* 代錢소작료를 포함함.

이노마다는 평택수납소에서 안성과 진위군의 소작료 수납을 담당했다. 10월 하순경 소작료 납입 고지서를 작성하여 11월 15일까지를 기한으로 하는 수납 업무를 시작하였는데, 수원수납소도 비슷한 시기 소작료를 수납했다.[52] 동척은 점차 소작료 수납에 있어서 농감에 의한 수취를 줄여 나가고, 소작인이 각자 직접 회사가 지정한 수납 장소에 와서 일일이 수납일에 맞추어 납부하는 체제로 전환해 갔는데, 이노마다가 평택수지원으로 근무할 1921년 당시까지만 해도 평택의 경우는 아직 농감이 소작료 수납을 계속 담당하고 있었고, 수원의 경우가 소작인들이 직접 회사에 납부하는 방식으로 운영되고 있었다.

이노마다는 소작료 수납 때 현물로 거두어들인 소작료 벼와 대두는 물론 그 외 봄에 대부된 종자와 식량 등의 반환미까지 철저하게 계산하여 받았다. 또한 거두어들인 소작미는 건조 조제 검사를 하고, 가마니에 넣어 포장을 한 후 창고에 보관하는 과정이 완료된 뒤, 소작인들이 소지하고 있었던 동척에서 발급한 소작료 납입통지서에 영수인(領收印)을 찍어 되돌려 주었다. 한편 수원주재소의 경우 일본인 이민자들이 다수 있어 이들 가운데 이민 연부금(年賦金)이나 소작료 등을 현금으로 납부하는 자가 꽤 있었다. 동척은 일본인 이민자들에 한해서는 조선인 소작인에게 현물납을 강요한 것과 달리 현금납도 받았던 것이다. 이렇게 징수된 현금은 수원주재소 바로 앞에 위치한 식산은행 수원지점에 날마다 예치되었다.[53]

수납된 소작미는 현미로 가공하는 정미작업을 거쳐야 했다. 1924년 1월부터 1923년도 생산된 현미의 정미작업이 시작되었을 때 동척은 그

52) 猪又正一, 『私の東拓回顧錄』, 29쪽.
53) 猪又正一, 『私の東拓回顧錄』, 34쪽.

이전까지는 경성지점에서 정미업에 대한 전문사원을 각 지점에 출장을
보내어 업무를 관리하게 하였는데, 1924년부터는 각 지점의 주재 사원들
가운데 2~3명 정도에게 양수기를 비롯한 기타 소형 농기구 작동 방법을
습득하게 하고, 발동기 운전 자격을 취득하게 하는 등의 교육을 통해 직
접 해당 지점에서 처리하게 하였다. 이에 수원주재소에서 근무하던 이
노마다도 1924년도 생산 쌀을 현미로 정미하는 정현(精玄)작업에 투입되
었다.54) 이노마다는 조선인 소작인 가운데에서 정미작업에 노동력을 강
제 차출하여 하루 일당 1엔~1엔 10전만을 지급하고, 밤샘 작업까지 연일
강행하며 벼의 건조, 정미작업을 진행했다. 이렇게 정미된 곡량도(穀良
都), 조신력(早神力), 다마금(多摩錦) 등의 현미는 다시 검사를 받아 인천
정미소에서 백미로 가공되어 일본으로 이출되었다.

(3) 농사개량지도

동척 사원들은 관할 소작인들에게 각종의 영농 방법 개선책을 선전,
장려하며 적극적으로 가르치고, 보급했다.55) 농사개량의 지도가 곧 생산
증대와 소작료 수입을 통한 이윤의 창출로 이어졌기 때문이다.
동척이 농사개량책으로 시행한 기본적인 내용은 다음과 같다.

① 심경 장려
② 종자 개량
③ 正條植 식부법 장려
④ 金肥 장려
⑤ 綠肥재배 및 堆肥 제조 증가

---

54) 猪又正一, 『私の東拓回顧錄』, 35~36쪽.
55) 『東拓二十年誌』, 45쪽.

⑥ 현미수납
⑦ 부업 장려
⑧ 지도부락 지정 및 양성
⑨ 품평회 개최
⑩ 농사 강습 및 강연 개최
⑪ 지도원 양성

심경 강습회 혹은 경려회(競犁會-밭갈기 대회)를 개최하여 그 기술을 습득하게 하고, 혹은 개량 쟁기를 대여하여 그 사용을 장려하였다. 종자 개량의 경우 수원권업모범장에서 권장하는 개량종을 소작인들에게 재배시키고, 종자를 대부하여 1927년 말까지 동척 사유지의 98%에 달하는 경지에 보급시켰고, 직접 경기·강원·충북·전북·전남·경남·경북·황해·평남·함남에까지 원종전(原種田)을 설치하여 종자를 생산하고, 채종전(採種田)을 설치하여 생산된 종자를 소작인들에게 대부했다.

[표 Ⅶ-6] 동척의 각 도별 원종전 및 채종전 종자갱신 면적표(1927년)

道別	원종전(町)	채종전(町)	갱신면적(町)	改良種 適地(町)	비율(%)	갱신1단보당 종자량(石)
경기·강원도	0.85	40.00	2,937	2,937	100	0.050
충청도	1.25	70.88	4,300	4,300	100	0.044
전라북도	0.50	21.40	6,631	6,611	99.7	0.040
전라남도	2.20	35.39	7,435	7,435	100	0.035
경상북도	0.30	7.50	2,972	2,972	100	0.050
경상남도	0.50	26.54	3,807	3,807	100	0.040
황해도	0.40	6.51	3,244	3,113	96.0	0.050
평안남도	0.20	2.00	460	125	26.1	0.080
함경남도	0.50	9.85	1,068	706	66.1	0.060
계	6.70	220.97	32,854	32,006	97.9	-

출전 : 『東拓二十年誌』, 46~47쪽.

(内鲁浦木)   況實ノ付植田種原

[사진 20] 조선흥업주식회사 목포지점의 원종전 식부 장면

개량품종 즉, 일본품종의 보급은 조선 전체적으로 보았을 때 식민지
초기부터 정책적으로 보급되기 시작해 1920년 전체 논 면적의 53%에 보
급되었고, 1940년대에는 90%에 달했다. 그렇다면 동척이 1920년대 말 사
유지의 98%에 보급했다라고 하는 수치는 동척이 식민지 농업정책, 즉
산미증식계획에 가장 적극적이고, 선도적인 시범 지주회사로서의 면모
를 보여주는 것이라고 할 수 있다. 그런데 '우량' 혹은 '개량'이라고 하
여 과연 조선 재래의 품종에 비해 그 생산성이 높았는가는 좀 더 면밀하
게 분석해 볼 문제이다. 식민지 초기에는 조신력(早神力), 곡량도(穀良
都), 다마금(多摩錦) 등의 3품종이 급속히 보급되어 전체 일본품종 재배
면적의 60~80%를 차지했고, 1930년대 이후에는 은방주(銀坊主), 육우(陸
羽) 132 및 풍옥(豐玉) 등이 보급되었다. 그런데 1920년대 품종의 경우 다
수확이라기 보다는 일본인들의 기호에 맞는 상품성과 가격이 보장되었
기 때문에 널리 보급된 것으로 생산량은 1920년대 말 조선의 재래종의
생산량인 단보당 0.8석과 거의 차이가 없었다.[56] 조선의 재래종은 가뭄
에 강하고, 이삭이 나서 익을 때까지의 기간이 짧고, 수분이 적은 토양

에서도 발아가 잘되는 강점이 있어 관개수나 비료가 부족한 곳에서는 일본품종보다도 오히려 유리했다.[57) 그런데도 식민지 당국이나 동척이 조선의 토지 및 풍토에 상관없이 일본품종 재배를 강요한 것은 순전히 일본 소비자들의 구미에 맞는 상품가치가 높은 쌀을 원했기 때문이다.

정조식 식부법은 실로 틀을 만들거나 또는 새끼줄로 줄을 그어 식부하도록 했고, 금비, 즉 화학비료 사용 문제도 조선총독부의 산미증식계획에 따른 시책이라고 할 수 있다. 특히 1926년부터 퇴비와 녹비의 획기적인 증산을 목표로 하는 제1차 자급비료 증산계획(1926~1935)이 세워졌고, 금비구입 장려를 위한 비료 저리자금대부제도(1926~1939년)도 실시되었다. 동척을 비롯한 일본인 거대지주들은 시비를 강제하여 생산량을 늘렸고, 그 대부 비용은 소작료에 전가되어 고율의 소작료로 이어졌다.

또 강습회와 더불어 동척에서는 수시로 농장마다 '묘대(苗垈)·다수확·생산물· 경우(耕牛)·퇴비·정조식 식부법' 등의 이름을 내건 다양한 품평회를 개최하여[58) 소작민 상호간의 경쟁을 유도하는 방법도 썼는데, 이렇게 강습회나 품평회는 식민지 시기 불이흥업(주)(不二興業(株))나 가와사키(川崎)농장 등과 같은 일본인 지주회사(농장)에서는 일반화된 생산력 증대 방안의 하나였다.[59) 사원들은 관할 농장 내에서 우수 소작인

56) 허수열, 『일제 초기 조선의 농업』, 한길사, 2011, 268쪽, 그림 6-8 참조.
57) 소순열, 『植民地後期朝鮮地主制の硏究』, 京都大學大學院硏究科 博士學位 논문, 1994, 91쪽 ; 허수열, 『개발없는 개발』, 47~51쪽 ; 우대형, 「일제하 '개량농법'의 이식과 농촌의 양극화」, 『사회와 역사』 68, 한국사회사연구회, 2006, 234~235쪽 ; 하지연, 『일제하 식민지 지주제』, 212~215쪽 ; 李斗淳, 「일제하 水稻品種의 성격에 관한 연구」, 『농업정책연구』 17-1, 關西農業經濟學會, 1990, 130~131쪽.
58) 『東拓二十年誌』, 49~50쪽.
59) 하지연, 「일제하 일본인 지주회사의 농장 관리 조직을 통해 본 식민지 지주제의

을 표창한다는 명목으로 품평회를 통해 일본품종을 보급하고, 시비를 강제하여 생산력을 증대시켰고, 이것은 사원들의 업무능력 평가로 이어졌다.

[표 Ⅶ-7] 동척의 각종 품평회 개최 상황(1927년 현재)

품평회 종류	실시 농장수 (所)	수상자 인원 (人)
苗垈	25	272
다수확	13	94
생산물	13	310
耕牛·퇴비·정조식 식부법	각 농장	각 농장별 35

출전 : 『東拓二十年誌』, 50쪽.

또한 농장 내의 한 마을을 특히 지도부락으로 정하여 사원(社員) 또는 지도원(指導員, 이주민의 篤農者)으로 하여금 면밀히 그 농업기술을 지도함으로써 성과를 올리게 한 후, 인접 마을 농민들이 그 결과를 보고 이를 따르고 서로 자극을 받아 상호 경쟁하도록 했는데, 결국 생산량 증대를 위해 경쟁을 부추겨 실제로 상당한 증산의 효과를 보았다.[60] 즉, 동척은 산미증식계획을 가장 최전선에서 집중적으로 시행해 나간 대표적 국책 지주회사였다.[61]

성격」, 『한국문화』28, 이화여자대학교 한국문화연구원, 2015, 61쪽 ; 하지연, 「일제하 한국농업의 식민성과 근대성」, 『식민지 근대화론에 대한 비판적 성찰』, 나남, 2009, 282~285쪽.

60) 『東拓二十年誌』, 49쪽 ; 東洋拓殖株式會社 編, 『東拓三十年誌』, 135~140쪽.
61) 『東拓二十年誌』, 31~50쪽.

4. 이노마다가 설계한 사유지증산계획

1) 사유지증산계획의 수립 계획

이노마다는 1931년 4월 조선업무부로 전근되어 '사유지증산계획(社有地增産計劃 1932~1936)'을 중심으로 각종의 임무에 종사했다. 이미 1920년대 조선총독부의 산미증식계획에 의하여 적극적으로 토지개량계획을 추진해 오던 동척은 1930년대 말 이후 미가 폭락과 수리조합비 부담 등의 이유로 인해 대책마련에 고심하던 시점이었다.[62] 게다가 당시 동척은 세계공황의 여파로 채무가 거액에 달해 손실이 커 1932년 상반기부터 1935년 하반기까지 무배당이 지속되고 있었다. 이에 동척은 곡가의 변동에 큰 영향을 받지 않을 수 있으면서도 증산을 도모할 수 있는 난국 타개책으로 소위 '사유지증산계획'을 수립했고, 그 대강을 이노마다의 기록에서 파악할 수가 있다. 이노마다는 이 사업의 성공으로 1936년 상반기부터는 연 4%의 배당은 물론 상당한 이익을 올렸음을 설명하면서 그 계획을 자신이 입안하고 설계했음을 자랑했다. 또한 이 계획의 추진을 조선 총독부에서 동척으로 영입된 관료출신의 임원들이 적극적으로 독려하고 있었는데, 이는 동척의 식민지 지주로서 뿐만 아니라 국책회사로서의 어용적 특징을 보여준다고 할 것이다.[63]

이노마다에 의하면 종래 동척은 토지경영에 있어서 적극적인 경비 절

---

62) 猪又正一, 『私の東拓回顧錄』, 48쪽.
63) 猪又正一, 『私の東拓回顧錄』, 48~52쪽.

감을 이루고, 농감과 사원의 부정방지에 초점을 두는 면이 있었는데, 이
계획에서는 경비 절감보다는 수익 증가는 물론 투자이윤 회수의 향상을
도모하고, 이를 위해 5개년 계획을 수립하여 확실하게 증산의 성과를 거
두는 것이 목표라고 하였다.

〈사유지증산계획 개요〉

계획 수립기-1931년
계획기간-1932년~1936년의 5개년 간
社有地면적-田 4만정보 / 畑 1만정보
기본생산고-籾(환산) 70만석(米 35만석)
기본소작료-籾 35만석
목표생산고-籾 (환산) 100만석(米 50만석)
목표소작료- 籾 50만석
收支採算-기본수입 2,700,000円(籾 석당 8円)
(1개월)   지출 1,500,000
         純收 1,300,000
  目標收入 4,000,000
      지출 2,000,000
      純收 2,000,000

　전 조선의 9지점 관내를 각 점 5~6개 사업구로 구분하고, 그 사업구를 2~3개의 농구
로 구분한다.
　주재원, 수지원-사유지가 집단화된 사업구에는 사원을 몇 명 주재시키고, 사유지가
산재한 사업구에는 지점 내에 수지원을 배치하여 관리한다. 단, 점차 주재를 늘린다.
　증산계획-각 농구마다 계획의 각 항목에 관하여 5개년간의 계획을 상세한 수자로 기
재하여 일람표로 특정하게 작성한다. 다음 각 농구의 계획서를 집계하여 각 사업구의
계획서를 작성하고, 이를 집계하여 각 지점의 계획서를 작성한다.

---

2) 사유지증산계획의 전개

　증산을 위해 전체 농장 관리조직의 편재를 한 위에 동척은 사원들에
게 농사개량지도 요령을 담은 팜플렛을 배포하여 철저하게 조선 소작농

민을 관리하고, 영농의 전 과정을 통제하도록 하였다. 이노마다가 이 팜
플렛의 내용을 착안, 제작했는데, 그 내용은 다음과 같다.[64]

1. 농사개량시설 및 지도-原採種田의 설치, 종자의 갱신, 묘대 개량, 시비의 개선, 비료
   의 대부, 심경, 정조식, 경우의 보급 등
2. 토지개량-개간, 관개배수개선, 재해복구 등에 관한 직영공사 또는 수리조합 가입
3. 농업간부 중 중견직원의 충실-3개년 계획으로 농과계의 전문학교 이상 출신자를 약
   30명 이상 채용할 예정

　즉, 1930년대 들어서서 동척은 영농방법 및 시설 개선사업과 토지개
량사업, 그리고 농업 전문학교 이상의 학력을 보유한 전문 인력의 대거
채용 등을 통해 투자를 통한 증산과 수익 증대를 목표로 그 이전의 경비
절감식의 소극적인 경영방식에서 자본주의적 근대 경영방식으로 발 빠
르게 전환했음을 알 수 있다.
　실제로 동척은 토지개량사업의 실행기관으로서 1926년 7월 서울에 토
지개량부를 설치하고, 기업의 위탁을 받아 관련 사업, 설계, 공사감독 등
을 대행하였고, 미간지 이용, 황지(荒地) 개간 혹은 수면간척 등을 통해
경지를 증가시켰다. 또 토지개량, 수축(修築), 간척 등을 모범 사례로 실
시하였고, 유력한 지방 지주들에게 보조금을 지급하여 각종 기공사업
및 수리조합 설립을 장려하는 등 다양한 토지개량공사를 실시하였다.
대략 이때 동척이 관여했던 토지개량면적은 약 10만 정보 가량이었다.
이 사업은 1931년 토지개량부를 폐지한 이후 조선토지개량주식회사로
인계되었는데[65] 이노마다는 1931년부터 동척 사유지에 대해서 사유지

---

64) 猪又正一, 『私の東拓回顧錄』, 49~50쪽.
65) 『東拓三十年誌』, 124쪽.

증산계획의 일환으로 토지개량사업을 수립한 것으로 보인다.

그러나 식민지 시기 관개시설 확충은 식민지 이전에 전혀 없었던 새로운 사업이 아니었다. 1918년의 수리관개시설은 조선 재래의 제언과 보에 의한 관개지역이 전체의 70%, 보조를 받아 수축된 제언과 보에 의한 면적이 15.2%로 85.2%에 달하는 농지가 기존의 수리관개시설에 의한 관개 지역이었고, 식민지 시기에 들어와 신규 확충된 시설은 14.8%에 불과했다. 물론 1920년대 산미증식계획이 시작되면서 관개시설은 빠른 속도로 확충된다. 전체 논 면적 중 관개 논이 차지하는 비중은 1918년 24.5%에서 1942년에는 74.4%에 달한다. 그런데 1931년 당시 수리조합에 의한 대규모 제언, 보 등의 관개 논 면적은 전체의 15.8%인 반면 비수리조합, 즉 소규모의 보와 기타 관개설비에 의한 관개 논 면적은 전체의 84.2%에 달해 사실상 식민지 시기 관개시설의 대부분은 조선총독부의 산미증식계획, 그리고 이를 맨 앞에서 모범적으로 주도한 동척의 적극적인 육성과 사업 전개에 의했다기 보다는 소규모 지주와 농민들의 능동적 대응에 의해 이루어졌다고 보아도 무방하다.66)

---

66) 허수열, 『개발없는 개발』, 42~47쪽 ; 이영훈, 장시원, 宮嶋博史, 松本武祝 공저, 『近代朝鮮水利組合研究』, 일조각, 1992, 63, 66쪽.

5. 이노마다를 통해 본 동척의 영업이익과 사원처우

1) 동척의 농업 부문 영업이익

일제 강점기 곡가의 추이를 보면 1920년대 후반부터 급락한 곡가는 특히 1930년~1931년에 더욱 폭락했고, 이후 만주사변 발발로 인해 상승하기 시작했지만, 1936년이 되어도 1925년 당시의 수준을 회복하지는 못했다. 또 1920년대 말 이후 미가 폭락은 농가수입의 감소로 이어져 공황에 타격을 받은 일부 지주들이 토지를 매각하고 자금력 있는 일본인들이 이것을 대량으로 매입해 들여 1928년부터 1935년 사이 일본인의 식민지 조선에서의 점유 토지면적은 급증했다. 동척 또한 이 시기 대량으로 토지를 사들여 1930년 총 경지면적 92,847 정보였던 것이 이듬해 1931년에는 179,313 정보, 1932년에는 무려 206,881 정보에 이를 만큼 급증했다. 게다가 1932년부터 곡가의 상승, 1935년 이후의 토지가격 급등 등의 여건을 바탕으로 동척은 지대한 초과이윤을 획득했다.[67] 이러한 현상을 반영하듯 1936년 동척의 영업실적을 보면 소작료 수납고 벼 51만 석으로 전년에 대하여 54%의 증가가 이루어졌고,[68] 곡가는 기본 석당 8엔이었던 것이 15~16엔 정도로 약 2배 뛰어 결국 총 수입이 이전 270만 엔에

---

67) 허수열, 『개발없는 개발』, 88~90쪽.
68) 이노마다의 회고록에서 1936년도 소작료 수납고 벼 51만석이라고 하였는데, 동척의 각종 회사지 기록에 의하면 [표 5]에서 확인되듯이 1936년도 벼 수납고는 355,283석이다. 따라서 1936년도 전체 소작료 수납고를 벼 수납고로 이노마다가 잘못 기록한 것으로 보인다.

서 무려 530만 엔이나 증가한 800만 엔에 달했다. 여기에 동척 소유 사
유지가격까지 상승하여 토지자산 총액은 4천만 엔을 초과하였다.[69] 동
척은 이에 따라 일체의 외채 상환과 불량 자산을 정리하였고, 1932년 이
래 4개년 간 무배당에서 벗어나 1936년부터 배당을 재기하였다.

[표 VII-8] 동척의 영업이익 분배표(1908~1938)　　　　(단위 : 円, %)

연도	이익			분배					
	당기이익	전기이월	합계	결손 보전 준비금	배당평균 준비금	임원 상여금	배당금	정부 납부금	후기 이월금
1908	152,221	-	152,221	12,300	3,100	8,000	26,600(6)	-	102,521
1909	298,386	102,321	400,707	32,100	8,100	20,000	150,000(6)	-	190,507
1910	513,347	190,507	703,854	56,400	14,100	35,200	150,000(6)	-	448,154
1911	510,281	448,154	958,435	61,300	20,500	25,600	270,000(6.5)	-	581,035
1912	572,666	581,035	1,153,701	68,800	23,000	25,000	450,000(6.5)	-	586,901
1913	804,498	586,902	1,391,400	96,600	32,200	40,000	690,000(7)	-	532,600
1914	515,241	532,600	1,047,841	61,900	20,700	-	650,000(6.5)	-	315,241
1915	706,675	315,241	1,021,916	56,600	14,200	35,000	650,000(6.5)	-	265,716
1916	817,970	265,717	1,083,687	65,500	16,400	40,900	650,000(6.5)	-	310,887
1917	637,098	310,887	967,985	52,600	13,200	32,900	525,000(7.5)	-	344,285
1918	1,440,385	344,286	1,784,671	681,285	16,600	49,500	693,000(8)	-	344,286
1919	1,983,600	344,286	2,327,886	207,912	158,688	99,000	1,518,000(9)	-	344,286
1920	3,432,000	344,286	3,776,286	275,000	69,000	60,000	2,750,000(10)	178,000	344,286
1921	3,578,769	344,286	3,923,055	286,557	72,212	70,000	2,750,000(10)	300,000	344,286
1922	4,413,000	344,286	4,757,286	354,000	89,000	70,000	3,500,000(10)	300,000	344,286
1923	3,012,000	344,286	3,356,286	241,000	61,000	150,000	2,560,000(8)	-	344,286
1924	3,012,000	344,286	3,356,286	241,000	61,000	150,000	2,560,000(8)	-	344,286
1925	3,295,098	344,286	3,639,384	264,000	66,000	150,000	2,800,000(8)	-	359,384
1926	5,904,669	359,384	5,545,285	5,550,000	-	-	-	-	4,715
1927	2,537,656	4,715	2,542,371	250,000	220,000	100,000	1,600,000(5)	-	372,371
1928	1,943,155	372,371	2,315,526	300,000	40,000	100,000	1,600,000(5)	-	375,526
1929	1,427,560	375,526	1,803,086	120,000	30,000	75,000	1,200,000(5)	-	378,086
1930	1,046,459	756,318	1,802,777	86,000	26,000	70,000	1,120,000*		498,777
1931	1,429,437	277,905	1,707,342	115,000	29,500	80,000			522,842
1932	615,249	918,023	720,892	17,000	5,000	-	-		698,892
1933	-	292,702	292,702	-	-	-	-		292,704

69) 猪又正一, 『私の東拓回顧錄』, 50쪽.

연도	이익			분배					
	당기이익	전기이월	합계	결손 보전 준비금	배당평균 준비금	임원 상여금	배당금	정부 납부금	후기 이월금
1934	361,180	292,702	653,882	28,894	7,224	-	-	162,532	455,233
1935	2,046,131	961,915	3,008,046	163,690	41,223	-	-	937,961	1,865,472
1936	2,459,180	2,474,391	4,933,594	223,000	59,000	120,000	1,400,000(4)	556,082	2,575,488
1937	2,531,882	2,832,031	5,363,913	207,000	53,000	120,000	1,750,000(5)	-	3,233,913
1938	2,647,644	3,477,410	6,125,055	216,000	57,000	180,000	2,100,000(6)	-	3,572,055

자료 : 東洋拓殖株式會社 編, 『東拓三十年誌』, 東京, 東洋拓殖株式會社, 1939, 271~273쪽.
* 배당금란의 ( )안은 연 이율 %임.
* 1930년 상반기 배당금은 640,000(연 4%), 하반기는 480,000(3%)임.
* 금액은 圓단위까지만 기재하여 전기이월금과 후기이월금과의 사이에 1원 이상 차이가 있음.
* 1908년도는 제1회 대한한국 정부 출자액 97만원에 대하여 배당한 것임.
* 1917년, 1918년, 1923년, 1924년, 1927년, 1931년은 정부지분 주식에 대하여 배당함.
* 결손보전 준비금 중 1918년도 615,228원 및 1919년도 2,435,246원은 신주모집액면 초과금을 적립한 것임.

물론 직원들에게도 그만큼의 충분한 보수가 지급되었고, 그러한 운영 비용은 당연히 소작료 수입으로 충당되었다. 결국 동척의 엄청난 초과 수익은 전문적 사원의 채용과 그들의 영농방법의 개선 지도 등에 의했다고 회사 측은 대대적으로 선전하고 있으나,[70] 그 보다는 곡가 폭등과 지가 상승으로 인한 측면이 더 컸다고 할 것이다. 그리고 그 식민지 초과 이윤은 주주 배당, 직원 보수 등의 방법으로 고스란히 일본, 그리고 일본인에게 돌아갔다.

2) 동척 사원의 처우

이노마다는 1918년 7월, 졸업을 하자마자 동척 경성지점 식산과(殖産課)에 배치되었다. 그가 처음 입사한 그 해는 동척이 이전까지는 군인,

---

70) 猪又正一, 『私の東拓回顧錄』, 50쪽.

관리 등에서 예편하거나 전입한 사람들로 사원을 채용하다가 처음으로
대학을 졸업한 학사 출신의 전문 사원을 뽑아 들이기 시작한 시점으로
이노마다도 도쿄제대 농과대학 실학과 출신이니 그 전문 사원 중 하나
였다.[71)

　그는 1918년부터 1921년까지 충남북 지역의 담배 재배 지도원으로 직
접 농촌생활을 시작했는데, 견습생 신분으로 입사했으나 기본급 월 35
원(圓)에 수당 50%가 추가 지급되어 52.5원의 월급을 받게 되었다.[72)
1918년 당시 조선의 전국 조선인 일반 노동자, 그 중에서도 숙련노동자
의 명목임금이 하루 1원 25전(월 평균 32.5圓) 비교해 보면[73) 기본급만으
로도 견습생인 이노마다의 수입이 숙련공 이상이었던 것이다. 연봉으로
계산한다면 이노마다는 연 630원 정도의 수입으로 당시 정미 1석당 가
격이 상등미의 경우 31원 44전이었던 것을 고려할 때 쌀 21석, 즉 약 3
정보에서 수확되는 생산량에 해당되었다. 이제 막 학교를 졸업한 견습
생의 임금이 일반 자영농 수준의 연수입이 보장되었던 것이다. 게다가
그가 처음 경성지점에 발령을 받았을 때 숙소는 동척 사원을 위한 통의
동(通義洞) 사택(社宅)에 설치된 합숙소를 제공받았다.[74) 또 1918년 12월
12일 동척의 창립 10주년 기념일에는 당시 1차 세계대전의 호황기를 타
고 동척이 대대적으로 사원들에게 상여금을 지급하였다. 이노마다는 입
사한지 채 6개월도 되지 않았던 시점에서도 1개월분 급여의 수당을 받
았다. 그 해 여름 8월에는 일본에서는 쌀폭동까지 일어났었던 상황이었

71) 猪又正一, 『私の東拓回顧錄』, 12쪽.
72) 猪又正一, 『私の東拓回顧錄』, 12쪽.
73) 허수열, 「일제하 실질임금(변동) 추계」, 『경제사학』 5, 경제사학회, 1981, 243~244
　　쪽, <부표 4> 참조.
74) 猪又正一, 『私の東拓回顧錄』, 14쪽.

음에도 불구하고 동척이 조선산 쌀의 판매수익을 통한 성과급을 대대적으로 지급하였다는 것은 조선에서의 식민지적 초과이윤의 달성은 물론 일본 본토에서 조차도 미가 폭등을 통한 고율의 수익을 냈다는 것을 보여준다.[75] 그만큼 동척은 사원들에 대해 상당한 경제적 예우를 통해 회사에 대한 절대 충성과 증산 독려를 유도했다.

동척은 토지관리사업 부분, 즉 식산과, 토목과, 지소과(地所課)의 종사원은 대개 4~5년 이상 농사현장 경험이 많은 사원으로 배치하였다. 그런데 구마모토 농장의 사원들이 대개 농업학교 출신의 전문가들이었던 것에 비하여[76] 동척의 경우 해당 분야에 오랜 경험을 쌓은 베테랑이긴 하여도 학력이 높지는 않았다. 그러나 일본인이면서도 사원들은 조선어에 통달한 자가 있어 출장 때 통역 없이도 현장 업무 수행이 가능했다고 한다.[77]

동척은 1차 세계대전의 호황을 타고, 1918~1919년에 일본인 직원채용을 대대적으로 늘렸다. 그런데 1차 대전이 끝난 직후부터 계속되는 불경기로 인해 업무 쇄신, 경비 절약의 도모가 시급해 짐에 따라 조직 간소화를 위한 회사 정관 개정 작업에 들어갔다. 1925년 가을에 들어서서는 어느 정도의 직원에 대한 정리 문제가 표면화되었다. 기존 직원들 가운데 퇴직 희망자들에게는 퇴직금은 물론 회사의 농지 5 정보를 지급하는 조건으로 권고 퇴직을 시행했는데, 상당히 좋은 조건이었으므로 퇴직희망자가 많이 나왔다. 이노마다도 그 정도의 조건이라면 회사에 남는 것

---

75) 猪又正一, 『私の東拓回顧錄』, 17쪽.

76) 하지연, 「일제하 일본인 지주회사의 농장 관리 조직을 통해 본 식민지 지주제의 성격」, 『한국문화연구』 28, 한국문화연구원, 2015, 59~60쪽.

77) 猪又正一, 『私の東拓回顧錄』, 友邦シリズ 第21号, 財團法人 友邦協會, 1976, 27~28쪽.

보다 나을 수 있다는 생각을 했으나, 마침 1925년 12월 1일자로 경성지점으로 발령이 나면서 퇴직의 뜻을 접었다.[78]

조선 소작인들에 대해서는 소작계약서 상 연대보증인 5명 가운데, 소작인 자격을 상실한 사람이 나오면 10일 이내 다른 보증인을 세우도록 했고, 만일 이를 이행하지 못하면 보증인을 세우지 못했다는 이유만으로도 일방적으로 회사에 의하여 소작계약이 해지되는 경우와 비교했을 때[79] 이때 동척이 내세운 희망퇴직 조건인 5 정보의 사유지 지급은 일본인 직원들에게는 퇴직 후의 생계까지도 보장하는 파격적인 사원복지 혜택이 주어졌던 것이다. 동척의 일본인 사원들은 퇴직 후에도 5 정보의 농지로 조선에서 지주로 자리 잡을 수 있었는데, 5 정보라면 5인 기준의 1가구 노동력으로는 경작이 불가능한 규모였다. 따라서 조선인 소작인이나 농업노동자를 고용할 수준의 부농이었다고 할 것이다. 1925년 당시 조선의 농가 1호당 경작 면적은 논 0.57 정보, 밭 1.02 정보로 합계 1.59 정보수준이었고[80] 동척의 이리지점의 '동척촌(東拓村)'의 경우 일본 이주민의 자작 면적이 2 정보의 규모였다.[81] 이들과 비교해 보면 동척의 일본인 직원들은 퇴직 후 조선에서 소규모 지주로 자리 잡을 수 있었던 것이다.

그런데 이때 동척은 단순히 사원 수만 줄인 것이 아니었다. 불황으로 인한 구조조정이라고 했지만, 퇴직사원에 대한 퇴직금과 농지 5 정보의 지급은 결코 나쁜 조건이 아니었다. 그렇기 때문에 퇴직희망자가 계속

78) 猪又正一,『私の東拓回顧錄』, 38쪽.
79) 동양척식주식회사 小作契約書 제19조 10항, 全羅北道農務課 編,『全羅北道農事會社定款及小作契約書』, 1938(『全羅文化論叢』1, 1986)
80) 姬野實,『朝鮮經濟圖表』, 朝鮮統計協會, 1940, 16쪽.
81)「東拓裡里支店 事業槪要」(1924),『資料選集 東洋拓殖會社』, 1976, 111쪽.

해서 나왔고 그 빈 자리를 동척은 전문 농학교 출신의 농업 전문가들을 신규 채용하여 산미증식계획에 수반한 체계적인 영농관리를 현장에서 실시할 사원을 뽑아 관리조직 개선에 착수했다. 구마모토 농장이나 불이흥업이 농업전문학교 출신의 사원을 채용하여 영농과정 일체를 관리 통제하는 시스템을 동척도 뒤늦게 벤치마킹해 나간 것으로 보인다.

　동척직원으로서 제1차 대전의 호황시대에 채용된 일본인 직원은 법학사(法學士)와 농학교 출신자가 많았는데 중견사원이 될 만한 농과계열 전문학교 이상 출신자는 극히 적었다. 이에 동척은 만주사변 발발 이후 곡가 폭등 등의 여건 속에 회사수익이 급증하자 농업증산을 도모하기 위해 전문 인력의 확보가 필수적이라고 판단하고, 1931년부터 3개년 계획으로 농업전문학교 출신 38명을 채용하였다.[82] 즉, 전문적인 영농기술자를 채용하여 효과적인 증산을 꾀하고, 최대한도의 이윤창출을 도모한 근대적이고 효율적인 관리조직 개편이었던 것이다. 또한 동척은 영농기술자를 확보하기 위한 일환으로 지금의 인턴사원제에 해당되는 방법을 사용하기도 했는데, 1933년 봄 농업전문학교 정도 이상의 학력의 새로운 졸업예정자 약 10 여명을 식산과(殖産課)에 배치하여 견습을 시키기기도 하였다.[83]

---

82) 猪又正一, 『私の東拓回顧錄』, 50쪽.
83) 猪又正一, 『私の東拓回顧錄』, 55~56쪽.

6. 맺음말

1945년 8월 15일, 일본의 패망 직후, 동척 조선지사의 일본인 간부들은 모두 조선인 사원으로 대체되었다. 곧이어 동척을 접수한 미국은 간부급 인사들을 미군으로 대체했고, 일본인 동척 소유의 재산을 접수한 상황이었다.[84]

경성지점장으로서 이노마다가 관리해 왔던 강원도의 난곡(蘭谷)농장은 북위 38도선에서 근소하게 북쪽에 위치해 있었기 때문에 해방과 동시에 경성과의 교신이 두절되었다. 물론 소련군에 의하여 점령되었고, 농장의 창고 및 모든 자산은 소련 측에 의해 탈취당했다고 한다. 당시 난곡농장에 거주하던 일본인 사원 및 가솔들은 경원선이 끊기고, 교통수단이 마련되지 않는 상황에서 춘천까지 100km를 넘는 거리를 무리를 지어 계속해서 걸어서 도착했고, 춘천에서 기차로 경성까지 내려와 경성지점 사원들과 합류했다.[85]

특별한 기술을 가진 일본인 사원을 제외하고는 일본인 사원들은 거의 해고되어 일본으로 돌아가게 되었는데, 이노마다와 토목기술직 직원 1명 정도가 미군정으로의 인수인계작업을 위해 11월 중순까지 남아 일을 마무리 지었다. 1945년 11월 10일, 이노마다는 27년 3개월의 조선 생활과 동시에 동척 재직생활을 마치고 일본으로 돌아가게 되었다.[86]

이노마다의 회고록은 이 27년간의 조선 생활, 동척의 말단 견습 직원에서부터 경성지점장이라는 최고의 관리직 지위까지 중요 부서는 물론

---

84) 猪又正一, 『私の東拓回顧錄』, 100쪽.
85) 猪又正一, 『私の東拓回顧錄』, 101~102쪽.
86) 猪又正一, 『私の東拓回顧錄』, 103쪽.

농업 현장의 실제 모든 영농과정과 일체의 수납 및 유통 과정을 경험한 중요한 기록물이란 점에서 상당히 사료가치가 높다. 물론 개인의 기억력의 한계와 그로 인한 오류들, 그리고 일본인 지주회사의 관리자로서의 식민지 농정 및 지주회사의 농업 경영에 대한 지나친 미화와 선전이라는 지극히 주관적인 한계점에도 불구하고 실제 영농현장에서의 동척의 생생한 농장 및 소작인 관리 실태를 살펴 볼 수 있는 자료로서는 충분하다고 판단된다. 그리고 이 자료에서 동척의 식민지 농업 경영이 초기 국책회사이자 거대 공기업으로서 다른 일본인 지주회사인 조선흥업이나 구마모토 농장 등에 비하여 다소 느슨한 관리조직과 농장 통제 실태를 보이는 듯하나 1920년대 들어서서 사원의 농업 현장 장악력과 관리통제력을 강화시키고, 1930년대 들어서서는 농업 전문 인력을 사원으로 대거 채용해 들이면서, 사원들 간은 물론 소작농들 간의 수확량 증대 경쟁 및 적극적인 산미증식계획 참여를 통해 점차 식민지 농업 경영에서의 회사 통제력을 강화시켜 나갔음을 확인할 수 있었다.

또한 증대된 수확량과 고율의 소작료에 기인한 수입 증대는 동척의 주주 배당금 혹은 사원의 급여 및 복리비용으로 지출되고 있었음도 알 수 있었다. 결국 지주제 경영을 통해 얻은 이윤은 지주회사 및 주주, 사원들에게 돌아가는 식민지 지주제의 전형적인 '식민성'의 현상이라고 할 수 있는 것이다.

Ⅷ. 결 론

1. 본 연구의 내용과 성과

식민지 지주제, 특히 식민지 조선의 거대 일본인 지주회사(농장)의 소작제 농장 경영의 실태는 식민지 공권력의 행정적·경제적 후원을 받으면서 조선에 대한 일본의 식민지 지배를 지방사회와 농민 구성원 하나하나에까지 확실하게 실현시키고, 조선을 종주국 일본을 위한 식량공급지는 물론, 메이지 이후 일본 내에서 극심해졌던 소작쟁의와 과잉 인구문제 까지도 해결해 준 중요한 식민지배 시스템이었다.

본 연구에서는 그 대표적 사례로서 첫째, 석천현의 재정 및 행정적 지원 하에 식민지 조선에서의 농장 경영 및 이민 사업을 시작한 석천현농업주식회사, 둘째, 식민권력의 전 방위적인 후원 하에 조선의 미간지 매수 및 개간을 통한 농장 확대에 성공한 불이흥업주식회사, 셋째, 식민지 시기 농장 경영상 근대적이고 합리적 운영의 대표적 사례로서 소위 '구마모토 형 지주'라는 말까지 만들어낸 구마모토 농장, 넷째, 식민지 최대의 지주이자 국책회사였던 동양척식주식회사를 선정하였다. 이 사례 연구들은 그간 진행되어 온 식민지의 일본인 지주회사인 조선흥업, 동산농장, 가와사키농장, 호소카와(細川)농장 등의 연구에 이어 식민지 조선에서 가장 큰 규모로 소작제 농업을 경영하였던 대표적 지주회사(농장)를 거의 총망라한 연구로서 의의가 있다고 본다.

제1장에서 다룬 석천현농업주식회사는 조선에서의 지주제 농장 경영 및 농업척식사업 등을 목적으로 석천현의 재정적 후원을 받아 1907년 설립되었다. 당초 본점을 석천현에, 출장소를 전라북도 김제군에 설치하였으나, 조선에서의 본격적인 식민지 지주제 경영이 정착되고, 고율의 소작료 수취를 통한 초과이윤이 극대화되자 아예 본점을 김제군으로 바

꾸고 식민지 농업경영에 주력하였다. 당 회사는 조선흥업이나 동산농장 등과 마찬가지로 주로 약간의 관개 수리시설 보완을 통해 바로 경작이 가능했던 숙전의 매수에 주력했고, 1910년대 말 1,500 정보 대, 1920년대 말에는 1700 정보 대의 수전위주의 소작제 회사지주로 성장했던 것이다. 또한 일본에서의 쌀소동, 그리고 작황에 따른 미가 폭등이라는 제반 여건의 작용으로 1917~1918년경부터 당 회사의 평균적인 주식 배당률은 30~40%대에 달하는 고배당률을 보였다. 회사는 조선 소작인들에게 집조, 혹은 정조 등 시기마다 회사 측에 유리한 소작료 징수 방법을 택하여 고율의 소작료를 징수함으로써 대주주들에 대한 고배당이 가능했음을 살펴보았다. 다만, 주요 자료 중 하나인 『영업보고서』는 일본 내 개인소장의 미공개자료로 확보가 어려워 추후 보강 연구를 진행할 예정이다.

제2장에서는 식민지 시기 일본 거대 지주회사 혹은 조선인 대지주들의 토지 및 소작인 관리를 위해 필연적으로 존재했던 최말단의 관리인 '사음'을 고찰하였다. 조선의 관습 및 실정과 조선인 소작인과의 의사소통에 문제가 컸던 일본인 지주의 입장에서는 일본식의 농법 및 종자 보급, 농사 현장 감독 등의 관리를 위탁하기 위하여 사음은 필수불가결의 존재였다. 그리고 이 사음은 조선인 소작인들과 일본인 지주 및 식민지 농정당국 사이의 완충 역할을 하여 일본인 지주나 식민권력의 입장에서는 상당히 유용한 존재였다. 식민지 시기 일본인 지주회사 소속 사음의 권한은 약화되어 회사의 종속적 관리인화 되었고, 그로인해 지주회사의 농민에 대한 직접 통제 경영 방식이 늘어났다. 따라서 일본인 지주회사는 조선 재래의 사음제도를 식민지 현실에서 그들의 최대한도의 이윤창출을 위해 악용, 오히려 농업구조의 식민성만을 강화시켜 갔음을 확인

할 수 있었다.

제3장에서는 불이흥업의 전북농장, 옥구농장, 서선농장, 철원농장 등 4개의 소작제 농장의 규모와 설립 과정, 그리고 일본인 이민자들의 자작농 창설을 위한 불이농촌을 구체적으로 고찰하였다. 불이흥업 소유의 농장은 1943년 당시 무려 17,099 정보에 달해 동척과 조선흥업을 제외한 식민지 조선 내 최대 일본인 농업회사였다. 특히 불이흥업은 토지 개간 과정이나 수리조합 사업 등에서 식민권력의 물리적, 행정적 후원은 물론 금융적 지원도 받으면서 이러한 거대지주회사로 성장할 수 있었음을 알 수 있었다.

제4장에서는 구마모토 리헤이가 조선에 진출하여 소작제 농업을 경영하게 된 경위와 철저한 소작인 관리통제조직의 운영 실태, 농업 분야 전문 사원을 대거 활용한 농사개량지도와 자본주의적 경영 및 이윤확보의 과정 등을 통해 '구마모토 형' 지주라고 하는 식민지 지주제의 전형을 분석하였다.

제5장에서는 동양척식주식회사의 토지확보과정과 농장 경영 과정에서의 '사음'제 및 농장관리조직의 체계화 과정, 지주적 소작인조합과 특수어용단체인 '척식청년단'의 운영을 통한 조선 소작인 및 농지에 대한 지배권과 통제권 강화 문제, 특히 일본인 이민자 농장을 둘러싼 기존 조선 소작인들과의 갈등문제를 분석하여 동척의 식민지 소작제 농장 경영의 폐해를 분석하였다.

제6장에서는 1918년부터 1945년까지 27년의 세월을 동척 조선지점에서 근무했던 이노마다 쇼이치의 회고록을 통해 실제 동척 사원들의 영농 현장에서의 업무인 소작계약서의 체결과정, 검견, 그리고 소작료의 수납과 영농방법 지도 임무, 그리고 사원들의 업무전문성과 보수 및 처

우 등에 대한 사례 분석을 시도하였다. 동척은 식민지 소작제 농업 초기 거대 국책회사로서 오히려 개인 지주들의 농장에 비하여 효과적이고 신속한 영농방법의 개선과 관리조직의 구비가 늦었으나, 1920년대 들어서서 전문적인 사원을 대거 채용하고, 그들에 대한 처우도 개선하였을 뿐만 아니라 영농 현장에서의 개량농법 및 비료 사용 등에 있어서 대대적인 통제를 강화하면서 점차 회사의 농업 현장에서의 장악력을 강화해 나갔음을 확인 할 수 있었다.

'식민지'는 그 역사적 성격상 지배와 압박, 수탈이라고 하는 식민통치의 본질적 성격과 목적을 구조적이고 근본적 특성으로 한다. 근대가 내세우는 합리성과 효율성은 실제로 억압의 고도화나 은폐된 폭력성을 수반한다는 사실은 본국 일본에서도 적용되지만 식민지와 같은 취약한 구조 속에서 한층 집중적으로 구현되고 있었음을 이상의 대표적인 식민지 거대지주회사들의 사례를 통해 극명하게 볼 수 있었다.

2. 식민지 지주제의 성격과 본질

1) 식민권력과 식민지 지주제의 개념

일본의 식민주의는 서구 식민주의의 모방으로 1868년 이후 일본 근대화 자체가 서양을 모델로 설정한 것이고, 그 과정에서 일본적인 것과 서구 식민주의가 결합된 형태로 진행되었다고 할 수 있다. 대만, 조선, 만주에 대한 일본의 식민지배 역시 일본적 특징과 서구에서 배워온 식민주의를 융합하여 소위 '후진적'이고 '봉건적'인 상태에 머문 낙후되고 열등한 조선에 대한 '선진적'이고 '근대적'인 우월한 일본의 지배라는 공식을 일본 제국주의 자체나 식민지 조선 인민들에게도 심어놓았다.

'식민지'란 정상적 상태의 국가라고 할 수 없다. 외부 식민자들이 현지 권력을 대체한 상태로 식민지 이전의 정치 질서가 사라지거나 작동할 수 없게 된 상태이다. 식민권력이 식민지 인민의 동의 없이, 또는 저항 속에 모든 행정권, 입법권, 과세권, 사법권, 경찰과 군사권, 외교권 등 국가주권의 중심적 기능을 행사하는[1] 국가 아닌 국가라고 할 수 있다. 따라서 태생적으로 식민지는 종주국(본국)에 정치·군사적으로 영토와 주권을 유린당하고, 경제 분야에서 무정부적 약탈 경제의 국면이 뒤를 잇는 경우가 많았다.

식민지 경제는 식민지 모든 곳에서 과세권, 무역, 통화 통제권을 종주국이 인수하여 관리했으며, 모든 제반 경제 분야에서의 생산, 유통, 판매

---

1) 위르겐 오스터함멜 지음, 박은영, 이유재 옮김, 『식민주의』, 역사비평사, 2006, 39쪽.

등을 식민권력과 본국 자본가 및 지주, 그리고 식민권력에 기생하여 경제적 특수를 누린 일부 토착 자산가들에게 잠식된 상태로 정의할 수 있다. 그것은 사회·문화적으로도 '합리적이고 도덕적'이라고 평가되는 식민 본국이 '낙후되고 봉건적'인 식민지를 개도·개발한다고 규정된 시기였다. 따라서 식민지의 역사적 성격은 본질적으로 식민 본국에 의한 사회 전반, 그리고 영토와 주권은 물론 인민 개개인에 이르기까지의 지배가 구현될 수밖에 없었다. 그렇다면 그 식민통치의 목적은 본국의 정치·경제·사회·문화 등 모든 방면에서의 이권 확보와 확대에 있었다고 할 것이다. 이는 결국 식민지 피지배민족의 입장에서는 식민 본국이 확보해가는 '득 得' 만큼의 '손 損'이 파생될 수밖에 없는 강요된 희생의 구조였다고 할 수 있다.

한편 식민지 지주제의 개념에 대해서 장시원은 식민지 지주제의 특성을 다음 세 가지로 정리하였다.

> 첫째, 지주 소작농민의 관계가 상품·경제적 관계에 의해 항상 매개되고 재생산되는 관계이다.
> 둘째, 지주적 착취가 지주의 사적 권력에 의해서가 아니라 근대적 민법 체계라는 국가 공권(公權)에 의해 보장됐다.
> 셋째, 전근대적 중층적 소유관계에서 일인일지주의(一人一地主義) 원칙에 입각한 근대법적 소유권이 인정되고, 이를 통해 토지매매의 자유와 부동산 담보제도가 용인됨으로써 자본관계 형성의 제도적 장애가 제거됐다.[2]

이에 따르면 일본의 토지조사사업 전개와 메이지 민법의 이식을 계기

---

2) 장시원, 「한국근대사에 있어서 '식민지반봉건사회론'의 적용을 둘러싼 이론적·실증적 제 문제」, 『한국자본주의 성격논쟁』, 조용범 외, 대왕사, 1988, 292쪽.

로 식민지 지주제가 비로소 형성된 것으로 이해된다. 여기에 정연태는
'일제의 쌀 수집기구로서의 경제적 기능과 식민지 지배의 사회적 지주
(支柱)라는 정치적 기능을 이중적으로 수행하도록 요청받은 경제제도였
다'는 특성을 추가하였다.[3] 즉, 현재까지 정리된 식민지 지주제의 개념
은 지주 소작관계가 농업의 자본주의적 상품화란 시대와 사회 변화 속
에 형성되고, 근대 민법에 의거한 국가 공권력 혹은 식민권력의 후원으
로 그 권리가 유지·보장되며, 근대적 소유권을 토대로 토지의 매매, 저
당 및 담보 등 금융권과 결합한 토지의 확대 및 부의 재생산이 가능해졌
다는 특징으로 정리된다. 그리고 식민지 지주제는 본국으로의 쌀의 공
급기지이며, 쌀 수출로 인한 부의 창출이라는 경제적 기능과 식민지 농
촌사회에서 직접적으로 조선 소작인의 생존권을 장악한 또 하나의 식민
권력으로 중앙의 식민권력의 행정력을 지역사회에서 뒷받침하는 실질
적 권력체였다고도 정의할 수 있다.

2) 식민지 지주제의 본질

식민지 조선에서 식민권력의 행정·재정적 후원과 편의를 제공받으면
서 거대 지주로 군림한 일본인 지주회사(농장)들은 스스로 '조선에 대규
모 자본을 투자하여 토지를 개량하고, 개량농법과 우량종자를 도입하여
장려하였으며, 개량농기구와 비료의 장려 등 갖은 노력으로 농업 생산
력을 증대시켜 조선 농업을 발전시켰다'고 주장한다. 그들은 '자신들은
모든 희생과 위험을 감내하면서 낙후된 후진적 조선농촌에 거금을 투자

---

3) 정연태, 「일제의 식민농정과 농업의 변화」, 『한국역사입문』③(근대·현대편), 한국
역사연구회, 풀빛, 1996, 337쪽.

한 모험자본가로서 단발적으로 약탈적 이윤만을 노린 뜨내기와는 다르다'는 주장이다.[4] 그러나 본 연구에서 살펴 본 석천현농업주식회사나 불이흥업, 구마모토 농장, 그리고 동양척식주식회사의 식민지 지주제 사업에서의 농장 경영 방식은 전형적인 식민지적 현상이다. 즉, 그들이 식민지 조선에서 최대의 이윤을 확보할 수 있었던 경영상의 합리성과 효율성은 실제로 사업전개의 마당이 식민지이기 때문에 가능할 수 있었던 약탈경제의 특징을 보여준다. 또한 지방 행정기관과 경찰력 등 식민지 공권력의 물리적 후원과 더불어 일본 국책은행 및 동척의 신탁제도에 힘입은 자본주의 경영 역시 식민지 지주자본의 식민성을 그대로 드러낸다고 할 수 있다.

식민지 지주제를 연구함에 있어서 사료의 해석과 그 성격을 규명하는 데 가장 주의를 요하는 부분이 바로 일본인 지주 내지 농업회사의 '농업 경영상의 식민성과 자본주의적 합리성 혹은 선진성'의 문제이다. 후자의 문제가 바로 '근대성'이다. 실제로 일본인 지주들의 농업 경영 구조의 근대화와 농장 조직 운영의 효율성, 최소한의 투자와 최대한도의 이윤창출이라는 특징을 두고, 이러한 결론이 도출되는 경우가 많다. 그러나 식민지 근대성의 문제에서 개발의 주체와 그 창출된 이윤의 수혜대상은 과연 누구였는가. 또한 개발과 근대의 목적은 식민지 농업 그 자체의 개발과 근대화인가 아니면 일제 식민권력과 그를 등에 업은 일본인 지주, 식민 종주국의 일본인들이었는가 등의 문제에까지 나아가면 근대성의 문제는 식민지 조선 농업의 근대성이란 조선인의 입장에서는 단순한 경제적 수치 성장에 불과할 뿐이었다.

---

4) 三好豊太郎,「農場經營者の犧牲的改良事業に就て當局の理解を求む」,『朝鮮農會報』 4-2, 1930.

식민지 시기 일본인 거대지주회사(농장)에 의한 농장 경영이 조선 재래의 지주제나 농업경영에 비하여 과연 '근대적'이고 '합리적'이며 '효율적'이라는 평가가 가능한가에 대해서는 '더 합리적'이라기 보다는 '더 자본주의적'인 경영방식이었다는 규정이 보다 식민지 지주제의 본질에 근접한 표현이라고 생각한다.5)

식민권력은 식민지 내부에서 부동산에 대한 직접 과세, 인두세, 가구세 등에 대한 재정적 자원을 확보하고, 그 협력자로서 자산가 지주층과 유착된 관계를 형성하고 있었다. 식민지 시기 세금이 식민지화 이전 조선 재래 정부의 수취량에 비하여 더 많았다고는 확실하게 평가할 수는 없지만, 분명한 것은 세금의 수취가 훨씬 더 규칙적이고 효율적인 시스템 속에서 과세되었던 것은 분명하다. 게다가 식민지 이전의 조선은 소위 성리학적 민본 통치라는 기본적 사회 관습 속에 자연재해 등의 위기 상황에서 납세에서의 관용을 기대할 수 있었지만, 이제 조선총독부나 일본인 지주와 같은 식민권력 하에서는 식민지 피지배 인민의 납세 내지 지대납부 능력은 더 이상 고려의 대상이 될 수 없었다. 그것이 곧 수탈적 식민경제의 본질이었고, '식민성'이라고 부르는 그것이었다.

특히 식민지 조선 사회는 대다수의 사람들이 토지로부터 얻는 수확을 통해 생계를 유지했고, 삶의 터전도 농촌이었다. 그런데 문제는 식민지 이후부터 이 토지에 대한 접근성이 그 이전의 시기와 비교해 보았을 때 훨씬 어려웠다는 점이다. 토지로부터 유리될 경우 당장의 생존문제에 봉착해야 했던 식민지 조선의 농민들은 더욱더 강하게 식민지 거대지주에게 예속될 수밖에 없는 식민지적 사회구조가 고착되어 갔다. 식민지 조선 경제에서 '수탈'이 주요한 하나의 측면을 이루고 있다는 것이다.

---

5) 위르겐 오스터함멜 지음, 박은영, 이유재 옮김, 『식민주의』, 117, 125쪽.

이때 수탈이란 폭력을 동원하여 강제로 빼앗아갔다는 의미의 '원시적 수탈론'인가에 대해서는 회의적이다. 수탈은 생산수단이 일본인에게 집중되고, 그 산출되는 이익 역시 본국 일본으로 이출되거나 식민지의 일본인들에게 돌아간다는 점, 그리고 민족차별과 불평등이 심화되어가는 과정이 식민지라는 특수성에서 이루어졌다는 것이다.6) 그런 의미에서 식민지근대화론은 타당하지 않다. 따라서 식민지 시기는 '발전과 성장', '근대'라는 요소들 역시 필연적으로 한계와 모순, 그리고 일방성을 띨 수밖에 없었다.

게다가 식민지 이전부터 존재했었던 경제외적 강제가 여전히 근대성을 표방한 식민지 시기에도 오히려 강화된 양상으로 존속했음도 확인된다. 불이흥업 농장이나 구마모토 농장, 동척의 소작인들은 수리시설 정비 및 토지 개량 등의 노동력이 투여되는 사업에서 지주 자본가들이 경제적 생사여탈권을 쥔 상황 하에 자본가들 자체적으로 혹은 식민권력의 후원을 받아 소작인들을 통제·동원이 가능했고, '부역 아닌 부역'이 일상적으로 이루어지고 있었던 것이다. 식민 모국인 일본 자본주의에서는 결코 실시될 수 없었던 식민지적 특징이라고 할 수 있다.

결론적으로 식민지 시기의 근대성은 식민성과 결합된 형태로 기능했고, 근대가 내세우는 합리성과 효율성은 억압의 고도화나 은폐된 폭력성을 수반한다는 사실은 식민지 본국에서는 물론, 식민지 같은 약한 고리에서 한층 더 집중적으로 구현되었다고 할 수 있다.

---

6) 허수열, 『일제초기 조선의 농업』, 한길사, 2011, 15쪽.

참고문헌

<사료>

『동아일보』

『조선일보』

『매일신보』

『開闢』

東洋拓殖株式會社 編, 『營業報告書』, 각 년도판.

_____, 『東洋拓殖株式會社 業務要覽』, 1927.

東洋拓殖調査課, 『東洋拓殖株式會社要覽』, 東洋拓殖株式會社, 1943.

東洋拓殖株式會社 編, 『東拓十年史』, 東京, 東洋拓殖株式會社, 1918.

_____, 『東拓二十年誌』, 1928.

_____, 『東拓三十年誌』, 東京, 東洋拓殖株式會社, 1939.

『石川縣農業(株)營業報告書각년도판』,

鎌田白堂, 『朝鮮の人物と事業 -湖南篇 第1輯』, 京城, 實業之朝鮮社出版部, 1936.

群山繁榮會, 『湖南鐵道と群山』, 1907.

大橋淸三郎, 『朝鮮産業指針』, 京城, 開發社, 1915.

藤井寬太郎, 『朝鮮土地談』, 大阪, 발행자불명, 1911.

不二會, 『不二』, 6號.

阿部薰 編, 『朝鮮功勞者銘鑑』, 京城, 民衆時論社, 1935.

宇津水初三郎 編, 『朝鮮の寶庫 全羅北道發展史』, 1928.

猪又正一, 『私の東拓回顧錄』, 友邦シリズ 第21号, 財團法人 友邦協會, 1976.

全羅北道, 『小作慣行調査書』, 1933.

全羅北道 農務課, 『全北ニ於ケル農地會社ノ定款及び小作契約證書』, 1938년 3월, 全北大學校全羅文化硏究所, 『全羅文化論叢』 1, 1986.

朝鮮農會, 『朝鮮の小作慣行(時代と慣行)』, 1930.

_____, 『朝鮮農務提要』, 1933.

朝鮮總督府 編, 善生永助 著, 『朝鮮の小作慣習』, 1929.

조선총독부 농림국, 『朝鮮の農業』, 각 년도판.

朝鮮總督府中樞院, 『中樞院調査資料-小作制度調査(慶尙南北道, 全羅南道)』, 1913.

朝鮮總督府 편, 『小作慣行調査書』

朝鮮總督府, 『朝鮮の小作慣行』 上·下, 1932.

_____, 『朝鮮に於ける小作に關する參考事項摘要』, 1933.

_____, 「舍音に關する件」, 『民事慣習回答彙集』, 1933.

中村資郎 編, 『朝鮮銀行會社要錄』, 1921.

韓國農村經濟硏究院, 『農地改革時 被分配地主 및 日帝下 大地主 名簿-農地改革史編纂資料X』, 1985, 『農地改革史關係資料集』 第6輯, 1987.

〈연구서〉

姜泰景, 『동양척식주식회사의 조선경제 수탈사』, 계명대학교출판부, 1995.

김도형, 『일제의 한국농업정책사연구』, 서울, 한국연구원, 2009.

大野保 지음, 조승연 역, 『조선농촌의 실태적 연구』, 민속원, 2016.

박현수, 장성수, 함한희, 변화영, 한미옥, 이지연, 『징게맹갱외에밋들 사람들』, 소화, 2005.

원용찬, 『일제하 전북의 농업수탈사』, 신아출판사, 2004.

이규수, 『식민지 조선과 일본, 일본인 : 호남지역 일본인의 사회사』, 서울, 다할미디어, 2007.

이윤갑, 『일제강점기 조선총독부의 소작정책 연구』, 서울, 지식산업사, 2013.

장성수, 함한희, 박순철, 조성실, 박진영, 문예은, 『20세기 화호리의 경관과 기억』, 20세기 민중생활사연구단, 눈빛, 2008.

주봉규·소순열, 『근대 지역농업사 연구』, 서울대학교 출판부, 1996.

하지연, 『일제하 식민지 지주제 연구』, 서울, 혜안, 2010.

허수열, 『개발 없는 개발(개정증보판)』, 은행나무, 2011.

_____, 『일제초기 조선의 농업』, 한길사, 2011.

홍성찬·최원규·이준식·우대형·이경란 공저, 『일제하 만경강 유역의 사회사-수리조합, 지주제, 지역정치』, 혜안, 2006.

이규수, 『近代朝鮮に於ける植民地地主制と農民運動』, 東京: 信山出版社, 1996.

淺田喬二, 『日本帝國主義と舊植民地地主制』, 東京, 御茶の水書房, 1968.

『(국가기록원) 日帝文書解題 : 토지개량편』, 대전, 행정안전부 국가기록원, 2008.

〈연구논문〉

久間健一, 「野の言葉-마름-」, 『朝鮮農業の近代的樣相』, 西ケ原刊行會, 1935.

_____, 「地主的職能の調整」, 『朝鮮農政の課題』, 東京, 成美堂, 1943.

강명진, 「1910~1930년대 아베(阿部)一家의 동진강 유역 간척과 농업수탈」, 국민대학교 대학원, 석논, 2014.

김도형, 「일제 강점하 농업기술기구의 식민지 농업지배적 성격」, 『농업사연구』 4-1, 한국농업사학회, 2005.

김병태, 「사음에 대한 소고」, 『경영논집』2, 중앙대학교경영대학, 1955.

김용섭, 「韓末·日帝下의 地主制-事例 2 :載寧東拓農場에서의 地主經營의 變動-」, 『한국사연구』제8호, 한국사연구회, 1972(「載寧 동척농장의 성립과 지주경영 강화」, 『한국근현대농업사연구』, 지식산업사, 2000에 증보 재수록

김인수, 『일제하 조선의 농정 입법과 통계에 대한 지식국가론적 해석 : 제국 지식체계의 이식과 변용을 중심으로』, 서울대학교 대학원, 사회학과, 박사학위논문, 2013.

문춘미, 「20세기초 한국의 일본농업이민연구: 동양척식회사를 중심으로」, 『한림일본학』 23, 한림대학교 일본학연구소, 2013.

손경희, 「1920년대 경북지역 동양척식주식회사 및 일본인 농장 경영」, 『계명사학』 13, 계명사학회, 2002.

소순열, 「일제하 조선에서의 일본인 지주경영의 전개와 구조 : 몇가지 지주 경영 사례를 통하여」, 『농업사연구』 4-1, 한국농업사학회, 2005.

_____, 「1920~30년대 농민운동의 성격변화 : 전북지역을 중심으로」, 『지역사연구』 15-2, 한국지역사학회, 2007.

신용하, 「동양척식주식회사의 對한국 및 동북아시아 수탈경영」, 『한국근현대사회

와 국제환경』, 나남, 2008.

李圭洙, 「후지이 간타로(藤井寬太郎)의 한국진출과 농장경영」, 『大東文化硏究』 49, 成均館大 大東文化硏究院, 2005.

이규수, 「일본인 지주 마스토미 야스자에몬(樸富安左衛門)과 선의의 일본인론 재고」, 『아시아문화연구』19, 가천대아시아문화연구소, 2010.

_____, 「전시체제기 동양척식주식회사의 '중견인물' 양성과 농업연성시설」, 『鄕土서울』 第69號, 서울特別市史編纂委員會, 2007.

임혜영, 「동진수리조합의 설립과정과 설립주체」, 『전북사학』 33, 전북사학회, 2008.

田中喜南, 「石川縣農業株式會社(資料紹介)」, 『北陸史學』 第15號, 北陸史學會, 1967.

_____, 「明治後期 '朝鮮拓植'への地方的關心 -石川縣農業株式會社の設立を通して」, 『朝鮮史硏究會論文集』 4, 朝鮮史硏究會, 1968.

정병욱, 「1920, 30년대 조선식산은행의 농업금융과 식민지 지주제」, 『사학연구』 69, 한국사학회, 2003.

조승연, 「일제하 농업생산기반의 형성과 일본인 대지주의 농장경영-전북 김제지역의 사례를 중심으로-」, 『민속학연구』 제6호, 국립민속박물관, 1999.

주봉규, 「일제하 사음에 관한 연구」, 『경제논총』 16-3, 서울대학교 경제연구소, 1977.

_____, 「日帝 地主制下에서의 査音에 關한 硏究」, 『서울대농학연구지』 12-1, 서울대학교농과대학, 1987.

淺田喬二, 「舊植民地(朝鮮)における日本人大地主の存在形態-石川縣農業株式會社-」, 『朝鮮歷史論集-旗田巍先生古稀記念』 下卷, 旗田巍先生古稀記念會, 龍溪書舍, 1979.

崔錫奎, 「일제시기 마름을 둘러싼 소작문제」, 『인하사학』 제3집, 인하역사학회, 인천, 1995.

최원규, 「동양척식주식회사의 移民事業과 동척이민 반대운동」, 『한국민족문화』 16집, 부산대 한국민족문화연구소, 2000.

하지연, 「일제하 한국농업의 식민성과 근대성」, 『식민지 근대화론에 대한 비판적 성찰』, 나남, 2009.

_____, 「일제하 불이흥업주식회사 전북농장의 '舍音'제 운영과 성격」, 『이화사학연구』 제49집, 이화사학연구소, 2014.

_____, 「한말 일본 대자본의 對韓 경제침탈-오쿠라(大倉)組를 중심으로-」, 이화여
　　　대 한국 근현대사연구실 편, 『한국근현대 대외관계사의 재조명』, 국학자
　　　료원, 2007.

_____, 「일제하 일본인 지주회사의 농장 관리 조직을 통해 본 식민지 지주제의 성
　　　격」, 『한국문화연구』 제28집, 이화여자대학교 한국문화연구원, 2015.

_____, 「1920년대 동양척식주식회사의 농장관리조직과 특수어용단체 운영의 실태」,
　　　『한국민족운동사연구』85, 한국민족운동사학회, 2015.

韓相仁, 「일제 하 소작관행에 관한 연구 : 재산권적 접근-소작계약형태를 중심으
　　　로-」, 『韓國經商論叢』 제17권 1호, 韓國經商學會, 1999.

_____, 「일제 식민지기의 '마름'에 관한 연구」, 『한국경상논총』 제17권 3호, 한국
　　　경상학회, 2000.

허수열, 「東津水利組合創立十周年記念誌」, 『국가기록원 일제 문서 해제-지방개
　　　량편』, 국가기록원, 대전, 2008.

_____, 「일제하 실질임금(변동) 추계」, 『경제사학』 5, 경제사학회, 1981.

홍성찬, 「일제하 전북지역 일본인 농장의 농업경영」, 『일제하 만경강 유역의 사회
　　　사』, 혜안, 2006,

黃明水, 「日帝下 不二興業會社와 農民收奪 ; 水利事業을 中心으로」, 『産業研
　　　究』 제4집, 단국대학교 부설 산업연구소, 1982.

淺田喬二, 「舊植民地朝鮮における日本人大地主階級の變貌過程(上)」, 『農業
　　　總合研究』 제19권 제4호, 1965.

찾아보기

|가|

가나자 18
가나자와 26, 28, 35, 36, 37
가나자와 시 26
가나자와 진효에 145
가와사키(川崎)농장 18, 23, 137, 138,
　　180, 230, 270, 299, 317, 351, 369
간평(看坪) 96, 107, 169, 335, 336
간평법(看坪法) 48
감관(監官) 287
감평 237
강경(江景) 135, 142, 144, 145, 148,
　　149, 283
개량구 303
개량농법 372, 375
개량종자 3
개량품종 5, 250, 345, 350
개성(開城) 290, 331
개정(開井) 114, 213, 252
개정본장(開井本場) 114, 203, 211, 212,
　　213, 215, 235, 246, 250, 251
거대지주회사 191
검견(檢見) 9, 48, 49, 122, 126, 239,
　　240, 242, 243, 287, 288, 324, 325,
　　326, 333, 338, 339, 341, 371
검견법 48
검견원 122, 339
검견제(檢見制) 48, 49

게이오 의숙(慶應義塾) 206
경성 283, 291, 326
경성지점 9, 284, 290, 292, 329, 330,
　　333, 339, 348, 359, 360, 362, 364
경성지점장 323, 327
고메(米谷)은행 35, 37
고부(古阜) 21, 104, 142, 148
고부(古阜)수리조합 45, 46
고원(雇員) 295
고창 148
고창군 119
곡량도(穀良都) 333, 348, 350
공과금 48
공주 144
관개수리시설 49
관개수전(灌漑水田) 45
관개시설 46
구마모토 114, 115, 126, 140, 141,
　　203, 204, 206, 207, 208, 209, 210,
　　211, 212, 214, 216, 223, 232, 233,
　　235, 236, 246, 248, 249, 251
구마모토 농장 5, 6, 7, 8, 10, 18, 23,
　　52, 106, 111, 114, 115, 116, 118,
　　120, 125, 126, 166, 181, 201, 203,
　　204, 206, 207, 209, 210, 211, 213,
　　214, 215, 216, 217, 218, 219, 220,
　　221, 222, 223, 224, 225, 226, 227,
　　228, 229, 230, 231, 232, 233, 235,
　　237, 238, 240, 241, 242, 243, 244,

245, 246, 248, 250, 251, 298, 363, 365, 369, 376, 378

구마모토 농장 사음회(舍音會) 117

구마모토 리헤이(熊本利平) 8, 10, 114, 118, 120, 203, 206, 211, 215, 250, 251, 371

구마모토 형 248

구마모토 형 지주 8, 204, 245, 251, 369, 371

구마모토 화호리 249

구마모토 화호지장 116

구마모토(熊本) 290

구마모토농장(주) 216

구마모토형(熊本型) 지주 247

국책 352

국책은행 191, 376

국책회사 11, 114, 203, 211, 268, 289, 298, 318, 320, 326, 353, 365, 369, 372

군산(群山) 12, 21, 23, 31, 39, 103, 104, 111, 112, 118, 135, 141, 142, 143, 144, 145, 148, 157, 177, 209, 235, 237

군산거류지부근 149

군산농사조합(群山農事組合) 21, 22, 145, 208

궁장감관(宮庄監官)제도 289

궁장토(宮庄土) 282, 289

권업모범장(勸業模範場) 292, 294

권업은행(勸業銀行) 27

근대성 3, 4, 17, 189, 192, 204, 234, 247, 248, 251, 270, 376, 378

근태부(勤怠簿) 121

금강(錦江) 21, 27, 157, 213

금비(金肥) 184, 301, 348, 351

기사 295, 297, 318

기수 295, 297, 318

기수보(技手補) 295, 297

기타오 39

기타오 에이타로(北尾榮太郎) 36, 38, 39, 46, 47

김경식(金庚湜) 246

김성환 박사 224

김성환(金聲煥) 246

김제 19, 26, 37, 39, 41, 44, 47, 119, 122, 143, 148, 213, 232, 235, 238, 239, 241, 243, 246, 284, 291, 369

김제군 26, 46, 58, 60, 114, 118, 119

김제면 26

김주희(金周熙) 111

|나|

나가사키 206, 214

나가사키 현(長崎縣) 114

나의 동척 회고록 323, 325

낙동강(洛東江) 27, 39

남률면 306, 308

녹비(綠肥) 115, 116, 179, 221, 227, 259, 301, 348, 351

녹비퇴비 116

논산 144, 150, 330

논산군(論山郡) 331

농감(農監) 8, 48, 85, 111, 112, 113, 177, 179, 180, 270, 286, 287, 288, 289, 291, 300, 318, 335, 337, 338, 339, 347, 354

농감 김천봉(金千奉) 112
농감(사음) 176, 299
농법개량 116, 221
농사개량 107, 108, 115, 116, 120,
　129, 131, 138, 178, 183, 184, 221,
　287, 291, 325, 333, 348
농사개량구 301, 302, 303, 319
농사개량조합(農事改良組合) 138
농사개량책 348
농업이민 53, 54, 55
농지령 99, 100, 101, 247
농지령시행규칙(農地令施行規則) 101
능원묘부속지(陵園墓附屬地) 282
니시 하토리(西服部)家 90, 95, 96
니시무라(西村英三) 216

|다|

다마금(多摩錦) 333, 348, 350
다수확품평회 218, 220
대구 284, 291
대야 114, 213
대야농장 211
대야지장(大野支場) 114, 203, 212,
　235, 250, 251
대야지장장 241
대전 39, 291, 330, 331
대전관리소 331
대정수리조합 150, 152, 153, 154,
　155
대정수리조합(大正水利組合) 사업 152
도작(賭作) 49
稻作立毛品評會 196

도작법(賭作法) 335
도조법(賭租法) 48, 335
도지(賭只) 49
독려원(督勵員) 344
동산 148
동산농사주식회사(東山農事株式會社)
　5, 18, 137, 211, 292, 293
동산농장 5, 11, 18, 23, 30, 60, 137,
　166, 211, 219, 246, 250, 293, 299,
　369, 370
동양척식주식회사(東洋拓殖株式會社)
　5, 81, 137, 211, 265, 267, 277,
　280, 294, 323, 369, 371, 376
동양척식주식회사 업무요람(東洋拓殖株
　式會社 業務要覽) 323
동진강(東津江) 21, 39, 40, 41, 69,
　118, 213
동진농사주식회사(東津農事株式會社)
　181, 219, 246
동진농장 181
동진수리조합 45, 46, 50, 51
동척 5, 6, 8, 9, 11, 85, 88, 100, 114,
　137, 153, 158, 161, 166, 180, 191,
　203, 204, 211, 219, 220, 230, 232,
　235, 267, 268, 270, 271, 272, 275,
　276, 277, 278, 279, 280, 281, 282,
　283, 285, 286, 287, 288, 289, 290,
　291, 292, 293, 294, 295, 297, 298,
　299, 300, 301, 303, 304, 305, 306,
　307, 308, 309, 310, 311, 312, 313,
　314, 315, 316, 317, 318, 319, 320,
　323, 324, 325, 326, 327, 328, 329,
　330, 331, 332, 333, 334, 335, 336,
　337, 338, 339, 340, 341, 342, 343,

344, 345, 346, 347, 348, 350, 351,
352, 353, 354, 355, 356, 357, 358,
359, 360, 361, 362, 363, 364, 365,
371, 372, 376, 378
동척법　278
동척삼십년지(東拓三十年誌)　323
동척십년사(東拓十年史)　323
동척이십년지(東拓二十年誌)　323
동태(動態)지주　100
동태적(動態的) 지주　3, 100, 248
藤本合資會社　129

|마|

마름　79, 81, 82, 97, 100, 286
마름제도　82
마산　284, 291
마스토미　119, 120, 121, 209
마스토미 야스자에몬(樑富安左衛門)　118,
　206
마스토미(樑富)농장　7, 87, 118, 119,
　120, 121, 122, 123, 125, 126, 209
마츠나가 야스자에몬(松永安左衛門)　206,
　209
만경　157
만경강(萬頃江)　12, 21, 39, 157, 213
메가타(目賀田種太郎)　103
모토오카 미치지(本岡三千治)　26, 27,
　36, 37, 39
목포흥농협회(木浦興農協會)　145
몽리구역　50, 51
무라이(村井)농장　230
미국 스탠다드(Standard) 연초회사　331

미쓰비시(三菱)　329
미쓰비시(三菱)계열　18, 23, 211, 292
미쓰비시재벌　11
미야자키(宮崎)농장　23

|바|

바쿠로마치(博勞町)　26, 37
벽골제(碧骨堤)　21
보인학사(輔仁學舍)　236
보인회(輔仁會)　236
봉산(鳳山)　306
부안　148, 213, 235
부안군　46, 114
부안면　119
부여　148
不二興業주식회사　131
不二興業株式會社의 사음제　103
부재지주　79, 83, 85, 91, 98, 100,
　102, 120, 121
부참사(副參事)　297
북률면(北栗面)　8, 301, 306, 307, 308,
　310, 311, 312, 313, 314, 315, 316,
　319
분익법(分益法)　48
불이(不二)농촌　135, 146, 147, 148,
　157, 158, 159, 160, 161, 175, 176,
　177, 191, 371
불이(不二)농장　246
불이광산(주)　143
불이농원　147
불이농촌산업조합　159, 161
불이상업(주)　143

불이식산조합(不二殖産組合) 8, 136,
    138, 182, 183, 184, 185, 190, 270,
    299
불이흥업 5, 6, 7, 8, 10, 18, 81, 87,
    88, 98, 100, 101, 103, 104, 105,
    106, 107, 108, 110, 111, 112, 113,
    120, 125, 126, 135, 136, 137, 138,
    140, 146, 147, 148, 150, 153, 157,
    158, 159, 160, 161, 162, 164, 165,
    166, 167, 168, 169, 170, 171, 172,
    173, 174, 175, 176, 179, 180, 181,
    182, 185, 186, 187, 188, 189, 190,
    191, 192, 219, 220, 230, 251, 270,
    290, 299, 317, 319, 363, 371, 376,
    378
불이흥업 옥구 및 전북농장 111
불이흥업 전북농장 219
불이흥업 철원농장 171
불이흥업(주)(不二興業(株)) 5, 18, 81,
    104, 125, 128, 133, 137, 140, 142,
    143, 153, 154, 155, 159, 162, 163,
    176, 183, 184, 193, 195, 196, 270,
    351, 369
불이흥업주식회사 小作人規定 130
불이흥업주식회사 전북농장 입모품평
    회(立毛品評會)규정 178
불이흥업주식회사의 설립 140

|사|

사리원(沙里院) 284, 291, 308, 310,
    312, 313, 336
사원(社員) 9, 177, 178, 179, 216,
    218, 219, 221, 222, 233, 248, 290,
    291, 293, 295, 298, 311, 312, 313,
    318, 319, 338, 339, 341, 343, 348,
    351, 352, 354, 359, 360, 361, 362,
    363, 364, 365, 371, 372
사원들 91
사유지증산 5개년 계획 326
사유지증산계획(社有地增産計劃) 9, 297,
    324, 353, 354
사음(舍音) 7, 48, 47, 77, 79, 80, 81,
    82, 83, 84, 85, 86, 87, 88, 89, 90,
    91, 92, 93, 94, 95, 96, 97, 98, 99,
    100, 101, 102, 104, 105, 106, 107,
    108, 109, 110, 111, 112, 113, 114,
    115, 116, 117, 118, 120, 121, 122,
    123, 124, 125, 126, 127, 128, 129,
    130, 137, 139, 150, 177, 178, 179,
    214, 215, 216, 219, 233, 286, 287,
    288, 289, 299, 312, 318, 370, 371
사음 교습회 120
사음제 85, 90, 96, 103, 110, 111,
    114, 125
사음제도 6, 79, 80, 100, 137, 139
사음취체규정 및 심득(舍音取締規定 및
    心得) 110, 125, 128
사음취체규정(舍音取締規定) 88, 125,
    105
사음취체규칙(舍音取締規則) 104
사음회 104, 108, 117, 129
사작창업(四作創業) 147
사정(査定) 335
사토(佐藤)농장 23
서기 295, 297, 318
서기보(書記補) 295, 297

서선(西鮮)농장 104, 135, 136, 146, 147, 148, 150, 152, 153, 154, 167, 169, 170, 174, 175, 176, 177, 182, 191, 371

석천현 26, 27, 29, 38, 369

석천현농업주식회사(石川縣農業株式會 社) 6, 7, 18, 19, 20, 21, 25, 26, 28, 29, 30, 32, 33, 34, 35, 37, 38, 39, 40, 41, 42, 44, 45, 46, 47, 48, 49, 50, 51, 52, 54, 55, 58, 59, 60, 61, 62, 64, 166, 211, 281, 369, 376

석천현(石川縣)농사주식회사 219, 250

선만개척(주) 164

성업사(成業社) 164, 187

세화인(世話人) 289, 300

소작 계약 287

소작 관리인 98

소작개선에 관한 건 97, 98, 99

소작계약 9, 79, 121, 123, 131, 168, 169, 172, 180, 188, 226, 227, 228, 241, 242, 243, 244, 288, 301, 314, 316, 324, 325, 333, 334, 337, 338, 362

소작계약기간 50

소작계약서 8, 91, 92, 121, 167, 180, 184, 190, 204, 230, 242, 288, 304, 316, 336, 337, 338, 339, 340, 343, 362, 371

소작계약증서 226, 228, 229, 230, 244, 256, 257, 288

소작관 341

소작관리 79, 125

소작관리인 80, 85, 88, 91, 92, 93, 286

소작관습 79

소작관행 97, 336

소작관행개선에 관한 건 97

소작권 49, 87, 93, 106, 107, 110, 111, 112, 113, 121, 124, 125, 126, 129, 137, 167, 168, 169, 182, 183, 190, 300, 305, 309, 310, 313, 314, 315, 316, 317, 319

소작료 7, 8, 11, 20, 23, 30, 34, 41, 47, 48, 49, 50, 51, 57, 59, 60, 79, 80, 87, 88, 90, 91, 93, 95, 96, 98, 104, 107, 108, 109, 110, 111, 112, 113, 115, 116, 117, 122, 123, 124, 125, 126, 127, 128, 129, 130, 131, 136, 166, 167, 168, 169, 170, 171, 172, 173, 174, 178, 179, 184, 187, 189, 192, 193, 194, 198, 204, 217, 218, 220, 222, 226, 227, 230, 231, 232, 234, 237, 238, 239, 240, 241, 242, 243, 244, 247, 248, 251, 257, 258, 259, 267, 286, 287, 288, 289, 293, 297, 299, 301, 303, 305, 308, 309, 310, 313, 314, 316, 318, 319, 326, 333, 334, 335, 336, 338, 339, 340, 341, 342, 343, 344, 345, 346, 347, 351, 365, 369, 370, 371

소작료 고지서 122

소작료 징수 88

소작료납입고지서 233, 243

소작승낙증서(小作承諾證書) 226, 256

소작위원회 101

소작인 5인조합제 305

소작인 규정 107, 167, 184

소작인 조합 116, 120, 126
소작인 향상회 271
소작인오인조합 6, 181
소작인조합(小作人組合) 11, 137, 138,
　139, 189, 269, 270, 299, 300, 301,
　303, 304, 305, 311, 317, 318, 319,
　371
소작인조합장(小作人組合長) 289, 300,
　301, 311, 312
소작인향상회(小作人向上會) 305, 309,
　313, 319
소작인향상회원 308, 316
소작쟁의 8, 12, 80, 81, 82, 83, 85,
　96, 98, 99, 100, 110, 111, 112,
　113, 125, 136, 157, 207, 231, 232,
　233, 235, 237, 243, 244, 246, 249,
　251, 305, 308, 309, 311, 313, 315,
　316, 319, 340, 369
송파(松坡) 290
수납소 290, 335, 343
수리관개사업 80
수리관개시설 80, 149, 356
수리사업 46, 192, 213
수리시설 3, 44, 154, 370, 378
수리조합 12, 49, 50, 51, 136, 153,
　155, 156, 161, 170, 188, 189, 235,
　336, 355, 356, 371
수리조합비 50, 156, 187, 226, 353
수색(水色) 290
수원(水原) 283, 284, 290, 292, 293,
　326, 339, 347
수원권업모범장 349
수원수납소 347
수원주재소 347, 348

수지구(受持區) 290
수지원(受持員) 290, 291, 300, 318,
　333, 339
수탈성 204
스탠다드 연초회사 332
시(金澤市) 18
시마타니(島谷)농장 110
시모노세키(下關) 118, 276, 329
시바야마(柴山鼎) 214, 241
시부사와 계(澁澤系) 5, 17
시부사와(澁澤) 계열 211
식민권력 6, 80, 83, 84, 85, 96, 98,
　101, 102, 124, 146, 154, 161, 182,
　185, 188, 189, 190, 191, 192, 244,
　251, 268, 337, 369, 370, 371, 373,
　374, 375, 376, 377, 378
식민성 7, 17, 19, 84, 87, 113, 124,
　125, 126, 127, 136, 138, 204, 234,
　247, 248, 251, 270, 271, 365, 370,
　376, 377, 378
식민지 근대성 17
식민지 지주 270
식민지 지주제 3, 4, 5, 7, 10, 12, 13,
　17, 20, 21, 24, 60, 80, 84, 88, 96,
　100, 102, 125, 135, 185, 234, 281,
　317, 319, 320, 325, 365, 369, 371,
　373, 374, 375, 376, 377
식부(植付)품평회 218
식산은행 191, 347
식은 164
신천(信川) 306
심경 301, 348
심경 강습회 349
심득(心得) 105

|아|

안성 347
야다 토모유키(矢田與之) 36, 38
야키(八木)농장 111
역둔토(驛屯土) 282, 289, 337
역둔토라 282
연대보증 180, 181, 230, 305
연대보증서 204, 229, 262
연대보증인 190, 195, 228, 230, 259, 260, 262, 263, 304, 319, 362
연대보증인제 230
연대보증제 299, 304
연대보증제도 6
연백(延白) 306
연초 331, 332
연초사업 326, 330, 331, 332
연초재배 330
엽연초(葉煙草) 331
영산강 27
영산포 284, 291
영세소작농 52
영업보고서(營業報告書) 323
5인 조합 180, 230
5인제 제도 299
5인조제도 180, 230, 305
오노 토모츠(大野保) 232
오사카(大阪) 31, 103, 140, 141, 142
오산(烏山) 142, 145, 183, 290
오산면 135
오오모리(大森)농장 23
오오사카(大阪) 344
오완상(吳完相) 111

오쿠라 209, 210
오쿠라 기하치로(大倉喜八郎) 114, 209
오쿠라 아메키치 209
오쿠라(大倉) 재벌 10, 203, 206
오쿠라(大倉)농장 11, 23, 209
오테마치(大手町) 28, 35
옥구(沃溝) 12, 135, 142, 147, 148, 149, 157, 158, 203, 206, 209, 213, 235, 237, 246, 250, 252
옥구(沃溝)농장 104, 110, 135, 146, 147, 148, 150, 157, 169, 176, 177, 181, 191, 371
옥구군 114, 135
완주 213, 246
완주군 114
용인 339
용천군(龍川郡) 135, 147, 150, 153
우량사음 108
우량품종 13
우에 타지로 47
우콘 콘자에몬(右近權左衛門) 142
웅본농장(熊本農場) 219, 252, 257
원산 284, 291
원종전(原種田) 166, 178, 200, 349
육우(陸羽) 132 350
은방주(銀坊主) 350
이노마다 9, 270, 288, 297, 323, 324, 325, 326, 327, 328, 329, 330, 331, 333, 337, 338, 339, 347, 348, 353, 355, 357, 359, 360, 361, 364
이노마다 쇼이치(猪又正一) 9, 270, 321, 323, 325, 371
이리 145, 326
이리지점 362

이몽서 311, 313

이민 273, 279, 280

이민(척식)사업 7, 11, 268

이민사업 8, 55, 57, 58, 59, 159, 267, 278, 279, 280, 317, 318, 324, 325

이민정책 53, 275

이상촌(理想村) 307, 308, 310, 316

이엽사(二葉社)농장 111

이영춘(李永春) 246

이주식민사업 278, 279, 280, 281

이천(利川) 290

익산 135, 142, 147, 148, 149, 183, 186, 235

익산군 103, 135, 145

익옥수리조합 161, 164

인정식(印貞植) 81, 98, 135

인천(仁川) 135, 141, 142, 150

일본 권업은행 248

일본인 대지주 10

일본품종 6, 13, 166, 218, 287, 333, 350, 351, 352

임익수리조합(臨益水利組合) 148, 149, 150

임피(臨陂) 104, 142

입모(立毛) 48

입모품평회(立毛品評會) 168

입회 48, 288, 335

|자|

자경단 186

자운영(紫雲英) 179

자혜의료소 248

자혜진료소(慈惠診療所) 207, 224, 236, 246

장안평(長安坪) 290

재령(載寧) 306, 308, 319, 331

재령군 306

저당유질 22, 45

전대 172, 173, 174, 189, 229

전대금 228, 238

전북 옥구 농장 125

전북(全北)농장 103, 104, 108, 111, 131, 135, 138, 142, 146, 147, 148, 149, 150, 172, 176, 177, 178, 182, 183, 191, 196, 371

전북농장도 219

전주 143, 145, 148, 203, 213

전주분장(全州分場) 114, 203, 211, 212, 213, 215, 250, 251

전주평야 22

정읍 21, 119, 148, 203, 213, 235

정읍군 46, 58, 114

정조(定租) 60, 169, 226, 288, 333, 334, 335, 340, 370

정조 소작료 256, 261

정조법(定租法) 49, 50, 169, 226, 242, 301, 334, 335, 336

정조식(正條植) 58, 115, 166, 228, 250, 348, 351

정조제(定租制) 49, 50, 226

정조지 339

정태적(情態的) 지주 3, 248

젠쇼 에이스케(善生永助) 79

조선개척(朝鮮開拓株式會社) 163, 164, 165

조선농지령(朝鮮農地令) 99, 167, 226,

238

조선소작령 99

조선소작쟁의조정(朝鮮小作爭議調停令) 99

조선식산은행 153, 164, 203

조선신탁 180, 230

조선신탁주식회사 촉탁 주식회사 구마모토 226

조선신탁주식회사(朝鮮信託株式會社) 180, 203, 257, 260

조선은행 209, 248, 249

조선지사 327

조선토지개량주식회사 355

조선흥업 5, 11, 12, 18, 30, 52, 60, 81, 88, 95, 100, 104, 106, 137, 138, 139, 166, 173, 176, 179, 180, 191, 211, 230, 250, 270, 281, 290, 299, 317, 319, 336, 365, 369, 370, 371

조선흥업주식회사(朝鮮興業株式會社) 5, 17, 81, 137, 211, 270

조신력(早神力) 333, 350

조정령 99

종자개량 115, 166

주식회사 구마모토 농장(株式會社 熊本農場) 114, 203, 256, 263

주재구 291

주재소 290, 293, 294, 318

주재원(駐在員) 289, 300, 301, 314

주재제(駐在制) 290

중앙수리조합 154, 155, 156, 187

증산구 303

증산대회 116

지경 114, 213

지경(地境)농장 203, 206, 209, 211, 213

지경지장(地境支場) 114, 203, 212, 235, 246, 250, 251

지경지장장 241

지대 189

지도원 300

지주회사 4, 6, 8, 13, 17, 19, 41, 44, 49, 51, 77, 79, 81, 83, 84, 85, 86, 87, 88, 91, 92, 95, 104, 105, 111, 112, 113, 114, 122, 124, 125, 127, 137, 138, 166, 167, 176, 179, 188, 191, 204, 230, 231, 235, 268, 271, 290, 299, 304, 317, 319, 320, 325, 326, 336, 337, 350, 351, 352, 365, 369, 370, 371, 372, 375, 377

진위군 347

집조(執租) 60, 107, 169, 288, 333, 334, 335, 340, 370

집조법(執租法) 48, 50, 169, 226, 301, 334, 335, 336

집조지 339, 341

|차|

참사 295, 297, 318

채종전(採種田) 166, 178, 200, 349

척식 272, 278

척식사업 38, 267

척식청년단(拓殖靑年團) 8, 270, 271, 305, 306, 309, 310, 312, 313, 314, 317, 319, 371

척식청년단원 308, 316

천안 144
철원 147, 154, 187, 188, 306
철원(鐵原)농장 8, 104, 112, 135, 146,
    147, 148, 154, 155, 156, 163, 169,
    174, 176, 177, 186, 187, 188, 191,
    371
청량리(淸涼里) 290
총대(總代) 116, 117, 120, 126, 239

|타|

타락 107
타작법 50
타조(打租) 49, 169, 333, 334
타조법(打租法) 50, 80, 169, 170, 336,
    340
태인(泰仁) 104, 122, 142, 148
토지가옥전당집행규칙 54
토지가옥증명규칙(土地家屋證明規則)
    22, 54
토지개량 13, 46, 49, 57, 96, 319,
    336, 355
토지개량사업 80, 355
토지소유권증명규칙 54
퇴비(堆肥) 58, 115, 116, 184, 218,
    221, 348, 351

|파|

평강 187, 306
평양 284, 291
평예(坪刈) 240, 243, 333, 339

평택(平澤) 290, 326, 337, 339, 347
평택수납소 333, 347
평택수지원 347
품종개량 6, 178
품평회 166, 168, 218, 349, 351, 352
풍옥(豐玉) 350

|하|

하라 328, 329
하라 히로시(原熙) 328
하시모토(橋本)농장 119
해주 150
향상회 313
현준호 247, 248
호남선 118
호남철도 26, 44
호소카와(細川) 281
호소카와(細川)농장 23, 369
화학비료(金肥) 6, 13, 167, 184, 244,
    351
화호 114, 213, 247
화호 지장장 215
화호농장 8, 211, 226, 245, 247
화호리 115, 116, 203, 206, 223, 238,
    249, 250
화호리 농장 233
화호지장(禾湖支場) 114, 115, 116,
    117, 203, 212, 213, 214, 216, 223,
    226, 232, 233, 235, 246, 250, 251
화호지장장 241
황주(黃州) 306
황준(黃稡) 90, 95, 96

황해도 재령(載寧) 301
후민(富民)協會농장 230
후지모토 140
후지모토 농장 135, 142
후지모토 젠스케(藤本善助) 140, 141
후지모토(藤本) 상점 140, 145
후지모토합명회사(藤本合名會社) 103,
　　104, 140, 141
후지모토합자회사(藤本合資會社) 104,
　　110, 135, 140, 141, 142, 162
후지이 103, 104, 140, 141, 142, 143,
　　144, 145, 146, 147, 148, 150, 151,
152, 153, 154, 155, 156, 157, 159,
　　161, 163, 164, 165, 186, 191
후지이 간타로(藤井寬太郞) 10, 103,
　　135, 140, 191
후지이(藤井) 농장 23
후지이지소부(藤井地所部) 145, 148,
　　186
흥농회(興農會) 138, 139, 179, 270,
　　299, 317
히로시마(廣島) 344
히사마 겐이치(久間健一) 80
히사마(久間建一) 100, 245

하지연(河智妍)

이화여자대학교 사학과를 졸업하고 동대학원에서 박사학위를 취득했다. 전공분야는 한국 근대 식민지 지주제 및 재조 일본인, 식민사학 연구이다. 1995년부터 서울 마포고등학교에서 역사과 교사로 재직 중이며, 현재 이화사학연구소 연구원, 이대 사학과 강사로 활동 중이다.

주요 논문
「'한국병합'에 대한 재한일본 언론의 동향 - 잡지『朝鮮』을 중심으로 -」,『동북아역사논총』, 2010
「오다 쇼고(小田省吾)의 한국근대사 연구와 식민사학」,『한국근현대사연구』, 2012
「다보하시 기요시(田保橋 潔)의『근대일선관계의 연구』와 한국근대사 인식」,『숭실사학』, 2013
「『나의 동척 회고록』에 나타난 동양척식주식회사의 농장 운영 실태」,『한국민족운동사연구』, 2018 외 다수.

저서
『일제하 식민지 지주제 연구』, 혜안, 2010
『식민사학과 한국근대사』, 지식산업사, 2015
『기쿠치 겐조, 한국사를 유린하다』, 2015
『사진으로 읽는 한국 근현대사』, 한국학중앙연구원, 2016 외 다수.

식민지 조선 농촌의 일본인 지주와 조선 농민

초판 1쇄 발행일	2018년 4월 25일
지은이	하지연
펴낸이	한정희
총괄이사	김환기
편집부	김지선 박수진 한명진 유지혜 장동주
마케팅	김선규 하재일 유인순
펴낸곳	경인문화사
출판신고	제406-1973-000003호
주소	경기도 파주시 회동길 445-1 경인빌딩 B동 4층
대표전화	031-955-9300 팩 스 031-955-9310
홈페이지	http://www.kyunginp.co.kr
이메일	kyungin@kyunginp.co.kr
ISBN	978-89-499-4742-6 94910
	978-89-499-4739-6 (세트)

값 28,000원
ⓒ 성균관대학교 동아시아학술원, 2018

* 이 도서의 국립중앙도서관 출판예정도서목록(CIP)은 서지정보유통지원시스템 홈페이지(http://seoji.nl. go.kr)와 국가자료공동목록시스템(http://www.nl.go.kr/kolisnet)에서 이용하실 수 있습니다. (CIP제어번호: CIP2016033455)

* 이 저서는 2013년도 정부(교육과학기술부)의 재원으로 한국학중앙연구원(한국학진흥사업단)의 지원을 받아 수행된 연구임(AKS-2013-KSS-1230001)